사당동 더하기 25

가난에 대한 스물다섯 해의 기록

조 은

사당동 더하기 이십오
25년의 사회생태 기록
사당동 더하기 이십오
가난에 대한 25년의 기록
사당동 더하기 이십오
25년의 사회생태 다큐멘터리

도서출판
또하나의문화

사당동 더하기25

사당동 더하기 25

가난에 대한 스물다섯 해의 기록

조 은

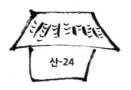

도서출판
또하나의문화

글쓰기 이론이란 한 사회 속에 사는 사람들의 삶에 대한 이론이다. 이는 곧 (문화기술지적) 해석 작업에 대한 이론이다. 이론, 글쓰기, 문화기술지 이 셋은 분리될 수 없는 중요한 실천이다. —— 덴진(1997: xii)

《사당동 더하기 25》를 쓰면서 이 불가분의 실천의 주체는 '연구자'였다가 '필자'였다가 혹은 '교수'였다가 심지어 '우리'였다가 때로 '아줌마'였다가 또는 '나'가 되었다. 이들 경계를 넘나들었다.

사당동 달동네에서
여덟 살, 열한 살, 열네 살이었던 금선 할머니의 손주들은
이제 서른셋, 서른여섯, 서른아홉 살이다.
이 가족을 따라다니면서
한편으로 이야기꾼 사회학자가 되었고
다른 한편으로 밑으로부터 사회학 하기에 빠져들었다.
이제 나는
한때의 도시빈민이
25년이 지난 뒤
빈곤의 회로에서 벗어날 수 있는가에 답하는 것이 아니라
왜 그 질문에 확답할 수 없는가에 대해서
글쓰기를 시작한다.

01

두 세상을 오가다

• 밑으로부터 사회학 하기 •• 한 가족 들여다보기

2011년 11월 어느 날 금선 할머니 막내손자 덕주 씨와 마무리 인터뷰를 했다. 덕주 씨의 헬스장이 있는 건물 1층의 24시 편의점 한쪽 구석에 놓인 테이블 2개 중 하나에 앉아 캔커피와 캔인삼차를 마시면서다. 덕주 씨 헬스장은 빅토리아라는 간판을 달고 4층에 있다. 보증금 1,000만 원에 월세 100만 원을 내는 이 헬스장이 덕주 씨의 전 재산이고 삶의 터전이고 거처다. 헬스장 입구에 들어서면 바로 왼쪽에 접수 창구가 있고 그 뒤에 0.5평 공간이 덕주 씨의 잠자리다. 덕주 씨는 방 보증금을 빼 헬스장 보증금을 마련했고 월세를 아끼느라 헬스장 한구석에 간이침대를 놓았다. 헬스장 운영이 어렵지 않느냐고 물었는데 "세금이 너무 많이 나와 헬스장 그만둘라 그랬어요" 하고 말했다. 순간 나도 모르게 "이렇게 영세한 경우도 세금이 많이 나와요?" 물었다가 "영세한 게 뭐에요?"라는 질문을 받고 아차 했다. 얼마 전 덕주 씨 권투 시합 날 점심을 함께하기로 했는데 덕주 씨가 "'김천'을 가자"고 해서 내가 "'김천'이 뭐냐?"고 물었다가 "'김밥천국' 모르세요?"라고 신기해할 때와 비슷했다. 오랫동안 알아 친숙해졌다고 생각했는데 예기치 않은 순간서로 다른 언어를 쓰고 있고 속한 세계가 다르다는 것을 깨우치고 만다. 빨리 다른 질문으로 옮겨 "신용 불량은 어떻게 되었느냐"고 물었는데 아무도 자기한테 신용으로 돈을 빌려 주지 않기 때문에 "신용 불량이 될 수 없다"면서 자기는 "(신용) 불량은 아니고 카드를 못 만들 뿐"이라고 했다. 누나와 형의 신용 상태를 물었더니 주저 없이 "우리 가족은 모두 신용 불량자죠. 우리 집은 다 불량이야"라고 말했다. 그나마 자기 식구 중 아버지가 유일하게 100만 원을 카드로 빌릴 수 있어 '완전 불량자'는 아니지만 "불량자는 불량자죠"라고 말했다. 자기는 건강 보험료 300만 원 밀린 것 빼면 큰 빚은 없고 한 3년 지나면 카드도 만들고 대출도 받을 수 있어 그나마 자기가 "좀 사는 거죠"라면서 그의 입에서 "중산층 같아요"라는 말이 튀어나왔다. 내가 놀라서 "중산층?" 하고 되물었다. '중산층'이라는 단어가 아주 생소한 단어처럼 나를 당황하게 했다.

"여기서 벗어날 수 있는 사람은 나밖에 없어요. 교수님이 봐도 딱 보이잖아요. 누나는 완전 갔고 우리 형은 월급 100만 원 받고 형수는 필리핀에서 왔고 어떻게… 나밖에 없는 거죠." 내가 이 가족을 통해 빈곤 재생산을 연구한다고 말한 적이 없음에도 이 가족 중에서 학력이 가장 낮은 덕주 씨는 인터뷰 때마다 정확하게 핵심을 찌르는 단어들을 골라내고는 한다. 스무 살 때도 자기 집의 가난에 대해 "돌고 돌고 또 돌고"라고 말했었다. 온 김에 형네 집에 간다고 했더니 50만 원 주고 산 중고 오토바이로 영주 씨네 가는 길을 앞장서서 몇 블록 안내해 주고 돌아갔다. 맨날 오면서도 올 때마다 첫 신호등에서 좌회전한 다음 그 다음에 어떻게 하냐고 묻는 내가 어리바리해 안심할 수 없다는 표정이었다.

밑으로부터 사회학 하기

철거를 앞둔 한 불량 주거 지역에 대한 현장 연구에 들어간 것은 1986년 여름이다. 그에 앞서 1986년 4월 22일은 30대 중반의 사회학자와 인류학자 그리고 그들의 현장 조사 조교 남녀 대학원생, 이렇게 4명이 연구 현장을 확정하기 전 주변을 둘러보기 위해 현장에 진입한 날이다.

연구자들은 차림새부터 신경을 써야 했다. 잘못하면 복부인으로 오해받을 수 있으므로 우선 '부유한 아줌마' 티가 나지 않아야 되고 그렇다고 너무 허술해 보여서도 안 되며 연구자처럼 보이지만 동네 바깥 사람으로 금방 눈에 띄어서도 안 될 것 같아 수수한 옷차림에 필기도구를 담은 가방을 하나씩 들고 남성시장을 따라 걸어 올라갔다.

길 양쪽은 가게지만 그 가운데는 약간 높은 가판대를 갖춘 노점상이 쭉 들어서 있고 가판 노점상과 가게 사이 양쪽에는 좌판 노점상이 들어앉아 있어서 시장 보는 사람들과 상인 어느 쪽이 더 많은지 헤아릴 수 없을 정도로 붐볐다. 남대문시장이나 동대문시장만큼 큰 것은 아니지만 동네 시장 치고는 꽤 큰 시장이었다. 우리는 올라가면서 구경도 하고 물건 값도 물어보면서 대로변에서 시장을 지나 마을 입구까지 꽤 긴 거리를 걸어 올라갔다. 동네 어귀에 닿을 때까지 이 동네가 어떻게 생겼는지 감이 없었다. 철거 예정 표시로 붉은 색 페인트의 번호들이 박힌 집들과 지붕에 푸른 색 비닐을 뒤집어쓴 올망졸망한 시멘트 블록 집들로 가득 찬 동네가 마치 숨어 있다가 나타난 것처럼 우리 앞에 불쑥 모습을 드러냈다. 사당2동 철거 재개발 지역은 4개 공구가 있었는데 이날은 4공구 전체를 중심으로 타당성을 탐색해 보려고 나선 것이었다. 일대를 쭉 둘러보고 연구 현장을 4-4공구로 정하려고 했었다. 그러나 철거 재개발 일정이 더 확실하게 잡힌 구역을 택해야 해서 얼마 뒤 4-2공구로 변경했다. 그러고 나서 6월 말 사당동 철거 재개발 예정 지역에 방을 얻고 현장 연구를 시작하게 되었다.

남성시장을 쭉 따라 들어가면 안쪽에 사당2동 연구 현장이 있는데 그 지역을 들어갔을 때 받은 첫 인상은 주민들이 그렇게 가난해 보이지 않는다는 것이었다. '빈민'이라는 생각이 들지 않을 정도로 옷차림도 깨끗하고 골목이 비좁긴 하지만 특별히 지저분하거나 칙칙하지 않았다. 차들이 올라오기 힘들 만큼 골목은 좁고 가팔랐지만 차량 통행이 없어 한적한 시골 동네 같은 느낌마저 들었다. 솔직하게 말하면 연구 책임을 맡은 나는 사회학자들이 '무허가 정착지'라고 부르고 〈서울 시정백서〉에는 '불량 주거지'로 범주화되어 있으며 일반적으로는 '산동네' 또는 '달동네'라 부르는 사당동 철거 재개발 현장 연구에 들어가게 되었을 때 주민들이 어떤 삶을 살고 있는지 자세하게 알고 있지 못했다. 미국에서 학위를 받고 돌아온 지 3년밖에 안 된 때였다. 달동네 드라마도 보고 조세희의 《난장이가 쏘아올린 작은 공》도 읽었고 멕시코의 가난을 연구한 오스카 루이스의 《산체스네 아이들 Children of Sanchez》이나 《다섯 가족Five Families》도 읽었지만 가난한 사람이 모여 사는 '불량 주거지'에 대한 연구자의 머릿속 이미지는 여전히 미국의 '슬럼'이었던 듯하다.*

---

* 조세희(1978), 《난장이가 쏘아올린 작은 공》, 문학과지성사; 오스카 루이스(2007), 《산체스의 아이들 1,2,3》, 박현수 옮김, 지식공작소; Oscar Lewis(1975), *Five Families: Mexican Case Studies in the Culture of Poverty*, New York: Basic Books.

좁은 골목 곳곳에 화분이 놓여 있고 한 뼘의 땅이라도 있으면 고추나 가지 등 여름 채소가 심어져 있고 골목에는 장난치고 노는 아이들이 차고 넘쳐 생동감까지 느껴지는 동네 어귀에서 잠깐 당황했다. 빈터 곳곳에는 노인들이 모여 명태를 다듬거나 나무젓가락 마는 일이나 봉투에 풀칠하는 일 등을 하는 모습이 눈에 띄었고 마당이랄 것도 없는 손바닥만 한 마당에는 개들이 매여 있고 그 마당 안으로 들여다보이는 방들에는 여러 가지 일거리들이 쌓여 있었다. 재개발지로 선정되어서 언제 철거될지 모르는 동네였지만 온 동네가 일터 같은 느낌을 주는 "그냥 열심히 살아가는 사람들의 동네"였다.

그들의 가난은 집안에 들어섰을 때에야 실감하게 되었다. 길가에 면한 어느 곳이나 문을 열면 순간 부엌이 나타나고 장지문을 열면 바로 온 식구들이 모여 사는 방 한 칸이 있었다. 주민들 대부분은 두세 평짜리 방 한 칸에 서너 명 이상이 살고 있었다. 가구당 방 한 칸에 몇 명쯤 살까 궁금해서 발품을 팔아 통계를 냈더니 가구당 가족원 수는 3.5명이었다. 방 한 칸의 평균 넓이는 1.6평이었다. 따라서 온 식구가 반듯하게 누워서 잠을 잘 수 있는 집은 별로 없었다. 그때 처음으로 배운 단어가 '칼잠'이라는 단어였다. 반듯하게 누워서 자는 것이 아니라 옆으로 누워서 마치 일렬 종대처럼 한쪽으로 눕는 것인데 얄팍하게 옆으로 몸을 세워 누워야 되기 때문에 마치 칼을 세워 놓은 듯하다는 데서 온 단어였다. 조교 중 한 명이 이 칼잠이라는 표현을 가르쳐 주었다. 칼잠이라는 단어는 그곳에서 연구를 하는 내내 매우 상징적인 단어로 남아 있었다. 잠잘 때도 반듯이 누워 잘 수 없는 사람들의 공간에 대해서 연구를 시작한 셈이었다. 이 칼잠이라는 단어가 처음에 너무 생소하고 신기해서 수업 시간에 연구 현장과 칼잠 이야기를 했다가 "뭐가 그리 신기하다고?"라는 표정의 학생을 보게 되었다. 고개를 외로 꼰 그 학생의 눈빛에서 "제가 그런 데 살고 있단 말이에요"라는 무언의 음성을 보았다. 밑으로부터 사회학 하기의 출발점이었다.

'그런 지역'을 연구하러 다니는데 교통 시간과 택시비를 줄이기 위해 역설적이게도 차를 사야 했다. 근무지 동국대에서 사당동 연구 현장으로 가려면 버스를 몇 번 갈아타든지 아니면 20분 이상 걸어서 지하철을 타야 하는데 연구를 끝내고 집으로 갈 때도 문제였지만 현장 일지, 녹음기, 카메라 등 연구 기기를 가지고 다니기도 힘들었다. 맵시나^{1983년 출시된 대우의 소형차}를 샀다. 대중교통을 이용하면 1시간 반 이상 걸리는 곳이 차로는 30분도 안 걸렸다. 차를 끌고 좁은 남성시장 뒷길로 비집고 들어가 헐리기 시작한 집 터를 찾아 차를 세우고 연구 현장으로 가고는 했다. 그렇게 시작해 2년 반 동안 철거 과정을 지켜보고 난 뒤, 연구의 관심사는 강제 철거로 쫓겨난 가족들로 옮겨갔다.

연구 기간 내내 안고 있던 문제는 어떻게 조사 자료를 얻을 수 있겠느냐보다 이런 지역에서 연구자의 입장이란 얼마나 제한되어 있는가 하는 문제였다. 자료 수집 과정에서 지역 주민들의 일상생활 속으로 들어가 성공적으로 친근한 사람들을 많이 만들어 내는 것만큼이나 중요한 문제는 자료를 어떻게 해석하고 설명할 것인가였다. 특정 사례들의 전형적 특성을 찾아내는 참여관찰 현장 연구 방법의 장점을 최대한 활용하기로 했다. 현장 연구를 시작하면서 주요 자료 제공자 겸 연구의 거점을 확보하는 의미에서 연구 표적 가구^{target family} 22사례를 선정했다. 이는 자칫하면 방만해지기 쉬운 관찰 내용을 비교 가능한 특정 가구들에 집중함으로써 조사원들이 좀 더 효과적으로 자료를 수집하기 위한 것이었다. 대표성을 가진 사례를 선정했다기보다는 이 지역에서 흔히 만나는 전형적인 가구의 특성을 가진 다양한 사례 가족을 선정했다. 이들은 프로젝트가 끝날 때까지 우리 연구의 표적 사례 가족이 되었다. 원래 스무 가족을 택하려고 했지만 중간에 연구할 수 없는 사유가 생길 수도 있어 여유분으로 두 사례를 더 선정해 스물두 가족이 되었다.* 조교들이 6개월 이상 거주하면서 지역 상황을 어느 정도 파악한 뒤 심층 연구 표적 사례 가구로 정했고 보고서와 책에서 모두 익명화했었다. 금선 할머니 가구도 이 사례 가구들 중의 하나였다. D씨 가구가 금선 할머니 가족이다. 조사 당시 사례 가구들의 기본 특성을 요약하면 다음과 같다.

A씨(56세)는 쌀가게를 하고 부인은 가게 일을 돕는 전형적인 가족 종사 자영업 가구였다. 큰아들은 사무직 공무원이고, 둘째아들은 대학교 2학년, 막내아들은 전문대를 졸업하고 군복무 중이다. 두 딸은 출가했다. 서울에서 쌀장사해 보려고 마음먹고 이농했고 10년 전부터 사당동에서 쌀가게를 하면서 살게 되었다. 집은 자기 소유'자가'로 줄임이며 고향은 전라도다.

B씨(56세)는 (건설용) 기계 운반 가게를 하고 있었다. 부인과 큰딸이 가게 일을 도왔고 둘째딸과 셋째딸은 다방 종업원이다. 큰아들은 고등학교 2학년으로 운동선수이며 작은아들은 중학교 1학년이었고 동네에서는 잘사는 편에 속했다. 싼 방을 찾아 22년 전 사당동으로 왔으며 집은 자가이고 고향은 충청도다.

C씨(54세)는 건설 노동, 목수 일을 하다가 쉬고 있었다. 부인은 생선 노점을 하고 큰딸은 군포 공장에 다니며 어떤 남자와 동거 중이었다. 작은딸은 출판사 대리점에서 경리 일을 하고 있고, 막내딸은 야간 여상 1학년이다. 싼 집을 구입하기 위해 19년 전 사당동에 왔으며 자가에 살고 있고 고향은 서울이다.

----

* 이들 가족에 대한 자세한 설명은 조은·조옥라(1992), 《도시빈민의 삶과 공간》, 서울대학교 출판부 참조.

D씨(66세, 여)는 파출부이며 생활 보호 대상자다. 아들은 건설 노동을 하며 이혼했다. 큰손자는 중학교 2학년으로 씨름 선수이며, 큰손녀는 초등학교 5학년, 둘째손자는 초등학교 2학년이다. 22년 전 양동이 철거되어 사당동으로 오게 되었으며 방 한 칸짜리 월세에 살고 고향은 함경도다.

E씨(47세)는 아파트 경비 일을 했고 부인은 도배 잡부다. 큰아들은 운전 학원을 하고 며느리는 공장 다니다 쉬고 있다. 둘째아들은 야간 공고 2학년이고, 막내아들은 중학교 2학년이다. 식구가 많은 편이며 6년 전 싼 집을 찾아 사당동에 오게 되었고 자가이며 고향은 충청도다.

F씨(52세)는 생활 보호 대상자로 건설 잡일을 하다 건강이 나빠져 취로 사업을 하고 있었다. 부인은 청소부이고, 큰아들은 자살했다. 딸은 만화 가게 점원이고 막내아들은 중학교 1학년으로 신문 배달을 한다. 4년 전 사당 3동이 철거되면서 사당2동으로 이주했다. 방 한 칸에서 월세로 산다.

G씨(35세)는 집수리 오야지^{건설 노동 십장}를 하고 부인은 가내 부업과 파출 부를 했다. 아들은 초등학교 1학년, 딸은 일곱 살이다. 방값이 싸서 사당동으로 6년 전 오게 되었고 방 한 칸을 월세로 살며 고향은 전라도다.

H씨(48세, 여)는 청소부를 하다가 잠시 실직 상태였다. 남편은 얼마 전 병사했고, 큰딸은 영세한 요꼬^{스웨터} 공장에서 일했다. 큰아들은 가게 다니다 입대했고 작은아들은 주물 공장에 다니며 막내딸은 중학교 2학년이다. 해방촌이 철거되면서 싼 집을 찾아 19년 전 사당동으로 오게 되었고 방 한 칸짜리 월세에 산다. 고향은 평안도다.

I씨(39세)는 건설 노동(타일), 부인은 검도복 하청 가내 부업을 하고, 큰 딸은 초등학교 2학년, 둘째딸은 일곱 살, 막내아들은 여섯 살이다. 싼 방을 찾아 4년 전 사당동으로 왔으며 방 한 칸 월세에 살고 고향은 전라도다.

J씨(34세)는 사무직에 종사하며 부인은 집에서 스웨터 부업을 하고 아들은 초등학교 1학년, 딸은 여섯 살이다. 4년 전 사업 실패로 사당동에 왔으며 월세로 살고 고향은 전라도다.

K씨(35세, 여)는 우유 배달을 하며 남편은 1982년 알코올 중독으로 병사했고 큰아들은 공고 2학년, 둘째아들은 중학교 2학년이다. 뚝섬 철거로 15년 전 사당동으로 이주했으며 방 한 칸 월세고 고향은 경상도다.

L씨(50세, 여)는 묵 행상을 한다. 첫 남편과 두 번째 남편 모두 병사했다. 친정어머니가 북어 찢기 등의 부업으로 가계에 보탬을 주고 있으며 둘째딸은 동거남이 수감 중이고 빚을 많이 져서 친정에 얹혀 지내면서 호스티스로 나간다. 아들은 전문대 다니고 큰딸, 셋째딸은 출가했지만 셋째딸도 친정에 얹혀 있다. L씨는 두 번째 남편이 사망한 후 돈놀이를 했는데 빚보증을 잘못 서서 올데갈데없게 되었다. 여동생이 사당동에 살아 싼 방을 찾아 15년 전에 오게 되었으며 방 두 칸 월세에 산다. 고향은 경상도다.

M씨(28세)는 건설 노동을 한다. 미혼이며 3년 전 일자리를 찾아 사당동으로 왔으며 방 한 칸 전세이고 고향은 전라도다.

N씨(54세, 여)는 하청업을 한다. 첫 남편과 이혼했고 두 번째 남편과 세 번째 남편은 병사했다. 큰아들은 전문대 졸업하고 무직 상태이며, 둘째아

들은 대학교 3학년, 셋째아들은 상고 2학년이며 두 딸은 출가했다. 하청업을 하려 3년 전 사당동으로 왔으며 방 두 칸 전세에 살고 고향은 강원도다.

O씨(48세)는 건설 노동 잡역을 하며 부인은 과자 리어카 노점을 한다. 아들은 공고에 입학했고, 큰딸은 중학교에 갓 입학했으며, 둘째딸은 초등학교에 입학했다. 구멍가게라도 해 보려고 14년 전 사당동으로 와서, 방한 칸 전세에 산다. 부부가 모두 전라도가 고향이다.

P씨(48세)는 시장에서 잡일을 하고 있으며 부인은 시계 행상을 한다. 아들은 인문계 고등학교에 다니고 딸은 중학교 2학년이다. P씨는 18년 전 사당동에 먼저 온 여동생을 따라 왔으며 결혼하면서 여기에 자가를 마련했고, 방 한 칸은 세를 주었다. 고향은 전라도.

Q씨(43세)는 개인택시를 하며 부인은 미용실을 한다. 큰아들은 중학교 3학년, 작은아들은 초등학교 6학년이다. 처음에는 형네 집에 있으려고 시골에서 19년 전 상경했으며 그때부터 계속 사당동에 거주했다. 집은 자가이고 고향은 경상도다.

R씨(40세)는 건설 노동을 하며 부인은 호떡, 튀김 등을 시장 좌판에서 판다. 첫딸은 초등학교 3학년, 둘째딸은 초등학교 2학년, 셋째딸은 초등학교 1학년이며, 넷째딸은 일곱 살이다. 결혼 전에도 사당동에서 살았고, 결혼해서 사당동 내에서 분가하게 되어 21년째 살고 있다. 방 한 칸에서 월세로 산다. 고향은 서울이다.

S씨(41세)는 청소부이며 부인은 가죽 자르는 부업 일을 한다. 큰아들은

초등학교 3학년, 작은아들은 유치원생이다. 요꼬 공장을 차리기 위해 10년 전 사당동에 왔으며 방 한 칸을 월세로 살고 있다. 고향은 서울이다.

T씨(33세)는 대리석 타일 까는 일을 한다. 부인은 식당 종업원이고 딸은 세 살, 아들은 생후 10개월이다. 7년 전 친척이 있는 사당동으로 왔으며 방 한 칸을 월세로 얻어 살고 있다. 고향은 전라도다.

U씨(36세)는 재단사이고 부인이 집 안에서 재단 일을 돕고 있다. 딸은 초등학교 3학년, 아들은 초등학교 1학년이다. U씨 부인이 사당동에 사는 언니 집 근처의 방값이 싸다고 해서 5년 전 사당동으로 이주했고, 방 한 칸 월세로 살며 고향은 강원도다.

V씨(29세)는 양말 파는 리어카 행상 일을 하고 있으며 첫째 남동생이 함께 일을 돕는다. 둘째 남동생은 상고 2학년이고 셋째 남동생은 초등학교 6학년이다. 여동생은 의류 공장에서 일하며 장모님이 뇌수술로 식물인간에 가깝지만 집에 모시고 산다. 부인은 생후 6개월 된 아들이 있고 식구가 많아 살림만 한다. 친척을 따라 14년 전 사당동으로 왔고 방 두 칸을 월세로 얻어 산다. 고향은 전라도다.

이들 사례 가족들은 당시 사당동 주민 누구라도 이들 범주 어딘가에 대입해도 되는 전형적 사례라고 봐도 무방하다. 이들 가족들에 대해 철거 이후에도 계속 관심을 가지고 몇몇 사례 가족들을 찾아다녔다. 그러다가 서서히 사례를 줄여 한 가족에 집중하게 되었다. 바로 상계동의 한 영구 임대 아파트에 간신히 입주하게 된 금선 할머니 가족'할머니 가족'으로 줄임이었다.

한 가족 들여다보기

할머니 가족을 따라다니기로 선택할 때 연구자의 가장 큰 관심은 빈곤의 세대 재생산이었다. 더 실제적이고 구체적인 관심은 가난한 가족에게 주거 공간이 제공되면 빈곤이 어느 정도 완화될 수 있을까 하는 것이었다. 할머니 가족은 당시 사당동 철거 재개발 현장 연구 사례 가족 중 유일하게 영구 임대 아파트를 얻은 가족이다. 주거 문제가 안정될 경우 빈곤 재생산의 고리가 끊길 것인가에 대한 질문에 답할 수 있는 좋은 사례였다. 며느리는 가출하고 없고 일용 건설 노동자 아들과 손주 세 명으로 구성된 이 할머니 가족은 몇 가지 점에서 관심을 끌 만한 사례였다.

첫째로, 임대 아파트를 얻음으로써 주거가 해결된 가난한 가족은 빈곤의 굴레에서 벗어날까라는 구체적 질문에 답할 수 있는 사례였다. 둘째는 초등학생부터 중학생까지 손주 세 명이 있어서 빈곤의 세대 재생산에 관심 있는 연구자가 계속 지켜봐도 좋을 사례였다. 더욱이 손자 두 명, 손녀 한 명이 있어 빈곤 청소년 문제와 젠더의 문제도 볼 수 있을 듯했다. 셋째로 금선 할머니는 월남한 분으로 서울에서 계속 판자촌과 달동네를 전전한 '불량 주거지'의 산 증인이었고 서울 도심권 재개발의 시발점이었던 양동의 철거로 사당동에 온 첫 정착민이었다. 그리고 무엇보다도 이야기를 잘해서 구술 생애사에 관심 있던 연구자에게 좋은 사례가 되어줄 것 같았다. 넷째로는 당시 현장 연구 조교가 1년 이상 할머니 가족과 같은 집에 세 들어서 한 식구 같은 라포rapport를 형성하고 있었다. 이사 간 곳을 찾아다녀도 이상하지 않았다. 상계동의 임대 아파트에 이사 간 할머니 집을 처음 방문했을 때 주거가 해결되면 빈곤 재생산의 고리를 끊을 수도 있겠다는 생각에 잠깐 안도했다. 계속 지켜볼 만했다.

금선 할머니 가족을 처음 만난 것은 사당동 철거 재개발 현장 연구를 시작한 지 4개월쯤 뒤였을 것이다. 조교의 현장 일지에서 먼저 만났다. 철거가 위에서부터 시작되어 먼저 헐린 곳에서 밀려나 좀 더 아래쪽에 방을 얻으러 찾아온 날이었다. 아침에 수돗가에서 한 할머니가 문 밖에 서서 "이사 올 빈방 있냐"고 물었고 세입자 중에 집주인한테 관리를 위임받은 용수 엄마가 "집주인이 수리비가 비싸게 들까 봐 놓지 않는 모양"이라고 말했는데도 "왜 방을 두고 그냥 놀리고 있느냐, 수리비 얼마만 주면 내가 들어와 살겠다"면서 적극적으로 나왔다. 방세가 (보증금) 삼십만 원에 월 사만 원이면 "좀 비싸지만 알아봐 달라"고 매달렸다. 그리고 일주일 만에 할머니네가 이사했다. 이미 열세 집이 살고 있는 집에 열네 번째 세입자가 된 것이다. 아래층에 아홉 집, 위층에 네 집이 방 한 칸씩 살고 있는 집이었다. 스무 평 정도의 땅에 그 많은 방이 얼기설기 얹혀 있을 수 있는 것이 신기할 정도였다. 할머니가 이사 온 날의 일기에는 할머니네의 가족 사항뿐 아니라 살림살이, 이웃들의 관계와 일상, 심지어 이를 야미남의 눈을 피해 뒤에서 하는 정당하지 않은 거래로 고치는 집을 묻는 과객까지 이 동네의 여러 풍모를 하루의 일지에서 속속들이 보여 준다.

열 시경이 되어 문밖에 있는 빈방으로 할머니네가 이사 오기 시작했다. 아이들은 학교 가서 없고 아저씨, 할머니 두 분이 이삿짐을 나르기 시작했다. 총각(같이 세 들어 사는)이 먼저 짐을 날라 주기 시작했다. 같이 일을 거들어

주었는데, 뒤 골목에서 이사 오는 것이라 거리로 200미터 남짓 하지만 산 골목 중간에서 다시 내려와 골목 중간에 위치한 산으로 이삿짐을 나르니 몹시 힘들었다. 어제 할머니와 아저씨가 동네 아주머니 두 분과 화투놀이를 하느라고 이사 준비를 하지 못해 짐들이 방 안에 널던 그대로 놓여 있었다. 먼저 총각과 아저씨가 가장 무거운 냉장고를 옮기고 좁은 책장, 옷을 넣는 차단스, 서랍이나 옷장을 뜻하는 단스와 '차'라는 한자어의 합성어로 옷이나 그릇을 넣어두는 장을 말하는 일본말 이불, 집 바깥에 놓여 있던 철제 옷장(겨울 옷, 두꺼운 옷이 들어 있었음) 등을 김 또 쌀가게에서 빌린 연탄 나르는 리어카에 싣고 세 번 정도 날랐다. 먼저 방 근처에 사는 두 분(한 분은 화투 같이 치고 한 분은 남성교회 권사)도 합세하여 나르고 평소 가깝게 지내던 한씨 아저씨는 어제 술을 심하게 들고 누워 있어 나오지 못했다. 할머니네 방 근처에 사는 아줌마가 아기를 재워 놓고 그릇이 가득 담긴 함지그릇을 머리에 이고 날랐다. 우리 동네 꼬마들(경훈·광민·울훈·정태 등) 다섯 명이 어느새 쫓아와(아마 내가 이삿짐 나르는 것을 보고 온 것 같다) "총각 아저씨"를 찾으며 리어카 뒤에 붙는다(어린이들에게 큰 놀림감이다). 아저씨가 몇 년 전에 이혼하고 할머니가 (파출부)일 다니며 살림을 맡아 해서인지, 베개나 이불이 새까맣고 불결한 냄새가 심하게 났다. 대충 이삿짐을 옮겨 놓고 할머니가 준비한 점심을 들었다. 찬밥에다 돼지고기와 두부가 들어간 찌개, 김치가 상에 놓였다. 아저씨, 총각, 나, 두 아주머니, 할머니가 같이 식사했다. 식사 후 할머니는 부엌에서 설거지하고, 짐이 채 정리도 되지 않았는데, 아주머니 두 분과 이씨 아저씨는 화투판을 벌이려 한다. 할머니가 "오늘 우리 아들 수고했으니 화투놀이 하라"며 화투 패를 찾아다 준다.

　이사 준 철제 옷장을 골목 한쪽에 세워 두기 위해 앞집 기석이네 엄마에게 집 쪽 담장에 걸린 빨랫줄을 치워 달라고 하자 거기에다 어떻게 놓느냐고 거절, 윗집 일웅이네 아빠·엄마, 용수 엄마 등도 좁은 골목에 옷장을 어떻게 금선 할머니는 타고난 이야기꾼으로 이 집에 세 들어 온 뒤 얼마 지나지 않아 현장 조교와 친해지면서 온갖 살아온 이야기를 털어놓았다. 다들 사는 데 바빠 세세하게 남의 살아온 이야기를 들어줄 사람도 없던 차에 "한때는 먹고살 만한 여관집 딸이었다"는 할머니의 가족사를 신나게 들을 수 있었다. 유형적 사례가 될 만했다.*

할머니의 가족사는 가족이야말로 구조와 역사와 개인이 만나는 접점임을 여실히 드러낸다.

1942년 어느 날 청진의 대신여관집 딸과 조선여관집 아들이 결혼했다. 신부는 정금선. 금선 할머니다. 할머니 시아버지는 경상도 '깡촌'의 빈농의 둘째 아들이었다. 부쳐 먹을 땅도 없어서 고향 마을을 떠날 수밖에 없었다. 나이 열일곱인가 열여덟이었다. 손바닥만 한 소작 땅은 큰형님네 식구들의

---

* 이희영은 '유형적 사례'는 특정한 시공간에서 살아온 구체적인 개인의 사례이며, 동시에 이 사례의 복합적인 행위의 전개 과정이 다른 개인의 생애사에도 발견될 수 있는 가능성이 있다는 의미에서 유형적 특성을 갖는 사례라고 설명한다. '유형적 사례'는 해당 구술 조사에 참여한 '평균적인 혹은 보편적인' 특성을 보여 주거나 관련된 특정한 사회 집단을 '대표'하는 사례는 아니다. 이희영(2005), "사회학 방법론으로서의 생애사 재구성: 행위이론의 관점에서 본 이론적 의의와 방법론적 원칙," 《한국사회학》, 제39집 3호, 120-148쪽.

입에 풀칠하기도 힘들었다. 괴나리봇짐 하나에 이발 기계 하나 넣고 고향을 나왔다. 먹을 것 없는 사람들은 만주로 떠나던 때였다. 걸어가다 먹을 것이 떨어지면 이발 행상으로 해결했다. 그렇게 해서 만주로 들어가는 길목인 함경북도 청진에 이르렀고 숙식을 해결하기 위해 어느 여관에 허드레 일자리를 얻었다. 아이를 못 낳는다고 소박맞은 과수댁이 하는 여관이었다. 이 여관에 결국 눌러 살게 되었다. 아들 한 명, 딸 한 명을 낳았다. 그 아들이 할머니 남편이다. 금선 할머니는 바로 그 조선여관의 건너편의 대신 여관집 큰딸이었다. 여관업이 당시 하층에서 하는 업종이긴 했지만 경제적으로는 금선 할머니 친정이나 시집 모두 여유가 있었다. 할머니네 친정은 시집보다는 약간 나은 자소작농이었다. 조부 대에서는 청진에서 팔십 리 들어간 청포동에서 많지 않은 농사를 짓고 있었는데 아버지 대에 청진으로 나와 여관을 시작하게 되었다.

금선 할머니는 소학교 다닐 때까지 조부 밑에서 자랐고 소학교 졸업하자 청진 부모 밑으로 오게 되었다. 도시에서는 돈 있으면 딸도 학교를 보내는 때여서 4년제 중학교를 다녔다. 여학교를 졸업한 뒤 일본인 전기 회사에서 타이피스트로 일했다. 이른바 대동아 전쟁이 한창이어서 딸 가진 부모들이 노심초사하던 때였다. "신랑 얼굴도 똑똑히 못 보고 정신대 끌려갈까 봐" 얼른 결혼을 결정해야 했다. 그때 할머니 나이 열아홉이었는데 중매는 교회 전도사가 섰다. 그 당시 북쪽의 서민층에는 기독교가 상당히 깊숙이 들어와 있어서 할머니 친정과 시집 모두 교인이었다. 미소 연합군의 한반도 점령이 없었다면 그리고 전쟁이 나서 월남하지 않았다면 할머니네는 계급 이동에 성공한 사례가 되었을 수도 있다. 할머니 가족은 6·25가 터지기 직전인 1949년 할머니 나이 스물여덟에 남쪽으로 내려오는 여정에 올랐다. 해방이 되자마자 소련군이 북쪽에 주둔하면서 여관에 들어와 "다와이 다와이"'데려 와'라는 러시아어 하는 바람에 시아버지가 젊은 며느리를 걱정해 남쪽으로 가기로 한 것이다. 다섯 살짜리 딸은 걸리고 두 살짜리 아들은 륙색^{배낭}에 업고 월남 길에 올랐다. 그 두 살짜리 아들이 수일 아저씨다.

할머니 세대가 일제 강점기에 출생한 세대라면 자녀 세대는 해방 전후 세대다. 할머니의 딸은 1943년, 아들 수일 아저씨는 1948년생이다. 할머니의 딸과 아들은 청진에서 태어나 부모 손에 이끌려 전쟁 통에 월남한 피난민 자녀였다. 수일 아저씨는 노점과 행상으로 근근이 생활하는 어머니 밑에서 중학교 2학년까지는 다녔지만 곧 학교를 그만두고 용산 근처 선풍기 공장에 취직했다. 일도 재미없고 공장 일이 싫어 중국집 뽀이^{당시 중국집 배달 소년을 부르는 명칭}로도 일했다. 그 다음에는 일당이 높은 건설 노동으로 옮겼다. 열여덟 살 때였다. 양동 철거로 사당동으로 이주해 왔을 때였다. 그때는 바로 베트남 전쟁 참전으로 경기가 살아나기 시작할 때였다. 서울시는 급속하게 확장되고 변두리 지역은 개발되기 시작했으며, 주택 경기도 활성화되었다. 아저씨는 이때부터 건설 노동자로 살았다.

할머니 손자녀 즉 아저씨 자녀들은 바로 산업화가 본격화된 1970년대에 모두 출생했다. 큰손자 영주 씨는 1973년생이며 사당동에서 처음 만났을 때 중학교 1학년이었다. 지금은 네 살짜리 아이를 둔 다문화 가족의 가장이다. 고등학교를 졸업했으며 전도사나 선교사가 되는 것이 꿈이어서 야간 신학교도 다녔지만 지금은 꿈을 접었다. 손녀 은주 씨는 1976년생이며 세 아이의 엄마다. 사당동에서 처음 만났을 때는 열한 살이었고 지금 서른여섯 살이다. 둘째딸이 옛날 사당동 시절 은주 씨와 같은 나이다. 은주 씨는 고등학교를 졸업했지만 청각 장애가 있어 제대로 된 일자리를 얻기가 쉽지 않아 이런저런 일을 하다 지금은 재봉 일을 한다. 막내손자 덕주 씨는 1979년생이며 여러 가지 일을 전전하다가 현재는 동네에서 작은 헬스센터를 운영한다. 중학교 2학년을 중퇴하고 친구들과 어울리면서 "감방에 세

그림1. 할머니 가계도

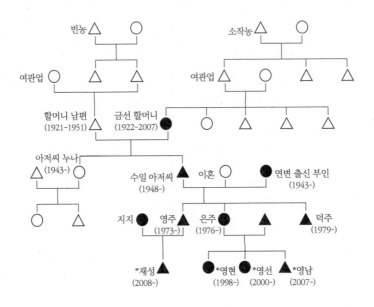

※ ●/▲ 표시는 연구 참여자(이름 앞에 *표시는 가명)

번 갔다 왔다"는 그는 "그때는 다 그런다"는 말로 간단하게 자기 청소년기를 정리했다.

임대 아파트로 이사와 약간의 저축과 방이 생기자 금선 할머니가 맨 처음 한 일은 아들 수일 아저씨에게 '아내를 얻게 하는 일'이었다. 임대 아파트는 실평수 7.5평의 작은 아파트였지만 사당동 때와는 비할 수 없는 주거 조건이었다. 방 한 칸에 거실 한 칸이었는데 거실을 방으로 만들어 단칸방에서 벗어나자 연변에서 며느리를 구해 온 것이다. '연변 아줌마'나 '결혼이주 여성'들이 언론에 등장하기 훨씬 전이다.* 그러나 연변 며느리는 일 년 만에 가출했고 수일 아저씨는 다시 혼자다. 이 가족을 대변하던 할머니

28

는 몇 년 전 세상을 떴다.

금선 할머니 가계도를 조부 대에서부터 손자녀 세대까지 그려 보면 [그림1]과 같다. 가족사를 정리하면 조부 대에서는 소작농이었고 부모 대에서 여관업을 하면서 경제적으로는 사회 이동의 가능성을 얻었지만 할머니 본인 대에 와서 한국 전쟁과 월남 피난민이 되면서 노점상과 일용직의 도시 빈민이 되었다. 할머니 시가의 경우를 보면 할머니의 시조부는 빈농이었고 시아버지는 이발 행상을 하다 여관 숙박업을 했고 남편은 그러한 여관집 아들이었으나 월남하면서 다시 이발 행상, 아들은 일용직 건설 노동을 하는 영세민이다. 큰손자는 일용직 건설 노동자다. 계급 재생산과 관련하여 가계도를 정리하면 "결과적으로 계급이나 계층 이동이 거의 일어나지 않은 셈이다", 이 한 줄이면 충분할지도 모른다. 그러나 빈곤 재생산의 삶과 과정은 좀 더 복잡다단하다.

이 가족을 연구의 사례로 지켜본 지 10년이 지날 때까지도 금선 할머니 가족과 연구자 가족이 짝을 맞추듯 같은 세대라는 생각을 미처 못했다. 어느 날 불현듯 금선 할머니와 연구자의 어머니가 불과 세 살 차이의 같은 세대라는 사실을 인지하게 되었다. 연구자와 수일 아저씨가 두 살밖에 차이 나지 않으며 영주 씨는 연구자의 아들과 한 살 차이 나는 같은 세대였다. 한동안 그런 생각을 못했다. 하지 않으려 했을 수도 있다. 나는 연구자였고 그들은 내 연구의 '사례 가족'일 뿐, 그들 가족과 내 가족까지 연관 지어 생각할 필요는 없었다고 생각했을 것이다. 연구자의 어머니는 호남의 소지주가의 며느리였다는 계급적 배경만 달랐을 뿐 열아홉에 정신대 뽑혀 갈까 봐 겁나서 서둘러 결혼했고 6·25 전쟁으로 혼자된 것까지도 같은, 금선 할

----

* 이때는 1998년으로 아직 '결혼 이주 여성'이나 '다문화 가족' 또는 '다문화 가정'이라는 용어가 언론에 등장하기 전이다. 결혼 이주 여성과 '다문화 가족'이 사회적 이슈로 언론에 등장한 것은 2000년도 이후다.

머니와 동시대인이었다. 연구자와 수일 아저씨는 계급이나 사회적 배경뿐 아니라 젠더 때문에 더욱 같은 세대라는 생각을 못했다. 너무나 철저하게 '연구자'와 '연구 대상'의 관계였다. 어느 순간 연구자의 가족과 할머니 가족을 같이 놓고 비교라도 해 보게 된 것은 '우리 집 아이들'과 '할머니 집 아이들'이 직업을 갖게 되었을 때쯤인 것 같다. 청소년기 때는 '우리 집'과 '그 집'의 아이들이 다른 것은 너무 당연해서 다른 두 세계에 사는 같은 세대라는 생각을 못했다.

언젠가 한번 사당동 철거 당시 현장 일지에는 잠깐 우리 집안의 아이들과 사당동 아이들이 속한 두 세계에 대해 지나가듯 언급해 놓고 있다. "초등학교 5학년짜리 조카애를 데리고 어딘가 가는 길에 사당동을 잠깐 들르게 되었는데 조카아이는 남성시장을 지나서 동네 입구에 다다르자 무섭다고 들어가지 않으려고 했다. 중산층 아이에게는 너무나 낯설고 두렵고 무서운 곳이 바로 철거 재개발이 진행되고 있는 사당동 모습이었다. 그런데 이곳 아이들은 온 동네가 놀이터가 된 듯이 놀고 있었다." 그 조카애는 은주 씨와 동갑이다.

지난 25년간 나는 내가 속한 일상과 내가 속하지 않으면서 연구 대상이 된 사람들의 일상을 오가야 했다. 계속 두 세계를 왔다 갔다 한 셈이다. 처음 사당동으로 갈 때는 학교가 있는 장충동에서 출발해서 이태원을 거쳐 동작대교를 넘어 이수교를 거쳐 남부순환로를 따라가다가 남성시장을 통해 사당2동으로 들어섰다. 거기서 한나절을 보내고 다시 나의 일상으로 '복귀'할 때에는 대체로 저녁 여섯시가 지나서 그곳을 나오게 되는데 남성시장을 거쳐 이수교를 지나 제1한강교를 거쳐 서울역과 광화문에 들어서면 '다른 세상'에 다녀왔음을 실감하고는 했다. 한편 상계동에 갈 때는 사당동 때와는 달리 현장에 들어갈 때 훨씬 더 다른 세계로 들어가는 듯한 긴

장감을 갖는다. 동호대교를 거쳐 북부간선도로를 타고 상계동 쪽으로 휘어 들어 갈 때까지는 서울 외곽도로를 타고 있다는 것 외에 별다른 느낌을 갖지 않는다. 그러나 고속도로를 빠져나와 대로변에서 바로 맞닥뜨리는 임대 아파트 단지에 도착하면 '어떤 이방의 동네'에 들어서는 긴장감을 갖게 된다. 사당동에서는 큰길에서 남성시장을 거쳐 한참을 걸어 올라가기 때문에 그들의 삶에 서서히 다가가는 데 비해 상계동 임대 아파트는 바로 큰길에 모습을 드러내기 때문인지도 모르겠다. 마음의 준비가 덜 된 상태에서 맞닥뜨리는 느낌이다. 그보다도 사당동은 골목에 늘 아이들이 놀고 있어서 생기가 넘치는 데 비해 임대 아파트 단지는 노동 인구가 거의 없기 때문에 생기가 없고 뭔가 낙오된 사람들이 집단적으로 모여 사는 듯한 데서 오는 방어적 느낌 탓인 듯도 했다. 상계동 임대 아파트 단지에 들어가 한나절이나 하루를 보내고 나올 때는 비교적 빠르게 바로 '다른 세상'으로 빠져나와 버린다. 동부간선을 타고 강변의 아파트 단지를 지나올 때쯤에 벌써 아무런 생각 없이 다른 세계로 진입해 있음을 실감한다. 그러나 하루 동안에 '두 개의 다른 세상'을 오간 여진까지 없어진 것은 아니다.

연구자에게 연구자가 속한 일상과 다른 일상을 경험하고 연구한다는 것은 어떤 의미인가를 수시로 자문해야 했다.

02
가난 두껍게 읽기

• 질적 방법의 실험장 •• 사당동 철거 재개발 현장
••• 임대 아파트 단지로 가다 •••• 방법론적 딜레마
•••••영상으로 사회학적 글쓰기

처음에 사당동 철거 재개발 지역 현장 연구에 들어갔을 때는 적어도 일주일에 한 번 이상 다녔고 할머니네가 상계동*으로 이사한 뒤에는 그만큼 자주는 아니지만 시간 날 때마다 다닌다. 이제 상계동으로 가면 삼각형으로 움직여야 한다. 영주 씨가 살고 있는 원래의 할머니 집에 간 다음에는 은주 씨네 집 그리고 덕주 씨네 집 겸 일터로 돌게 된다. 가끔씩 한 군데서 시간을 너무 오래 보내 버리면 두 집만 가거나 한 집만 다녀올 때도 많다. 처음에는 연구 공간의 이동에 관심이 있었다. 그리고 시간이 지나면서 연구 참여자들의 변화에 관심이 생겼다. 연구자와 할머니 가족들과의 관계에도 변화가 생겼다. 처음에는 영주 씨와 덕주 씨는 연구자에게 크게 개인적 관심을 표하지 않았다. 오히려 조교들과 더 친했다. 할머니가 돌아가시고 나면서 직접적인 대면 관계가 많아지자 차츰 친숙해졌고 특히 덕주 씨는 인터넷을 하기 시작하면서 연구자가 그냥 아줌마가 아니라 가끔 신문이나 방송에도 나오는 교수라는 것을 알게 되자 조교들에게 "교수님이 유명하냐"고 물어보기도 했다. 연구 기간이 길다 보니 처음에 아이들로 만났던 영주·은주·덕주가 어느 순간 영주 씨, 은주 씨, 덕주 씨로 호칭이 바뀌면서 어린 사람에게 하던 낮춤말이 어중간한 반존칭으로 바뀌어 가는 어색한 인터뷰가 이 가족을 다룬 다큐멘터리 〈사당동 더하기 22〉 곳곳에서 잡혔다. 어른이 된 영주 씨한테 인터뷰하면서 왜 말을 놓았냐고 지적하는 사람들도 나왔다. 연구자와 연구 참여자 간의 관계에 외부 관찰자들도 끼어들기 시작했다. 그뿐만 아니라 필리핀 결혼 이주 여성이 할머니의 손자며느리가 되면서 필리핀의 오지도 연구자의 관심지가 되었다. 신자유주의 세계화라는 것이 어느덧 제3세계 가난한 가족과 그들의 친밀한 관계에 밀고 들어오는 현장도 엿보게 된 것이다.

* 여기서 '상계동'은 노원구 상계동이라는 행정명에 국한하지 않고 상계 지역을 총괄하는 의미로 썼다. 금선 할머니 가족이 사는 임대 아파트 단지의 행정명은 상계동은 아니지만 상계 지역이며 여기서 상계동은 사회적 기호이기도 하다. 상계동은 사당동과 함께, 한 동네명으로 가장 많은 사회 과학 논문이 나왔다(학술 논문 목록은 참고문헌 참조).

질적 연구 방법의 실험장

문화기술지ethnography는 경험의 기록이 아니라, 그것은 경험의 수단이다. 경험은 문화

기술지로 쓰게 되었을 때 비로소 경험이 된다. 그러기 전에는 결절된 우연한 사건의 배열

에 지나지 않는다. 어떤 경험도 문화기술지에 선행하지 않는다는 점에서 경험이 곧 문화

기술지다. ──스티븐 A. 타일러(1986: 138)

이 연구는 단계적 변화를 몇 차례 겪으면서 진행되었다. 또한 처음부터 끝
까지 기존의 질적 연구 방법론의 지침을 상당 부분 어기거나 넘어설 수밖
에 없었다. 연구 과정에서 연구자는 본인의 현장 일지 외에 연구 조교들의
현장 일지와, 연구 조교들의 현장 일지에 대한 연구자의 코멘트를 포함했
을 뿐 아니라 이 연구에 참여하는 연구 조교나 사회복지사까지도 관찰의
대상이 되었다. 문자 매체뿐 아니라 영상 매체를 활용한 질적 방법의 도입
은 질적 방법론의 교과서적 원칙들을 때로 배반할 수밖에 없었다. 질적 연
구 방법을 실험하는 현장이었다고 해도 과언이 아니다. 오랫동안 질적 방
법론에 천착해 온 미국 사회학자 덴진Denzin은 문화기술지의 변천사를 훑어
본 후 이미 20년 전에 문화기술지가 여섯 번째 계기moment를 맞이했다고
기술하고 있다. 역사적으로 전통적 시기(1890~2차 세계 대전), 근대적 시기

(2차 세계 대전~1970년대 중반), 장르의 해체(1970~1986), 재현 위기(1986~ 1991) 그리고 작금의 다섯 번째 계기인 성찰적 문화기술지는 하나의 교차점을 지나 이제 여섯 번째 계기를 맞고 있다는 것이다. 여섯 번째 계기는 무엇보다도 실재론적 프레임을 벗어나고 정해진 해석의 틀까지 벗어나 다성적이고 다중적 해석을 가능하게 할 뿐 아니라 연구자와 연구 대상 간의 경계도 무너뜨리는 실험을 요구한다.* 그리고 '기술한다'는 의미와 도구마저 도전 받는 현실에 주목한다.

당연히 역사적 시기에 따라 문화기술지의 인식론적 틀도 변화했다. 이 연구는 문화기술지의 여러 계기와 단계를 모두 압축적으로 거치거나 실험해야 했다. 외래 수입 학문의 모든 연구 방법처럼 문화기술지라는 연구 방법을 압축해 수입하고 실험했다기보다는 현장 속에 너무 오래 있다 보니 자연스럽게 실증주의적, 객관적, 근대적 문화기술지 쓰기의 한계에 부딪히면서 실험적 글쓰기를 모색했다고 할 수 있다. 탈식민주의 문화기술지, 포스트 콜로니얼 문화기술지 또는 자기 성찰 문화기술지 어떤 이름으로 불려도 상관없지만 그런 이름을 빌리기 위해 또는 그런 이름에 걸맞기 위해 작업을 하거나 글쓰기를 한 것은 아니다. 그러나 '현실의 재현'이라는 문제와 '두꺼운 기술thick description'을 구체적으로 고민하고 실험하려 했다.**

---

* 전통적 근대적 계기까지는 문화기술지는 실증주의적 과학의 전통을 좇아 보편적 문화적 진실의 기념비를 생산해 내고 객관성에 대한 신념에 차 있었다면, 다섯 번째 계기의 성찰적 문화기술지에서는 강한 성찰에 기반한 회의와 텍스트 안에서 저자 자신에 대한 불안까지 드러내는 형식의 마비를 노정했다는 평가도 있다. 그리고 이제 그 계기를 지났다는 것이다. Norman K. Denzin(1997), *Interpretive Ethnography: Ethnographic Practices for the 21st Century*, California: Sage, p.286.
** Paul Atkinson(1990), *The Ethnographic Imagination: Textual Constructions of Reality*, London and New York: Routledge과 Willis, Paul(2000), *The Ethnographic*

첫 2년 반의 프로젝트 보고서는 그야말로 프로젝트 수주 기관의 요구에 맞춰 철거 재개발이 지역 주민에 미친 영향을 실증주의적 증거를 기반으로 한 정책 보고서에 치중했다.* 보고서를 낸 후에 현장 연구를 보완하고 사진도 더 보충해 공동 연구자와 함께 《도시빈민의 삶과 공간》이라는 책을 출간하면서 서문에서 철거 재개발 현장을 '객관적'으로 기술하려고 노력했음을 유독 강조해야 했다.** 이토록 강한 강조는 '객관적'으로 기술한다는 것에 의미를 두고 많은 고민과 혼란이 있었음을 고백하는 것이기도 했다. 이러한 연구를 통해 실질적으로 누구에게 어떤 도움을 주고 있는가, 또는 줄 수 있는가를 자문해야 했다. 다음 단계의 연구는 좀 달랐다. 철거가 진행되어 거주민들이 지역을 떠나갔고 이들 중 몇 가족들을 추적 조사하다가 이 중에서 영구 임대 아파트로 이주하게 된 '금선 할머니' 가족에 집중

Imagination, Cambridge: Polity Press의 문화기술지에 대한 해설은 많은 도움이 되며 한국 사회 연구로 김원의 다음 두 책도 많은 시사점을 준다. 김원(2003), 《여공 1970, 그녀들의 반 역사》, 이매진; 김원(2011), 《잊혀진 것들의 기억》, 이매진.

* 프로젝트 보고서 마지막은 현장 참여관찰에 기초하여 당시 재개발 방식의 문제점을 지적한 정책 제안으로 가득했다. 연구 과정에서 《도시 무허가 정착지의 성격과 생활 실태》(1987)라는 중간 보고서와 《재개발 사업이 지역 주민에 미친 영향》(1988)이라는 최종 보고서를 냈다. 보고서 발표 때 서울시 재개발 관련 담당 공무원들이 초청되었다. 그들은 우리 보고서에 강한 불만을 나타냈다. '젊은 여성 교수'들이 실상을 너무 모르고 있다며 세입자에게도 이주비를 지급해야 한다는 제안을 한 데 대해 특히 불만을 나타냈다. 그들 대부분이 "이주비 타내려고 주민 등록 옮겨 놓은 사람들"이라는 것이었다. 세입자들 중 한곳에 오랫동안 주민 등록된 경우가 거의 없다는 것이 그 이유였다. 그러나 실상은 그들은 싼 집을 찾아 계속 이주해야 했기 때문에 한곳에 오래 주민 등록을 할 수 있는 사람들이 아니었다. 같은 사당동 안에서 수차례 옮겨 다닌 경우가 대부분이었다. 이 보고서에서 주거 공간의 탈상품화 문제를 집중 거론하고 대안으로 영구 임대 아파트와 순환 재개발 등을 강력하게 요구했다. 조은·조옥라(1988), 〈재개발사업이 지역 주민에 미친 영향: 서울사당동 재개발지역 사례연구〉, 서울대학교 부설 인구 및 발전문제 연구소(미간행 보고서), 156-162쪽.

** 조은·조옥라(1992), 《도시빈민의 삶과 공간》, 서울대학교출판부, viii.

하게 되었을 때부터는 '객관적' 자료 수집이라는 틀에서 벗어나기 시작했다. 관찰의 주요 연구 표적으로 삼게 된 금선 할머니 가족은 연구 대상이기보다는 연구 참여자였다. 이들에 대한 '중립적이거나 객관적 기술' 같은 것에 크게 신경 쓰지 않게 되었다. 글쓰기 방식도 새롭게 고민했다.*

이 가족을 안 지 12년쯤 지난 뒤에 다큐멘터리^{이하 '다큐'로 줄임} 제작을 생각하게 되었다. 다큐를 찍어 본 경험도 없이 그리고 당연히 각본도 없이 아주 초보적인 지식만 가지고 동영상 작업을 시작했다.** 동영상 카메라를 들이대면서 금선 할머니 가족과의 라포도 새로운 단계에 접어들었다. 좀 너 밀착해서 일상을 들여다보게 되었고 좀 더 생생한 이야기를 쫓아다녔다. 이 가족 이야기가 결코 한 가족만의 이야기가 아니라는 점에 더욱 빠져들게 되었다. 처음에 동영상 작업을 시작할 때는 수업용으로 만든다고 생각했다. 학생들에게 '도시빈민'이나 '불량 주거지', '철거 재개발', '달동네' 등을 언급했을 때 문자만으로는 감이 전혀 전달되지 않는다는 것을 느꼈다. 이들은 한국 사회의 풍요를 경험한 '다른 세대'였다. 그때 할머니 가족을 중심에 놓은 다큐를 만들어 볼 만하다고 생각했다. 당시 달동네나 빈민에 대한 다큐는 운동성이 강하거나 동정적인 빈곤 폭로용이 대부분이어서 이들과 다른 다큐를 만들어 보고 싶었다. 동영상 촬영은 3년밖에 안 되었지만 스틸 사진과 녹취 등이 있어 다큐를 만들 수 있을 듯했다. 할머니 가족을 만난 지 15년이 되었을 때였다. 가족사진이 있으면 자료로 쓰고 싶어 가족 앨범을 빌렸다. 그런데 가족 앨범에는 사실상 가족사진이라고 할 수 있는 사진이 없었다. 할머니가 교회 야유회 가서 찍은 사진이나 영주 씨가 성가대에서 노래

---

* 이때 포스트 콜로니얼 또는 포스트 모던 문화기술지에 대한 논의들의 도움을 받았다. 특히 James Clifford and George E. Marcus(eds.)(1986), *Writing Culture*, London: University of California Press 참조.
** 이때 처음 쓴 카메라는 전문가용 촬영 카메라, 베타 캠이었다.

부르며 찍은 사진, 은주 씨가 여고 시절 밴드부 할 때 찍은 사진, 덕주 씨의 유치원 졸업 사진, 아저씨가 군대 있을 때 찍은 사진 등 그들의 한때를 기념하는 사진 외에 사당동 집 앞에서 찍은 사진은 한 장도 없었다. "집에서 찍은 가족 사진이 없느냐"고 물었더니 그들은 대수롭지 않게 "없다"고 답했다. 왜 없느냐는 우문에 "카메라가 없어서"라고 간단하게 답했다.

당시 카메라는 재산 목록에 들어가는 것으로 웬만큼 사는 사람들이나 갖는 사치품이었기에 자기 집 앞마당에서 일상을 카메라에 담는 것은 그런 사람들만이 누릴 수 있는 호사였지 사당동 사람들이 할 수 있는 일이 아니었다. 또한 이들에게 사진은 특별한 기념일에 찍는 것이었는데, 이들이 사당동에서 어렵게 살던 모습은 기념이 될 일이 아니었고 당연히 사당동 집 앞에서 찍은 사진은 한 장도 없었다. 이들이 사당동에 살았다는 흔적은 오로지 우리가 찍은 현장 사진 밖에 없었다.

현장 연구 중 찍은 슬라이드 사진과 현장음, 주민들과 할머니 가족의 구술 생애사, 그리고 3년간의 동영상 작업을 편집해 이 가족을 만난 지 15년이 되었을 때 〈한 가족의 이야기가 아니다〉(2001)라는 30분짜리 다큐를 만들어 주로 사회학자들을 중심으로 관심있는 사람들과 시사회도 했다. 이 직설 화법의 기록용 다큐를 몇 차례 수업에 쓴 뒤, 더 많은 사람들을 위한 다큐를 만들까 고민하면서 당시로는 다큐 제작에 가장 경험이 많은 '푸른 영상'을 찾아가 편집인을 소개받아 수정본을 만들어 〈사진에는 가난이 없다〉는 제목을 붙여 시사회를 계획했으나 완성도가 떨어져 취소하고 수업용으로만 썼다. 그러면서 촬영은 계속했다. 본격적으로 다큐 영화 제작을 고민하게 되었다. 수업용 영상물 수준에서 다큐 영화로 발전하는 데는 할머니 손자가 필리핀 신부를 맞이하게 된 것도 한 계기가 되었다. 할머니가 세상을 뜬 지 5개월쯤 지난 어느 날 큰손자 영주 씨가 전화를 걸어왔다. "15일이 월급날인데 7일에 필리핀에 결혼하러 가야 된다"는 것이었다. '필리핀인지 베트남인지'의 여자와 결혼 말이 오간다는 이야기는 있었지만 혹위장 결혼인가 생각했는데 그렇다면 굳이 15일이 월급날인데 7일에 필리핀에 가야 한다는 도움을 청하는 전화를 할 리가 없었다. 자세하게 알아본 결과 '위장'이 아니라 실제로 결혼하러 가는 것이었다. 일터에서 알게 된 필리핀 이주 노동자가 소개해서 전화로 결혼을 약속한 것이다. 급하게 현지 촬영을 결정하고 촬영을 맡을 대학원생과 함께 갈 학부생 자원자를 찾았다. 연구자가 동행할 수 없었기 때문에 촬영자에게는 촬영 노트를, 그리고 질적 방법론을 수강했던 학부생에게는 현장 일지를 써 오도록 부탁했다.

영주 씨는 영어도 잘 못할 뿐 아니라 해외여행 경험도 없던 터여서 촬영 팀의 동행을 환영했다. 영주 씨 신부 집은 마닐라에서 버스로 열일곱 시간 걸리는 반군 출몰 지역으로 위험 지역이었다. 한국의 판자촌과 60, 70년대의 농촌 마을을 연상시키는 필리핀 신부 집 내부와 마을 풍경, 그리고 그곳에서 계속 사당동 때 이야기를 하는 영주 씨를 담은 영상 자료는 세계화가 제3세계 변방 가족에까지 침투하는 과정과 구조를 예기치 않은 장소에서 보여 주었다. 그렇게 해서 22년이라는 시간의 이동과 함께 공간의 이동까지 잡아 〈사당동 더하기 22〉라는 다큐를 세상에 내놓게 되었다.

그리고 3년 더 이 가족과 그 이웃들을 지켜보았다. 25년이 된 것이다. 25년 전의 현장 일지에서 시작해서 그동안의 수없이 많은 메모·인터뷰·녹취·영상물 테이프 등을 정리해 가며 25년을 넘나들었다. 그렇게 빈곤한 삶 속을 들어가 보기로 했다.

사당동 철거 재개발 현장

○ 부동산 중개소에서 연구 현장을 찾다

사당동 철거 재개발 현장 연구의 시작은 연구 목적에 적합한 재개발 예정
지구를 찾아내는 것이었다. 연구에 적합한 지역을 선정하는 기준은 크게
두 가지로 요약되었다. 하나는 전형적인 불량 주거 지역의 특성을 가진 철
거 재개발 예정지여야 하고, 지역 주민이 집단으로 이주하는 합동 재개발
방식을 채택하는 재개발 구역이라는 요건이 충족되어야 했다.

합동 재개발 방식이란 지역 주민이 토지를 제공하고 대형 건설 회사는
참여 조합의 자격으로 주택을 건립하여 해당 지역 주민을 수용한 후 잔여
세대는 분양하여 건축비를 충당하는 방식으로 지역 주민이 참여하여 건설
회사와 의논한 뒤 합동으로 개발한다는 뉘앙스를 가지고 있지만 사실상 이
때 국유지나 시유지였던 땅은 재개발과 함께 건설 회사에 불하되는 셈이었
다. 국공유지의 상품화가 진행되는 현장이었다. 당연히 엄청난 이윤이 창
출되고 건설 회사와 가옥주, 세입자 간에 이해관계가 대립할 수밖에 없는
방식이었다. 이 합동 재개발은 사업 가능 지역이 제한되어 있고, 주민 의견
이 분분하여 의견 일치를 보기가 힘들며, 따라서 장기적인 시간이 소요되
고 투기 요인이 발생하는 등의 문제를 야기하기 때문에 재개발 진행을 예측

하기 힘들었다. 그럼에도 불구하고, 아니 그렇기 때문에 연구지 선택의 또다른 요건은 연구 기간 동안에 철거가 이루어지는 지역이어야 한다는 것이었다. 특히 철거 과정과 철거 후까지를 연구해야 하기 때문에 6개월 정도 후에 철거가 예정된 지역이어야 했다. 또한 6개월간 조사원들이 참여관찰을 통해 지역 사회의 성격, 지역 주민의 사회 경제적 배경과 생활양식 등을 파악한 후, 소수 심층 연구 대상 가구를 선정해 재개발 시행 및 그 이후 이들의 이주 및 생활 실태 등을 관찰할 수 있어야 하기 때문에 연구 기간 동안에 철거가 확실하게 진행되어야 하는 조건을 충족해야 했다. 그러나 철거 재개발이 예정된 스케줄에 따라 진행되는 곳은 대한민국 어디에도 없다. 그럼에도 연구 목적에 맞는 현장을 찾아야 했고 도박을 걸듯 연구지를 선정해야 했다.

　연구지 선정을 위해 대표적인 철거 재개발 가능 지역을 찾아 나섰다. 정부가 1965년 실시한 철거 정책에 따라 시내 중심지로부터 집단 이주한 봉천동·상계동·사당동·난곡동·상도동 등지의 전형적인 불량 주거지가 우선 선정이 가능한 대상 목록에 올랐다. 일단 불량 주거지가 밀집한 동작구, 관악구 등의 몇 개 구청의 주택과 재개발 담당자를 만나 보기로 했다. 두 달 이상을 연구 기간에 맞춰 철거될 지역을 찾는 데 소모했다. 그러고 나서 각 지역의 부동산 중개업소와 재개발추진위원회 사무실이 가장 많은 정보를 가진 곳이라는 점에 착안해서 해당 지역의 부동산 사무실과 재개발추진위를 순회 방문하여 각 지역의 재개발 추진 과정을 탐문했다. 여러 가지로 탐색한 결과 아무도 예측할 수 없는 철거 재개발 스케줄에 대해 그나마 가장 정확한 정보를 쥐고 있는 곳은 부동산 중개업소라는 것을 확인하게 되었다. 연구지 선택에서 결국 부동산 중개업소의 도움을 받았다.*

---

* 이에 대한 더 자세한 논의는 조은·조옥라, 앞의 책, 10-11쪽 참조.

조사지가 된 사당 4구역은 1985년 12월 서울시에서 사업 계획 결정 고시 및 건축 심의안이 통과돼 1986년 11월에 철거할 예정이었다. 1986년 6월부터 연구에 들어간다면 6개월간 철거 전의 지역 사회 특성이나 주민들에 대한 현장 연구를 할 수 있어 연구지로 매우 적절하다고 판단했다. 서류상으로는 그렇게 판단할 수 있었지만 실제로 그렇게 진행될지는 아무도 장담할 수 없었다. 처음에는 사당 4구역의 4공구지를 연구지로 선택했으나 해당 지역의 부동산 업자들의 의견을 수합한 결과 연구 프로젝트의 일정과 맞을 가능성이 높은 제2공구로 결정했다. 서류상으로 이 지역의 철거 예정은 1986년 11월이었지만 실제로 철거에 들어간 것은 1988년 1월이었고 철거가 끝난 것은 1989년 말이었다. 수차례 백골단이 투입된 뒤였다.* 주민 이주가 끝난 것은 원래의 연구 일정보다 1년 이상 늦어진 때였다. 다행히도 연구를 발주한 유니세프 한국지부장이 필리핀의 사회학자 출신이어서 연구 내용과 과정을 이해하고 연구 기간을 1년 더 연장해 주었다.

한 지역이 철거 재개발로 지정되고 실제로 철거가 진행되기까지 얼마나 많은 우연이 작용하는가는 우리 연구 지역의 에피소드 하나만 보아도 알수 있다. 서울시가 재개발 구역으로 조사 지역을 고시한 것은 1973년 12월 1일이었다. 1년 뒤에 지적 고시까지 했다. 그러나 8년 가까이 지날 때까지 아무런 진전이 없다가 1984년에야 재개발사업추진위원회가 결성되었다. 이 사업을 처음 추진하게 된 라 씨는 원래 시청 앞에서 양복점을 경영했는

---

* 백골단(사복 체포조)은 1980~1990년대 사복 경찰관으로 구성된 다중 범죄 진압 임무를 수행하는 경찰 부대를 일컫는 별칭이다. 대부분 무술 유단자 등으로 구성되었으며 일반 전의경들과 달리 청색 재킷을 입고 흰 헬멧을 쓰고 시위자들을 진압했기 때문에 백골단이란 별칭이 붙었다. 당시 주요 노동 운동 시위 현장이나 철거 재개발 반대 시위 현장에는 백골단이 거의 빠짐없이 등장했으며 독재 시대의 공포의 상징이었다.

데 1984년 3월 '우연히' 양복을 맞추러 온 서울시 고위 당국자한테 어디 사느냐는 질문을 받고 사당동 산동네라고 대답하자 재개발 사업을 한번 해 보라는 권고를 받게 되었다. 그는 곧바로 이를 실천에 옮겨서 1984년 4월 부터 가옥주 동의서를 받기 시작했다. 이렇게 아주 우연하게 이곳의 재개 발은 시동을 걸게 되었다. 라 씨는 동네에서 오랫동안 통장 일을 맡고 있었 던 관계로 동네 형편이나 사람들을 잘 알고 있었으므로 통장들을 통해 가 옥주들에게 재개발 동의서를 받아 냈으며 이때 가옥주 80%가 동의서에 서 명했다. 라 씨는 곧 서울시의 도시 계획 담당자들을 만나 적극적으로 일을 추진하기 시작했으며 그해 9월1일 주민 총회에서 삼익건설이 참여 조합으 로 선정되었고 본격적으로 재개발 사업이 추진되기 시작했다.

○○ 방 얻고 현장에 들어가기

지역 주민 속으로 들어가 일상생활을 참여관찰하고 자료를 얻는 것은 가장 고전적이고 기본적인 현장 연구 단계다. 여기서 채택한 전략은 대학원생 조교들을 현장에 정주시키는 것이었다. 연구자들이 거주하는 대신 조교들 을 상주시키고 방문하면서 현장 조사자로 활용하기로 전략적 선택을 했다. 대학교수들보다는 훨씬 지역 주민에 대한 접근성이 용이해 조교들 스스로 가 주요 자료 제공자key informants인 동시에 또한 주요 자료 제공자를 만들어 낼 수 있을 듯했다. 성별에 따른 업무 분담이나 관계망의 차이를 고려하여 현장 연구 조교들은 남녀 대학원생 각 한 명으로 했다. 조교들은 석사 논문 을 준비 중인 대학원생이었다. 방값이 싼 지역을 찾아 이사 온 것으로 했 다. 연구의 시작은 조교들이 상주할 방을 찾는 데서부터 출발했다. 조교들 이 방을 얻는 것 자체가 이 지역 사회를 알아가는 과정이었다. 방 얻기는 간단했다. 방 구하는 사람의 개인적 배경을 꼼꼼히 물어보는 까다로운 집주인도 없었다. 그저 구두로 정하고 복덕방에 가서 계약서를 쓰는 정도였다.

조혜란 조교의 현장 일지는 방 얻는 과정을 세밀하게 기록해 놓고 있다. 방 얻는 과정에서 느낀 이 동네의 분위기도 상세하게 보여 준다.

복덕방에 들러 물어보다. 한 할아버지는 소파에서 주무시고 할아버지 한 분은 앉아 화투를 만지신다. 방을 묻자 주무시던 할아버지는 귀찮은 듯 퉁명스럽게 말씀하신다. 방 있었는데 다 나갔다고. 조금 위로 올라가 재봉틀을 놓고 서너 명의 아줌마와 삼십대 남자 한 명이 부업하는 곳에 가서 혹시 방이 있는지 물어보다. 저 위 복덕방에 가보라는 말 외엔 다시 자기들이 하는 일에 열중. 철물점을 지키는 할머니께 묻자 그분도 복덕방에 가 보란다. 조금 위로 복덕방에 가자 문이 잠겨 있다. 커브 길에 슈퍼가 있어 방이 있느냐고 묻자 옆집 쌀가게가 복덕방이라며 그곳으로 가보란다. 쌀가게 집에서 러닝 차림의 두 청년이 주인이 어디 갔으니 조금 후에 와 보란다. 인사하고 나와 길거리에 나와 있는 아줌마 세 명에게 다가가 빈방이 있느냐고 묻자 처음엔 저기가 복덕방이라고 가리키다가 한 아줌마가 마침 자기 방 옆이 하나 비었다고 하며 보여 주는데 아직 완전히 나가지 않고 7월 6일경 이사하며 보증금 사십만 원에 월세 오만 원이라고 했다. 별로 마음에 들지 않는다. 다시 조금 올라가니 양복점이 있어 혹시 방이 있느냐고 묻자 나를 훑어보더니 보증금 이십만 원에 월세 사만 원이 있다 한다. 보증금 사십만 원에 월세 오만 원짜리도 맘에 들지 않았기 때문에 더 싼 방이어서 내키지 않아 좀 더 괜찮은 데 없냐고 하니 "몇이 있으려 하느냐"고 질문해 "혼자"라 했더니 안성맞춤이라며 굳이 방을 보라고 우긴다. 그 아저씨를 따라 방을 둘러보니 의외로 맘에 든다. 처음엔 복덕방 겸업인지 몰랐다가 그 아저씨가 하는 이야기를 들으면서 얼핏 눈치 채다. 일흔두 날인 주인 할아버지가 마침 오시고 학생증을 맡기고 아저씨한테 삼만 원을 빌려 계약하다. 다시 나오며 여유를 가지고 길을 날피니 오후 5시 30분경인데 좁은 골목에서 아이들이 공놀이도 하고 특히 유아들은 세발자전거를 타고 경사진 골목을 오르내린다. 길 입구에서는 남자 고등학생 세 명과 여자 고등학생 한 명이 서서 얘기하는 모습이 보인다.

조혜란, 1986.6.29

현장 조교들이 방을 얻음으로써 지역 주민으로서 참여관찰의 교두보를 확보한 셈이다. 남녀 현장 조교의 방은 같은 공구의 다른 골목에 위치한 집에 정하기로 했다. 가능한 한 여러 가구가 살고 있는 집에서 약간은 개인 생활을 할 수 있는 독립된 방을 택했다. 여학생인 경우 안전 문제를 고려해 너무 고립된 방이나 너무 많은 세대가 세 들어 사는 집은 피했다. 일단 참여관찰은 방을 얻어 간 집에서 출발해 이웃 사람, 이들 주민들이 생활 용품을 사는 구멍가게, 미장원, 쌀가게, 복덕방 등으로 넓혀 가기로 했다. 같이 세를 얻어 한집에 살게 된 세입자들이 가장 먼저 연구 상대가 되었고 그들과 개인적인 면식을 익힌 다음에 그들의 친지·이웃·친구·동료들로 주요 자료 제공자를 확대해 갔다. 자료 수집의 전 과정은 매주 1~2회 연구 모임을 통해 조정했다. 이때부터 현장 조교들은 자세한 연구 과정의 지시를 받아 자료 수집에 나섰고 초창기의 현장 일지는 시간대 별로 이를 기록해 놓기도 했다. 예를 들면 낮 12시에 연구자들과 만나 "일주일 동안의 일지를 보면서 토의하고" 다음 일주일의 과제를 받고 오후 3시에는 "동사무소에 가서 건설 담당 공무원을 만났다" 등이다. 초창기에는 주로 통장과 반장을 중심으로 동네 조직을 보고 계 조직과 부업 관계망, 동사무소를 통한 자료 수집 등이 조교들의 주요 업무였다.

이때 현장 조교들은 동네 소문에도 민감하게 반응해 "재건축 회사로 선정된 삼익건설이 한해 전 해운업을 인수해 자금 사정이 좋지 않으며 사양

산업인 해운업을 인수한 것은 실책이고 언론에 발표만 안 되었지 거의 도산 위기"라는 소문에 대해서도 세밀하게 기록해 놓았다. 따라서 재개발 사업이 늦어질 가능성이 있고 경우에 따라서는 아주 빨라질 수도 있는 유동성에 대해서도 언급했다. 동사무소 직원들과 라포를 잘 형성해 조사의 도움과 필요한 통계 자료를 얻기 시작했다. 이 지역을 상대로 재개발에 대한 연구들이 드문드문 이루어지고 있어, 경기대 대학원의 한 학생이 재개발 사업에 대한 '직접적 문구'를 담은 설문지 조사를 하려다 저지당한 사실도 알게 되었다.

어떤 날 조교의 일지에는 아침에 같이 세 살고 있는 옆방 선미네 집에서 아침식사를 같이 하자고 두 번씩이나 찾아와서 시래기국과 오이무침, 김치, 흰쌀밥으로 같이 식사를 했으며 그 집 아들 상민이는 동네 입구 큰외삼촌네 집에서 놀다가 저녁에 들어왔고 선미 엄마는 시장 입구에 있는 용호 갈비집에서 하루 동안만 일을 봐 달라고 급히 연락이 와서 일을 나갔다는 등 동네의 일상이 자세하게 기록되었다. 날씨가 더워지자 한 현장 조교는 이제부터 더워지면 어려울 것 같아 조사 시간 등을 "나 같은 경우 오전 8시~10시 30분까지 가구 조사를 하고 점심 식사 후 오후 3시까지는 집에서 카드 작성, 저녁 7시 이후에 주민들을 심층 접근, 밤 12시부터 새벽 2시까지 자료 정리"를 하는 '유동적' 관찰을 구상 중이라고 시간대별 활동 일지를 써 놓을 만큼 계획성 있고 세밀하게 조교 노릇을 수행했다. 조교들끼리 서로 일지를 비교하며 읽고 연구자들이 요청한 가내 부업망과 작업 참여에 대한 의견을 나누면서 현장 일지를 작성했다.*

또한 당시 연구자들이 지목한 연구 과제 등을 수행하기 위해 필요한 자료 등도 조교들의 현장 일지에 꼼꼼하게 적혀 있다. 이때 기본적으로

---

* 초창기의 조교들의 현장 일지는 "일기 쓰듯이 해 달라"는 연구자들의 청에 따라 개인적 일기장같이 쓰였다. 후반부에 가면 특정 주제 관련 자료 수집에 집중되었다.

- 주민들의 사회 조직(계, 친척, 친구 관계 등)을 고용 관계, 이주 경로와 연결해 검토하고
- 세대주, 세대원, 자녀 등의 직업사를 채록하고 특히 이곳에는 비공식 부문 노동자가 많으므로 공식, 비공식 부문 간의 이동에 대한 정보도 빼놓지 않고 채록하고
- 생활사와 이주사, 직업사에 대한 자료를 꼼꼼하게 얻도록 했다.

중동 건설 노동자로 나가는 것이 주요한 빈곤 탈출구였기 때문에 이에 대한 자료와 불황이나 수출 등 경제적 변동과 이곳 지역 주민들의 빈곤 재생산과의 관계 등을 보기 위한 기초 자료로는 직업사와 생활사를, 이들의 빈곤 재생산과 주거의 관계를 보기 위해서는 가족사와 이주사 등을 비교적 상세하게 채록했다.

상주하게 된 조교들은 비교적 쉽게 지역 주민들과 어울렸다. 좁은 공간을 공유하고 한집에 사는 바로 옆방의 세입자로서 쉽게 어울릴 수 있었고 같은 골목을 왕래하면서 옆방의 아주머니나 아저씨들로부터 자연스럽게 집에 놀러오라는 초대도 받게 되었다. "학생 심심할 텐데 들어와 놀다 가라"거나 "밥 한술이라도 먹고 가라"는 친절을 베푸는 것이 이 지역에서는 자연스러워서 처음 발붙이기는 힘들지 않았다. 그러나 동네 사람들은 조교들이 학생들이라서 믿고 동회 일이나 은행 일까지 부탁할 수는 있어도 '현장 연구'를 하고 있다는 것은 이해하지 못했다. 조교들이 격의 없는 라포를 형성하려면 지역 주민들이 베푸는 친절을 태연하게 받아야 하고 주민들이 낮 동안 몰려 있는 부업하는 집이나 가게 방에 가서 일도 도와주고, 잡담도 하고 때로는 화투까지 함께 쳐야 했다. 남학생 조교는 공사판을 따라 나가기도 하고 일 나가지 못한 날은 아저씨들과 근처 소줏집에 가서 어울리거나 재개발추진위원회 사무실에 가서 사업 진행 관계 자료들을 수집하고, 여학

생 조교는 여자들이 주로 하는 가내 부업 하는 데 가서 일손도 덜어 주고 잡담을 들어 가며 일상생활을 들여다보는 등 성별 연구 분업이 이루어졌다. 주민들로서는 대학원생이 공부한다고 들어와서 허구한 날 동네 마실이나 다니면서 쓸데없이 (남학생 조교인 경우) 소줏집에 가서 술이나 마시고 화투까지 같이 치는 것을 이해할 수 없었다. 남학생 조교는 부인들과 자주 어울린다는 흉을 잡히기도 하고 막노동하는 데 따라가고 같이 술도 마시고 했더니 "학생이 공부는 안 하고 왜 맨날 어정거리냐"는 질문을 받아야 했다. 여학생 조교의 경우도 미장원이나 가겟집에 가서 아주머니들과 시간을 보내고 부업 하는 데 끼어서 일도 도와주고 심지어는 작은 계도 들어 주고 하니까 "진짜 대학원 다니느냐"고 물어보는 일도 생겼다. 이러한 현장 연구 과정은 단순히 조교들이 연구자들의 지도 아래 자료들을 모으는 것을 넘어서는 일이었다. 이들이 구체적으로 관계를 만들어 가는 과정을 들여다보면서 주민들만이 아니라 현장 조교도 우리 연구의 참여관찰 대상이 되었다.

조교들은 지역 사회에 큰 저항감 없이 받아들여지는 듯했지만 끊임없이 체크되었다. 남녀 조교가 각각 이 동네에서 어떻게 받아들여지고 그 당시 '학생들'은 어떻게 지목받았는지가 현장 일지에 드러난다.

당시 통장은 남성시장 내 '원흥'이라는 술집을 하고 있었는데 통장님을 찾자 금테 안경을 쓴 아저씨가 자기가 통장이라고 했다. 가게 안에는 텔레비전과 라디오(야구 중계)를 동시에 틀어 놓아 말소리가 잘 전달이 안 될 정도였다. "16통 3반에 얼마 전에 이사 온 학생인데, 논문 작성을 위한 조사와 자료 수집을 위해서 이사를 왔다"고 인사드리고, 사전에 지도 교수님과 같이 동장님과 파출소장님에게 인사를 드렸다고 하자 "전입 신고를 했느냐" 묻더니 동장보다도 자기에게 와서 전입 신고를 해야 하며 그 부분은 자기 권한이지 동장 권한은 아니라고 하며, 전입 신고를 해야 이곳 주민이 되며, 그래야만 협조를 할 수 있다고 몹시 언짢은 듯한 표정을 지었다. 그러고는 아주 머니만 남기고 나가 버렸다. 나중에 알게 된 사실인데 이 집은 아주머니가 반^班통장이라고들 했다. 아주머니는 먼저 내 이름과 주소, 가족, 전화번호, 지도 교수님 등을 일일이 수첩에 적고 —— 마치 경찰관처럼 —— 몹시 비협조적인 말투로 사당3동에도 서울대 대학원생이 전입 신고까지 하고 날다가 세 입자를 선동해서, 학생들에게는 방도 계약하지 말라는 지시가 내려왔으며, 주민들의 생활이 어렵기 때문에 창피해서 얘기를 해 주겠는가, "동직원이 나 경찰을 동반하고 조사를 해야지 그렇지 않으면 대답이 나오지 않는다" 며 특히 이 부분을 강조했다. 이 마을의 형성 초기의 상황에 대하여 묻자 자기가 20년 동안 여기서 살았는데, 처음에는 마을 입구까지 물이 들어와서 배를 타고 다녔는데 그 이후 전기, 수도, 주택 개량 등으로 국가가 발전하니까 많이 좋아졌다며 도식적이며 틀에 짠 듯한 말투로 대답을 일관하다가, 점점 시간이 지나자 자기도 서울대, 고대 다니는 아들이 있는데, 자식들과 마찰이 있고, "(자식들이) 집에 들어오기까지는 데모 때문에 걱정을 한다"고도 했다. 인간으로 태어나서 자신의 줏대로 믿고 나가며 사는 것이 한편으로는 옳지만, 나이를 많이 먹고 오랜 경험을 쌓다 보니 안정되고 무난하게 사는 게 옳은 것 같다 등등 모순적인 말을 하면서 나중에는 다소 호의적으로 나왔다. 끝으로 전입 신고를 꼭하라고 당부. 라도 형성을 위해서 하는 수 없이 통장님이 들어오시거든 아까 "죄송했다"고 잘 몰라서 실수를 했으니 앞으로 잘 부탁드리겠다는 말씀을 전해 달라고 거듭 부탁을 하고 가게를 나왔다.

홍경선, 1986.7.17

당시 철거 재개발은 주요 사회 이슈였고 대학 운동권의 최대 관심사 중의 하나였다. 어느 날은 흰머리가 많은 데모도^{건설 노동} 아저씨가 골목 윗집에서 내려와 소주를 사들고 들어가다 어떤 아줌마를 데리고 나와 조교들한테 뭐하냐고 꼬치꼬치 캐묻자 학생이라고 하니 "어제 밤 9~10시 사이에 어떤 나쁜 놈들이 유인물을 뿌렸다"면서 하라는 공부는 안 하고 유인물이나 뿌리고 다닌다고 나무랐다. 이들은 "2년 전에는 아침저녁으로 뿌렸는데 요샌 좀 뜸하다가 처음으로 오늘 뿌렸다"면서 학생 조교들을 당혹하게 만들었고 삼익·우성·일광 등 관련 건설 회사 이야기들을 아는 척하면서 떠보기도 했다. 이때 바람에 최루탄 냄새가 강하게 났는데 중앙대나 서울대에서 (데모)할 때 최루탄 냄새가 여기까지 날아온 것이다. 이날 시장 순댓집 아줌마 아들에 대한 이야기도 나왔다. 서울대 정치학과에 다니던 아들이 4학년이 되어 "이제 일 년만 고생하면 되겠지 했더니 나쁜 놈들과 일을 저질렀다"는 말을 했다. 데모도 아저씨는 그냥 친구 꾐이라고 하는데 같이 이야기하던 아줌마는 "나쁜 놈들이 영리하고 가난한 학생들을 돈으로 매수하여 시킨다"고 말했다. "이제는 4·19도 없고 이렇게 살기 좋아졌는데 뭐가 아쉽다고 젊은 것들이 날뛰는지 모르겠다"는 이야기도 했다.

남녀 조교가 상주하면서 현장 연구를 하다 보니 예상치 않은 사건들이 일어났다. 그런 사건의 하나가 조교들이 '부부 위장 간첩'으로 신고되어 조사를 받은 일이다. 당시는 노동 운동 현장에 대학생들이 위장 취업을 하는 것이 주요한 활동 방식 중에 하나였지만 부부로 위장해 빈민 지역에 들어간 경우는 별로 없었는데 뜻밖에도 우리 조교들이 그런 위장 부부로 신고가 된 것이다. 첫 번째 불려 간 곳은 관악경찰서 대공과였다. 그런 일이 있기 전에도 카메라로 현장을 찍을 때면 으레 방해꾼이 한두 명 있기는 했다. "이것 찍어서 북한에 보내려고 하는 게 아니냐"는 등의 시비를 걸면서 한국에 좋은 곳도 많은데 왜 하필 이렇게 지저분하고 가난한 곳을 찍으려 하느냐 등등의 질문을 하면서 쫓아다니는 사람도 있었다. 연구를 시작하기 전에 이런 문제가 있을 경우에 대비해서 관할 파출소에 '자진 신고'까지 하고 공식적으로 협조 공문을 띄웠다. 그 당시 현장 연구에 들어가기 전 이런 절차는 필수였다. 그런데도 현장 조교 두 명이 불려 갔다 온 것이다. 1986년 10월 19일 홍경선 조교의 현장 일지에는 "이틀 전부터 관악경찰서에서 형사가 찾아왔었는데, 오늘 아침 관악경찰서 대공과에서 연락이 와 혜란 누나(여학생 조교가 나이가 위여서 이렇게 부름)와 같이 찾아가 조사를 받았다"고 기록되어 있고 조사받은 내용 중에는 "대학원생이 논문을 쓴다고 들어와 조사를 한다며 북어 뜨는 모습을 사진에 담았다. 남학생은 친구가 찾아오기도 하며 보증금 40만 원에 월세 4만 원에 방을 얻어 들어와 살고 있다"는 보고가 들어왔다는 조사원의 말도 적혀 있다. 다행히 파출소와 동사무소에 사전 신고를 해서 무리 없이 조사가 끝났으며 "상부 기관에서 의뢰가 왔기 때문에 형식적으로나마 조사를 해야 했다"는 담당자의 말도 들었다. 연구 후반부에는 철거가 임박했을 때 조교들이 파출소에 들르자 지난 명절 때까지만 해도 별 관심 없이 대하던 소장이 커피 마시자고 제의를 하면서 조교들의 신원을 다시 기록하고 관심을 보였다. 사당2동 지역엔 "대공 담당 김 형사 외에 상록수 형사가 있다"면서 종종 볼 것도 제의했다. "어제 일자로 조합 승인이 떨어졌다"고 지나는 투로 이야기하면서 "승인이 떨어졌으므로 공권력 개입이 가능하다"는 말도 했다.

동네 곳곳에 간첩 신고 포상금이라든가 '수상한 사람 신고하기' 포스터가 붙어 있었지만 주민들이 그렇게 간첩 의심 신고를 열심히 한다고는 생각하지 못했다. 그런데 조교들이 불려 가는 일은 한 번으로 끝나지 않았다. 세 번이나 불려 갔다. 놀랍게도 모두 다 다른 사람들이 부부 위장 간첩 신고를 한 것이다. 두 번째나 세 번째는 정보부 비슷한 곳에 불려 간 듯했다. 회사명 비슷한 간판이 걸린 곳이었다. 동네 주민들이 포상금에 대한 관심도 크겠지만 그런 동네에서는 서로가 모두 잘 알고 있기 때문에 조금만 이상한 사람이 나타나면 바로 눈에 띄는 것도 신고를 쉽게 하는 요인인 듯했다. 그 당시 빈곤이나 철거 재개발 그리고 가난한 사람 등에 대한 관심과 연구는 주목받기보다는 한국 사회의 치부를 드러내려는 악의적 행위로 의심받았다. 더욱이 대학교수나 대학원생이 가난한 동네에 상주하면서까지 빈곤 연구를 한다는 것은 의심의 눈초리를 받기에 충분했다.

조교들이 부부 위장 간첩으로 불려 갔다 온 사건은 한편으로 매우 황당한 경험이었지만 다른 한편으로 연구자의 구술 생애사에 대한 관심을 촉발시켰다. 불려 가면 진술서라는 것을 쓰는데 일종의 자기 생애사를 쓰는 것이었다. 한 사람이 살아온 모든 생애 단계를 세세하게 쓸 것을 요구받았다. 신고가 들어가면 세 번 정도 같은 자술서를 쓰게 되는데 "어느 국민학교를 나왔고 어떤 친구들과 친하게 지냈으며 어떤 동네에서 어떤 동네로 이사했는지" 등등의 자기 생의 전 과정을 기술하는 것이었다.* 그런 일이 일어났을 때 자기의 기억에 의존해 무언가를 구술하거나 기술할 때 거짓일 경우, 세 번 정도 되풀이하면 뭔가 착오점이 드러난다는 데 착안한 방식인 듯했다. 그 자술서에서 세부 항목에 착오가 나타나거나 하면 거짓 진술로 지목받는 것이다. 구술 생애사를 녹취하고 있던 연구자로서는 조사원이 불려간 것에 흥분했지만 자술서 쓰는 방식은 매우 흥미로운 관찰 거리였다.

○○○ 지역의 특성과 지역 주민의 구성

1986년 당시 현장 연구 지역은 반포에서 과천 방향으로 들어서서 일명 이수단지로 불리는 대로변의 안쪽에 위치해 있었다[그림2]. 이 지역 거주민이 아니면 이 대로변의 빌딩 숲 뒤에 이렇게 거대한 불량 거주지가 있다는 것

---

* 초등학교가 국민학교로 바뀐 것은 1996년이며, 이전의 구술 자료에서 직접 인용하는 경우 국민학교는 초등학교로 바꾸지 않고 그대로 썼다.

그림2. 사당동 현장 연구 지역 약도

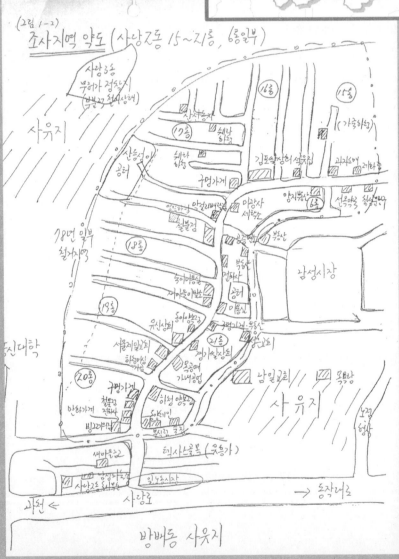

을 알기 힘들 정도로 대로변에는 빌딩들이 들어서 있었다. 행정 구역상으로는 사당2동의 아홉 개 통에 걸쳐 있었고 지하철 4호선 이수역과 인접한 남성시장 쪽의 산등성이에 위치해 있었는데 사당4구역 2공구 재개발 지역인 현장 연구 지역은 남성시장 입구 왼쪽으로 난 사유지의 길로 들어가 약 300m에 이르는 일부 사유지를 포함하기는 했지만 총면적 4만 5,783㎡ 중에서 시유지가 4만 2,909㎡를 점할 만큼 시유지 점유율이 높은 곳이었다. 지하철 이수역에서 조사 지역까지는 노점상이 빽빽이 들어서 있고 양 옆으로 큰 시장이 형성되어 있었다. 시장이 끝나면서 동네가 시작되는데 동네의 가장 넓은 길인 소방 도로 주변에는 교회, 약국, 복덕방, 구멍가게, 미용실, 한복집, 양복점, 문방구, 쌀가게, 세탁소, 전파사, 각종 가내 부업 하청집 등이 빽빽하게 들어서 있었다.

이 지역은 처음 정착 당시 산허리를 계단식으로 깎아 만들어서 축대가 많으며 집들은 80~90%가 지은 지 20년 이상 또는 20년 가까이 되는 블록집이어서 붕괴 위험이 도처에 도사리고 있었다. 더욱이 재개발 소문이 있고부터는 보수를 제대로 안 했기 때문에 이러한 위험이 가중되었다. 외부인들이 투기를 목적으로 사서 세를 놓고 있는 집들이 많아 작은 보수조차도 집주인이 해 주지 않기 때문에 대부분 축대가 기울거나 금이 가 있고 집 벽에 금이 간 경우도 많지만 그대로 방치된 상태였다.* 주택 사정을 살펴보면 가옥의 85% 정도가 대지 10평에 건평 6~7평이며 방 2~3개짜리 흙집으로 겉에는 시멘트가 발려 있었다. 한 가옥 당 평균 세대수는 1986년에는 2.0가구였지만 철거가 진행되면서 헐린 가옥이 많아지고 세입자가 많이 남아 있던 1987년에는 한 가옥당 평균 가구 수가 3.0가구였다. 한 가구당 방 하나를 쓰는 경우가 70~80%였고 방의 크기는 가로와 세로가 2.5m

----

* 조사에 들어간 당시 이 지역에서 외부인 소유로 넘어간 집은 90% 수준을 육박했다.

내외로서 보통 1.5~2평이며 한 가구당 평균 가족 수는 4.3명, 사용하는 방 수는 1.6개, 사용하는 방의 면적은 2.9평으로 매우 열악한 주거 상태였다. 인구 밀도는 1㎢ 당 9만 7,685명으로 서울시 평균 1만 4,219명에 비해 약 8배 정도 높은 인구 과밀 지역이었고 1970년대에 이농한 사람들이 주민의 60% 정도를 점했다. 세대주의 출신 지역을 보면 서울 출신은 20% 이내이고 전라도 출신이 50% 정도로 가장 많았다. 다음으로 충청, 경기, 경상도 순이며 이는 다른 불량 거주지 또는 무허가 정착지 주민의 특성과 크게 다르지 않았다.

현장 연구에서 연구자들의 한계는 다양한 지점에서 다양하게 드러났다. 연구자들은 현장에 2년 반을 오갔고 조교들은 현장에 1년에서 1년 반 정도 상주했는데도 아주 간단한 사실조차 모르고 간과했음을 알게 되는 일이 수시로 생겼다. 예를 들면 연구 지역 내의 가옥들은 '시멘트 블록 집'들로 중간 보고서에 소개했는데 막상 철거가 시작된 뒤에야 시멘트 블록 집이 아니라 진흙 벽돌로 지은 집이라는 것을 알게 되었다. 이 동네가 생긴 지 10여 년 뒤 새마을 운동이 시작되면서 시멘트 바르는 것이 권장되어서 외관상으로는 시멘트 블록 집처럼 보였던 것이다. 현장 연구 기간 동안 한 번도 이 동네 집들이 진흙 벽돌로 지은 집이라는 것을 들어본 적도 없고 생각해 본 적도 없었다. 집이 다 헐린 뒤에야 그 지역이 진흙 산으로 된 지역이었고 정착 초기에 거기서 나온 진흙으로 벽돌을 만들어 집을 지어서 겨울에도 덜 춥고 여름에는 덜 더웠다는 것을 알게 되었다. 첫 정착민이었던 금선 할머니 정도가 원래는 진흙으로 지은 집이라는 것을 확인해 주었고 대부분의 주민은 이 사실을 거의 모르고 있었다. 이러한 사실은 별로 중요하지 않은 듯하지만 외관상 확실하게 보이는 것조차도 실제와 다를 수 있다는 것을 일깨워 주었다. 아무리 오래 그 동네에 살아도 많은 현장 연구 자료들이 피상적일 수 있음을 알게 한 사건이라고도 볼 수 있다.

당시 지역 주민들의 직업은 남성 가구주의 경우에는 일용 건설 노동이 40%로 가장 많고 다음은 영세 자영업, 판매직, 무직, 생산직, 단순 사무직 순이고 불안정한 직업군이 대다수였다. 여성들의 경우에는 51.1%가 무직이며 파출부 7.0%, 영세 판매직 7.6%, 가내 부업 7.1% 등으로 꽤 높은 무직률을 보이지만 실제로는 이 지역에서 일을 안 하고 노는 여성은 거의 없었다. 다만 고용 상태가 불안정해 무직률이 높게 나타날 뿐이다. 즉 무직 51.1%는 이 지역 여성의 절반 정도가 일을 하지 않는다기보다는 절반씩 교대로 실직 상태라고 해석하는 것이 타당하다. 남성 가구주 혼자 생계를 꾸리는 경우는 29.2%에 불과하며 부부가 함께 버는 경우가 36.4%, 자녀까지 버는 경우가 5.0%였다. 남성이나 여성 가구주 혼자 버는 경우가 8.1%, 자녀들만 버는 경우가 7.0%, 나머지는 돈을 버는 사람이 없는 경우다. 그러나 이렇게 경제 활동 가구원이 많은 데 비해 가구당 월평균 수입은 38만 7,000원으로 1988년 당시 전국 근로자 가구당 월평균 소득 65만 7,215원에 크게 미치지 못하며 도시 가구 월 최저 생계비에 미치지 못하는 가구가 60% 이상을 점했다. 여성 가구주는 전체의 17.0%로 높은 편이었다.

○○○○ 나는 위험한 현장에는 부재했다

〈재개발 사업이 지역 주민에 미친 영향〉이라는 2년 6개월의 현장 연구 보고서를 인쇄소에 넘긴 날, 조사 지역은 "재개발 철거반의 주민 폭행"으로 일부 신문의 뉴스를 장식하고 있었다.[*] 다시 한 번 사회 과학도의 역할에 대해 자문하면서 회의와 한계를 느껴야 했다. 보고서 서두에 "우리는 조사

---

[*] "재개발 철거반 주민 폭행", 〈한겨레〉, 1988년 11월 8일자.

기간 동안 연구자라는 국외자의 입장에서 이 지역의 불안정한 일상생활을 객관적으로 기술하려고 노력하면서 이러한 연구를 통해 우리가 실질적으로 누구에게 어떤 도움을 주고 있는가, 또는 줄 수 있는가를 자문하면서 많은 고민과 혼란에 빠지곤 했다. 이제 고민에 찬 우리의 연구 보고서를 내놓으면서 적어도 우리의 관찰과 기술이 이 지역 주민과 비슷한 상황에 놓인 사람들의 삶을 개선하는 데 도움이 되는 자료로서 활용되기를 바랄 뿐이다"라고 적었다.* 그리고 "특히 수도권 도시 재개발 사업 입안자 및 실무 담당자, 그리고 도시빈민 및 도시화 문제에 관심 있는 연구자들에게 쓸모 있는 자료이기를 희망한다"고 덧붙이기도 했다. 그러나 되돌아보면 그 '객관적'인 현장 보고서가 위험한 현장 연구에서 비켜선 연구자들의 알리바이일 수도 있었다. '객관적'이라는 개념은 이때부터 줄곧 머리를 무겁게 했다.

실제 사당2동 철거 과정에서 주민들의 저항은 치열했다. 그러나 이는 크게 사회적 이목을 끌지 못했다. 몇몇 일간지나 방송은 철거반원의 주민 폭행 정도로 다루었고 언급조차 하지 않은 언론도 많았다. 사당2동세입자대책위원회와 서울지역총학생회연합은 〈사당2동 투쟁 보고서〉를 내면서 부제를 "사당동은 또 하나의 광주다"라고 내걸 만큼 철거 과정에 폭력이 난무했다. 그 과정에서 많은 주민들이 다쳤다. 세입자 투쟁 보고서는 이 과정에 철거 깡패가 개입되었으며 "광란적인 살상극, 처절한 저항, 지역 탈환, 대치, 바리케이드, 규찰, 집회, 사당동의 (1988년) 11월은 전쟁터였다"로 시작하고 있다. 붙잡힌 '폭력 철거 깡패들의 진술'과 그날 부상당해 병원에 입원한 19명의 인적 사항이 24쪽짜리 보고서에 기록되어 있다. 우리 연구팀은 이러한 보고서 등 철거 폭력의 자료는 입수했지만 당시 프로젝트 보고서에는 이를 자세하게 언급하지 않았다. 현장 일지에는 철거 과정 중 목

---

* 조은 외(1988), 〈재개발 사업이 지역 주민에 미친 영향: 서울 사당동 재개발 지역 사례 연구〉, 서울대학교 부설 인구및발전문제연구소(미간행 보고서).

격한 폭력과 비리, 세입자들의 억울함과 항거 등도 비교적 소상하게 잡혀 있었다. 그러나 보고서에서는 중요하게 다루지 않았고 다만 세입자대책위의 활동이라는 매우 점잖은 단어로 포장하고 "세입자 모임은 철거와 연관된 사건을 통하여 몇 건의 실력 행사를 함으로써 세입자들의 결집된 힘을 지역 내외에 보여 주었다"고 언급했다.

보고서에는 이와 관련된 내용이 많이 생략되었고 추후 발간한 책에는 현장감을 많이 탈색해서 간결하게 요약하여 포함했다. 철거 과정에서 발생한 주민들의 저항은 "사당3동 철거 현장에서 잔인한 여성 폭행을 보고 온 여성 세입자에게 재개발추진위원회 이사인 통장이 심한 욕을 첨가하여 여성 세입자를 모욕한 데서 발단했으며 그날 저녁 세입자 부녀회 모임에서 그 내용이 공개되자 세입자 총회에 모인 약 250여 명의 주민이 문제의 통장의 구멍가게로 모두 몰려가 한 시간 가까이 항의했다"는 것이며 소식을 듣고 달려온 재개발추진위원회 총무와 다른 통장들도 나와 대치 중이었다가 통장이 병을 휘두르고, 주민들은 돌을 던지는 폭력적인 사태까지 발생했다. 여기서 "주민들은 통장 한다고 재개발추진위원회에서 돈이나 받아먹으며 실제 주민을 위해 한 것이 무엇이냐"는 강력한 항의를 했다. "결국 경찰이 동원되고 재개발추진위원회 총무가 중재를 하여 관계 당사자가 경찰서로 가는 것으로 사건은 일단락지워졌다"*고 되어 있다. 그러나 그때의 상황이 현장 일지에는 이렇게 기술되어 있다.

> 지난 토요일 (10월 17일)에 세입자인 사십대 중반 여자가 3동 싸우는 데 갔다가 "돈으로 사서 불러들인 깡패가 젊은 여자 아랫도리를 벌리고 사타구니에 불을 질러 음모가 타는 것을 목격"해서 돌아오는 길에 화가 치밀어

---

* 조은·조옥라(1992), 앞의 책, 132쪽.

9통 통장인 오 씨네 집에서 네 명의 여자와 같이 막걸리를 마시며 그 얘기를 하자 오 씨가 대뜸 "나 같으면 손가락으로 ○○공알을 확 돌려 빼버리겠다"고 얘기했다는 것. 그것을 들은 그 여자는 저녁 부녀회 모임(세입자)에서 이를 공개했고 그러자 모든 세입자 여자들이 격분하여 오 씨 집에 가서 시위를 했다. 오 씨는 자기의 말을 시인하며 이틀 여유를 달라며 각서를 썼는데 오늘도 나가지 않고 버젓이 가게 열고 돈 벌고 있다. 통장 한다고 추진위에서 "돈 받아 처먹고" 주민을 위해 한 게 뭐가 있느냐면서 백오십 명 가량의 사람들이 모여 한 시간 가까이 야유했다. 오 씨네는 추진위에서 나온 총무와 다른 통장들과 모여 대치하다 5통 통장이 갑자기 밖으로 나와서 병을 휘두르며 대겼다. 그 통에 한 여자의 이마와 손이 다치고 세입자들이 던진 돌에 유리창이 깨지며 추진위 총무 이마와 5통 통장 이마에 상처가 났다. 다시 그 후 서로 대치했다. 부녀회장은 다시 오 씨가 반성의 빛커녕 (시위자들을) 칼로 배때기를 찔러 버린다고 했다며 선동했다. 오 씨는 거기다 이제는 자기가 그런 말 하지 않았다고 발뺌을 한다는 것이다. 그의 부인은 되레 큰 소리를 치고 있고 10시 20분경에 경찰차가 왔다. 세입자들은 일제히 야유하며 물러가라고 계속 외치고 실랑이를 벌였다. 오 씨네 가게 앞에선 경찰이 "여러분 대한민국은 무슨 국가입니까?" 묻자 일제히 "민주주의 국가요" 라고 대답하자 경찰은 "그렇죠. 그렇기 때문에 법으로 다스려야 되죠" 하자 모두가 "법이 가난한 사람들에게 무슨 소용 있느냐"며 다시 웅성웅성 하기 시작했다. 어떤 이십대 부인이 나서서 사당3동에서는 사람이 죽었는데 "진짜 경찰이 있는 놈 편에 서지 약한 사람 심정이나 알아주느냐"고 외치면서 젊은 경찰과 실랑이를 했다. 관악서 도로 계장이란 경란이 나서서 얘기하려 하자 세입자들은 "도로 정비하러 여기 왔느냐. 오현석이란 놈 죽일까봐 정비할 것이냐"고 야유를 퍼부었고 경찰들과 40분간 실랑이를 벌였다. 세입자 총무가 나오자 다소 분위기가 수그러지고 총무는 "다친 아주머니를 고려병원에 입원시키고 왔다"며 경찰들에게 "주민들이 불신할 수밖에 없음을 이해해 달라"고 얘기한 후 주민들에게 경찰들이 했던 똑같은 말 즉, "주민 대표 몇 명과 5통, 9통 통장을 데리고 경찰서로 가자"고 이야기했다. 그러자 주민들이 "어떻게 믿을 수 있느냐"고 웅성거렸지만 누군가 "오늘만 날이 아니고 결과를 보고 다시 하자"고 얘기해 어느 정도 누그러졌다. 몰려들던 사람들이 통장들이 앞으로 나가 경찰차에 타러 가자 길을 터졌다. 11시 20분 경에야 분위기가 조금 누그러지고 경찰차 세 대에 5, 9통 통장 세입자 부녀부장, 총무가 나눠 타고 떠났다. 조혜란, 1986.10.19

강제 철거 폭력은 이곳 주민들에게는 처음이 아니었다. 이런 일들은 강제 철거가 일어나는 어느 곳에서나 일어나는 것이고 철거 빈민들의 경험은 20년 전에도 비슷했다. 1968년에 가마니촌에 살다가 철거되어 사당동에 이사 온 E부인의 증언 녹취는 이러한 강제 철거가 전에도 비슷하게 되풀이되었음을 보여 준다.* E부인은 "철거를 대비해 간단한 천막집을 짓고 살았는데 구청 철거반원이 들이닥치면 천막을 걷고 받침대를 접어 미리 준비해 놓은 웅덩이에 집어넣고 흙을 덮어 놓아 마치 천막이 없는 것처럼 만들었다"는 이야기를 해 주었다. 받침대를 열십자 모양으로 하고 두 막대가 교차하는 곳에 못 한 개를 박아 세우고 그 위에 천막을 쳤다가 철거반원이 나타나면 슬그머니 막대기를 내린 것이다. 그런데 E부인의 천막 안에는 백일도 안 된 아들이 누워 있었다. 이 백일짜리 아이한테 흙이 떨어지는 것을 막으려고 큰 수건을 덮어 놓았는데 철거반원이 올라와서 천막 터를 여기저기 돌아보다가 한 철거반원이 애기를 덮어 둔 수건을 들춰 보더니 "애새끼 하

---

* 가마니촌은 재개발되기 전 동작구 사당동 산22번지에 있던 무허가 주택 단지로 가마니를 덮어 놓은 움막집들이 모여 있는 마을이라는 데서 그 이름이 유래했고, 주거 조건이 가장 열악한 산동네의 하나로 1980년대 초반에 철거 재개발이 이루어졌다.

나는 잘 낳았네" 하며 내려간 적도 있었다. 그때 남자들은 다 도망가고 여자들은 애기도 걱정되고 해서 주변에 남아 있었다.

사례 가족 스물두 가구 중에도 사당동에 오기 전 이미 다른 곳에서 강제 철거를 당한 가족이 여섯 사례나 되었다. 할머니 가족인 D씨네는 1965년 양동에서 사당2동으로 옮겨 왔고 E씨네는 1973년부터 1974년까지 가마니골에서 무단 점거해서 살았는데 수차례 철거 위협을 당하다가 20만 원에 집을 팔고 사당동으로 이주했다. F씨네는 1969년 서빙고에서 사당3동으로 이사했고 1984년 사당3동이 철거되자 사당2동으로 다시 옮겼다. I씨네는 아저씨가 1965년 양동에서 사당2동으로 이사했고 아줌마는 결혼 전 1965년 도동이 철거되면서 사당3동으로 이사했다. Q씨는 1964년 양동이 철거되자 가마니촌으로 한 차례 이사한 후에 1981년 가마니촌이 철거되면서 사당2동으로 또 한 차례 옮겼다. K씨네는 1972년 강동구 뚝섬이 철거되면서 사당2동으로 이사한 경우였다. 여섯 사례만으로도 서울의 주요 철거 지역이 다 잡힐 정도다. 이런 식의 강제 철거 이야기는 이곳 주민들한테 약간씩 상황 설정이 다를 뿐 되풀이되는 낯익은 이야기였다.

철거 과정에서 인명 사고도 적잖았다. 우리가 현장 연구를 하는 동안에 집이 헐리면서 어린아이가 압사당한 사고도 있었다. 겨울을 지나 해빙되면서 얼었던 언덕이 무너져 내려 한 아이가 땅속에 묻혀 버린 것이다. 그 아이를 보내는 날 우리는 현장에서 사진 몇 장 찍고 장례식에서 있었던 기록만 주워 담았다. 1988년 1월 18일 사당동세입자대책위원회가 발행한 〈사당소식〉이라는 등사판 신문에는 "1월 8일 11시 사당동 4통 공터에서 철거에 의해 희생된 고 임채의 군의 추모식이 마을 주민 300여 명과 여러 사회 민주 단체 관계자 및 타 철거 지역 주민 백여 명이 참석한 가운데 엄숙히 진행되었읍니다"라고 나와 있다. 우리의 현장 일지에는 "정기적인 모임이 별다른 진전이 없이 답보 상태를 이루고 있을 때 철거된 뒷집 축대가 무너져 여섯 살 남아가 사망한 사건이 1987년 12월 27일 발생했다"고 되어 있다. 전세입자인 부모는 당시 무직이었는데 세입자대책위원회 측의 설득으로 보상을 요구하게 되었다. 이 사건을 계기로 약 300명의 세입자들은 남아 있는 세입자들에 대한 대책과 아이에 대한 보상금을 4,500만 원 지불하라고 요구했다. 재개발추진위원회에서는 자신들이 보상을 해야 할 아무런 의무가 없다고 주장했고, 건설 회사에서는 부모에게 1,000만 원을 주고 타협해 버려 채의 군의 부모는 조용히 이사해 버렸다.

현장 연구 20여 년이 지난 뒤 생각지 않은 곳에서 마주친 녹취록은 현장 연구에서 연구자의 자세에 대한 성찰적 지점을 드러냈다. 〈사당동 더하기 22〉 다큐를 만들기 위해 1986년과 1987년 연구 초기에 녹취한 오래된 녹음테이프를 푸는 과정에서 본인도 전혀 기억하지 못했던 자료가 튀어나온 것이었다. 그것은 사당동 강제 철거가 진행되던 시기에 녹음된 것으로 백골단이 들이닥쳐 심한 몸싸움이 벌어지고 수십 명의 사상자가 난 그 다음 날의 녹취음이었다. 거기에는 주민들이 몰려들어 그 전전날 일어난 '피바다' 현장에 대한 생생한 증언이 들어 있었다. 연구자가 가자 동네 아줌마들이 하나둘 모여들어 당시 상황을 이렇게 쏟아 내고 있었다.

완전히 여긴 전쟁판이었어. 여기는 광주사태여 광주사태. 70명이 병원에 가 입원하고— 막 대가리 부러졌지 갈비 부러졌지 팔 부러졌지 다리 부러졌지 그렇게 깡패들이 때려 갖고 다 병원에 가서— 가야병원에 여기 구호내과에 사당의원에 여기 사당동에. 그때 여기가 완전 피바다였어, 피바다. 광주사태여. 말도 못했어요. 사람 보기만 하면 막 찔러 죽여 버리고…

거기에 대고 "저는 무서워서 못 왔어요. 차마 못 오겠더라구요" 하는, 거의 기어들어 가는 내 목소리를 녹음테이프 끝자락에서 잡아내게 되었다.

나는 사당동 철거 재개발 지역과 가난한 사람들이 사는 현장에 있기는 했지만 정말 위험하고 필요한 순간에는 그 현장에 부재했다는 점을 증언하고 있었다. 이는 또한 당시 백골단이 출몰하는 철거 재개발 현장이라는 곳이 얼마나 위험하고 연구자들을 겁먹게 했는가를 보여 주는 것이기도 했다.

임대 아파트 단지로 가다

금선 할머니 가족을 쫓아 상계동 임대 아파트 단지가 새로운 연구 현장이 되었다. 할머니 가족이 입주한 아파트는 1991년 서울시가 공공 주택 사업의 일환으로 처음으로 분양한 영구 임대 아파트 단지의 하나였다. 철거 재개발이 한창인 1989년 당시 노태우 정권은 '주택 200만 호 건설 계획'에 따라 영구 임대 아파트 25만 호를 건설하겠다고 발표했다. 서민들의 주거지였던 산동네, 달동네가 재개발 사업의 대상이 되면서 다수의 무주택 영세민의 주거 문제가 심각해지자 영구 임대 아파트라는 카드가 등장한 것이다. 서울시는 1991년 첫 해에 전용 면적 9~12평 규모인 영구 임대 아파트를 시내 5개 지구에 8,099가구분을 짓기로 했다. 지역적으로는 성산지구, 중계1지구, 면목지구, 대치1차지구, 중계2지구 등이었다. 91년 후반기에 입주가 시작된 중계1지구와 중계2지구가 상계 지역에 들어선 첫 영구 임대 아파트 단지며 할머니 가족은 분양이 시작되자 바로 입주한 세대다. 임대 아파트 입주 대상자는 생활 보호 대상자, 의료 부조자, 저소득 보훈 대상자로 가족 수, 가구주 연령, 서울 거주 기간 등을 종합적으로 평가해 구청별로 선정하게 되었는데 금선 할머니는 사당동 철거 시 동사무소 직원이 귀띔한 대로 서류를 갖춰 통사정 끝에 영구 임대 아파트를 얻어 냈다. 당시에 할머니 아들 수일 아저씨는 한창 일하는 나이였기 때문에 생활 보호 대상자가 될 수 없어 아저씨와 할머니가 한 가구 안에 있으면 영구 임대 아파트 신청 자격이 안 되었다. 자격을 만드는 방법은 수일 아저씨를 동거 가족에서 빼서 조손 가족으로 만드는 것이었다.* 그렇게 해서 영구 임대 아파트에 입주할 수 있었다. 공공 영구 임대 주택은 시장을 통해서는 주택 문제를 해결하기 어려운 저소득층의 주거를 안정시킬 수 있는 가장 적극적 정책 수단인데 중앙 정부가 건설비 85%를 지원해서 건설했기 때문에 임대료가 가장 저렴했다. 영구 임대 주택 프로그램 도입 당시만 해도 일정 소득 및 재산 기준에 미달한 거택 보호자, 자활 보호자, 의료 부조자, 보훈 대상자만이 대상이었기 때문에 영구 임대 아파트를 얻기란 '하늘의 별 따기'였다. 하지만 입주 자격에서 보듯 생활 보호 대상자가 다수여서 임대 아파트는 많은 사람들이 모여 사는 데서 오는 생동감이 느껴지지 않았다.

서울에 있는 영구 임대 주택 단지 중에 4분의 3 정도가 1,000가구 이상이 모여 살고 한 단지당 평균 1,431가구가 거주하고 있어 대부분의 임대 주택 단지는 대단지다. 그런 대단지 안에 최저 빈곤층이 모여 살고 있는 것이다. 상계동 임대 아파트로 이사한 금선 할머니 가족을 처음 만나러 갔을 때 마주친 동네 느낌은 사당동 때와 달랐다. 사당동에서는 아이들로 가득 찬 골목길을 지나면서 크게 외지인이라는 의식을 안 해도 되었는데 상계동 임대 아파트에 들어서는 순간 연구자는 이방인같이 느껴졌다. 친숙한 금선 할머니 가족이 기다리고 있는 아파트를 찾아 들어가는데도 아파트 엘리베이터 안에서조차 외지인 티가 너무 난 것 같아 안절부절못했다. 할머니가 살게 된 임대 아파트는 상당히 큰 단지임에도 낮에는 텅 빈 듯이 조용했다. 단지 내를 돌아다닐 어른도 별로 없고 아이들은 더더욱 없었다. 어른들은

* 이때 할머니는 40대의 노동력 있는 아들이 있으면 임대 아파트를 얻을 수 없기 때문에 주민 등록상 아들 없이 손자녀를 키우는 조손 가족으로 등록해 임대 아파트를 얻을 수 있었다. 상계동 임대 아파트에 이주한 후 아저씨는 할머니 주민 등록부에 복적했다.

일 나갔거나 아파서 집에 누워 있거나 그런 가구들이 대부분이라는 것을 나중에 알게 되었다. 입주의 우선권이 노동력이 없는 생활 보호 대상자나 의료 부조자 등의 영세민 가구였기 때문에 조손 가족이 아니면 아이들이 있는 가구도 별로 없어서 단지 내의 놀이터도 늘 비어 있다시피 했다.

임대 아파트 단지는 사당동에 비해 훨씬 폐쇄적이어서 할머니처럼 사교적인 분도 동네 사람들을 통해 장사를 하거나 일자리를 얻기는 쉽지 않았다. 금선 할머니는 공공 근로 말고는 일이 별로 없었고 한동안 사당동에서 누리던 일자리 연결망이나 부업 연결망을 갖지 못했다. 그래서 할머니는 떠난 지 십 년이 넘었어도 사당동에 있는 교회를 다녔다. 배낭에 참기름, 김, 커피 등등 일상생활에 필요한 소소한 일용품들을 담아 가지고 교회에 가서 팔고는 했다.

조금 시간이 지나면서 할머니는 임대 아파트 내 사람들을 상대로 일용품들을 팔기 시작했다. 몸이 아프거나 움직이기 힘든 사람들한테 움직이는 슈퍼 같은 일을 한 셈이다. 수일 아저씨도 이사 온 후 한동안은 사당동에서 같이 일했던 친구를 찾아 같이 일 나가고는 했다. 상계동에는 사당동처럼 일일 노동 시장이 서지 않아 대신 사무실을 갖춘 직업소개소 같은 데서 모여 앉아 일감을 기다렸다가 그날그날 노동 시장에 투입되었다. 시간이 흐르면서 할머니는 동사무소를 통해 공공 근로도 하고 아파트 노인회 총무도 맡는 등 할머니 특유의 생활력과 사교성을 발휘했다. 노인회 할아버지들도 꼼짝 못할 정도의 맹렬 할머니로 소문이 났다. 심지어는 인천에 사는 사위를 이웃 아파트 경비로 취직시킬 정도로 사회 연결망을 형성해 나갔다. 할머니가 그런 일을 할 수 있는 것은 그 지역에 할머니만큼 학력이 있거나 똑똑하게 일을 처리할 수 있는 사람이 별로 없어서였다.

할머니 가구가 거주하는 임대 아파트 거주민의 전체적 특성을 조사하지는 않았지만 임대 아파트 거주민의 구성은 대체로 비슷하다. 한 주간지가

2010년 조사한 영구 임대 아파트 두 개동 121가구의 상황을 요약한 것을 보면 독거노인이 18가구, 부부 가구가 24가구인데 한 가구만 40대이고 나머지는 모두 60,70대 부부다. 40대 부부는 남편이 주차 관리원이고 부인은 청소부 일을 하며 10대의 딸 셋을 두고 있는데 비교적 드문 경우다. 가구 구성원에서 보면 한부모와 자녀로 구성된 가구가 41가구로 가장 많고 나머지는 조손 가구들이다. 가구원의 직업은 무직이 67가구로 절반 이상이고 자활 근로 12가구, 일용 노동자 9가구, 나머지는 영세 공장에서 일하거나 파출부, 경비원, 운전기사 등으로 일한다. 조사 가구 중 비교적 괜찮게 산다고 대답한 가구가 하나 있는데 아들이 대부업을 하는 집이다. 취재진은 "사생활 보호를 위해 아파트의 정확한 위치를 밝히지 않고, 실제 동·호수와 다른 곳에 각 가구를 표시했다"는 주석을 붙이고 있는데 금선 할머니나 은주 씨가 사는 아파트라고 해도 상관이 없을 만큼 영구 임대 아파트의 구성은 비슷하다고 볼 수 있다. 이 기사에 나온 가구들에 대한 묘사를 몇 개 뽑아 보면 다음과 같다.*

- 60대 부부가 14살 손녀를 키운다. 아들은 지방에서 일하고 며느리는 집을 나갔다.
- 70대 부부. 이곳에 오기 전 무허가 집에 살면서 행상을 했다. 함께 사는 40대 딸이 자활 근로로 생계를 꾸린다.
- 60대 아버지와 30대 아들 두 명 모두 직업이 없다. 서울 봉천동 철거촌에서 쫓겨나 이곳에 왔다.
- 60대 부부와 30대 아들이 산다. 어머니가 식당에서 일한다. 아들은 건설 현장에서 일한다.

---

* "영구 빈곤 보고서: '희망의 절대 빈곤'은 사라졌다", 《한겨레21》, 2010년 3월 26일자.

- 70대 노모, 무직인 둘째아들, 지체 장애인인 막내아들, 그리고 첫째아들이 두고 간 손녀가 함께 산다.
- 70대 노모가 알코올 중독·게임 중독인 30대 아들, 정신 장애를 앓고 있는 40대 딸과 산다.
- 당뇨가 있는 70대 남편은 평생 일용직 노동을 했다. 60대 아내는 갑상선 질환으로 늘 피곤하다.
- 70대 부부와 30대 아들이 산다. 서울 금호동 철거 주택의 세입자였다.
- 40대 어머니가 혼자 딸을 키운다. 어머니는 암 수술 뒤로 일을 못한다. 고등학생 딸은 급식비가 없어 저녁을 굶은 채 방과 후 수업을 받는다.

어떤 영구 임대 아파트를 조사해도 상관이 없을 만큼 그 구성은 비슷하다. 장애인 아파트의 경우는 장애인이 가구원에 있다는 것을 빼면 가구 구성이나 생활 상태는 비슷하다고 보아야 한다. 최근 들어 탈북 이주민이나 결혼 이주 여성과 이주 노동자 가정 등 다문화 가구도 상당수 이 지역의 영구 임대 아파트에 살기 시작했다.

은주 씨가 사는 아파트는 장애인 임대 아파트여서 방문할 때마다 보행이 어렵거나 보이지 않거나 듣지 못하거나 뭔가 몸이 불편한 사람들의 힘겨운 삶과 마주친다. 아파트 단지 안은 많은 가구가 입주해 있는 점을 감안해 볼 때 아주 한적한 편이고 아이들도 별로 눈에 띄지 않는다. 아파트로 들어가는 입구에는 과일에서부터 간단한 부엌용품까지 온갖 일용품을 파는 노점상이 즐비하게 깔려 있어서 마치 사당동 살 때 남성시장 입구를 지나는 것 같은 느낌을 주었다. 그런데 얼마 전부터 건너편에 L마트가 들어서면서 노점상은 거의 없어졌고 주차장에는 쉬고 있는 노점상 리어카 등이 세워져 있는 것이 자주 눈에 띈다. 간간이 아파트 주변에서 떼로 몰려다니는 여중생들을 보게 되는데 어떤 때는 아파트 후미진 곳에서 언론 등을 통해 본 '일 진회'에 들어 있을 것 같은 여학생들이 몰려서서 한 아이를 혼내는 광경을 목격하기도 한다. 무심코 지나려다 촬영 조교에게 이런 장면을 찍어 두자 고 했다. 사당동 살 때 산등성이 후미진 곳에 청소년들이 몰려 놀면서 본드 를 불거나 이런저런 일탈을 벌이던 장소와 흡사한 분위기다.

덕주 씨가 사는 곳은 임대 아파트 단지와는 좀 떨어진 연립 주택이 모여 있는 상가 지역이다. 덕주 씨는 할머니가 세상을 뜨고 영주 씨가 결혼해서 신혼살림을 시작하면서 방을 얻어 나와야 했다. 처음부터 방을 얻은 것은 아니었다. 수일 아저씨는 영주 씨가 결혼하자 덕주 씨한테 20만 원을 주면 서 "나가 살라"고 했다. 그때 덕주 씨는 정신이 번쩍 들었다. 20만 원으로 얻어 나갈 곳이 없었다. 마침 옆 동에 사는 혼자 사는 친구가 생각났다. 아 버지와 단둘이 살았는데 일용 노동자였던 아버지가 시름시름 앓다 세상을 뜨면서 임대 아파트를 승계해 살고 있었다. 친구한테 사정해서 잠깐 얹혀 살기로 했다. 가끔씩 친구한테 여자 친구가 오는 때에는 자리를 비켜 주면 되고 집에 머무는 시간이 적기 때문에 크게 문제가 되지 않았다.

그러나 덕주 씨한테 여자 친구가 생기면서 독립된 방이 필요해졌다. 근 처 공릉동에 월세로 지하 셋방을 얻어 나왔다. 덕주 씨가 이사하는 날, 은 주 씨가 '언니'라고 부르는, 같은 아파트에 살며 부업을 함께하는 이웃이 짐을 나르는 것을 도왔다. 장애인 아파트에 사는 그 '언니'는 표정이 무척 맑고 깨끗했다. 혹시 남편이 장애인이냐고 물어보니 뜻밖에도 본인이 청각 장애 2급이라고 은주 씨가 설명해 줬다. 거의 말을 알아듣지 못하는데 늘 웃고 있었다. 그날이 노무현 대통령 장례식 날이었는데 노제에 갈까 한참 을 고민하다가 먼저 한 약속을 파기할 수 없어 덕주 씨 이삿짐 옮기는 곳에 가 있었다. 차 안에서 중계방송을 들으며 "살림살이 좀 나아지셨나요?" 하 는 고인의 목소리를 가끔 떠올리면서 덕주 씨 이삿짐 옮기는 것을 보고 다녔다. 덕주 씨는 지하 셋방에서 두 번 더 이사했다. 한 번 더 이사 간 집을 쫓아간 적이 있지만 그 뒤로는 따라가 보지 않았다. 반지하 셋방에 이사했다가 결국 그 방세를 빼서 헬스센터 보증금으로 쓴 뒤에는 수일 아저씨가 어떤 분과 동거하고 있을 때 거기에 잠깐 얹혀 지내다 헬스센터 구석에 방을 마련해 내려왔다. 헬스센터가 잘되는 듯하자 그 건물 주인이 방 하나를 무료로 쓰라고 주었는데 얼마 지나지 않아 다시 회수해 갔다. 어쩔 수 없이 덕주 씨는 헬스센터 프런트 뒤의 0.5평짜리로 들어와 살고 있다.

이렇게 해서 상계동 연구 현장은 삼각형으로 동선이 확대되었다. 영주 씨 임대 아파트에서 은주 씨 임대 아파트를 거쳐 덕주 씨 거처로 가거나, 아니면 반대로 돌거나 한 곳을 생략하거나 그런 식이었다. 그리고 가끔씩 그들의 이웃이나 일터를 찾아가 보기도 했다. 영세 업체들이 모여 있는 당고개나 덕주 씨 헬스센터가 있는 주변은 1980년대 서울 변두리 동네와 비슷하다. 임대 아파트 단지 건설에서 제외된 지역의 뒷길에는 연립 주택들이 들어서 있고 대로변은 3,4층짜리 건물들로 상가나 영세 업체들의 사무실이다. 대로변 바로 뒷길은 좁은 골목들이고 좁은 골목집들은 부대찌개나 우거지탕 등의 음식점 간판이 붙어 있거나 글자가 다 지워진 미장원 간판 등이 걸려 있다. 옛날 사당동 철거 전의 동네 어귀와 비슷한 분위기다.

덕주 씨 헬스센터는 4층 건물의 맨 꼭대기층에 있으며 1층이 편의점이고 3층이 초등학생을 위한 영어 학원이며 2층은 온돌 매트나 안마기 등 노인 용품을 할부로 파는 회사다. 3층에서 4층으로 올라가다 보면 오른쪽에 회색의 큰 벽면이 있는데 윌리엄 블레이크^{William Blake}의 "Love's Secret"이라는 시가 아주 고운 로마자 필기체로 회색 철제문 전체를 덮고 있다. 그곳이 덕주 씨 헬스센터와 3층 사무실이 함께 쓰는 화장실이다. 처음에는 블레이크 시가 쓰인 철제문이 화장실 문이라고 했을 때 의아해하면서 '웬 난해한 블레이크 시가 이곳에?' 하고 생각했다가 3층의 영어 학원 강사 선생님의 안목일까 생각했다. 몇 차례 오다 보니 이상할 것도 없다시피 되었다. 시중에서 쉽게 구할 수 있는 시트지를 사다가 철제문에 입혔을 뿐이었다. 그 시를 알아본 사람은 없는 듯했다. 어쩌면 시트지 업자도 다만 Love와 Secret이라는 단어에 꽂혀 제작했을지도 모르겠다. 그리고 덕주 씨가 그 시트지를 사다가 회색 철제문에 입힌 것이다.

방법론적 딜레마

○ 연구자의 이율배반성

연구 단계마다 성격은 다르지만 연구자의 입장은 자주 상반되는 윤리와 기대를 드러냈다. 연구자의 '중립성'은 연구의 시작 단계에서부터 지금까지도 계속 숙제다. 프로젝트가 시작될 때 이미 예상된 문제였다. 주민들 속에서 연구를 수행하는데 주민들의 이해관계와 무관한 입장에서 연구자가 지키는 '중립성'은 문제적일 수밖에 없었다. 연구 시작 단계에서부터 연구자의 이율배반적 상황은 예견되었다. 프로젝트 목적이 재개발 과정이 지역 주민에 미친 영향을 보는 것인데 이때 가장 중요한 이슈는 재개발에서 가옥주와 세입자, 건설 회사 간의 관계였고 이들 간의 역학 관계는 재개발에서 가장 중요한 변수였다. 연구자와 연구 조교는 가옥주에도 세입자에도 속하지 않으면서 이들과 건설 회사와의 관계까지도 '객관적으로' 읽어 내면서 철거 재개발 진행을 예견해야 했다. 이런 상황은 논리적으로는 그럴 듯해 보이지만 실제로는 이율배반적일 수밖에 없었다.

　연구 시작 6개월 만에 바로 그러한 이율배반적 고민이 연구 책임자에게 시작되었다. 연구 프로젝트 기간으로 1년 반을 계약했는데 그 기간 안에 철거가 이루어져야 〈재개발 사업이 지역 주민에 미친 영향〉이라는 보고서를 낼 수 있었다. 한편으로는 철거 재개발이 제시간에 이뤄지기를 바라면서 다른 한편으로는 주민들을 위해 철거가 미루어져야 할 것 같은 이중적 입장에 놓이게 되었다. 철거가 예정대로 시행되면 주민들은 한겨울에 이주를 해야 하는 것이다. 이를 지켜보는 것은 결코 마음 편한 일이 아니었다. 그러나 다른 한편 철거가 늦춰졌기 때문에 연구를 예정대로 마칠 수 없어서 보고서를 제때에 내지 못하는 사태가 벌어져 고민해야 했다. 철거민을 연구하는 연구자와 철거민 간의 이러한 상충된 이해관계는 연구 과정에서 다양한 형태로 나타났다. 연구 책임자로서 현장 조교들에게 프로젝트가 끝날 때까지 '운동'을 해서는 안 된다고 부탁한 것도 고육지책의 하나였다. 그 당시 대학원생이었던 조교의 친구들 중에는 도시빈민 운동을 하려고 철거 재개발 지역에 들어와 있는 경우도 있었다. 따라서 조교들은 주민들의 입장에 서서 정보도 수집하고 분석하는 빈민 운동가 친구들에게 심정적인 동지애를 느끼면서도 현장 연구의 자료와 정보를 그들과 공유할 수는 없었다. 당시 조교들은 철거 재개발 현장에서 온갖 폭력과 부조리함을 '바라보고만' 있어야 하는 무력감에 자주 혼란스러워했다. 즉각적인 저항과 대안을 요구하는 빈민 운동에 더 친근감이 있으면서도 '교수님 프로젝트'에 참여하면서 석사 논문을 준비 중인 것이 결코 마음 편한 일일 수 없었다. 프로젝트 연구 책임자였던 나는 조교들을 '지도 편달'해야 했다. 연구가 끝날 때까지는 '객관성'과 '중립성'을 담보해야 하므로 "절대 운동에 뛰어들어서는 안 된다"고 당부해야 했다.

이러한 딜레마적 상황이 주는 고민 외에 연구자의 윤리, 특히 질적 연구 방법론에 나오는 '윤리 규정'을 흔들 만한 실물적 유혹도 있었다. 달마다 오르는 철거 아파트 딱지는 엄청난 유혹이었다. 10평 무허가 주택의 가격은 1987년 2월 2,000만 원에서 1989년 말에는 1억 2,000만 원으로 6배가량 올랐으며 아파트 입주권이라 불리는 '가옥주 딱지'는 1987년 3월부터 1988년 10월 사이에 10평 기준으로 2,000만 원에서 4,500만 원으로 2,500만 원이 올랐다. 이 '가옥주 딱지'는 입주권이라기보다는 입주 분양 우선권에 해당했다. 세입자 분양권은 1987년 11월부터 160~170만 원에 거래되었고 1988년 10월 초에는 최고 650만 원까지도 거래되었다. 모두 우리 연구 기간 동안 눈앞에서 일어난 일이었다. 빈곤에 대한 연구비를 받기 위해 여기저기에 구색 맞춰 프로젝트 제안서를 쓰는 것보다 차라리 철거 재개발 딱지 몇 장만 사면 독립적으로 빈곤 연구를 할 수 있는 연구소도 차릴 수 있겠구나 하는 생각이 들 정도로 '딱지값'은 치솟고 있었다.

조교들이 세 들어 살던 집의 세입자들은 "부모님께 잘 말해서" 딱지를 사면 틀림없다는 말을 거듭했다. 자기들이야 자금이 없어서 할 수 없지만 그만한 돈쯤은 융통할 수 있을 것 같은 대학원생 부모들에게 그런 기회를 제공하는 것을 왜 마다하는지 이해할 수 없어 했다. 연구 프로젝트 보고서를 쓸 때 연구 조교들이 '운동'에 뛰어들지도 않고 '딱지'를 사지도 않은 데 진심으로 감사하면서 또한 미안해할 수밖에 없었다. 《도시빈민의 삶과 공간》이라는 책 서문에는 제법 길게 현장 조교들이 이런 일에 개입하지 않은 데 대해 "이 책을 내면서 우리 필자들은 다시 한 번 이들이 조사 기간 동안 여러 어려움을 이겨 낸 데 감사하며 특히 이들이 연구 기간 동안 매우 힘든 두 가지의 유혹과 권고와 충동을 이겨 냈음을 언급하고 싶다. 하나는 도시빈민 운동에 대한 것이었고 다른 하나는 부동산 투기에 대한 것이었다. 그러나 이들은 이 두 가지 중 어느 하나의 유혹에도 지지 않았고 견실하게 조사자의 입장을 고수했다. 이는 결코 쉬운 일이 아니었다"고 고마움을 표했다.

이런 연구자의 이율배반성은 사당동의 철거 재개발 지역 연구라는 특수성에 국한된 것이 아니었다. 연구자로서 이율배반적 고민과 기대는 사실상 25년간의 연구 기간 내내 상황과 국면이 달라졌을 뿐 여러 다른 방식으로 지속되었다. 한편으로 금선 할머니 가족이 별일 없이 무탈하게 지내기를 바라면서 다른 한편으로 뭔가 사건이 안 생기면 이 가족에 대한 관심이 느슨해지고 사건이 생겼다 하면 달려가면서 '참 흥미로운 사례야'라고 생각하기도 했다. 더욱이 다큐를 만든 이후에는 다큐를 본 사람들이 이 가족의 근황을 묻는 경우가 많아지면서 더욱 어떤 극적인 사건이 안 생기나 하는 생각까지 할 때가 있다. 문화기술지란 자기의 연구 주제(예를 들면 가난)에 대해 '연구하는 것이 아니라' 연구 주제의 사람들(즉 가난한 사람들)로부터 '뭔가 배워 가는 것'이라는 기본을 때로 잊어버리거나 놓치는 일이 비일비재했다.*

○○ 참여관찰을 참여관찰하다

참여관찰이 중심이 된 연구에서 연구 기간 내내 조교들 또한 연구자의 참여관찰 대상이 되기도 했다. 연구 기간이 길어서 조교들이 바뀔 수밖에 없어 연구 단계마다 상호 작용의 성격이 변화하는 것을 지켜보게 되었고 조교들의 전공에 따라서 또는 조교의 계급적 경험이나 성별에 따라서 문제의식이 어떻게 다른지를 지켜보았다. 그에 따라 연구자와 사례 가족의 중간 역할도 상당히 다르게 나타났다.

초창기 첫 단계의 현장 조교들은 석사 논문을 준비 중인 사회학과와 여성학과 대학원생이어서 한편으로 교과서적 질적 방법론에 따른 현장 일지 작성에 몰두하고 다른 한편으로 각자의 학위 논문 주제에 맞춰 자료 수집을 해 갔다. 이때는 질적 방법론의 매뉴얼을 따르면서 신뢰도와 타당성

---

* 특히 Paul Willis(2000), *The Ethnographic Imagination*, Cambridge: Polity Press, 7장에서 이에 대해 자세하게 논의하고 있다.

에 신경 쓰고 객관성을 중시하고 실증적인 자료에 역점을 두는 초기 단계의 문화기술지에 충실했다.*

프로젝트가 끝나고 영구 임대 아파트 단지로 연구 현장이 옮겨 간 두 번째 단계에서는 영상 작업에 관심 있는 사회학도들이 연구 조교로 투입되었다. 이때는 특히 금선 할머니 가족의 일상사와 관련된 심층 인터뷰를 많이 했다. 또한 동영상 촬영이 시작되면서 재현에 새로이 관심이 생겼다. 구술 생애사도 사당동 때와 다른 방식으로 여러 차례 채록했다. 학부생이나 대학원생 등 비슷한 또래의 남학생들은 영주 씨와 덕주 씨를 인터뷰할 때 오랫동안 라포를 형성해 온 나보다 훨씬 자연스럽게 많은 이야깃거리를 꺼내왔다. 영주 씨는 동갑 조교를 투입했을 때 가장 내밀한 이야기를 털어놓았다. 덕주 씨는 처음에는 비슷한 또래의 남학생한테 이야기를 잘 털어놓았지만 나중에는 내게도 스스럼없이 어렸을 때의 비행이나 여자 친구 이야기도 잘했다. 동영상 촬영에 들어가자 더욱 신나게 협조했다.

반면 은주 씨 남편은 남학생들하고도 좀체 말길을 트지 않았고 특히 남학생들이 은주 씨를 인터뷰하러 가거나 은주 씨 집에 촬영가는 것에 상당히 신경을 썼다. 은주 씨 집에 갈 때는 가능한 한 내가 동행하고 남학생 혼자 촬영이나 인터뷰를 가지 않도록 배려했다. 은주 씨는 남자 조교들보다는 내게 훨씬 많은 이야기를 쉽게 털어놓았는데 그 뒤에 나보다 나이가 한참 아래인 사회복지 전공 조교한테는 훨씬 쉽게 내밀한 이야기를 털어놓았다. 사회복지 전공 조교는 대학 졸업 20년이 넘은 뒤에 사회복지를 공부하게 된 늦깎이 대학원생으로, 어렸을 때 빈곤을 경험했지만 현재는 비교적 여유 있는 서울의 중산층이다. 가난을 보는 중산층 사회복지사의 시각을 여과 없이 드러내기도 한다. 이러한 연구 조교의 참여로 새로운 연구 지점

---

* 이때 조교들이 현장 일지를 기록하면서 참고한 책은 James Spradley(1979), *The Ethnographic Interview*, New York: Holt, Rinehart and Winston였다.

들이 발현되었다.

　은주 씨는 이 조교한테는 두세 차례 만난 뒤부터 언니라고 불러도 되느냐면서 금방 "언니 술 사줘", "같이 노래방 가자" 등등의 요청을 쉽게 하고 심지어는 밤 11시에도 마구 전화를 거는 사이가 되었는데 나한테는 훨씬 오랜 세월 만나면서도 그렇게 하지는 않는다. 더구나 은주 씨 남편은 같은 또래의 남학생들하고도 거의 말을 트지 않고 살았는데 새로 온 복지 전공 조교가 자기도 어렸을 때 중학교에 가지 못하고 온갖 고생을 한 이야기를 했더니 친밀감을 보이면서 "자기 이름을 그냥 불러 달라"고까지 했다. "말을 놓으라"고 하면서 온갖 가정사 상담도 요청해 왔다. 은주 씨 남편이 초등학교를 그만두고 돈벌이를 시작했는데 처음에 취직한 곳이 장갑 공장이었다는 이야기를 털어놓았을 때 이 복지 전공 조교가 자기도 어려서 공장에서 일한 적이 있는데 첫 일터가 장갑 공장이었다고 말하자 은주 씨 남편의 눈이 금세 반짝거리면서 친근감을 표하고 이야기를 시작했다. 이 조교는 시시때때로 자기가 연구 조교임을 상기시킨다고 했다. 너무 가까워지면 연구의 흐름에 걸림돌이 될 수도 있다고 생각하고 연구자와 연구 참여자 간의 거리를 유지해야 한다는 생각을 떨쳐 버릴 수 없었기 때문이다.

　문화기술지 작업을 하는 연구자의 연구 조교이고자 하는 노력에도 불구하고 사회복지 조교의 인터뷰 녹취록을 풀 때 이 조교가 너무나 문제 해결에 몰두한 나머지 '폭력적'이라고 생각될 만큼 짧은 시간에 대답을 얻어 내려는 노력을 읽을 때가 있다. 치료와 해결을 우선하는 복지 전공의 오리엔테이션 때문일 것이다. 참여관찰의 최대 장점은 '자연스러움' 또는 '자연스러운 환경과 세팅'에서 연구하는 것이지만 연구자는 물론 연구 조교의 관심사나 학문적 훈련과 오리엔테이션에 따라 매우 다른 상호 작용이 일어나고 얻어지는 자료의 내용과 질도 달라진다. 이런 점은 바로 문화기술지 또는 질적 연구라는 방법의 예술art로 귀착되는 지점이기도 하지만, 때로 '문제적'이 되는 지점이기도 하다.*

○○○ '개입'과 '객관적 관찰'의 경계

연구 과정에서 '개입'과 '객관적 관찰'의 경계가 어디까지인지도 늘 숙제
다. 실제로 25년이나 이 가족을 따라다니면서 나는 연구자라는 입장에서
그들과의 거리 조정을 늘 염두에 두어야 했고 너무 멀지도 너무 가깝지도
않은 '거리 지키기'가 쉽지 않은 과제로 남아 있다. 이는 가장 큰 방법론적
숙제이기도 하다. 처음에는 빈곤의 세대 재생산의 문제를 객관적으로 관찰
만 하고 기록하는 '매우 충실한 연구자의 입장'을 견지하겠다는 '가치 중립
적' 객관성이라는 틀에 갇혀 있었다. 오랫동안 이 가족을 따라다녔지만 이
들의 삶을 획기적으로 변화시킬 수 있는 어떤 일도 하지 않았다(물론 할 수
있는 일이 많지 않았지만). 대학교수의 위치를 활용해 이 가족에게 일자리를
소개하거나 아주 어려울 때 경제적 지원 같은 것도 좀 할 수 있지 않았느냐
는 힐책 같은 질문을 자주 받고는 했는데 "산타클로스가 가난한 사람 누구
에게나 나타나는 것은 아니므로"라는 말로 그들의 질문을 피했다.

영주 씨가 필리핀에 갈 때 촬영 조교 겸 현장 일지 기록 임무를 띠고 동
행한 학부생 조교는 흥미로운 지점에서 '개입'의 문제를 언급하기도 했다.
영주 씨 신부 지지 씨의 여동생이 함께 간 그에게 계속 관심을 표했고 그는
너무 가까이도 너무 멀리도 할 수 없는 '조교'의 자세에 대한 고민을 현장
일지에 적었다. 약간 특수한 상황이기는 하지만 이럴 때 너무 냉정하게 굴

---

* 이에 대해서는 다음 책을 참고할 것. Crapanzano(1986), "Hermes' Dilemma: The
Masking of Subversion in Ethnographic Description," in James Clifford and
George E. Marcus(eds.), *Writing Culture*, London: University of California Press.

면 라포에 어떤 문제가 생길 것 같고 그렇다고 너무 친절하게 굴었을 때 감당할 수 없는 어떤 문제가 생길 것인지에 대한 우려에서 오는 고민이 묻어나는 현장 일지를 남겨 놓고 있다.

> 지지 씨는 동생과 계속 전화기로 문자를 주고받는데, 갑자기 내 전화번호를 동생이 물어봤다며 알려 줘도 되냐고 물었다. 나는 대충 예상을 했지만 전화번호를 알려 주었고, 이내 내 전화로도 문자 메시지가 오기 시작했다. "정말 좋은 기억이었다, 내가 준 말찌를 항상 하고 다녀라, 한국에 돌아가서도 자기 전화번호를 지우지 말아라" 등의 내용이었다. 나는 그들 인생에 개입하면 안 되기에 대충 무시하거나 무미한 답장을 보냈다. 그랬더니 "내일 투게가라오로 간다"는 문자 메시지까지 왔다. 뭔가 또 다른 개입을 하게 된 것만 같다.
>
> 송창훈, 2007.6.15

이 가족이 연구자인 나의 신변에 대해 직접적으로 질문하는 일은 거의 없었다. 뭔가 물어보는 쪽은 항상 나였고 그쪽은 답하는 관계가 고착화되어 있어서였는지 모르겠지만 이 가족은 내게 별로 질문한 적이 없었다. 금선 할머니가 만난 지 한 5년 지났을 때 "선생님은 결혼했느냐"고 물은 정도가 다였다. 다큐를 만들고 나서 은주 씨가 한 번 내가 사는 집이 크냐고 물어본 적이 있다. 그렇다고 구체적으로 몇 평이나 되는 집이냐? 그런 걸 물어본 것은 아니고 "크냐?"고 물었고 크다고 했더니 "방이 몇 개냐?" 그런 질문을 했던 것 같다. 생각해 보면 이들은 내가 교수라는 것을 빼고는 아는 바가 별로 없는데도 나에 대해 직접적으로 물은 적이 없다. 가끔씩 내 연구조교들에게 "교수님은 잘사느냐?" 또는 "아이들이 있느냐?" 등등을 물은 적은 있다. 내가 스스로 이들에게 우리 집이나 가족 관계를 말한 적은 한 번도 없었다. 그런 이야기들이 보통은 사람들의 관계를 좁혀 주고 허물없이 대하게 하지만 내가 사는 집이 그들과 얼마나 다른가 같은 질문에 답해야 할 상황이 일어나지 않도록 내심 조심했거나 선을 긋고 있었을 수도 있다. 덕주 씨가 옥탑방에 세 들었을 때 몇 번이나 자기 옥탑방에 놀러 오라고 했다. 그러면서 자기 옥탑방은 "그런 옥탑방"이 아니라고 했다. 그런 옥탑방이 어떤 방인지 자세하게 이야기는 안 하지만 나는 대강 미루어 짐작했다. 덕주 씨는 자기 옥탑방은 옥상에 있지만 데크가 있고 밖에서 고기를 굽는 그릴도 있다면서 "바베큐 파티도 할 수 있다"는 자랑을 했다. 덕주 씨가 지하 셋방을 벗어나고 헬스센터에 얹혀 있다가 헬스센터 주인이 잘 봐서 옥탑방을 빌려준 때였다.

덕주 씨는 전기장판 만드는 데서 일할 때 나에게 전기장판을 선물했다. 뭔가를 주고 싶어 했는데 결국 자기 공장에서 나오는 전기장판을 할인가로 살 수 있다면서 내 연구실로 가지고 왔다. 그때 덕주 씨는 대학이라는 곳에 처음 발을 들여놓았고 더욱이 교수 연구실은 생전 처음 들어와 본 것이었다. 덕주 씨는 그 '넓은' 연구실을 나 혼자 쓴다는 사실에 너무나 놀라움을 표했다. 중학교를 중퇴한 덕주 씨는 교무실이라는 데를 야단맞거나 벌 받을 때만 가 보았다. 선생님들이 교실 외에 다 모여 함께 쓰는 교무실이라는 방이 있는 줄은 알았지만 대학교수라고 혼자 쓰는 연구실을 가지고 있다는 사실은 생각할 수도 없었던 것이다. 책이 많다는 데 놀랄 줄 알았지 연구실을 혼자 쓴다는 사실에 그렇게 놀랄 줄 몰랐다. 덕주 씨는 그때 지하 셋방을 전전할 때였고 지하 셋방은 내 연구실의 3분의 1정도의 크기였다. 내 연구실에 와서 영주 씨도 놀라는 눈치였는데 영주 씨는 그렇게 적나라하게 놀라움을 표하지는 않았다. 사실 연구자는 연구 상대자에 대해 모든 것을 알고 있고 알고 있어야 한다고 생각하고 궁금할 때마다 캐묻는 것을 당연하게 생각한다. 이른바 연구자ethnographer의 권리는 아니라 해도, '연구자의 권위'를 시도 때도 없이 활용한다고 할 수 있다. 연구자로서의 '권위의 이용과 오용'은 참으로 여러 방식으로 나타나고 개입과 관찰의 경계를 모호하게 하는 지점이었다.*

○○○○ 연구 현장의 젠더와 계급성

연구 현장과 젠더

연구자나 연구 조교들의 젠더와 계급성은 연구가 진행됨에 따라 단계별로 그 특성이 다르게 드러날 뿐 아니라 그 인식 지점이나 범위도 달라졌다. 1986년 처음 연구를 시작할 때(당시는 연구자의 신원 및 연구 내용에 대해 관할 파출소에 신고를 해야 했다) 사당동파출소에 가서 연구 취지와 내용을 얘기하고 협조를 요청했는데 그 파출소장이 의도적이었는지 아니었는지는 알 수 없지만 당시 프로젝트의 파트너 연구소의 소장으로 함께 간 서울대의 김일철 교수한테는 "교수님 교수님" 그렇게 부르면서 연구 책임자인 내게는 교수라는 칭호를 쓸 생각을 안 했다. 그날의 조교 현장 일지에는 "아주머니는 어디서 많이 본 것 같다"고 해서 함께 동행한 서울대 교수가 "동대 조은 교수님"이라고 재차 말해도 "아 그래서 사회 활동을 하셔서 그렇군요"라면서도 교수님이라는 칭호를 쓸 기미를 안 보였다는 기록을 남기면서 조교는 어이없어하는 촌평을 하고 있다.

  이러한 상황은 연구 과정에서도 자주 나타났는데 조교들이 연구자들을 교수님들이라고 소개했는데도 계속 '아주머니'로 호칭하는 일이 잦았다.

---

* 이에 대한 연구자들의 고민은 Rosaldo(1986), "From the Door of His Tent: The Fieldworker and the Inquisitor," in James Clifford and George E. Marcus(eds.), *Writing Culture*, London: University of California Press, pp.77-97에 흥미롭게 기술되어 있다.

그들이 교수라는 직업에 익숙하지 않은 것보다는 여자 교수에 익숙하지 않아서였던 것 같다. 한번은 사례 가구 중에 아들이 학교에서 문제아로 찍혀 고민하는 집에서 상담을 요청해 왔다. 아이들에 대해 상담하고 싶은 이웃들이 서너 명 같이 모인 자리에 가서 각자의 고민거리를 한참 듣고 거기에 대해 상담을 해 주고 나왔다. 그 집 문턱을 넘어 2~3m도 가기 전에 내 등 뒤에서는 그들이 수군거리는 소리가 들렸다 "그런데 저 아줌마 뭐 하러 여기에 맨날 오는 거야?"

이들에게는 가난한 동네에 연구하러 들어온 여교수나 '교수'라는 직책이 익숙하지 않았다. 그들에게 교수 같은 직업은 일단 남자들이 하는 것이라는 생각이 박혀 있고 교수처럼 고상한 직업의 사람이 이런 현장에 올 리 없다는 선입견이 있는 듯했다. 실제로 남자 교수들의 경우 이러한 지역 현장에 오는 일은 흔치 않기 때문에 더욱 그런 선입견이 있는지도 모른다. 이 지역에서 우리의 현장 연구 막판에 재개발과 관련하여 제법 큰 설문 조사 프로젝트가 있었는데 연구 책임을 맡은 교수가 현장에 온 적은 단 한 번도 없었다. 조교들과 조사원들이 설문지를 가지고 조사를 했을 뿐이다. 그 보고서에는 이 지역 여성들의 30%도 일을 안 하는 것으로 나와 있다. 그런데 그때 우리가 이해한 바로는 이 지역에서 여성들은 몸이 아프거나 너무 늙어서 일을 할 수 없지 않은 한 모두 다 일을 했다. 그런데도 외부에서 나와 설문 조사할 때 일하느냐고 물으면 일한다고 대답한 경우는 3분의 1도 안 되었다. 그 이유는 한편으로 "지난 일 주 동안 일하셨습니까?"라는 통상적인 노동 통계 조사 설문을 할 경우 이 지역 여성들은 워낙 불안정한 일이나 비정규직 일을 하기 때문에 '지난 일주일'은 일을 안 한 경우가 상당수여서라고 할 수 있지만 그보다는 오히려 낯선 사람한테 자기가 일한다는 말을 해서 괜스레 자기 남편이 돈을 못 벌거나 돈을 벌어다 주는 남편이 없다는 말을 정직하게 해야 할 이유가 없다고 생각하기 때문이었다. 그러나 이런 식의 설문 조사 결과는 대대적으로 언론에 보도되기도 하고 정책에도 쓰였다.

처음 이 현장 연구를 시작했을 때 카메라를 들고 왔다갔다하니까 신문사나 잡지사 여기자냐고 하는 질문을 많이 받았다. 카메라 없이 돌아다닐 때는 주민들끼리 "딱지 사러 왔나 보다"고 수군거리면서 복부인이 아닐까 하는 의심의 눈빛을 보이기도 했다. 여기자도 아니고 복부인 차림새도 아닌 연구자는 그들에게는 종잡기 힘든 '이상한 존재'였다. 이런 곳일수록 연구자의 젠더는 굉장히 다양한 방식으로 문제시되기도 하고 또 도움이 되기도 했다. 사실 금신 할머니 가족과 가까워진 것은 연구 조교가 그 집에 살아서이기도 하지만 연구자가 여성이어서 쉽게 다가설 수 있었기 때문이기도 하다. 금선 할머니에게 여성이면서 교수라는 타이틀은 어쩌면 그들을 위해서 뭔가 정책적인 일을 해 줄 수 있는 힘을 가진 여성이면서 접근 가능한 사람으로 인식되었던 듯하다.

연구 과정에서 연구자의 젠더가 문제시되는 방식도 흥미롭지만 이 지역에서 '젠더의 차별화'는 놓칠 수 없는 지점이었다. 이 계층에서 젠더의 구분은 일상적이고 훨씬 엄격하다. 많은 경우에 아들과 딸의 차별이 심하고 남녀의 차별도 심하다. "왜 여자로 태어났냐? 가시내가 자빠져 잤으면 이불은 지가 알아서 개고 청소도 할 것이지. 무슨 가시내가 이러는지 모르겠어. 아빠 오면 어린양이나 하고 그러니까 살만 쪄"라고 딸에게 야단치는 엄마들의 목소리를 듣는 것은 예삿일이며 수돗가에서 오빠에게 "물 좀 떠 줘"라고 말했다가 "저놈의 육실헐 년이… 네가 떠먹어" 하면서 "저년은 지년만 알고 어제도 밥 좀 하고 설거지 좀 하랬더니 지랄지랄 다 하더라"는 욕을 먹는 경우도 허다하게 보게 된다. 또는 어떤 집에 들어갔는데 누나와 함께 빵을 굽던 중학생 남자애가 창피하다며 하던 일을 그만두고 "네가 여자니까 하라"고 들어가 버리는 경우도 있었다.

이런 정도의 아들 딸 차별은 어느 집에서나 쉽게 볼 수 있었다. 사당동 시절 현장 일지에는 아들에게 새 잠바를 사 주었는데 딸이 그 잠바를 입고 나가자 엄청난 욕을 퍼붓는 장면도 기록되어 있다. 왜 오빠 잠바를 "계집애가 재수 없게" 걸치고 나갔냐는 것이다. 이런 아들 딸 차별은 여성은 제대로 '밥벌이를 하는 사람'으로 취급되지 않는 데서 출발한다. 노동 일을 하는 경우에 여성들이 훨씬 임금도 싸고 '하찮은' 일을 하는 경우가 많고 따라서 여성이 하는 일은 생계를 해결하는 주업인 경우도 '부업'으로 불린다. 군대 간 오빠를 대신해 딸이 생계를 해결하거나 남동생 학비를 대는 경우도 많고 생계를 전적으로 책임지는 여성 가구주가 많은데도 여성은 주 생계 책임자가 아닌 것이다. 심지어는 사당동을 철거할 때 백골단이라고 불리는 강제 철거반원들이 나타나면 아주머니들이 맨 앞에 나서서 몸싸움을 해서 이상하게 생각했는데 어떤 아주머니가 "우리 아저씨 몸 다쳐서 일 못 나가면 큰일 나기 때문에 자기가 나왔다"는 얘기를 흔연하게 했다. 철거 재개발 과정에서도 젠더는 여러 지점에서 여러 방식으로 작동했다. 밤에 세입자대책위에 모이는 사람들은 대체로 부인들이고 부인들이 부업이나 계 등을 통해 동네 안에 유대가 있어 힘을 발휘할 수 있었지만 막상 중요한 결정들은 남자들 손에 있었고 세입자 대책위 남자 간부들이 외부 권력과 손잡고 일을 그르치는 경우도 많았다.*

사당동 연구에서 참여관찰한 아들 딸 차별이나 성별 분업의 문제는 상계동 임대 아파트로 오면서는 특별하게 언급할 현장이 잡히지 않았다. 동네에 상주하지 않아 잡지 못했을 수도 있다. 다만 상계동 임대 아파트에 오면서는 할머니들이 손자녀들을 돌보는 조손 가족이 많고 나이 든 여성들 중에 혼자되었거나 병들거나 무기력해진 남편들을 돌보는 여성 가구주들이 많아 빈곤의 여성화 문제가 훨씬 분명하게 드러났다.

---

* 조은·조옥라(1992), 앞의 책, 138쪽 참조.

연구 현장과 계급·계층

연구자와 계층이나 생활 방식이 다른 사람들을 연구하게 되었을 때 고려해야 될 사항들은 질적 연구 방법론에 자주 언급된다. 조심하고 신경 쓴다고 하지만 예상치 않은 질문을 받고 당황하는 일이 자주 일어났다. 여학생 조교로 방을 얻어 살게 된 혜란 조교에게 어느 날 건너편 집에 사는 열 살짜리 아이가 놀러 와서 "언니 부자야?" 그러면서 "언니는 좋겠다 어떻게 이렇게 큰 방을 혼자 쓸 수 있냐"고 했다. 이런 계급적, 계층적 격차는 연구자들에게는 넘어서기도 쉽지 않은 문제이면서 신경 쓰지 않을 수 없는 부분이다.

처음에 사당동 현장에 갈 때는 '아줌마' 같지 않고 '대학교수스럽게' 차림새를 하느라 신경 썼다. 한참이 지난 뒤에야 내 옷차림이 그 동네 주민들에게 친근감을 주지 않는다는 느낌을 받았다. 영주 씨를 처음 인터뷰했을 때 연구자가 입었던 옷은 바지 정장이었고 옷깃에 스피커를 꽂은 매우 전문적인 인터뷰어의 모습으로 카메라에 담겨 있다. 동영상을 촬영하기 시작했을 때 할머니 집을 방문하면서 좀 더 친숙해 보이도록 코트 대신 잠바를 꺼내 입었는데 막상 찾아 입은 옷은 '스키 잠바'였다. 마땅한 잠바가 없어서 아무 잠바나 꺼내 입었는데 하필 스키 잠바였다. 이런 일은 심심찮게 일어나고 곤혹스러운 일도 자주 발생했다. 다큐를 찍으면서 할머니가 그동안 살던 동네들을 카메라로 담기 위해 할머니와 함께 돌아다닌 적이 있었는데 그때가 겨울이어서 긴 코트에 모자를 쓰고 따라나섰다. 나중에 그런 옷차림에 녹음기를 들고 녹취를 하는 모습이 카메라에 담긴 것을 보고 내심 매우 당혹스러웠다. 할머니는 FILA가 등판에 찍힌 잠바를 입고 있는데 연구자는 긴 코트에 챙이 있는 겨울 모자를 쓰고 있는 모습은 스스로 보아도 어색했는지 인터뷰 도중 모자를 구겨서 주머니에 넣고 있었다.

계급 계층별 언어 사용의 차이도 생각보다 컸다. 서울말과 지역 사투리

간의 격차는 알고 있었지만 언어의 계급성이 그토록 심할 것이라고는 예상하지 못했는데 연구하면서 보니 생각보다 훨씬 심했다. 이러한 문제점은 조교들의 현장 일지에 자주 언급되고는 했다. 특히 생애사 인터뷰를 녹취하거나 녹취를 풀면서 이들의 언어를 이해하는 것이 쉽지 않다는 것을 체감했다. 발음이 부정확하고 우물우물 말하는 경우가 많았다. 처음에는 학력 때문인가 했는데 자신 있게 의견을 말하고 살아 본 경험이 없어서일지도 모르겠다는 생각을 했다.

이러한 언어의 계급적 차이는 연구 논문을 쓸 때는 내용을 적당히 요약해서 쓰고 직접 인용하기보다는 풀어 써서 그 심각성을 크게 인식하지 못했는데 다큐 편집 과정에서 이 문제가 적나라하게 드러났다. 단적인 예가 그들의 '말'을 잘못 알아듣는 것이었다. 긴 인터뷰나 생애사를 화면에 잡았을 때 계층이 다른 청중은 거의 알아들을 수 없었다. 영화관에서 상영할 경우 이 문제를 해결하지 않으면 영화 자체의 해독력이 떨어져서 다큐를 망칠 수도 있다는 위험에 직면해야 했다. 다큐를 만들기 전에는 인터뷰 내용을 대충 알아듣는다고 생각하고 넘어갔는데 자막 처리를 위해 수차례 어떤 경우는 수십 차례 그들의 말을 다시 들어야 했다. 많은 시간을 들여 독해를 했는데도 오독이 여러 군데 있었다. 녹취를 담당한 학생들에게 자기들의 계급적 배경을 넘어서는 독해는 힘들었다. 예를 들면 "지금 일자리를 잃으면 사흘은 놀아야 된다"는 자막이 있는데 처음에 이 녹취를 푼 대학생은 사흘을 3개월이라고 풀었다. 이상해서 몇 차례 다시 들어 수정하게 되었다. 이는 단순히 오청의 문제라기보다 삶의 경험의 차이를 드러내는 것이었다. 대학생들에게 실직이라는 것은 그 단위가 3개월인데 빈곤층 청소년들에게 놀면 안 되는 날수는 사흘인 것이다. 사흘만 일하지 않아도 그들은 당장 먹을 것이 없는 처지인 것이다. 그러나 다큐의 최종 편집본에서 자막을 많이 걷어 냈다. 더 '영화적'이어야 한다는 이유도 있었지만 못 알아듣는 다른 계급의 언어를 듣는 참을성을 다큐 시청자에게 요구해 보자는 의도 때문이었다.

이런 언어의 계급성은 이들 가족과 만나는 지점이 다를 때마다 다른 방식으로 돌출했다. 한번은 은주 씨 딸 영현이에게 월 10만 원씩 '꿈' 장학금을 받게 하기 위해 장학 재단에 신청서를 쓰게 되었는데 신청서에서 "자기의 장점은 무엇이라고 생각하는가?" 또는 자기의 "단점에 대해 써라"는 문항에 대해 영현이가 전혀 답을 쓰지 않고 있어서 "영현이 장점이 뭐야?" 하고 물어봤는데 "장점이 뭐예요?"라는 질문이 돌아왔다. 그래서 "네가 잘하는 것"이나 또는 "너의 좋은 점 같은 것"이라고 설명해 주었다. 그때 영현이는 초등학교 5학년이었지만 그런 단어를 알고 있지 못했다. 은주 씨는 워낙 귀가 좋지 않아 무슨 말을 해도 대충 넘어가고는 하다가, 가까워지면서 못 알아듣는 말에 대해 가끔 묻기도 했는데, 어느 날 "성실하게 살아야 된다"고 했더니 "성실한 게 뭐예요?"라고 물었다.

이 가족을 인터뷰하는 과정에서 어떤 단어를 고르고 어떤 단어는 쓰지 않아야 되는가를 가늠하기가 쉽지 않았다. 나도 모르는 새 강의실에서 쓰는 언어나 집안 식구들끼리 쓰는 단어들을 쉽게 말해 버리고 나면 질문이 들어오거나 대화가 중단되거나 했다. 예를 들면 영주 씨에게 "저녁 먹을 때 주로 화제가 뭐예요?" 하고 물었을 때 우물쭈물하다가 "화제가 뭔데요?"라고 되물어 오면 대체할 만한 쉬운 말을 생각해 내느라 멈칫거리게 된다.

질적 방법에서 강조하는 '그들의 언어' 익히기는 쉬운 일이 아니었다. 미국 사회학자 벤카테시의 《괴짜사회학》에 나오는 현장 연구에서 연구자와 연구 상대자 간의 다른 언어에 대한 흥미로운 묘사가 나온다.* 우리는 연

---

* "흑인이면서 가난한 것은 어떤 느낌인가?" 제이티는 소리 내어 웃지는 않았지만 미소를 지었다. "난 흑인이 아니야." 제이티가 일부러 다른 패거리들을 둘러보며 대답했다. "그럼 아프리카계 미국인이면서 가난한 것은 어떤 느낌인가?" 나는 제이티의 감정을 상하게 할까 봐 조

구 상대자가 연구자의 말을 알아듣지 못한다고 생각하는 데 반해 연구 상대자들은 연구자들이 자기들만 아는 언어로 질문하고 있다고 여길 수 있다. 사당동 달동네나 상계동 임대 아파트 주민들과의 대화에서도 비슷한 '못 알아듣기' 경험은 늘 계속되었다.

심스러운 말투로 물었다. "난 아프리카계 미국인도 아니야. 깜둥이야." 이제 뭐라고 물어야 할지 알 수 없었다. 제이티에게 깜둥이라는 건 어떤 느낌이냐고 묻기가 꺼려졌다. 제이티는 내 설문지를 도로 가져가서 좀 더 주의 깊게 훑어보았다.… (중략) … 제이티는 실망한 듯했지만 그 실망은 나를 향한 것이 아님을 곧 알 수 있었다. "이 건물에 살고 있는 사람들은 깜둥이야." 제이티가 마침내 입을 열었다. "아프리카계 미국인들은 교외에 살지. 아프리카계 미국인들은 넥타이를 매고 일해. 우리 깜둥이들은 일자리를 얻을 수조차 없어." 고개를 젓던 제이티가… (중략) … 내 쪽으로 몸을 숙이더니 나직이 속삭였다. "우리가 누군지도 모르고 우리에 대해 전혀 아는 것도 없으면서 넌 어떻게 이런 일을 하게 된 거지?" 수디르 벤카테시(2009), 《괴짜사회학》, 김영선 옮김, 김영사, 35쪽.

영상으로 사회학적 글쓰기

○ **익명성을 배반하다**

한 가족을 이렇게 오랫동안 따라다니는 것은 빈곤 재생산이나 가난한 가족에 대한 관심만으로는 불가능했을 수도 있다. 이들의 일상에서 특별한 이야깃거리를 끌어낼 만한 큰 변화나 극적인 사건은 없었다. 그러나 이런 삶에 익숙하지 않은 사람들에게는 이들의 일상은 "매일매일 드라마 찍는다"는 생각이 들만큼 사건의 연속이다. 하지만 익숙해지고 나면 그러한 삶이나 사건은 일회적 '사건'도 아닌 '일상'일 뿐이다. 이 가족을 안 지 12년쯤부터 시작한 동영상 작업이 없었다면 연구자와 이 가족 간의 친밀한 관계가 팽팽하게 지속되지 않았을 수도 있다. 관계가 훨씬 느슨해지거나 호기심이 줄어들었을 수도 있다. 일 년에 한두 차례 방문해서 그동안의 생활을 물어보거나 관찰하는 일이 거의 쳇바퀴 돌듯 되풀이되었을 것이다. 동영상 작업의 시작은 새로운 연구 방법의 도입이라는 점에서 연구에 긴장감을 가져오기도 했지만 문자 매체와는 다른 다양한 접근과 해석이 가능하기 때문에 새로운 열성과 호기심을 유발했다. 물론 사례 가족이 처음에는 카메라를 의식하는 데서 오는 부자연스러움도 있었다. 그러나 어느 순간 금선 할머니 가족은 연구자나 카메라를 별로 의식하지 않기 시작했다. 심지어는 촬영 조교가 바뀌어도 못 알아채거나 개의치 않았다.

동영상의 도입으로 질적 연구 방법의 여러 가지 원칙들을 수정하거나 폐기해야 되는 상황도 벌어졌다. 당연히 관계 맺는 방식이 새로워지고 문제의식도 문자 보고서를 쓸 때와는 다르게 재현될 수밖에 없었다. 무엇보다도 질적 연구 방법의 금과옥조처럼 여겨지는 '익명성'은 사실상 폐기 처분될 수밖에 없었다. 특히 이 가족에 대한 다큐멘터리를 찍으면서 더는 익명성을 담보할 수 없게 되었다. 익명성의 담보뿐 아니라 '현실의 재현'이라는 숙제 또한 사회학이나 인류학의 질적 연구 방법에 동영상이 포함되기시작할 때 어쩔 수 없이 무너지거나 수정될 수밖에 없게 되었다. 따라서문자 시대의 질적 연구 방법론이 영상을 도입하면서 영상적 진실과 문화기술지적 프로젝트 간의 상충되는 연구 방법이나 원칙을 어떻게 감당할것인가가 숙제로 등장했다.*

영상 작업을 하면서 예상치 않게 타이밍을 놓쳐 연구 타이밍과 연구 과정에 더욱 신경을 쓰게 만드는 경험도 했다. 예를 들면 수일 아저씨가 주말마다 로또 복권을 사고 당첨이 안 된 복권을 상자에 수북이 쌓아 놓고 있었다. 언젠가 찍으려고 생각하고 있었는데 막상 찍으러 갔을 때는 방을 도배하면서 없애 버린 뒤였다. 이러한 경험은 영상 문화기술지에서 타이밍의중요성을 새롭게 일깨워 주었다. 그때 촬영을 맡은 친구는 카메라를 들이대는 '폭력성'에 과민해 있었고 사례 가족을 만나러 갈 때 카메라를 늘 대동하는 것에 부담을 느꼈다. 연구 참여자는 촬영 조교를 친구처럼 생각하고 다가서는데 촬영 조교는 우리 팀의 '의도 있는 접근'이 때로 미안해서카메라를 들이대는 데 부담을 느낀 것이다. 거리 조정이 쉽지 않은 듯했다. 그래서 때로 아주 중요한 장면들을 놓치고 내러티브로 처리해야 하기

---

* Denzin(1997), 앞의 책, 특히 2장에서 근대적이고 실용주의적인 앎 knowing의 방식이영상 시대에는 비난과 공격의 대상이 되면서 일종의 위기 국면을 맞고 있음을 지적한다.

도 했다.

　동영상을 찍으면서 인터뷰 또한 이왕의 녹취 채록만 할 때와는 방식이나 자세, 내용도 달라지고는 했다. 촬영 작업은 더 자주 방문할 이유를 만들어 주기도 하고 통상적인 참여관찰보다도 더욱 사소한 그들의 일상에 다가가게 하는 빌미가 되기도 했다. 할머니와 교회의 관계는 문자로 풀면 "의지할 데가 별로 없는 금선 할머니는 결코 교회를 빠지는 일이 없다"는 정도가 되겠지만 일요일 날 룩색에 김, 봉지 커피, 설탕 등을 담아 교회 친교 시간에 파는 할머니의 모습이나 찬송하는 모습은 빈곤층이 교회와 맺고 있는 관계를 좀 더 적나라하게 드러냈다. 노래방 위층에 자리한 영주 씨가 다니는 야간 신학교의 모습, 지하에 있는 크리스털 세공 공장에서 하루 일과를 끝내고 작업복을 벗고 신학교 가는 옷차림으로 갈아입는 영주 씨의 변신은 무인가 신학교의 의미를 매우 다층적으로 드러냈다. 또한 "유산할 돈이 없어 차일피일 미루다 둘째아이를 낳게 되었다"는 은주 씨의 둘째아이 출산 장면과 산모의 병실 풍경, 여기 모인 가족들의 표정은 문자로 풀기 힘든 가난의 세상을 드러내 주었다.

　이혼하면 정부 보조금을 더 받을 수 있으니까 차라리 이혼하고 싶다는 은주 씨의 인터뷰나 헬스센터 트레이너가 된 덕주 씨가 "내 신체의 비밀 아느냐"면서 드러내는 문신과 가발 이야기, 그리고 긴 머뭇거림은 영상이어서 훨씬 효과적이었다. 그러나 덕주 씨의 '신체의 비밀' 같은 내용은 그대로 내보내야 할지 그리고 내보낼 수 있을지 확신이 안 섰다. 이런 민감한 문제들에 연구 참여자가 어떻게 반응할지 알 수 없어 처음 상영된 서울국제여성영화제 출품작에서는 이런 부분들을 지웠었다. 그러나 덕주 씨는 자기가 가발 쓴 것을 여자 친구도 몰랐는데 이번에 아예 털어놓게 되어 잘 되었다고 했다. 전주국제영화제나 EBS국제다큐영화제 출품작에서는 그런 말들을 그대로 살려낼 수 있었고 훨씬 생생해졌다. 이 생생함이 현실을 더 잘 재현한 것인지 또는 더 잘 모방한 것인지에 대한 논란은 여전히 있을 것이다.

○○ 재현이라는 숙제*

사회학 연구는 관찰-설명-예견-(통제)라는 구도를 견지해 왔다. 영상물 촬영과 편집 과정은 그러한 전통적인 사회학 연구의 구도에서 벗어난 것처럼 보이지만 반드시 그런 것은 아니다. 영상 문화기술지적 입장에서 보면 촬영은 기본적으로 관찰의 또 다른 방식이며 편집을 통해 설명과 의도와 예견을 드러낼 수도 있다. 그러나 다른 한편 '재현'이라는 새로운 숙제를 안게 된다. 사회학자는 얼마나 현장에 가까이 갈 수 있는가? 얼마나 현장을 재현할 수 있는가? 이는 사회학 하기에 대한 근본적인 질문이면서 근원적인 회의이기도 하다.

〈사당동 더하기 22〉라는 영상물을 '사회학 하기와 현장'에 위치 짓고자 할 때 영상사회학이 갖는 두 가지 의미에 주목하게 된다. 하나는 영상의 현장성에 대한 관심이고 다른 하나는 방법과 양식의 주변성과 혁명성이다. 영상사회학자 하퍼Harper는 영상사회학이 한 발은 정통적 경험주의(영상 문화기술지)에, 다른 한 발은 탈근대적 실험적 전통에 들여놓고 있으며 전자의 경우도 문자로 하지 않는다는 점만으로도 '혁명적' 또는 '주변적'이라고 말한다.** 근대 학문으로서 사회학이 말word과 숫자figure의 실증적 학문이

---

* 이 장은 2009년 후기 한국사회학대회 기조 발제에서 "사회학 하기와 현장"이라는 제목으로 발표한 원고를 부분적으로 재구성했다.

** Douglas Harper(1994), "On the Authority of the Image: Visual Methods at the Crossroads," in Norman K. Denzin and Yvonna S. Lincoln(eds.), *Handbook of*

라면 사회학의 글쓰기에 영상^{image}의 등장은 새로운 형태의 사고와 함께 현실과 실재의 반영에 대한 새로운 문제의식을 요구한다. 영상이 사회학에 어떻게 편입되고 있고 또 어떻게 편입될 것인가는 문자 중심의 근대 사회학 방법론에 근본적인 문제를 제기하는 지점이기도 하다.*

20세기 초부터 실증주의가 압도하면서 사회학에서 영상은 구석으로 몰리기 시작했다.** 한국의 사회학회나 학술지는 훨씬 더 강고하게 문자와 숫자에 갇혀 있다. 사회학 분야 학술지가 사진이나 이미지를 심각하게 다루고 있는 경우는 거의 없다. 그러나 20세기 중반에 들어서면서 '비주얼'^{visual}은 사회학의 새로운 관심사가 되기 시작했고 다큐는 '사회적 사진'의 맥을 잇는 사회학 실천의 영역에 들어왔다.*** 최근에는 오히려 '증거로

Qualitative Research, California: Sage, pp.403-412.

* Russel(1999), *Experimental Ethnography*, London: Duke University Press. 2장 참조.

** 미국의 경우 《미국사회학저널 *AJS*》 같은 전문 사회학 학술지가 초기에는 사진을 증거 자료로 활용한 논문이 많았으나 1914년 실증주의 사회학자가 편집을 맡은 뒤 사진이 사라졌으며 이 자리에 통계를 활용한 논문들이 실렸다. 영상사회학자들은 이러한 변화를 실증주의를 신봉하는 남성 편집자의 등장과 연관시킨 반면 영상인류학자들은 인류학 논문에서 사진이 사라진 데 대해 다른 이유를 들고 있다. MacDougall(1998), *Transcultural Cinema*, New Jersey: Princeton University Press.

*** 사회학과 사진은 같은 해에 그 이름을 세상에 내놓았다. 사회학과 사진이 같은 해에 그 이름을 세상에 알렸다는 사실은 사회학과 이미지, 사실과 재현의 불가분의 관계를 암시하는 은유로 인용된다. 1839년에 콩트는 《실증 철학 강의 *Cours de philosophie Positive*》를 출간하면서 사회학이라는 작명을 내놓았고, 같은 해 다게르 Daguerre는 금속판에 이미지를 고정하는 방법을 공표함으로써 사진의 출발을 알렸다. 그리고 양자 간에는 상당한 친화력이 유지되었다. 미국에서는 사회학의 시작 단계에서 "사회적 사진 social photography"이라는 것이 적극적으로 활용되었다. 초기 사회학 학술지에는 사진의 등장이 낯설지 않았다(미국의 *AJS* 초기[1896-1916]에는 논문 31편이 사진이나 그림을 증거로 활용하고 있었다). 사회적 사진가들의 목표는 '사회를 변화시키기 위해' 직접 볼 수 있는 증거물을 생산해서 알리고 교육하는 것이었다. 실제로 '사회 문제'를 찍은 '사회적 사진'들은 어떤 사회학 논문들보다 영향이 컸다. 이러한 사회적 사진들은 사회 현실의 문제를 드러내 사회를 변화시키려는 당시의

서 사진'의 신빙성이 떨어진다는 점이 더 문제가 되고 (사진) 기술이 보는 눈(틀)에 영향을 미칠 뿐 아니라 사진이 다른 문화적 재현물처럼 정치적 사회적으로 구성된다는 것에 더 주목한다.* 단순히 의미를 전달하는 커뮤니케이션 이론이 아니라 새로운 리얼리티를 구성하는 과정으로 이해해야 한다는 것이다.** 마찬가지로 영상 문화기술지 또한 단순히 '실재의 재현'이 아니며 '현장에 대한 영상 기술'에 그치는 것이 아님을 더 중시한다. 따라서 영상 작업은 끊임없이 보기와 보여 주기에 대한 새로운 질문을 유도한다. 더 나아가 새로운 문화기술지는 지식이나 자료의 확대에 그치는 것이 아니며 또한 객관적 현실을 설명하거나 예견하기보다는 일상 경험을 재구성한다는 데 주목한다. 특히 새로운 문화기술지는 연구자와 연구 상대자 subject 간의 관계에 대한 재정의를 요구하며 그런 점에서 영상 문화기술지는 새로운 문화기술지 논쟁의 중심에 있다.*** 사회학적 영상을 만드는 일

사회적 추세와 궤를 같이 한다. 예를 들면 1907년에서 1918년의 아동 노동 반대 투쟁 시 새로운 노동법을 통과시키기 위해 많은 사회학자들이 아동 노동 사진을 활용했다.

* 사진을 찍거나 다큐를 만드는 과정은 사회학자의 특권과 사회적 질문을 다른 방식으로 성찰하는 과정이다. 사진을 사회학적 연구와 이론의 영역에 끌어들인 부르디외 같은 사회학자는 "한 장의 사진을 찍기 위해 끊임없이 관찰하며 관찰자의 시선을 집중 및 심화시킬 수 있었다"면서 일찍이 사진이 연구 상대에 참여하고 감동을 나누는 계기가 되었음을 밝히고 있다. 또한 그는 현실과 관계없는 예술 작품이 아니라 현실을 설명하고 해석하는 도구로서 카메라를 이용했고 사진으로 예술적 정치적 감수성을 표현했다는 평가를 받는다. 부르디외가 1958 ~1960년 알제리 군복무 중 촬영한 알제리의 흑백 사진과 박사 논문 준비 중 현장 연구를 하면서 찍은 사진들('피에르 부르디외의 사진전 — 세계적 사회학자가 바라본 알제리의 이미지' 전, 서울 대림미술관, 2004)은 집단 이주민 수용소, 빈민촌, 실업자와 남루한 아이와 여성의 모습 등 전쟁과 식민 지배에 따른 정치 경제적 격변기의 피폐한 알제리 사회를 적나라하게 드러낸다. 그는 "알제리 사람들을 촬영한 덕분에 그들과 접촉하고 대화할 수 있었고 사적 모임에도 초대받았다"고 밝히고 있다(팜플렛에서 인용).

** 위의 책, p.77.

*** 이에 대한 자세한 논의는 Catherine Russel(1999), *Experimental Ethnography*,

과, 사회에 대한 영상을 만드는 일에 대한 고민이 시작된 것이다.* 여기에 문자로 전달할 수 없는 영상 이미지란 무엇인가에 대한 고민도 뒤따른다.

〈사당동 더하기 22〉는 영상 문화기술지visual ethnography의 전통을 잇는 다큐멘터리다. 다큐 편집 과정에서 프롤로그를 어떻게 할 것인지를 많이 고민했다. 어떤 장면을 가려내고 어떤 음성 파일을 쓸 것인지 편집 회의를 여러 차례 한 후에 철거민들이 부른 80년대 운동권 노래인 〈투사의 노래〉와 강제 철거반이 휩쓸고 간 뒤의 주민들의 현장 인터뷰를 프롤로그에 사용하기로 했다. 〈투사의 노래〉에 이어 주민들의 "피바다였어요 피바다… 그때 오셨으면" 하는 그들의 그 말끝에 "저는 그날 무서워서 못 왔어요. 차마 못 오겠더라고…"라는 들릴 듯 말 듯한 연구자의 목소리를 잡아내어 다큐의 프롤로그에 깔았다. 이는 관찰자의 입장에 선 다큐의 입장을 드러낸 것이기도 하지만 어떤 의미에서 방관자적이고 객관적임을 가정한 연구자의 입장이 기저에 깔려 있다고 생각했기 때문이다. 그들과 나는 다른 현장에 있는 것이고 나의 목소리는 처절한 몸싸움을 증언하는 주민들의 치열한 언어와는 상대가 되지 않는 현장 회피적 소음이나 다름없었다. 그 접먹은 음성이 바로 그 당시 철거 재개발 현장 연구에서 연구자의 위치를 드러낼 뿐 아니라 〈사당동 더하기 22〉 영상물의 입장을 드러낸 것이라고 생각했다. 철거 재개발의 문제를 직접 다루거나 거기에 저항한 사람들의 이야기가 아니라는 점, 그리고 중요한 순간과 위험한 현장에서 카메라와 연구자는 부재했으며 그러나 그런 곳을 재현하려 했고 이를 통해 한국 사회의 빈곤의 구

London: Duke University Press, 1장과 2장 참조.

* 인류학적 영상물과 영상인류학의 차이에 대해서는 루비의 지적을 참조할 수 있다. 단순히 현존하는 지식, 예를 들면 '사라지는 세계 Disappearing World Series'에 대한 보고와 이에 대한 탐색적 작업은 다르다는 것이다. 여기에는 제작자, 주제, 시청자 간의 탐색적 관계가 드러나야 한다는 것이다. Jay Ruby(1975), "Is an Ethnographic Film a Filmic Ethnography?," *Studies in the Anthropology of Visual Communication*, 2(2): p.109.

조를 재현하려는 의도는 살리고 싶었다. 프롤로그에서 검은 화면에 강제 철거 현장의 '그날의' 참혹함을 소리만으로 처리했다. 그렇게 함으로써 이 다큐가 80년대 '불량 주거지' 철거 재개발 현장만이 아니라 20년 뒤 '용산 참사' 또는 그보다 앞서 1971년에 있었던 '광주 대단지 폭동'의 현장 등 어둠과 침묵에 잠긴 참혹함의 반복성을 드러내고 이 영상물이 그러한 철거민들의 이야기일 수 있음을 암시하고자 했다. 마지막 장면 또한 편집 과정에서 매우 고심했다. 빈곤 재생산의 상징적 이미지로 출산 장면을 택했다. 1부의 끝이라고 생각될 만한 중간쯤에 은주 씨의 출산, 그리고 마지막에 지지 씨의 출산 장면이 들어간 이유다. 프롤로그와 마지막 장면의 이러한 의도는 그렇게 읽힐 수도 있고 읽히지 않을 수도 있을 것이다. 이는 어디까지나 보는 사람의 몫이다. 그런 점에서 영상물은 힘과 한계를 동시에 지니고 있다.

〈사당동 더하기 22〉의 영문판 제목은 *A Nice Place*로 정했다. 이는 지지 씨가 인천공항에 도착해서 집으로 가는 버스 안에서 말한 서울에 대한 첫 반응에서 나온 단어다. 촬영 조교가 서울이 어떻느냐고 물었을 때 지지 씨는 "a nice place"라고 말했고 영주 씨는 그 말을 알아듣지 못하고 조교의 통역을 기다렸다. 거기서 영어 제목을 뽑았다. 〈사당동 더하기 22〉를 서울국제여성영화제에서 상영한 뒤 한국영상자료원의 요청에 따라 4시간짜리 감독판을 제작해 상영한 적이 있다. 부제는 '돌고 돌고 또 돌고'였다. 감독판은 기록성과 시간성에 더 충실하고 다큐 마니아를 염두에 두었는데 급하게 편집하느라 소음 처리 등 기술상 문제가 있어 영상자료원 상영 후에 다시 꼼꼼하게 편집해서 3시간 40분짜리 감독판을 제작하고 제목을 '별동네의 꿈'으로 했다. 이 감독판에서는 마지막 장면을 지지 씨의 출산 장면 대신 영주 씨가 갓 태어난 아이에 대한 장래 꿈을 말하는 것으로 매듭지었다. 이들 가족의 앞날과 다음 다큐에 대한 기대를 열어 놓은 셈이다.

한편 다큐의 촬영·편집·관람은 중산층적 시각의 보편성에 문제를 제기하는 과정이기도 했다. 어떻게 '사생활'을 드러내는 일을 쉽게 할 수 있는가라는 것이 다큐 상영회에서 가장 자주 제기된 질문인데 이는 '사생활'의 중산층적 시각의 편향성을 실감하게 했다. 중산층에게는 내밀한 '사생활'이 이들에게는 이웃이 다 아는 일상사인 것이다. 그들에게 더 중요한 것은 그들이 보여진다는 것, 그들이 말할 기회를 갖는 것인 듯했다.* 〈사당동 더하기 22〉가 서울국제여성영화제의 상영작이 되어 신촌 아트레온극장에 영주 씨, 덕주 씨, 은주 씨가 왔을 때 관객들은 영화에 나온 이 가족들이 자기들의 일상을 적나라하게 보여 주는 것에 대해 혹 창피해하거나 사생활 침범이라고 생각하지 않을까 우려했는데 전혀 그렇지 않았다. 금선 할머니가 '포주 노릇했다'는 구술 생애사 녹취 부분을 편집하면서 넣을까 뺄까 한참 고민했는데 그들 가족 중 누구도 이 장면에 문제를 제기하지 않았다. 이때 난 처음으로 사생활이라는 것이 어쩌면 학술적으로 창안한 근대의 중산층적 개념일 수 있겠다는 것을 깨닫는 계기가 되었다. 은주 씨는 사당동 다큐가 나온 뒤 사람들한테 자기가 다큐 영화 주인공이라고 서슴없이 말하고 심지어는 구청에 가서 뭔가 일이 잘 풀리지 않으면 자기가 〈사당동 더하기 22〉 다큐 주인공이라는 말도 한다.

사회복지를 전공한 한 관객은 이 다큐를 보면 그들이 왜 좀 더 절약하지 않는지, "속이 터진다"고 했다. 본인이 사는 동네에 중산층과 저소득층 임대 아파트가 같이 있는데 저소득층 아파트 주민들이 훨씬 많이 중국집 배달을 시켜 먹는다는 예를 들었다. '엄마들이 잠깐 몸을 움직여' 밥을 해 먹이면 될 텐데… 라면서 아쉬움을 표했다. 그런데 그 저소득층 아파트 안에 밥을 해 먹일 엄마들이 있을까? 엄마는 가출했거나 일 나갔거나 둘 중 하나

---

* 이들 가족 모두 영화를 관람하러 서울국제여성영화제에 왔다.

인 경우가 대부분일 것이다. 정년 퇴임한 사회학 교수 한 분은 영화제에 와서 다큐를 본 뒤 덕주 씨가 중1 때 학교를 그만두었는데 "후회 안 해요"라고 한 말 때문에 그를 만나겠다고 했다. "어떻게 후회를 안 할 수가 있느냐"면서. 학교를 열심히 다녔으면 그렇게 안 되었을 거라는 이야기를 해 주고 싶다고 했다. 〈사당동 더하기 22〉 다큐가 EBS국제다큐영화제에서 전파를 탄 뒤에 친구의 아이들이 이 가족을 돕고 싶다고 했다. 이 가족을 돕는 데 장학금을 어떻게 줄까? 또는 어떻게 방문할까?를 의논하고 내게 조언을 구했다. 그러면서 점심에 초대할까? 그런 얘기까지 했다. 그들이 점심을 먹을 장소로 예약한 곳은 강남의 한 레스토랑이었다. 이 아이들이 다큐에 관한 소문만 듣고 실제로는 내용을 자세하게 본 것 같지 않아서 그 다큐를 처음부터 끝까지 보고 이야기하자고 했다. 다큐를 보고 나서야 자기들이 그들과 얼마나 다른 삶을 살고 있는가, 그리고 그들에게 '어떤 선물'을 전달하러 임대 아파트를 방문하는 일 또는 그들의 식탁에 '사당동 가족'을 초대하는 것이 상처일 수도 있다는 것을 깨달은 듯했다. 그래서 방문하거나 초대하는 것을 취소하고 이 가족 중 가장 어린 아이들이 먹을 것을 사는 데 쓰도록 은주 씨 막내와 영주 씨 아들에게 각각 매월 5만 원씩 2년 동안 얼굴 없이 용돈을 주기로 결정했다. 이들은 미국 대학에 유학 중이었는데 방학 중에 서울에 와서 미국 대학 입학 자문과 과외를 해서 얻은 수입의 일부를 '사당동 아이들'을 위해 내놓은 것이다.

　다큐를 만들면서 그리고 세상에 내놓은 뒤에도 줄곧 '재현'이라는 문제는 여러 방식으로 숙제로 다가왔다. 그런데 예상치 않은 곳에서 예상치 않은 순간 예상치 못한 방식으로 '재현'이라는 문제의 일단과 마주치게 되었다. 영주 씨 부부가 MBC의 〈우리는 한국인〉 프로그램 '다문화 희망 충전소' 편에 출연하게 된 것이다. 내 연구실 조교는 이 프로를 보고 우리 다큐에 나온 영주 씨와 MBC 프로에 나온 영주 씨가 같은 영주 씨인가 의심이 간다고 했다. 이 프로는 MBC가 기획한 다문화 희망 프로젝트의 일환으로 만든 35분짜리인데 17분씩 나누어 일주일 간격으로 2회 방영했다.* 한국 토지주택공사가 사회 공헌 부문 프로젝트의 하나로 임대 주택에 거주하는 결혼식 못 올린 부부를 선정해 합동결혼식을 올려 주고 이들 부부 중 다문화 가족을 한 사례 뽑아 출연시켰는데 영주 씨와 지지 씨가 '연인 같은 부부'로 MBC 방송 출연자로 선정되었다. 부상으로 그들이 살고 있는 임대 아파트 내부를 전면 수리해 주는 서비스까지 받게 되었다.

이 프로의 오프닝 멘트는 이렇게 시작했다.

"날씨가 더 추워지기 전에 필요한 게 꼭 하나 있습니다. 그건 바로! 따뜻하게 손을 잡아줄 수 있는 연인인데요. 연인을 만들기 위해서는 노력이 필요합니다. 오늘 만날 주인공들은 외모도 아니요 유머도 아니요 노래로써 사랑스런 특별한 연인을 만들었다고 합니다. 오늘 주인공 궁금하시죠? 지금부터 희망 충전소의 주인공을 만나러 가 보시죠! 국경을 초월한 열애 끝에 단란한 가정을 꾸린 필리핀댁 지지 씨!"

이 프로가 세 편의 영상으로 구성되어 있어 조교에게 프로그램을 다운받아 놓으라고 부탁했는데 조교는 리포터의 오프닝만 듣고는 그 프로가 아니겠지 하고 계속 넘기다 지지 씨가 갑자기 나와서 다시 되돌려서 보았다고 했다. 1회분을 보고 난 뒤 '머리가 어지러웠다'고 표현했다. 완전 로맨틱 커플로 포장된 화면을 보면서 〈사당동 더하기 22〉 다큐에서 둘이 만나는

---

* MBC, 〈우리는 한국인 — 다문화 희망 프로젝트〉, "다문화 희망 충전소 — 우리 결혼해요. 필리핀댁 지지 1,2부", 2011년 11월 15일, 11월 22일 방영분.

어색한 장면과 결혼식을 앞두고 영주 씨가 결혼 비용을 못 맞춰 쩔쩔매던 장면이 생생하게 떠올라 두 영상이 머릿속에서 '충돌'하는 경험을 했다는 것이다.

　　MBC 프로그램에서는 영주 씨와 지지 씨가 만난 과정에 대해 로맨틱함을 강조하는 말만 계속했다.

　　리포터 어떻게 만나셨어요? (익살스럽게) 어떻게~~
　　영주 소개로 만났습니다. 1년 동안 얼굴 못 보고 전화로만 했습니다.
　　리포터 전화로만요? 아니, 의사소통이 안 되실 텐데?
　　영주 영어로~ 책을 봐 가면서 했어요. 영어 잘 못해요.
　　리포터 아~~ 못하는데도 단어장 보면서… 첫 말씀 전화를 통해 뭐라고
　　　　했나요?
　　영주 영어로만… 아이 러브 유라고… 그것만 일 년 동안 했어요.
　　리포터 밑도 끝도 없이 아이 러브 유만 첫 단추 잘 끼셨네요!
　　지지 한 시간 동안, 아이 러브 유 아이 러브 유! 하하하하
　　(중략)
　　내레이션 전화 너머로 들려오는 달콤한 노랫소리에 마음을 빼앗겨 버려
　　　　한국행을 결심했다고 합니다!

　　지지 맨날맨날 통화하면 노래 불렀어요.
　　리포터 아, 정말~ 맨날맨날? 로맨틱하시다~~히히히

　　합동결혼식 장면은 로맨스의 완결판을 보여 주었다. 영주 씨는 결혼 선서를 대표로 낭독했다. 영주 씨가 비록 무인가이지만 신학교를 다닌 흔적은 결혼 선언문 대표 낭독에서 진가를 보여 주었다. 교회에서 목사님 설교

나 대표 기도 때 듣게 되는 음색과 분위기를 그대로 재연했다. 또한 영주 씨는 그동안 우리의 영상 촬영에 익숙해서인지 카메라를 전혀 겁내지 않았고 결혼식 때나 결혼식 이후 인터뷰 때나 신혼여행 갔을 때 모두 자연스럽게 포즈를 취해 공중파 방송 촬영 팀을 편하게 해 준 듯했다. 내 연구실의 조교는 그 MBC 프로가 나왔을 때 하필 지지 씨가 영주 씨와 소통이 안 되어 답답해하는 내용의 인터뷰 녹취를 풀고 있을 때여서 "계속 머릿속이 복잡해졌다"고 투덜거렸다.

영주 씨가 결혼하러 갔을 내 동행했던 우리 촬영 팀이 유일하게 연출해서 촬영한 장면은 영주 씨가 〈우리 만남은 우연이 아니야〉라는 노래를 지지 씨 집 동네 강에서 노를 저으면서 부르는 장면과, 결혼사진 전문 업체의 웨딩 사진에서 흔히 볼 수 있는 신랑이 신부를 안고 도는 장면이었다. 이 두 장면 모두 편집 과정에서 과감하게 삭제했다. 진부하다는 편집 기사의 안목을 존중했고 어떤 경우도 연출은 없다는 원칙에도 맞지 않기 때문이었다. 그 대신 우리는 영주 씨가 결혼식 비용을 계산하느라 침대 위에 필리핀 돈을 쭉 깔아 놓고 세고 있는 장면을 집어넣었다.

MBC 프로그램이 진행되는 와중에 지지 씨 아버지가 갑자기 사고사를 당했다. 동네 앞 강가에 전선줄이 떨어져 감전사한 사고였다. 합동결혼식을 한 지 5일만이었다. 지지 씨는 필리핀의 아버지 장례식에 정신없이 가야 했다. 당연히 MBC 후반부 촬영에 임할 수 없었다. MBC는 스케줄에 맞춰야 해서 지지 씨가 빠진 채 두 번째 방영분을 촬영했다. 그런데 그때 촬영한 화면에 나온 멘트는 "감미로운 천상의 목소리로 사랑의 세레나데로 완벽한 사랑을 이룬 지지 씨의 사랑이 어느 정도 충전됐는지 확인하러 왔습니다. 안 만나 볼 수가 없죠? 너무나 행복한 지지 씨의 가정. 안녕하세요? 아니 근데 사랑스러운 우리 지지 씨는 어디 가신 거에요?"였다. 영주 씨는 담담하게 "집안에 애경사가 있어서…"라고 답했다. 이때 "친정아버지 부음에 필리핀으로 간 지지 씨" "희망 충전소가 더 큰 힘이 되겠습니다"는 자막이 지나가고 있었다. 리포터는 오로지 그동안 집안이 어떻게 고쳐졌는지에 초점을 맞추면서 지지 씨가 돌아오면 얼마나 기뻐할 것인지만 되풀이했다. "친정아버지 부음에 필리핀으로 간 지지 씨"라는 자막은 이야기를 알고 보기 전에는 그냥 스쳐 지나가는 스파트 뉴스 자막 같았다. 조교조차 처음에는 "지지 씨 아버지 돌아가신 것 얘기하는 줄도 몰랐다"고 할 정도였다.

그때 인테리어 전문가는 며칠 새 고쳐 놓은 영주 씨 집을 보여 주기에 바빴다. 내부 수리 내용을 설명하면서 "스타일리시하기도 하지만 공간 활용도 할 수 있게… 할로겐 등을 달아서 책상, 컴퓨터 책상, 화장대 이런 것을 실용적으로 쓸 수 있게 밝기 조명도 맞춰 주지만 안방이자 거실이자 여러 개의 다목적 기능을 해야 되기 때문에 무드등의 기능도 같이 할 수 있게 조명도 달았구요"라고 말했다. 실평수 7.5평의 임대 아파트 내부는 러브하우스처럼 꾸며졌고 전기료 많이 나가는 할로겐도 달아 놓았다. 리포터는 "신혼 콘셉트"라며 "늦둥이 낳으세요"라고 말했다. 다문화 '로맨스 커플'은 한국 사회의 다문화 가족의 문제도 저출산의 문제도 모두 단방에 해결해 줄 듯했다. 〈사당동 더하기 22〉와 MBC의 〈우리는 한국인 ─ 다문화 희망 프로젝트〉는 예기치 않게 누가 무엇을 왜 어떻게 재현하는 것인가에 대한 고민과 문제의식을 논의해 볼 수 있는 구체적 비교 사례로 등장한 셈이다.

더 나아가 현실 또는 실제의 재현은 가능한가 그리고 사회학적 영상에서 또는 영상 문화기술지에서 실재의 재현과 재현이라는 이름으로 구성된 실재는 어떻게 다른가라는 숙제를 안겨 주고 있다.

03

산동네 달동네 별동네

● 80년대 사당동 풍경 ●● 사당동 사람들

달동네.

시계하나도 살돈이 없었던 우리는 달을보고
시간을 압니다.

달을 보고 일터로 나가고 달을보며 돌아왔읍니다.

동사무소에 갔었읍니다.

'달라는게 많아서 달동네지'

직원이 중얼거렸읍니다.

우리보다 더 꼭대기에 사는 이들은 달도 보이지 않아

별을 보며 시간을 압니다.

그래서 우리는 그들을 별동네 사람들이라 합니다.

'별난 사람들이 많이 사니까 별동네지'

동사무소 직원은 또 그렇게 얘기 했읍니다.

'어려운 살림에 고등학교는 시켜서 뭐해요 아줌머'

'.... 공부많이 시켜서 우리아들도 당신처럼
  동사무소 직원 시킬라요'

한 하늘 아래, 흩어져 쓰러짐과
숫아서 군림함이 함께 있다니••••

앞 쪽의 글과 그림은 사당동에서 보육 운동을 하는 친구들이 운영하던 샛별탁아소 소식지 〈샛별 아가방 소식〉 제2호에 실린 것이다. 샛별탁아소는 사당동 철거가 마무리 단계에 들어가 동네 주변이 가장 흉흉하던 시기인 1988년에 소식지를 내기 시작했다. 이 그림과 글을 누가 그리고 썼는지는 알 수 없으나, 소식지 15쪽에 실려 있다. 그 당시에는 소식지를 받아 놓고 별로 주목하지 않아서 별동네라는 단어는 머릿속에 박혀 있지 않았다. 그때 사당동 같은 가난한 사람이 모여 살던 '불량촌'은 산동네나 달동네로 지칭되었다. 이 책을 쓰면서, 모은 자료를 다시 정리하면서 달동네 위에 별동네가 있다는 것을 알게 되었다.

1980년대 사당동 풍경: 현장 일지에서 꺼낸 이들의 삶

○ '사당동'이라는 동네의 형성

사당동은 1965년까지만 해도 경기도에 속했다. 원래는 경기도 시흥군 신동면 사당리였으며, 1963년 11월 서울시의 확장 과정에서 서울시 영등포구로 편입되었다. 1973년 관악구 관할로 변경되었고 1980년 동작구에 속하게 되었다. 당시 이 일대는 호랑이가 출몰한다는 소문이 있을 정도로 울창한 숲이었다. 그런 상태에서 서울시가 1965년 충무로, 명동을 비롯한 시내 몇 군데 불량 주거지의 철거민을 여기에 이주시키면서 사당동이라는 주거지가 형성된 것이다. 사당동은 만들어진 것 자체가 1960년대 서울 도심의 재개발을 위한 철거 이주로 인한 것이었고 해체 또한 철거 재개발에 따른 것이라는 점에서 도시 공간의 재편과 도시 빈곤층의 재생산이 맞물린 현장이었다.

철거 이주의 첫 정착민이었던 금선 할머니는 중구 양동에서 쫓겨나 어떻게 이곳으로 오게 되었는지 당시 상황을 생생하게 증언했다. 연구 초창기여서 할머니와 그렇게 친하지 않을 때였지만 어제 일처럼 자세하게 그때 상황을 얘기했다. 할머니는 남대문시장에서 노점을 해서 돈을 좀 모아 양동에 방 세 칸짜리 하꼬방^{상자곽 같은 방 한 칸짜리 작은 집}을 마련해 시어머니와 아들, 딸을 데리고 살다가 시어머니도 세상을 떠나 아들 딸 세 식구만 살던 때였다. 땅 주인이 따로 있는, 다 쓰러져 가는 하꼬방이었다. 1965년 추석이 좀 지나 날씨가 추워지기 시작할 때 "주인 있는 땅이니 철거하라"는 계고장이 몇 차례 날아들었다. 그래도 '간다 안 간다' 밀고 당기면서 버텼다.

그런데 어느 날 갑자기 철거반원들이 들이닥쳐 집을 다 부수고 대기시킨 트럭에 강제로 태웠다. 정신없이 그들이 시키는 대로 트럭 뒤에 탔는데 한강 다리를 좀 지나서 내려 준 곳이 바로 '이 장소'였다. 차에서 내리고 보니 골짜기에 나무가 울창한 산등성이어서 어디 자리 잡고 살 곳이 아니었다. 철거민들은 한동안 우왕좌왕하다가 타고 온 트럭에 다시 올라탔다. 운전기사한테 무조건 "우리가 살던 양동으로 가자"고 우격다짐을 해서 한참 오던 길을 되돌아 나왔다. 차가 한강 다리를 건너자 "양동으로 다시 가는구나" 생각했는데 이촌동 앞 한강 백사장으로 가더니 거기에 내려놓았다. 이미 해가 지기 시작한 저녁 무렵인데 조금 전 갔던 산으로 가든지 백사장의 바람 속에서 지내든지 둘 중에 하나 선택하라고 했다. "밤이 되어 달리 방법은 없고 바람은 피해야 하니까" 아쉬운 대로 천막 치고 하루 이틀 지내다 보니 보름이 지났다. 주민 대표를 뽑아 의논 끝에 모래사장보다는 산으로 가는 게 낫겠다는 결정을 했다.

숲이 울창한 사당동 산등성이에 와서 나무를 자르고 산 밑 개천가까지 줄을 치고 다시 가로로 줄을 쳐서 10평 정도의 정사각형 칸을 만들었다. 아래로부터 위까지 한 칸씩 차례로 번호를 매기고 14명이 한 조가 되어 1번부터 14번까지 제비를 뽑도록 했다. 그리고 네 집당 한 개씩 천막을 지급하고 가지고 있던 가구나 살림으로 4등분해서 네 집이 한 천막 안에서 한 달간 지냈다. 날씨가 추워지자, 이웃 사람들과 품앗이해서 "오늘은 이 집에 가서 내일은 저 집에 가서" 급한 대로 진흙으로 벽돌을 빚어 방 한 칸씩을 만들고 슬레이트로 지붕을 얹어 그해 겨울을 날 수 있었다. 이런 할머니의 증언은 서울시가 "1968년까지 철거민들에게 이주민증을 발급하고 시유지였던 산을 분할하여 한 가구당 10평의 땅을 배분했다"는 공식 기록과 일치한다.*

서울시는 충무로 철거민에 뒤이어 중구 양동 철거민과 영등포구 대방동 철거민을 이곳의 산 12, 14, 15, 17, 20번지에 이주시켰다. 위 철거 지역에서 약 4,000명을 트럭으로 옮겨 정착시켰다. 사당동뿐 아니라 인근 봉천동이나 신림동, 난곡 등 서울의 유명한 산동네는 이런 식으로 철거당한 이주민들의 정착지였다.

그때의 사당동 주거 환경은 바람만 막았을 뿐 집이라고 할 수 없었다. "뭐, 변소라고 어디 있었나, 산꼭대기 갈대밭에 가서 임시로 만든 변소"를 이용했다. 나중에 공중변소가 만들어졌지만 아침마다 그 앞에서 긴 줄을 서야 하는 번거로움은 쉽게 해소되지 않았다. 수도가 없어 물은 10분 거리에 있는 배나무골에 가서 길어 먹었고 버스는 30분을 걸어 흑석동 종점에 가서 타고 다녔다. 이수교도 없었다. 비 올 때 일하러 나가려면 방주 타고 나가야 할 만큼 교통이 형편없었다. 첫 정착민들은 대부분이 일용 노동자이거나 행상을 하는 사람들이었기 때문에 일자리를 찾아 몇 시간에 걸쳐 통근을 해야 하는 상황을 견디기 힘들었고 주거 조건도 워낙 열악해 반 이상이 1년 안에 배당받은 10평을 1만 5,000원에서 3만 원에 팔고 떠났다.

할 수 없이 눌러 앉은 첫 이주민들은 자기네가 쓰는 방 한 칸 옆의 빈 땅에 전세 들어오겠다는 사람이 있으면 선불을 받아 방을 한 칸씩 늘려 갔다. 이렇게 해서 철거를 앞둔 사당동 대부분의 집들이 방 세 칸짜리 모습이 되었다. 철거민 정착이 끝난 1968년부터는 서울로 일자리를 찾아 농촌을 떠

---

* 《서울시정》, 1990년.

나온 이농민들이 싼 집을 찾아 이곳에 정착하게 되었다. 서울의 영세민들도 시내에서 싼 주거지를 찾아 이주하면서 전세 수요자가 꽤 많았다. 사당동 산 일대는 점점 인구가 늘어나 서울시에서 가장 큰 산동네의 하나가 되었다.

철거 이주민들의 생활은 그 자체가 곧 이 지역을 사람들이 살 수 있는 공간으로 만들어 가는 부단한 노동 과정이었다. 정착민들이 직간접 노동으로 가치를 창출했다고 해도 과언이 아니다. 당시 상하수도 시설은 전무했고 1970년대 말까지만 해도 한 지게에 20원씩 물 값을 내고 길어 먹었다. 집집마다 물지게가 없는 집이 없었다. 이 지역에 오래 산 여성들 중에는 물지게로 물을 길어다 먹느라고 허리 병이 생겼다는 이도 많았다. 전기도 주민들이 스스로 인근에서 끌어왔다. 그뿐만 아니라 지역 안에 초등학교도 없었다. 아이들은 2킬로미터나 떨어진 서초동(그 당시는 허허벌판이었음)의 신동국민학교까지 다녀야 했다. 그렇게 만들어진 사당동이 25년이 지나 철거 막바지에 이른 1990년에는 10평짜리 가옥이 1억 원 이상을 호가했다. 인플레이션을 계산에 넣더라도 엄청난 가격 상승을 기록한 셈이다.

사당동의 변모 과정은 곧 서울시의 확장사와 맥을 같이 한다. 첫 철거 이주가 시작된 1965년부터 1973년 재개발 사업 고시 지역으로 선정되기까지 8년은 이 지역이 외형적으로 살 만한 공간으로 변해 가는 과정이었다. 비가 오면 나룻배를 타고 건너야 하는 일종의 섬이었던 이 지역의 앞쪽이 육로로 연결되고 버스가 동네 앞까지 들어오게 된 것은 1970년대 초 매립된 반포 지역에 아파트가 들어서면서부터. 1971년 국회의원 선거를 거치면서 황톳길 도로가 포장되었고 초등학교와 파출소도 생겼다. 1970년대 초반에 남태령·이수·방배국민학교가 들어섰지만 이 지역 초등학교는 1980년 중반까지도 학생 수가 1만 명이 넘어 서울시에서 가장 학생 수가 많은 학교였다. 콩나물 교실에 3부제 수업 학교로 유명했다. 또한 파출소가 없는 우범 지대로 악명이 높았다.

재개발 사업 고시 지역으로 지정된 뒤부터 재개발추진위원회가 구성되는 1984년까지를 이 지역의 안정기로 볼 수 있는데 서울시의 확장에 따라 주변 지역이 개발되면서 이 지역은 교통의 중심지로 부상했다. 소방 도로가 만들어지고 웬만한 차들이 골목 앞까지 진입할 수 있게 되었다. 그러나 재개발 지역으로 지정되면서 건물의 신축과 증축이 규제되어 주거 환경은 불량화되고 주거 조건은 더욱 악화되기 시작했다. 이때가 지역 개발의 수익성을 노리는 합동 재개발 정책 시행을 위한 준비기였다. 1985년에는 바로 동네 입구에 지하철역이 생겼고 지역에 경로당 2개, 유아원 1개, 교회 2개 등이 들어섰으며 가까운 곳에 초등학교뿐 아니라 중고등학교까지 새로 들어섰다. 또한 병원, 약국 등의 편의시설도 들어왔다. 주민들은 "이제 정말 살 만하다"고 생각했는데 재개발 때문에 떠나야 하는 상황에 놓였다며 아쉬워했다.

당시 조교들의 현장 일지에는 사당동의 옛날을 기억하는 주민들의 이야기가 여기저기 들어있다. '횡설수설'이지만 이 동네가 어떻게 만들어졌는지를 생생하게 볼 수 있다.

주인 노인을 보러 방을 찾아가자 오늘 할머니가 쓰레기 다섯 포대를 김포쌀상회 앞에 갖다 놓았다며 나보고는 자기네 쓰레기에 놓으라고 다시 말한다. 이십 년 전 주택 사정을 묻자 횡설수설이다. 자기가 이 동네 오니까 집도 몇 채 있었고 겨우 루핑집종이에 아스팔트 찌꺼기를 코팅한 두꺼운 종이로 지붕을 만든 집이었는데 더 셋을 각각 다른 사람들로부터 샀다고 했다. 더 하나에 1만 원 주고도 사고 5만 원 주고도 샀다. 앞집도 몇 천 원에 날 수도 있었는데 2만 원 줬다. 지난번 통장이 구역장 밭 쪽으로 텐트 치고 살았는데 나가지 않아 아들이 싸워 겨우 내보냈다. 시골 논밭 스무 마지기 말아 집을 짓는 데 사용하고 건축 자

재는 라천 쪽에서 두 차 싣고 오고 현 신탁은행 자리(에 있던) 벽돌공장에서
벽돌을 가져다 썼다. 손수 1층을 다 짓고 1년 후에 2, 3층을 올렸다. 그때는
아들 회사에서 대부받았다. 세 든 이 씨가 안 나가려 해 윗 공터에다 집을 지
어 주자 그때야 나갔다. 전기는 그때 들어오고 수도는 들어온 지 얼마 안 된
다고 한다. 옆집 선미 엄마도 자기가 처음 이곳에 왔을 때를 물었더니 두서
없이 이런저런 이야기를 했다. 자기네는 고향 전남에서 올라오자 곧 이곳에
19년 전에 와 입주증 가진 사람에게 평당 6,000원씩 20평 사서 루핑집을 다
고치고 살 만하게 만드는 데 22만 원 들었다(사는 집값도 포함). 딱 일 년 만에
42만 원에 되팔고 나와 다시 시골에도 내려가(살기도 하)고 (다시 올라와)
사당 지역에도 살며 돈도 벌었다. 이 지역에 땅 샀으면 돈 벌었을 터인데 남
편은 시골에 가 논을 샀다. 그때는 자기에게 주권이 전혀 없었다. 4년 전 남
편이 병으로 죽고 자기가 그럭저럭해 삼익아파트 쪽에 집 한 채 있다. 자기
네가 왔을 때는 집들이 몇 군데 있었는데 2, 3년 사이 집들이 꽉 들어차더란
다. 적어도 이 형태의 모습은 최소한 13년 전쯤(1973)까지에 다 형성된 것이
다. 시간을 봐 다시 강 씨 집을 찾았는데 낮에 본 아줌마네(집)는 불이 꺼지
고 강 씨 집은 주인 여자만 있다. 자기네도 15년 전(1971)에 이사 와서 초창
기는 잘 알지 못한다고 한다.   조혜란, 1986.9.24

이러한 주민들의 증언은 이곳에 오래 산 주민들 누구에게나 들을 수 있
었다. 이발소에서 우연히 만난 70세 할아버지는 사당2동 동사무소 소사^잘
^{일을 보는 비정규직}로 일한 적이 있고 21년 전에 이곳에 올 때 땅 10평을 1만
5,000원에 사 왔다고 했다. 당시는 "군데군데에 천막이나, 집들이 있었고
진흙 바닥이었다"는 것을 기억한 이 할아버지는 "수도는 81년에 각 집마다
설치되기 시작했고 한 집에 평균 15~20만 원 정도 들었다"고 비교적 정확
하게 연도와 설치 비용까지 말해 주었다. 1986년 현장 연구를 하러 들어갔

112

을 당시 이 지역의 모든 주택은 한두 군데 금이 가지 않은 집이 없었다. 비가 오면 물이 새고 비를 막기 위해 지붕을 비닐로 덮어 빨간 기와 지붕에 청색 비닐이 덧씌워진 집이 전체 가옥 중 3분의 1 정도 되었다. 그리고 모든 집의 벽에는 재개발 대상임을 확인시키는 붉은 색 페인트로 숫자가 적혀 있었다. 초창기 현장 조교들의 일지는 숫자를 써서 몇 번 집이라고 명기했다. 그런 집들이 무엇을 해서 사는 집이며 이웃 관계는 어떠한지까지도 번호로 이야기했다.

예를 들면 "54번 집에는 열두 살짜리 남성국민학교 다니는 아이와 부부 세 식구가 세 들어 살고 종로에서 분식집을 하는 집이며 204번 집은 친정 어머니와 딸이 함께 쥐포를 뜨는 부업을 하는 집이다" 등이다. 또한 413번 집에 한 아줌마가 있어 다가갔는데 이 골목은 상당히 안정적인 느낌이었는데 511번 집 아저씨가 "이 골목은 거의 '자가'들만 사는 집"라고 했고 431번 이층집 아줌마가 무언가를 무겁게 들고 올라오자 옆집 아줌마가 들어줬는데 "이 집은 마장동에서 쇠뼈 장사해서 돈 벌었다"며 "현재 남자는 아무것도 안 하고 논다고 511번 집 아저씨가 귀띔해 주었다"는 식이다.

또한 38번 집에서 어떤 40대 아줌마가 국방색의 헝겊과 끈을 한 묶음 털고 있는데 가내 부업을 하는 모양이고 192번 집에서 한 아줌마가 돈주머니를 차고 나왔는데 "오늘은 왜 일찍 왔느냐"고 204번 아줌마가 묻자 도부^{골목마다 소리치며 파는 것}쳤다고 했다. 204번 아저씨는 건축 대장 일하는 사람이었는데 그 부인은 "이 동네에서는 남자 혼자 벌어서는 힘들다"면서 자기 애 키우면서 남의 집 세 살짜리 여자아이를 맡아 키우고 있었다. 애기 엄마 아빠는 종로에서 중국집을 하는데 일주일에 토요일 하룻밤만 데리고 가서 재우니 자기한테 "엄마 엄마" 하면서 따라 오히려 애기를 보내 놓고 나면 자기가 서운하다고 했다. 동네 사람들이 우연히 소개해 줘 일 년 넘게 아이를 보고 있는데 이 동네에서는 이렇게 일거리 얻는 것이 자연스러운 일이었다.

　시간이 좀 지나 아이들 이름을 알기 시작하거나 가게 이름을 알게 되거나 집안 내역을 좀 알기 시작하면서 현장 일지에서 번호는 없어지고 '누구엄마'나 '무슨 가게' 등의 이름이 등장했다. 이 동네에는 간단하게 먹을 것을 직접 만들어 내다 파는 사람들이 많이 살아서 묵을 만들어 팔면 '묵장사집', 풀빵을 만들어 파는 집은 '풀빵집', 설탕을 녹여서 만든 설탕과자 만드는 집은 '뽑기집', 튀김 해서 파는 집은 '튀김집' 등의 이름으로 불렸다. 그래서 현장 일지에는 '묵장사의 친정어머니'라든가 '뽑기집 아들' 등 그런 식의 호명이 등장하게 되었다.

○○ 주거의 조건과 거주의 공간

여기에 이주해 온 사람들은 무작정 상경했거나 사업에 실패했거나, 무슨 이유든 싸게 살 수 있는 곳이 있다는, 아는 사람의 소개로 이곳에 이주한다. 이때 현장 일지에는 이런 사람들의 사연들로 가득했다. 심지어는 보증금 200만 원 전세인데 100만 원 빌려 줬던 사람이 이곳에다 방을 얻어 주었다는 사연도 있다. 또는 이 동네 사는 부모 중에 자녀가 갑자기 동거할 사람이 생겨 싼 방을 찾는 경우도 있었다. "배나무골 아줌마가 묵장사 아줌마 집에 놀러 와서 셋째아들이 소아마비로 운전수인데 연애하다가 애를 가져 여자네 집에서 반대하자 여자가 자기 집으로 왔는데 여자 집에서 찾아오면 보기가 그렇다"고 빨리 방을 하나 구해야 한다는 등의 사연이 숱하게 있는 곳이다. 배나무골 아줌마는 아래쪽에 가 보았는데 보증금 50만 원에 월세 4만 원짜리 방이 하나가 나오기는 했지만 2층이고 방에 불이 안 들어와서 신접살림을 차리라고 할 수가 없어 동네 사정에 밝은 묵장사 아줌마에게

"행여 방이 있는지" 물어보려 왔다.

이 지역 주민들에게 주거 공간은 곧 지출을 극소화하는 생계 전략의 대상이자 수입을 늘리는 수단이었다. 가옥의 대지는 분양 당시 가구당 10평씩이었기 때문에 중간에 옆집 대지를 사들여서 넓힌 예외적인 경우를 제외하면 거의 모두 10평인데 이 10평에 대부분 방이 세 개 이상 들어앉아 있고 2층으로 올린 경우에는 방이 더 많았다. 자가인 집주인들에게 방을 들어앉히는 것은 곧 수입을 뜻했다. 이 지역의 한 가구가 사용하는 방의 수는 평균 1.6개다. 자가 소유 가구는 2.2개, 전세 가구는 1.5개, 월세 가구는 1.2개로서 세입자들일수록 적은 수의 방을 쓰고 있다. 방 수에서만이 아니라 사용하는 방의 평수도 자가 소유 가구는 4.6평, 전세는 2.9평, 월세 가구는 1.8평으로 차이가 난다. 가구별 가족 수는 자가 소유 가구나 세입자 간에 차이가 없는데도 세입자들이 사용하는 방의 수효나 평수가 작은 것은 이들이 주거 공간을 줄여 생활비를 줄이고 있음을 보여 준다.

이 지역 주거 공간은 물론 협소하기도 하지만 공간의 분화나 분리가 전혀 안 되어 있다는 게 가장 눈에 띄었다. 좁은 방은 주거 공간이자 작업장이었다. 이 지역 여성 대부분은 파출부, 가내 부업, 행상 등을 하는데, 가내 부업으로 미싱을 하는 경우 큰 재봉틀이 방 한가운데를 차지해 조그만 방이 거주 공간이 아니라 작업장으로 보이는 경우도 드물지 않았다. 또한 대부분 출입구를 겸한 부엌에는 수도와 하수구가 같이 있고 부업이나 행상을 하는 집은 부엌이 창고도 겸했다.

이곳에서는 공간이 곧 돈이어서 주거비 지출을 극소화하는 것이 수입을 극대화하는 방식보다 앞서는 생계 전략이 된다. 자가 소유자뿐 아니라 전세입자도 사용 공간을 줄여 수입을 늘린다. 어떤 가구는 전세로 방 두 칸에 마루 한 칸짜리 독채를 얻어 방 한 칸을 월세 주고 방 한 칸은 부부와 자녀들이 기거하고 마루에서는 처남이 기거하면서 일종의 확대 가구를 형성해 주거비를 줄이기도 했다. 이 경우 집에서 처남을 데리고 양복 일을 하는데 마루에는 양복지가 놓여 있고 부엌문을 이용해 방 안을 드나드는데 문의 크기가 가로 60센티미터, 세로 1미터 정도다. 일곱 살짜리 아이들조차 이마를 자꾸 다쳤다.

어떤 가구는 한 집에 열여덟 가구가 세 들어 사는데 집주인이 다른 사유지에 살고 있어 그 집 1, 2층을 관리해 주는 대신, 월세를 싸게 해서 살고 있었다. 1.4평짜리 방에 부부와 자녀 둘, 네 식구가 함께 기거하므로 더운 여름에는 부부 중 한 명은 나와서 부엌에서 살았다. 부엌에는 170센티미터 정도의 높이에 선반을 달아 잡동사니를 놓아두는 공간으로 활용했다. 가스 배출기가 없어 부엌에는 늘 연탄 냄새가 배어 있고 하수구나 수도가 설치되지 않아서 설거지, 세면, 빨래 등은 마당에 나와서 해야 할 만큼 주거 조건은 열악했지만 월세를 아끼는 맛에 계속 살고 있었다. 2층으로 확장한 집에는 수도가 1층 마당에 설치되어 2층의 수돗물 세기까지 조정하므로 물의 수요가 많을 때면 1층과 2층의 싸움이 자주 일어날 수밖에 없었다. 또한 부엌은 있지만 하수구나 수도가 없어 물을 2층까지 들어 올려 사용하고 사용한 물은 1층 하수구까지 가지고 와서 버려야 하는 집들도 많았다.

한 가옥에 세 들어 사는 집이 여러 집인 경우가 대부분이어서 전기세와 수도세 등을 놓고 시비가 그치지 않았다. 특히 열네 집이나 모여 사는, 경선 조교가 세든 집은 전기세, 수도세 때문에 세입자들끼리 얼굴을 붉히게 되는 일이 거의 매달 되풀이되었다. 이 집은 열네 집이나 사는데도 주인은 밖에서 살고 있고 수입이 불안정한 용수 아빠에게 관리를 맡겨 놓고 있어 더욱 분란이 많았다.

위층 한쪽 구석에 있는 집이 "전깃불 두 개만 사용하고 냉장고는 사용도 안 하고 TV만 보는데 왜 이리 많이 나오냐"고 항의하자, 아래층 선미 엄마가 용수 엄마를 거들어 "그러면 당신도 냉장고를 놓고 살아라" 하고 응대했고 위층 아줌마가 "방이 좁아 냉장고를 놀 데도 없다"는 응수를 했다. 또 위층 노부부 집에서는 할아버지가 내려와서 방에 불 하나만 사용하는데 "왜 이렇게 (전기세가) 많이 나오냐"고 항의하면서 "남이 쓴 전기세를 왜 내가 내느냐"고 불만을 토로하고 "앞으로 전기도 끊고 촛불 켜 놓고 지내겠다"고 했다. 아래층 혼자 사는 한 아저씨는 전기를 아주 끊어 놓고 살고 있으며 수도세와 오물세가 많이 나왔다고 용수 엄마에게 불만을 토로했다. 위층의 한 아저씨도 세금과 방세(3만 원)를 용수 엄마에게 주고 가면서 전기세와 수도세가 너무 많다고 항의를 했다. 심지어 수도세 얘기를 하면서 "누구 집은 물을 너무 많이 쓴다. 빨래 비누를 사용하는 것 보면 수도세를 더 내야 된다"고 말하고 또 "지현이네는 애기를 기르니 두 명분 사용료를 내야 된다"고도 말했다. 이뿐네 엄마는 "자기는 아이 기를 때 양심적으로 두 명분을 냈다"고 하면서 지현네 집에는 고메라^{미터기}가 43kw밖에 나오지 않아 은주네(76kw), 내희네(71kw), 이뿐네(83kw)와 너무 차이가 난다며 계속 지현네의 전기 사용에 의심의 눈초리를 보내기도 했다.

전기세나 수도세를 둘러싼 세입자끼리의 다툼은 여기서 끝나지 않았다. 관리를 맡은 세입자 중 한 명이 전기세와 수도세를 걷어 공과금으로 내지 않고 개인적으로 써 버려 문제가 커지기도 했다. 심지어 전기세가 너무 밀려 한전에서 와서 전기를 끊은 일까지 생겼다. 현장 조교의 일지에는 이런 사연들이 빽빽하게 기록되어 있다.

> 용수네가 집을 관리하면서 매달 전기, 수도세를 받아다가 은행에 납부하기로 했는데 생활이 어려워지면서 살림하는 데 부족한 돈라 작년에 아저씨가 집수리 공사하면서 필요했던 재료 비용으로 세금을 써 버려 4개월간의 전기 수도료가 체납되는 처지에 이르렀다. 한국전력에서 몇 번 독촉장을 발급하더니 급기야는 출장 나와서 집으로 들어오는 전선을 잘랐다. 저녁이 되면서

방에 불을 켜지 못해 촛불을 밝혀 놓고 저녁 식사를 했으며 TV가 나오지 않아 아이들이 한참 동안 졸랐다. 집안 사람들이 모여 용수 아버지의 사정 얘기를 들어보았지만 용수네가 당장 밀린 세금을 납입할 처지가 못 된다는 것을 안 이상 별다른 대책이 있을 수 없었다. 결국 사정이 되는 대로 돈을 모아 6만 원 정도 거두었지만, 거의 80만 원에 달하는 세금에는 어림도 없는 액수였다. 그렇게 이틀을 지내다가 옆집 기석이네의 허락을 받아 그 집에서 이틀 동안 전기를 끌어다가 썼지만, 열여덟 가구가 사용하기에는 용량이 너무 작아 퓨즈가 나가는 바람에 그것도 여의치가 않았다. 하는 수 없이 용수 아버지와 옆방 점이네 아버지가 잘랐던 전선을 다시 이어서 전기를 사용하기 시작했다. 결국 도둑 전기를 사용하는 셈이 되었다. 전기를 사용하지 않은 낮 동안은 전선을 분리했다가 저녁에만 이어서 사용하기 때문에 불편하고 불안하다고 한다. 옆방 이쁜이 언니도 새벽에 촛불 켜 놓고 출근 준비하면 몹시 신경질 난다고 얘기를 한다. 사정이 이렇게 되자 용수 아버지는 며칠만 참아 달라면서 내일쯤 고향에 내려가서 돈을 구해 오겠다고 집 안 사람들을 설득했다.

홍경선, 1986.7.17

전기세 수도세 때문에 분란이 되는 집이 한두 집이 아니어서 세입자 가구가 적은 다른 집에 세 든 조교도 비슷한 경험을 적어 놓았다. 그 액수가 많은 것도 아니다. 처음에는 (월 전기세로) 1,800원이라고 하더니 나중에는 2,000원이라고 200원 더 내라고 해서 시비가 붙는 그런 정도였지만 그들에게는 매우 심각한 시빗거리였다.

동네 골목은 특별한 사건이 없는 한 비교적 평화롭고 한적했다. 이웃 부인들끼리 모여 예쁜 봉숭아물도 들이고 화분이 많아 보이면 서로 주고받기도 했다. 어느 날의 조교 현장 일지에는 "묵장사 아줌마가 자그마한 선인장 몇 개를 들고 가다 나를 보고 어깨를 친다. 위에 사는 아는 사람 집에서 얻어 왔단다"라는 구절도 있고 "정근 엄마, 희자 엄마 그리고 복덕방 주인 여자가 모여 봉숭아물을 들임"이라든가 "행길가 구멍가게 집 봉숭아는 아무리 씨를 받으려 해도 꽃을 누가 다 따 가 버려 씨가 맺지 않아 속이 상해 구멍가게 여자가 지키고 있었는데도 잠시 눈을 팔면 곧장 없어져 버린다"고 불평한다는 기록도 있다. 철거된 집터에도 그 앞집에서 고추를 심었는데 고추를 다 따 갈 뿐 아니라 아예 뿌리째 뽑아가 버릴 정도로 동네가 살벌해지고 있었다. 불도 자주 나서 소방차가 요란하게 사이렌을 울리며 지나가는데 애들이 그 뒤를 따라 올라가기도 했다. 불은 다행히 쉽게 껐지만 불을 껐던 동네 여자들이 수군거리며 불난 원인에 대해서는 "서커스 하는 데서 전기 끌어다 써 누전됐다"더라 또는 "남자가 부부 싸움하다 불냈다"더라 등 이유가 분분했다. 소방대원 하나가 작업하다 다쳐 들것에 실려 나갔다. 그 집 손녀딸도 실려 나갔다. 현장 조교가 "우리 집까지 불붙으면 어쩌나. 무허가라서 복구도 어려울 텐데" 걱정해야 할 정도로 온 동네가 늘 위험이 도사린 곳이기도 했다.

혜란 조교는 어느 하루 현장 일지에 이 동네의 골목 풍경과 함께 주거 조건의 일단을 상세하게 기록해 놓았다.

> 희자네 앞 도로가 많이 헐어 오늘 희자 엄마는 시멘트를 자기가 사 무리포장했다. 철거 전 입주 및 주택 상황을 알아볼 겸 강 씨 집안사람이랑 세 든 집에 갔는데 그 집 식구는 없고 같이 구경했던 옆방 아줌마가 빨래하고 있었다. 계속 놀다 희자네 앞에 오니 아줌마가 파를 다듬고 있다. 파 다듬는 것을 같이 거들었는데 "혼자 날려니까 힘드는 게 많지" 물어 "뭘요" 하면서 " 요강을 사 놓았다"고 하니까 파 다듬던 것을 멈추고 크게 웃더니 자기도 그것

이 있다며 "항상 갈 수도 없고 어쩔 것이여" 하며 "손님 오면 좀 창피해도 참 수 있지 뭐" 한다. 그리고 "우리 같은 사람은 그 좋은 화장실 같은 데 가면 나오지도 안 할 것이여" 라면서 웃는다.

조혜란, 1986.11.4

그리고 경선 조교도 이곳의 주거 조건을 보여 주는 골목 풍경을 자세하게 적어 놓았다.

변소 치우는 차가 김포상회 앞에 있었다. 운전사인 문영옥 씨(삼원환경 11호)와 대화를 하게 되었는데 삼원환경은 동작구를 담당하는 회사로 차량은 14대 정도라고 한다. (몇 대는 호스 사용, 오늘 온 차로는 통에 담아 나름) 7,8명 정도가 한 조. 운전수 1명, 오물을 통에 담아오면 받아서 차 탱크에 부어 넣는 사람 1명, 나머지 5명 정도는 통 2개, 변소 푸는 도구(큰 깡통을 막대기에 연결)를 들고 주문받은 곳으로 각자 나감. 돈은 이 사람들이 받아오거나, 차에 있는 사람에게 미리 줌. 장갑을 사용하지 않음(→ 오물 다루는 사람들) 한 통에 18리터가 정량인데 36리터에 300원(보통 한 통에 2리터 운반), 보통 변소는 3,000~4,000원 정도. 변소 치우는 아저씨들은 20년 이상 종사해서 사당동에서 누구네 집이라 하거나 대문 색깔이나 모양만 보고도 찾아갈 수 있을 정도로 지리를 잘 안다. 사당동 소방 도로가 너무 좁아 빨리 재개발되어야 한다면서 사람들의 의식 수준이 낮아 자기 집 근처에 차를 대면 안 좋은 소리를 한다고 애로 사항을 털어놓았다. 보통 변소 치우는 차를 동네 어귀(예. 김포상회)에 갖다 대면 주민들이 청소를 부탁한다.

홍경선, 1986.7.22

이 동네에서는 사생활이라는 게 있기 힘들었다. 조교가 세 든 집의 집주인 할아버지는 새벽 5시에도 세입자들한테 월세를 받으러 아무렇지 않게

120

문을 두드렸다. 아침 9시 반에 골목 안을 방역하는데 소독하는 사람이 등에 기계를 매고 골목을 돌아다니면 동네 꼬마 30~40명이 그 뒤를 따라 몰려다녔다. 현장 일지에는 낮에 동네 아이들이 모여 서로 물을 뿌리며 서너 시간 물장난하는 광경과 저녁에는 이웃들끼리 노래 테이프를 틀어 놓고 고성방가하며 노는 이 동네의 골목 풍경이 그대로 잡혀 있다.

이 지역은 산비탈을 닦아 만든 동네여서 입구에서 맨 꼭대기까지는 걸어서 20,30분 이상 걸린다. 입구에 큰 시장이 있는데도 동네 중간 중간에 구멍가게들이 있었다. 특히 맨 꼭대기에 사는 사람들은 라면 등 간단한 생필품은 남성시장에서 사기보다는 가까운 구멍가게에서 사고는 했다. 대신 가격 차이가 있었다. 현장 일지에는 "시장에서는 라면이 80원이다. 영자슈퍼에서는 90원, 구멍가게는 100원이다"는 기록도 있다. 혜란 조교의 현장 일지에는 라면과 간장, 맛나를 사 들고 집에 들렀다가 밖으로 나서자 "미용실 아줌마가 선주 엄마와 미선네 의자에 앉아 (이웃집) 얘기를 보면서 놀고 있고 과자 리어카상 아줌마는 자기 집 앞 (도로변) 수돗가에서 빨래를 하면서 같이 이야기도 하고 놀고 있다"는 등 집 앞 골목 어디서나 보이는 이 동네 사람들의 일상과 관계를 가감 없이 보여 주기도 했다.

○○○ 주민들의 삶: 생계와 일상

이 동네 주민들의 삶은 연령과 삶의 주기에 따라 거의 비슷한 궤적을 보인다고 해도 과언이 아니다. 금선 할머니와 같은 집에 세 들어 살던 영섭 씨는 스물여덟으로 미혼인데 금선 할머니는 아예 그를 '총각'이라고 불렀다. 영섭 씨는 초등학교를 중퇴하고 인근 도시에서 장사도 하고 염전에서 품도 팔아 보는 등 온갖 일을 하다가 1985년 서울로 오게 되었다. 인근 중소도

시에서는 하루 품값이 9,000원인데 서울 오면 1만 4,000원이라는 말을 들고 그곳에서 일하던 친구 셋이서 무작정 서울로 왔다. 믿는 곳이라고는 일행 중 한 명의 먼 친척뻘 되는 형이 사당동에서 '큰 노동 팀'에 있다는 것이었다. 가진 돈은 셋이 합해서 1만 원이 될까 말까 했다. 거처는 지방에 자주 원정 노동을 가는 그 형네 방을 같이 썼다. 마침 올라온 때가 건축 경기가 좋고 성수기여서 한 달에 25일간 일을 할 수가 있어 한 달에 거의 30만 원씩 벌 수 있었다.* 비성수기에는 고향에 내려갔다가 그 다음 해 봄에 10만 원을 손에 들고 서울에 정착할 생각으로 올라왔다. 그런데 잘 데가 없어 일을 시작할 수가 없었다. 전에 알았던 친구 형님이 보증을 서서 보증금 10만 원에 1만 원씩 내는 골방 하나를 구해 주었다. 여기서 자면서 다음 날부터 당장 공사장에 나갔다. 10개월간의 서울 생활을 통산해서 따져 보면 5월부터 11월까지 7개월 동안에는 총 220여만 원의 수입이 있었다. 이는 한 달 평균 23일 이상씩 일해 35만 원 정도의 수입을 올린 셈이며 이런 정도는 지방 도시나 농촌에서는 생각하기 힘든 수입이었다. 돈이 모이니 일이 힘든 줄도 몰랐다. 지출은 최소한으로 했다. 한 달에 쌀값 1만 5,000원, 전기세·수도세 등으로 1만 원, 부식비 1만 5,000원, 용돈 3,4만 원 등 7,8만 원 내외로 썼다. 방은 보증금 20만 원에 월세 3만 원짜리로 옮겼다가 돈이 모이자 100만 원짜리 전세로 바꿨다. 아버지나 형님 등 집안 식구들한테 두세 번에 걸쳐 10만 원씩을 보조했다. 겨울에는 노동 일이 없어 몇 푼이라도 벌어서 보태기 위해 고물 장사도 했다.

이 동네에는 이런 일용 노동자들이 단신으로 상경한 총각에서부터 평생 노동 일을 한 60대까지 다양했다. 이들은 '로터리'라고 부르는 사당동 입구에 있는 노동 시장에서 일감을 얻는다. 현장 조교의 일지에는 이런 사람

---

* 1987년 전 산업 도시 근로자(비농림) 평균 임금이 33만 4,372원이고 생산직 평균 임금은 26만 476원인 데 비하면 월수입 30만 원이면 비정기적이지만 아주 괜찮은 편이었다.

들의 사연이 가득하다. "새벽 4시 30분에 일어나서 이수극장 로터리에 가면 같이 일할 사람들이 모여 있다"고 해서 나갔는데 스물일곱 살 된(또 한 명의) 총각을 만나 군대 갔다 왔느냐고 하자 "이래서 군대 가겠느냐"고 하면서 한쪽 팔을 내보였다(팔을 약간 다쳤고 손가락 하나가 짧음). 이 총각도 영섭 총각처럼 작년까지 번 돈 200만 원 정도를 집에 보내 주고 새로 방을 얻어 이사하느라고 50만 원을 빌렸다고 했다.

아이들 데리고 30대쯤에 사당동에 이사 온 경우도 있다. 당시 서른다섯 살이었던 전 씨는 부농의 막내아들로 고등학교를 나왔으며 집안의 도움으로 사유지의 전세방에서 '괜찮게' 서울 생활을 시작했는데 사업에 실패해서 이곳에 온 경우였다.* 가정 형편은 여유가 있는 편이어서 대학을 보낼 만했는데 대학 입시에 떨어져 군대에 가게 되었고 그러다 보니 더 공부할 기회를 놓쳤다. 제대 후에 결혼하고 취직하러 먼저 단신으로 서울에 올라와 영어 회화 학원 등도 다녔다. 그러다가 동양정밀 공장에 영업 사원으로 취직했다. 1년 6개월 정도 다녔는데 영업 사원보다는 직접 대리점을 운영하는 게 낫겠다는 생각이 들었다. 이 분야 판매에 자신도 얻었고 그동안 맺은 인간관계와 경험을 기반으로 대리점을 차리게 되었다. 당시(1983년) 대리점 자본금은 집에서 아파트 전세를 얻으라고 대 준 800만 원으로 마련했다. 대신 방은 월세로 들었다. 그러나 사업은 초반부터 여의치 않았다. 현금으로 물품을 구입하고 판매 대금은 외상으로 몇 개월 후에 회수되어 늘 유동 자금의 압박을 받았다. 그러던 중 물건을 대 준 평소 잘 알고 지내던 동향 사람이 부도를 내 버려 납품한 물건의 대금을 받을 수 없게 되었다. 가게를 차린 지 6개월 만에 문을 닫았다. 처음 장사할 때 들어간 800만 원을 고스란히 날렸으며 4개월간 실직 상태로 있다 보니, 보증금 50만 원에 있

---

* 이 동네 사람들은 사유지를 국유지나 시유지 무허가 정착지와 구분해서 사용했는데, 사유지 동네는 곧 불량 주거지가 아니라는 의미로도 쓰인다.

던 월세방도 방세가 몇 달 밀려 20만 원도 채 안 남은 형편이 되었다. 집안에서 딱하게 여겨 아버지가 100만 원, 처가에서 50만 원을 보태 줘 150만 원짜리 전세방을 사당동에 얻게 되었다. 사당동에 사는 친구가 사업에 실패한 것을 알고 "사당동에서는 싸게 살 수 있다"고 소개해 이곳 무허가 주택의 단칸방으로 이사한 것이다. 이 동네에는 이런 사연이 있는 사람들이 많았다.

여성 가구주도 다섯 집 중 한 집이나 되었다. 이혼한 경우도 종종 있지만 많은 경우 남편이 병으로 세상을 떠났다. 이들과 조금만 친해지면 남편 세상 뜬 이야기와 자식들이 속 썩이는 이야기를 쉴 새 없이 듣게 된다. "3년 전 아저씨가 병명을 알 수 없는 속병으로 자리에 누워 몇 개월 만에 돌아가셔서 일이 손에 잡히지 않았다"면서 아저씨는 "자기가 일하려고 하면 못하게 하곤 했다"면서 남편 세상 뜬 것을 아쉬워하는 이야기도 손쉽게 접할 수 있었다. 그 당시만 해도 의료 보험이 없어 병원비 걱정하느라 병원을 너무 늦게 찾아 시기를 놓쳤다는 이야기도 많았고 남의 의료 보험증을 빌려서 병원 간 이야기도 심심찮게 들을 수 있었다. 가족계획이 강조되던 때여서 유산도 많았다. 부인들 중에 두세 번 유산 안 해 본 사람이 없는 정도였다. 그래서 허리가 아프고 "삭신이 쑤신다"고 하소연하는 경우가 많았다.

이곳 주민 대부분은 일용 노동자거나 불안정 노동자여서 의료 보험이 없었고, 극소수 최빈층만이 의료 보호 등으로 의료 혜택을 받았다.* 이곳에서는 생활환경이 열악한데 의료 혜택의 접근권은 취약해서인지 질병에 걸려 일을 못하는 경우들이 많았다. 우리 연구 기간에도 초등학교 5학년 여자애가 결핵성 늑막염으로 세상을 떴다. 죽은 아이는 50대의 생선 노점상 부부의 1남 2녀 중 막내였는데 오랫동안 앓았지만 의료 보험도 없고 수술

---

* 사당2동 전체에서 외래와 입원 치료 둘 다 무료인 1종 생활 보호 대상자는 35세대 46명이었고, 외래는 무료고 입원은 개인이 40%를 부담하는 2종은 144세대 532명이었다.

비가 1,000만 원 이상 든다고 해서 손을 못 쓰고 결국 죽게 되었다. 아이가 간 뒤 일주일 뒤에 아이 아버지도 약물을 먹고 비관 자살했다.

주민들 스스로는 빈곤이 지속되는 이유로, 건강이 나쁘거나 장사에 실패해 가난을 벗어날 기회를 여러 번 놓쳤다는 개인적인 이유를 대고는 했다. 그러나 이들이 종사하는 직업 자체가 노동 강도가 센 경우가 많고 생활 상태나 주거 조건이 열악해 질병에 걸리기 십상이었다. 먹는 것도 부실해서 영양실조로 얼굴색이 좋지 않은 아이들도 많았다. 할머니 손자 영주 씨는 초등학교 때 씨름반 아이들이 먹을 것을 실컷 먹는 것을 보고 부러워 씨름반에 들게 되었다고 했다. 믿을 데라고는 '맨몸'밖에 없는 이들이 병에 걸리면 빚더미에 빠지게 되는 것이 다반사였다.

당시 사당동 주민들은 생업이 불안정해 늘 빚을 얻거나 외상을 달며 사는 경우가 많았다. 심지어는 지방에 있는 친척한테 돈을 빌리러 가거나 계를 들어 달라고 하는 경우도 많았다. "구역장 아주머니가 지난 일요일에 대구 간 것은 언니 집 놀러도 갈 겸 언니 집에서 50만 원 빌려 오기 위한 것"인데 대구 언니는 아는 집에서 싼 이자로 빌려와 구역장에게 줬다든가 "계는 대구 언니 쪽으로 100만 원짜리 두 구찌^{계좌} 들고 영등포 동서네 쪽으로 500(만 원)짜리 계의 6번과 15번 두 구찌 들었다" 등의 이야기를 쉽게 들을 수 있었다. 때로는 "500(만 원)짜리 계를 두 구찌 드는 것이 벅차 하나는 250(만 원)씩 딸네와 이웃 문준네에게 팔려 했는데 문준 엄마는 문준네 옆방에서 하는 100만 원짜리 계에 이미 들어서 어쩔 수 없다"고 하소연하기도 했다. 이곳에서는 돈이 약간만 있으면 동네 사람들 상대로 돈놀이하는 경우도 많아 "구역장 큰딸은 40만 원을 문준 엄마한테 빌려 주고 그 돈에서 나오는 이자로 매월 반짓계 곗돈을 넣고 있다" 등이 매우 일상적 이야깃거리였다.

사당동에 사는 사람들은 없는 돈으로 서로 어떻게 상호 관계를 맺고 사는지를 어느 날 일지는 매우 세세하게 기록하고 있다.

쥬단학(화장품) 아줌마는 원래 구역장 딸이 단골이어서 친해졌다. 지난 달 화장품 아줌마의 딸(직업: 영양사)이 결혼을 하게 되어 꼭 계를 타게 해 달라고 기도하여 당첨이 되었다고 좋아했는데 구역장 둘째딸이 현금이 필요하다고 꿔 갔다. 그래서 이번에는 꼭 그 둘째딸이 타야 될 형편이다. 문준 엄마 소개로 계에 들어왔던 정희 엄마도 바빠 못 오고 주영 엄마, 구역장, 딸 둘, 쥬단학 화장품 아줌마, 그리고 나, 조교 여섯 명이 곗돈 뽑기를 시작했는데 구역장 큰딸은 네 살짜리 아들에게 뽑게 했다. 어린아이가 더 영험한 것이라며 화투를 고르게 해 첫 번째로 당첨되어 버렸다. 둘째딸은 작년 8월부터 사우디에서 온다던 남편이 다섯 달이 지났는데도 아직도 안 와 계속 생활이 쪼들린다. 쥬단학 아줌마는 바로 준다던 돈을 안 준다고 여러 번 얘기하고 있는데 구역장 둘째딸이 안 되고 큰딸이 낙점되어 낭패다. 쥬단학 아줌마 장부에는 문준네 21,600원, 주영네 25,800원, 유림네 36,100원이라 적혀 있다. 유림네는 작년 7월 것으로 적혀 있다. 그 외상 장부에는 700만 원 정도의 외상이 깔려 있다. 산동네 사람들은 외상을 잘 안 갚는다. 어떤 아줌마는 너무 안 줘 싸우고 나서야 받아 냈다. 주영 엄마는 또한 돈이 필요해 일수놀이를 하는 반장네 집에 갔더니 반장이 곧 철거된다며 꿔 주지 않고 오히려 일숫돈을 거둬들여야겠다고 했다. 따라서 주영 엄마도 반짓계 곗돈 중에서 필요한 금액을 충당하기로 했다. 구역장 집에 쥬단학 화장품 장사가 와서 반지곗돈을 주고 갔고 문준 엄마는 지혜 엄마 곗돈까지 가지고 왔는데 지혜 엄마는 반짓계를 남편 몰래 하고 있다.　　　　　　조혜란, 1987.1.26

빚을 못 갚아 밤도망을 치는 경우도 꽤 있었다. "남성국교 1년생이 있는 소방 도로 앞집이 어제 밤 짐 싸들고 '도망 이사'를 가 버렸다"고 어느 날의 현장 일지는 기록하고 있다. 동네 사람들에게 "빚이 대추나무 연 걸리듯 했다"는 표현도 나오고 쌀집에도 외상 빚이 있고 야쿠르트 아줌마한테도 외상이 밀려 야쿠르트 아줌마가 발을 동동 굴렀다는 이야기도 있고 옆 동네에서 TV를 할부로 들여놓고 여기로 이사 온 뒤 할부금을 못 갚아서 독촉을 받자 며칠만 참으라고 했더니 그것도 못 참는다며 할부금 받으러 온 총각을 나무라는 경우도 있었다. 이사 온 데까지 할부받으러 오자 떼어 먹으려 했으면 가까운 데로 이사했겠느냐"며 오히려 큰소리를 냈다. 그 말을 들은 이웃들은 "부산에서도 빚을 떼어 먹고 도망쳤다"고 뒤에서 흉을 봤다. 이런 이야기들이 수없이 동네에 떠돌아다녔다.

일수놀이는 동네의 중요한 돈벌이 수단이어서 돈이 조금만 있으면 노동일 안 하고 일수놀이 하는 것이 부인네들의 꿈인 듯했다. 어떤 아줌마는 "아저씨가 일 다녀서 번 돈으로 영등포정신병원 근처에 점포를 냈는데 장사도 안 되고 아저씨가 아픈 바람에 처음에 투자한 돈 500만 원에서 350만 원밖에 못 건지고 그 돈으로 일수놀이를 하고 있다"든가 일수 아줌마가 오자 "문숙 엄마는 9,000원을 잔돈까지 넣어 주면서 스물네 번까지 찍었다. 50만 원을 필요할 때 얻어 써서 10만 원을 이자로 쳐 줘도 괜찮다고 생각한다" 등의 언급이 현장 일지에 가득했다. 심지어는 달러 빚을 쓰는 경우도 있다.* 할머니와 같은 집에 세 들어 사는 용수 아빠는 급하면 할머니한테 달러로 10만 원만 빌려 달라고 하기도 했다는 것으로 보아 할머니도 이런저런 방식으로 돈을 융통해서 주거나 이자놀이도 했던 셈이다.

동네 골목에서 가장 흔하게 마주치는 정경은 고스톱, 윷놀이 등인데 대개 돈내기였다. 아마 로또 복권이 나오기 전이어서 유난히 고스톱을 많이

---

* 달러 빚이란 달러 환율이 오르던 때여서 달러를 샀다 팔았다 했을 때 생기는 이문까지 계산한다는 뜻을 함유하고 있으며 날로 이자를 쳐 준다는 날변이라고 하는데 특별히 높은 이자를 내는 것을 말한다.

쳤던 것 같다. 부인들도 모여 앉으면 고스톱을 쳐서 현장 일지에 자주 등장했다. 어느 날 일지에는 하루에 두 차례나 고스톱이 언급될 정도였다. "저녁 6시경 은영네 방에서 은영 엄마, 선미 엄마, 미영이 아가씨, 현곤이하고 고스톱을 쳤다. 나중에 대희 엄마도 끼어들었다. 이 근처 복기 엄마가 어제 고스톱을 쳐서 4만 원을 잃었는데 남편 모른 빚이 많이 깔려 있다"든가 "밤 11시 반인데 선미네 방과 은영네 방에서는 계속 고스톱 판이 진행되고 있었다"는 기록도 있다. 선미네 방에서는 선미 엄마, 대희 아빠, 미영이 아가씨가, 은영네 방에서는 은영 엄마, 대희 엄마, 이뿐이 엄마, 선미 아빠가 고스톱을 치고 있었고 선미네 방에 가서 대희 아빠에게 "휴가철인데 이렇게 지내시느냐"고 하자 대희 아빠가 휴가 이틀에 휴가비를 1만 2,600원을 받았는데 이것을 가지고 어딜 가느냐며 "심심해서 이렇게 있다"면서 고스톱을 계속했다.

부인들도 고스톱을 많이 해서 부부 싸움이 나기도 했다. "어제 저녁 은영 아빠가 집에 돌아왔는데 아줌마들이 모여 은영네 집에서 한 점에 50원짜리 고스톱을 치고 있었다"고 선미 아빠가 전하면서 판은 금방 깨졌지만, 얼마 전에도 은영 엄마가 고스톱 치는 것이 문제가 되어서 부부간에 심하게 다투었다고 했다. "그러려면 보따리 싸고 집으로 내려가라고 은영 아빠가 언성을 높였다"는 말까지 전했다. "자기는 반월 공사 현장에서 힘들게 일하고 있는데 그 시간에 부인이 고스톱을 치고 있다는 것을 이해하기가 힘들다"고 몹시 상심해 있었다는 것이다. 그래서 용수 아빠와 선미 아빠가 은영 아빠를 데리고 내려가서 술 한잔하고 새벽에 들어왔다. 철거 재개발 막바지여서 동네가 어수선할 때 유난히 부인들의 고스톱 판이 자주 벌어졌다. 남편들이 오히려 부인들의 고스톱을 걱정할 정도였다.

심지어는 자주 벌어지는 고스톱판을 사진 찍어 보상금을 타 내는 직업이 등장하기도 했다. 동네를 둘러보다가 15통 산꼭대기 넓은 공터에 윷놀이

판, 화투놀이 두 개, 장기놀이 한 개를 발견하고 대여섯이 모인 장기놀이판을 지켜보고 있었는데 쉰 살이 넘어 보이는 아저씨가 카메라를 들고 옆에 있는 화투놀이판으로 다가왔다. 당시 한 점에 100원 하는 고스톱을 치고 있었는데 '그만들 하라'면서 사진을 찍는 시늉을 했다. 화투판에 있던 사람들은 불만인 듯 뭐라고 한마디를 던지며 자리들을 털고 일어났다. 옆에 장기 두는 아저씨에게 '왜 그러느냐'고 물어보자 얼마 전 저 아저씨가 노름을 하다가 30만 원을 잃고, 그 후부터는 노름판이 있는 곳마다 쫓아다니며 사진을 찍어 파출소에 신고한다고 했다. 몇 명은 벌써 파출소에 불려갔다 온 모양이었다. 고스톱을 치던 사람들은 판을 깨는 그 아저씨에 대해 몹시 불평하면서 아무개 집으로 가자며 몇몇이 짝을 지어 갔다.

또한 동네 골목에는 날이 좋은 날이면 어디 가도 북어를 찢거나 쥐포를 두드리는 할머니들을 만날 수 있었다. 북어 찢는 부업을 하고 있는 한 할머니는 연세가 일흔이며 경남 거창이 고향이고 마흔일곱에 혼자되어 논밭 팔아 자식들 데리고 무작정 서울에 올라왔다. 사당동에 산 지 18년 되었는데 북어 껍질을 까서 잘게 뜯어 주면 한 관에 1,300원 받는데 하루 종일 해야 한 관을 할 수 있고 그 돈은 용돈으로 쓰며 행상(생선팔이 등)을 하면서 1남 3녀를 키웠다는 이야기를 했다. 장남(52세, 막노동, 일당 25,000원, 미장이)과 같이 산다. 친손주가 3명인데 큰손녀는 열여덟 살이며 공장에 나가고 있다. 딸은 이 근처(100미터 떨어진 집)에서 살며 사위는 인쇄업을 몇 번 차렸다가 망하고 지금은 남의 인쇄소에서 일을 한다. 이런 이야기도 이곳 골목에서 만나는 할머니나 할아버지 누구한테나 손쉽게 듣는 이야기였다. 북어를 잘게 뜯는 일은 여섯 번 손이 가고(머리 따고, 망치로 두들겨, 껍질을 벗기고, 꽁지를 따내며, 내장을 빼고, 잘게 뜯는다고 함) 가시에 손이 자주 찔려 쉽지 않다. 그 할머니를 인터뷰하는 도중에도 할머니 손에 가시가 박혀 피가 났다. 겨울에는 방 안에서 북어 찢기를 하는데 "냄새가 옷에 배어 손주 애들이 학교 가서 냄새난다고 불평하기 때문에 잘 못한다"는 이야기도 했다. 이 할머니는 심심하던 차에 잘됐다는 듯이 이야기를 자세하게 해 주었는데, 골목길에서 북어 찢는 부업을 하는 할머니라면 누구에게서라도 거의 비슷한 이야기를 들을 수 있었다. 북어 찢는 부업을 알선하는 사장은 북어를 공터 옆 창고에 쌓아 두고 중개인을 통해 동네에 쫙 나눠 주었다가 거둬들였다. 철거가 시작되면서 이사를 나가 중개인은 여러 번 바뀌었다. 그러나 사장은 그대로였다.

이 동네의 부인들이 가장 많이 하는 일은 파출부였다. 그렇지만 너도나도 파출부 일 하는 것을 아는데도 '파출부 한다'고 말하는 것을 꺼렸다. 심지어 자기 아이들 앞에서 파출부 일 하러 가느냐고 물었다고 싸움이 나기도 했다. 한 엄마가 "성필이 엄마 파출부 일 안 가요?" 하며 인사했다며 하필이면 '파출부 일'이라고 얘기할 게 뭐냐며 몹시 기분 상해하면서 파출부 일 한다는 것이 부끄러워 자식한테도 "그냥 일 간다고 했는데, 그 여자 교양 없다"고 흉을 봤다. 옆에 있던 용수 엄마도 아이한테 일한다고 이야기를 하더라도 "회사 일 간다"고 얘기한다면서 "자식들의 사기를 생각해서라도 사실 그대로 얘기하기 힘들다"고 말했다.

파출부 일 할 때 자존심 상하는 일이 많다고 서로 하소연하기도 했다. 성필 엄마는 1985년에 사당동에 이사 왔는데 10월부터 아저씨가 겨울에는 일이 없어 집에서 놀기 때문에 골목 전봇대에 붙은 파출부 모집 공고를 보고 협회에 찾아가 가입비 2만 원을 내고 일을 나갔다. 처음 간 집에서 안방 이부자리도 치우라고 해서, "이런 일을 할 수가 없다"고 대들고 나왔다. 성필 엄마는 '좀 사는 여자들'이 파출부 일 한다고 몹시 사람을 깔보는데 자기는 "남편은 공무원이며, 집에서 놀고 있으니 부식비라도 벌려고 나왔다고 일 나간 집에다 이야기한다"면서 용수 엄마한테도 그렇게 하라고 귀띔했다.

그러나 용수 엄마는 지금 세 사는 집의 가옥주가 방배동에 사는데 그 집에서 파출부를 하고 있어 그런 거짓말도 하지 못한다. 남편의 건설 일이 없는 겨울에 주로 파출부 일을 다니며 생활비를 벌었는데, 올해는 집주인 아줌마가 와 달라고 해서 일주일에 나흘 나간다. 일당 7,000원을 받고 아침 10시부터 저녁 6시까지 일한다. 셋집 관리까지 해 주는 아는 사이인데도 한쪽 구석에 돈을 슬쩍 놓아둔다든지 하는 일종의 시험을 하고 "다른 사람 같으면 이런 일을 시키지 않는데, 용수 엄마는 내가 믿으니까 은행에서 돈을 찾아오라는 일을 맡긴다"면서 매사에 "그런 식의 말을 하면서 일을 시키니 기분이 몹시 나쁘다"고 했다. 한번은 용수 엄마가 거실에서 일을 하는데, 안방에서 주인아줌마가 전화를 받으면서 "아저씨가 노동 일 하는데 겨울에 놀고 있어, 아줌마를 일부러 부른 것"이라고 큰 선심이라도 쓴 듯 얘기해서 자존심이 상해 그냥 나오려다 참았다. 당시 사당동은 반포·잠실·방배동의 파출부 공급소라고 할 만큼 아침이면 그 동네로 파출부 일 나가는 아줌마들이 많았다.

○○○○ 아이들, 남편들, 아버지들

이 지역에 사는 아이들은 초등학교 상급 학년만 되면 친구들에게 재개발 지역에 산다는 것을 숨기고 싶어 하고 가능하면 빨리 '이런 곳'을 벗어나고 싶어 했는데 재개발 예정지가 되면서 동네는 더 위험하고 더 심란한 곳이 되어 갔다. 해빙기나 폭우가 쏟아지는 여름철에 이 골목 저 골목의 축대나 층계가 무너지는 '작은 사고'는 다반사로 일어났고, 집이 통째로 무너져 내리는 등 상당히 '큰 사고'도 수차례 있었다. 조교들이 상주한 첫 8개월 동안에 집이 무너지는 사고가 다섯 건이나 되었다.

그러나 역설적으로 이곳 사람들은 "아이들이 자기들끼리 노는 데 서울 시내에서 이곳만큼 안전한 곳도 드물 것"이라고 했다. 가파른 층계가 위험하기는 하지만 자동차도 안 다니고 유괴 위험도 없기 때문이다. 방도 좁고 놀이터나 장난감도 별로 없는 이곳 어린이들에게 이 지역은 온 동네가 하나의 놀이터라고 해도 과언이 아니었다. 어느 날의 현장 일지에는 "세 살짜리 선주는 혼자 논다. 소방 도로(이 동네에서는 가장 넓은 도로)에 눕기도 하고 손을 신발에 넣어 기어 다니기도 한다. 아줌마는 쥐치포를 찢으며 한 번씩 아이에게 시선만 준다"는 기록이 있다. 이러한 묘사는 이 지역의 골목 풍경을 그대로 보여 줄 뿐 아니라 방치되어 자라는 이 지역 아이들의 생활상을 단적으로 보여 주는 것이다.

어느 날 현장 일지에는 "길목에 나서자 약간 발을 저는 여자가 (두 살짜리) 여아를 데리고 가다 아이가 주춤거리자 아이는 놓고 먼저 짐을 들고 가 버린다. 아이 엄마가 짐을 놓고 와 다시 애를 업고 가는데 손짓을 하며 웃는다. 어느 아이들이나 다 아무에게 잘 따르는 것 같다"는 기록도 있다. 아이들을 방 안에 둔 채 문을 잠가 두고 일 나가는 경우도 흔했다. 심지어 엄마들이 파출부로 일 나가면서 부엌에 딸린 방문을 잠가 버려 그 안에 있는 책가방을 낼 수가 없어 학교에 가지 못한 아이도 있었고, 시장 가면서 밖에서 열쇠를 잠그고 가 버려서 아이들이 엄마가 올 때까지 소리쳐 울어서 옆방 사는 사람이 TV를 볼 수 없다고 불평하기도 했다. 시장에서 돌아온 엄마는 "옆집 새댁이 함께 시장 좀 같이 가자고 해서 잠깐 문 잠그고 갔다 왔는데 애들이 울었다"고 오히려 화를 내면서 아이들한테 "때리겠다"고 큰소리까지 쳤다. 이런 식으로 이곳에서 아이들은 방치되거나 보호받았다.*

---

* 이 사례에서 보듯이 이 당시(1986년) 가난한 동네에서는 아이 맡길 곳이 없어서 엄마들이 외출하면서 아이를 방에 두고 밖에서 문을 잠그는 것은 상당히 일반적인 일인 듯 보인다. 1990년 권혜영, 용철 남매가 아버지는 새벽에 일 나가고 어머니는 파출부 나간 사이 지하 셋

동네에서 아이들 때문에 하찮은 일로 어른들이 싸우는 일도 자주 있었다. 처음에는 아이들끼리 싸우다가 그 아이들의 누나나 형, 엄마로 싸움이 번진다. 한번은 경훈 엄마와, 기석이 누나와 엄마까지 가세해 싸움이 났다. 처음에는 경훈이(초2)와 기석이(앞집, 힘이 세고 몸이 몹시 좋음)가 싸웠는데 경훈이가 맞자 경훈 엄마가 기석이를 야단쳤고 몹시 괄괄한 기석이 작은누나가 경훈 엄마에게 대들어 서로 밀치고 멱살을 잡고 싸웠다. 기석 엄마가 나와 자기 딸을 야단치자, 기석이 누나가 화가 나서 경훈 엄마에게 달려들어 머리를 잡고 싸우다가 넘어졌고 결국 싸움은 기석 엄마와 경훈 엄마로 발전했다. 주위 사람들은 말려 봤자 소용없다고 구경만 하지 거의 말리지 않아서 남학생 조교가 겨우 말렸다.

동네 골목은 그 자체가 놀이터이기도 하지만 한참 짓궂은 초등학교 남자 아이들에게는 온갖 장난을 치는 곳이기도 했다. 현장 조교들 눈에는 동네 골목이 이상하거나 기이하다고 생각될 만한 '사건'들로 가득 찬 곳이기도 했다. 어느 날은 조교가 골목에서 검은 연기가 나서 나가 보았는데 아이들이 불씨를 놓고 숨바꼭질을 하고 있었다. 불씨가 깊숙이 박혀 목재들과 루핑을 태우며 고약한 악취가 새어 나오고 있었다. 근영이란 남자애는 초등학교 2학년인데 아랫동네 친구 네 명과 같이 불을 지르며 동네 애들에게 (추우니까) 불을 쬐라고까지 이야기했다. 근영이네 집에 가자 그 엄마만 있었는데 불낸 얘기하며 물을 빌리려 하자 자신의 집도 누가 유리창을 깨고 들어온 흔적이 있다면서 대수롭지 않은 표정을 지었다. 한번은 희자 엄마가 쥐 잡는 끈끈이에서 새끼 쥐 네 마리를 나무 막대기로 떼어 내고 있는데 동네 꼬마들 10여 명이 빙 둘러서 구경을 했고 한 마리씩 떼어 낼 때마다

방에서 성냥불을 가지고 놀다가 불이 났는데 밖에서 문이 잠겨 있어 그 안에서 사망했다. 언론에서는 상당히 충격적인 사건이라고 떠들었지만, 일하는 엄마가 아이를 잃어버릴까 봐 밖에서 문을 잠그고 나가는 일이 비일비재했다.

거들기도 했는데 조교가 "무섭잖느냐 불쌍하잖느냐" 물으니 이상하다는 듯 전부 고개를 저었다. 또 어떤 날은 집 앞 뒷골목에서 꼬마들이 고양이를 묶어 놓고 쏘아 맞추는 놀이를 해서 말렸는데도 전혀 아랑곳하지 않았다.

삐라가 뿌려지는 일도 자주 있었는데 어떤 때는 삐라를 줍고 다니는 일이 아이들의 놀이가 되기도 했다. "오후에 밤색 세단에서 무슨 삐라를 뿌리고 다녔다. 동네 위쪽에서부터 뿌리고 있었는데 뒤에 바로 경찰 둘이 따라다니며 수거했다. 동네 석유집 근처에서 놀고 있던 아이들이 그것을 주우러 다니며 놀았는데 경찰이 와서 다 가져가 버리는 일도 생겼다" 등의 언급이 있다.

아이들 노동 또한 흔하게 볼 수 있는 곳이었다. 골목길 곳곳에서 아동들이 소독저 말기나 북어 찢기 등의 일을 돕는 것은 아주 흔했다. 심지어 어느 집에는 200원 받기로 하고 여섯 살 여아가 나무젓가락을 종이로 싸는 일을 돕고 있었다. 계속 골목길을 오르다가 소독저를 집어넣는 비닐봉투를 발견하고 유심히 살펴보자 옆에 있던 한 여자아이가 소독저 봉투라고 설명을 하고 더 관심을 보이자 집에서 소독저 나무와 종이를 들고 나와 능숙한 솜씨로 소독저를 종이로 말아 보였는데 옆에 있던 남자아이(초6)가 "이 골목에서 소독저를 종이로 말지 못하는 애는 한 명도 없다"고 할 정도였다. 사당동에서 아동 노동은 드문 일이 아니어서 가죽 부업하는 구역장 집에는 중학교 다니는 아들 친구들이 와서 아르바이트를 했다. 신촌에서 오는 아이는 아빠가 유니온가스 대리점을 하고 있어서 돈이 필요한 건 아닌데 한 달 일해서 4만 원을 받아 기타를 살 예정이고 신림동에서 오는 아이는 아버지가 유한락스에 다니는데 지난 미팅 때 학교에 의무적으로 저축해야 하는 돈을 써 버린 탓에 2만 원 정도의 예금을 채워 넣어야 할 형편이어서 친구 어머니가 하는 가죽 자르기 아르바이트에 나섰다. 할머니 손자 영주 씨도 신문 배달에서부터 극장 암표 장사에 이르기까지 초등학교 때부터 안

해 본 일이 없을 정도로 여러 가지 아르바이트를 했다.

아동 노동에 대한 착취도 심심찮게 일어났다. 한 아주머니가 대수롭지 않다는 듯이 지나가는 말투로 "자기 딸 6학년짜리가 방학 때 친구 따라 방배동 가방 공장에 돈 벌러 갔는데 한 달 내내 일하고 2만 원만 준다고 해서 보름만 하고 나오려 하자 주인이 구둣발로 가슴팍을 차서 파스 바르고 있다"고 했다. 원래는 15만 원 준다고 해서 갔는데 3분의 1도 안 되는 돈을 주었다. 딸 친구는 학교를 안 다니는 아이여서 그곳에 계속 붙잡혀 있다는 말도 했다. 딸이 친구를 데리고 나오려고 하자 나가려면 너나 나가라면서 때려서 자기만 나왔다는 것이다. 조교가 꼬치꼬치 캐묻자 "자세히 모른다"면서 "애들을 시켜 먹고 돈 버는 그런 장소가 꽤 있다"고만 했다. "그럼 부모들이 가만둬요?" 하자 "다 우리 같은 집들이니까 그렇지" 하면서 넘겨 버렸다.

이 동네 아이들은 집안에서 형제자매끼리도 싸움이 붙는 경우가 많고 그것으로 스트레스를 푸는 듯했다. 과자 리어카상 집은 아이들이 셋인데 특별히 불량하지도 않고 착한 편이지만 자주 싸웠다. 조교의 현장 일지에는 형제자매 간의 싸움뿐 아니라 부모 자식 간의 긴장 관계도 보여 준다.

큰딸이 소형 장난감 파이프 피아노를 두드리자 오빠인 큰아들이 조용히 해 달라고 했는데 계속하자 파이프를 빼앗고 피아노를 가져가 버렸다. 큰딸이 눈을 치켜뜨자 아들이 피아노를 딸에게 던진다. "왜 그래? 뭐가 불만이야?"라며 "가뜩이나 덥고 시끄러 죽겠다"며 큰소리를 치자 딸은 "네가 오빠면 다야? 오빠면 다야?"라고 대들고 오빠는 여동생 머리를 손으로 쳤다. 여동생은 계속 맞으면서도 "네가 나보다 일찍 난 것밖에 뭐가 있느냐"고 대들었고 오빠는 "이년이 기어오르기만 한다"며 "어제도 엄마한테 그게 뭐냐"고 나무랐다. 이 집 아줌마는 아들 기욱이 편을 많이 들고 아저씨는 딸 명자 편을 많이 들어 때로는 엄마와 딸, 아빠와 아들 간의 싸움으로 번지기도 했다. 오빠하고 싸우자 엄마가 딸을 야단했더니 딸이 "엄마가 나한테 해 준 게 뭐냐"고 대들었고 딸은 큰소리로 울며 아빠에게 이른다고 외치자 아들은 내가 왜 맞느냐며 "아버지한테 뭐 해 줬느냐고 따질 수 있다"면서 동생을 때렸다. 아저씨가 취한 모습으로 들어와서 아들을 때리려 했는데 아들은 80kg이 넘고 아저씨는 55kg이라 힘이 부족한지 아들에게 오히려 밀침을 당했다. 아저씨가 "나가 버리라"고 큰소리치자 아들은 "그래 나갈 거요 내 옷 줘" 하자 아저씨가 방에 들어가 옷을 가져다 던져 버렸다. 그러고는 방에 들어가 딸에게 큰소리로 "너 때문에 돈이 얼마 깨진 거 아니냐"고 야단을 쳤다. 몇 년 전 딸 병원비 이야기를 꺼낸 것이다. 이때 기욱이는 집을 나갔고 리어카상 아줌마와 친한 우리 현장 조교가 따라 나가 튀김을 사 준다고 했는데 기욱이는 생맥주를 사 달라고 우겼다. "자기는 중3 때부터 괜히 아빠에게는 반항만 한다"고 하면서 "아빠가 장사한다고 돈 다 까먹고 자기네가 지금 못사는 것은 다 아빠 때문"이라고 불만을 털어놓았다. 기욱이는 "공고 들어간 게 후회"라면서 친구들이 거의 술 담배하고 자기도 친구들과 술 담배하다가 (성인)비디오도 몇 편 봤다는 이야기도 했다. 이 동네 아이들 특히 남자아이들이 어떻게 빗나가기 시작하는가를 보여 주는 경우다.

중고등학교 다니는 남자애들이 술 담배를 하고 비디오를 봤다는 것은 뉘집 아들이나 딸이 가출했다는 이야기와 마찬가지로 이 동네에서는 별로 화젯거리가 아니다. 남자애의 경우 친구 따라 나갔다가 며칠 안 들어오면 가출 신고를 하고 깡패들한테 잡혀가서 나쁜 소굴로 빠지지 않을까를 걱정한다. 딸들의 경우는 멀쩡하게 잘 지내다가 안 보이면 돈 벌러 가출했다는 소문이 돈다.

한복집 딸 성희는 '그런 애'가 아니었다. 그런데 고등학교 2학년 되자 1학기 말 때부터 갑자기 학교를 안 가고 "돈 벌어서 엄마 준다"고 하더니 2학기 때 납부금을 학교에 안 내고 장롱 깊숙이 감춰 두었다. 나중에 엄마가 알게 되어 같이 학교 가서 등록금 내자고 했는데 자기가 혼자 학교 간다고 하여 믿고 줬더니 그것 갖고 나가서 들어오지 않았다. 성희는 이 집의 큰딸로 중2 때 아버지가 아파 눕자 말없이 조용하게 집안일을 다하고 아버지 상도 그 아이가 다 치렀다. 중3 때 담임이 불러 "여상이나 야간 외엔 갈 수 없다"고 했는데 상업 학교보다 야간이라도 인문고를 나와야 하다못해 간호 학교라도 갈 것 같아 상명여고 야간부에 보냈는데 소리 없이 가출해서 몇 달 뒤에 돌아왔다. 식당에 나가 월 20만 원씩 받고 야간에 일한다고 했다.

성희는 워낙 얌전한 아이여서 가출이 동네에서 화제가 되었다. 성희 엄마는 성희가 추석에 주인집에서 10만 원 가불해서 가져와 자기는 1만 원 정도 쓰고 나머지는 모두 식구들을 위해 쓰고 갔다고 말했다. "말수가 적고 생각이 깊은 애여서 믿고는 있지만 난감하다"고 하소연했다. 지난번 왔을 때 "자기가 친구 잘못 사귀었다"고 후회하고 갔다. 초등학교 친구들 중에 중학교도 안 가고 손톱을 길러 빨간 매니큐어 바르고 화장 진하게 하고 다니는 애들이 몇 있는데 그걸 보고 공부해 봤자 소용없다고 생각한 것 같다고 했다. 만 열여덟이 되어 주민 등록 한다고 왔기에 딸보고 "네가 정 엄마 돈 벌어 주려고 하면 엄마 곁에 있으면서 다닐 곳이 얼마든지 있다."고 달래고 "엄마가 너 하나 못 심어 주겠냐"고도 했다. 한 달 되면 그만두고 오라고 사정했는데 오지 않았다. 이런 이야기는 딸들이 커 나가면서 이 동네에서 수시로 듣게 되는 이야기였다.

아내를 구타하거나 아이들을 못살게 구는 아빠의 모습 또한 이 동네에서 흔하다. 어느 날은 밤늦게 소방 도로에서 한 남자가 "네 년이 돈 번다고 나를 무시해" 하고 소리치면서 아내로 보이는 여자를 맨발인 채 끌고 가는데 속내의만 입은 어린 아들이 "아빠 왜 그래" 하면서 울며 따라가는 모습도 현장 일지에 잡혔다. 이곳 남자들은 건설 노동을 하는 경우가 많아서 쉰다섯 정도만 되어도 일거리가 없기 때문에 빈둥거리게 되어 부인들의 구박덩어리가 되고 자식들에게도 골칫거리가 된다.

이 동네 아주머니들 중에 남편에 대한 불만을 토로하지 않는 경우는 거의 없다. 돈을 못 벌고 빈둥거리고 술 먹고 주사 부리고 이런 것 때문에 골치를 앓는다. 한 집에서는 부인은 돈을 조금이라도 아끼려고 무 몇 다발 사러 새벽에 가락시장까지 다녀왔는데 아저씨는 술 마시고 대낮까지 누워 있었다. 열아홉짜리 큰딸이 공장 다니면서 돈을 벌어 오는 집인데 딸은 초등학교만 나와 그때부터 공장에 다녔다. 열여덟에야 야간 중학교 1학년에 다니기 시작했다. 이런 식으로 아버지 노릇도 못하고 아내한테 구박받는 남편들의 모습이 일상적이다.

어느 날은 조교가 어떤 집에 갔는데 아줌마가 빨래를 하고 있어서 아저씨 안부를 묻자, "그놈의 인간은 방 안에 처박혀 없으면 다락에 갔을걸"이라고 말해 순간 당황했다는 기록도 있다. 아줌마는 "막내나 어떻게 졸업시켜 여우고결혼시키고 죽으려 했는데 지금 죽고 싶다"고 했다. "내가 죽어야지 끝난다"면서 한숨을 내쉬었다. 딸아이는 안양에 있는 전문대 식품영양학과 다니는데 책 사러 나가고 없었다. 아줌마는 남편한테 얼마나 화가 났는지 "돈도 못 버는 놈이 술이나 처먹으면서 아이에게 책 사라고 준 돈까지 빼앗아 썼다"면서 "오늘도 아침부터 술 처먹고" 연신 속을 뒤집어 놓고 보름째 내내 술타령이라고 했다. 심지어 "남자는 다 예순 전에, 아님 환갑만 쇠고 다 죽어야 된다"면서 "아무것도 하지 않고 빈둥거리기보다 죽어 버리는 게 더 속편할 것"이라고 하소연하기도 했다. 아저씨는 쉰여덟이고 아주머니는 쉰둘인데 딸만 둘인 집이다. 큰딸은 고등학교를 졸업하고 연애해서 스무 살에 애를 낳자 시집보내 버렸다. 아줌마는 빨래를 널러 다닐 때 다리를 질질 끌고 다닐 만큼 허리와 무릎이 안 좋다. 허리는 몇 년 전부터 아프고 다리는 작년에 일 나가다 계단에서 무릎을 꿇은 후로 어찌나 아프던지

참다못해 뼈 맞추는 데 갔는데 무릎뼈가 물렀다고 병원에 가서 치료하라고 했지만 "돈이 있나 지금껏 버텼지"라고 했다. "못 죽어 한이지 약값 대랴 생활비 대랴, 애 등록금 대랴" 너무 힘들다.

따라서 이 동네에서 부부 싸움은 너무나 흔했다. 부부 싸움은 온 동네가 다 아는 흉이기도 하고 참견거리이기도 했다. 어떤 날 현장 일지에는 이 동네에서 흔하게 일어나는 부부 싸움의 정경을 적나라하게 보여 준다.

오전 9시경이 넘었을 때 마당에서 말소리들이 들려왔다. 계속 들어 보니 "어제 누군가가 설희 엄마에게 설희 아빠는 옷도 잘 입고 다닌다더라, 마치 제비족처럼 차려입고 다닌다…" 등을 말했는데, 옆에 있던 선미 엄마도 듣기가 뭐해 대들라고 했다가 참았다고 한다. 이렇게 얘기가 진행되다가, 설희 아빠(한 씨 아저씨)는 옷을 깨끗이 입고 다닌다는 식으로 이야기가 흘러나왔을 때, 선미 엄마가 "그 사람은 그렇게 깨끗하게 하고 다닌다"고 맞장구를 쳤다. 그러자 옆에 있던 선미 아빠가 "뭐가 그러느냐. 나는 깨끗이 하고 다니지 않느냐…" 하면서 "그리 가서 살라"고 언성을 높였다. 선미 엄마가 "뭐요? 나한테 왜 그런 소리 하느냐"고 하자 이때 선미 아빠가 "이게" 하면서 일어나 선미 엄마를 쳤고, 용수 아빠가 바로 말렸지만 비명소리가 났다. 부엌문을 열고 나가서 보니 선미 엄마가 코피를 흘리며 넓은 의자 위로 나동그라졌는데, 코를 부여잡고 몹시 괴로운 듯 소리를 질렀다. 아줌마, 아저씨들이 당황해서 어쩔 줄을 몰라 멍은 옆에 서 있고, 용수 엄마, 이뿐이 엄마가 피를 닦아 준다. 한쪽에 서 있던 선미 아빠가 화가 난 채로 지켜보고 있다가 선미 엄마 머리를 잡고 이마 양쪽을 손가락으로 눌러 지압을 한다. 동네 꼬마들, 아줌마들이 마당 입구로 모여들었다. 열다섯 명 정도는 되어 보였다. 누군가가 "몹시 심해서 안 된다, 병원에 데려가라"고 했고 용수 아빠, 지현 아빠가 잠시 주춤거리다가 용수 아빠가 등에 업고 나

는 옆에 붙어 수건으로 코를 받쳐 들고 사당의원 쪽으로 뛰었다. 바로 뒤따라 지현이 아빠가 따라오고 동네 꼬마 대여섯 명이 뒤따라 달려온다. 길 가는 사람마다 놀라는 표정으로 바라보았다. 300미터쯤 떨어진 사당의원에 도착해서 바로 원장 진찰실로 들어갔다. 십 분 정도 치료 후 피가 멈췄지만 얼굴이 몹시 부어올랐다. 엑스레이를 찍어 보았는데, 코뼈가 약간 금이 갔고 일부가 어긋났다고 한다. 치료 후 침대에 누워 링거를 맞고 있었다. 집으로 전화 연락을 해 용수 엄마가 전화를 받았고, 곧 선미 아빠가 옷가지를 들고 찾아왔다.

홍경선, 1986.8.9

○○○○○ 동네의 철거

이 지역의 형성은 상품화되지 않은 토지, 즉 서울시 소유의 땅이 있었기 때문에 가능했으며 지역 해체 뒤에는 이러한 공유지의 불하가 있다. 즉 토지의 비자본주의적 이용 방식에서 자본주의적 이용 방식으로의 전환이 바로 불량 주거지가 해소되는 방식인 동시에 도시빈민의 불량 주거지 퇴출 방식이기도 하다. 조사 지역인 사당 4구역 제2공구에는 1986년 7월 조사 시작 당시 1,100여 가구가 거주하고 있었으며 1987년 3월 자진 철거가 시작될 때까지 이러한 수준을 유지했다. 그러나 자진 철거만으로는 이주가 빠르게 진행되지는 않았다. 몇 차례 강제 철거가 들어오고 가옥주들한테 아파트 분양권이 지급되고 세입자들한테 아파트 방 한 칸에 들어갈 수 있는 '딱지'가 지급되면서 이주에 속도가 붙기 시작했다.

철거 초기에 비교적 빠르게 이주가 진전된 것은 오래전에 외지인에 넘어간 가옥들에 살던 세입자들이 움직였기 때문이다. 이곳에 가옥을 사 놓은 외지인들은 철거가 빨리 되어야 아파트가 조속히 들어설 것이라는 기대 때문에 세입자들에게 빠른 이주를 요구했다. 세입자들 중에는 전세금이나 월세 보증금을 되돌려 받은 것을 다행으로 생각하고 빠르게 이곳을 떠난 경우들도 있다. 그러나 이 지역의 전세금이나 월세 보증금을 받아서 방을 얻어 이주할 수 있는 지역이 거의 없다는 사실을 안 세입자들이 가옥주에게만 보상을 해 줄 것이 아니라 세입자들에게도 이주 대책을 세워 달라고 요구하기 시작했다. 이주 가구가 줄어들고 철거 가옥의 수가 줄어들자 재개발추진위원회에서 어쩔 수 없이 세입자에 대한 이주 대책으로 아파트 방한 칸 분양권이나 2개월 생활비를 지급하도록 했다.

세입자들은 이에 만족하지 않고 세입자대책위원회'세대위'로 줄임를 조직하여 좀 더 근본적인 대책을 요구했다. 이때부터 가옥주에게 지급되는 아파트 입주권과 세입자에게 지급되는 방 한 칸 분양권에 프리미엄이 붙어 가격이 오르면서 전매가 활발해졌다. 가격이 내리기 전에 집을 팔려는 가옥주들이 늘어나면서 부동산 붐이 조성되었다. 부동산 붐이 피크였던 1987년 10월부터 12월까지 총 283가구가 이 시기에 전출해 나감으로써 철거가 약 70% 이상 이루어졌다. 1988년 1월과 2월까지 남은 세입자 중에는 빨리 이주할 이유가 없기 때문에 관망하겠다는 입장을 취하는 수가 늘어났다. 이주 대책이 막막한 가구들만 남기도 했지만 세입자 운동이 더 활발해진 데도 그 원인이 있었다. 강제 철거는 더 강력하게 진행되었다. 백골단이라 불리는 강제 철거반이 들이닥쳤다. 철거가 어느 정도 진행된 1988년 11월에 폭력적 강제 철거가 또 한 차례 있었으며 1989년 5월과 6월에도 물리적 강제 철거가 들어오자 더는 버티기 힘들어 많은 잔존 가구들이 짐을 쌌다.

재개발을 빠르게 진행하기 위해서는 가옥 철거가 최우선 과제다. 사당동의 경우 시장 기제와 공권력에 의한 강제 철거를 적절하게 활용했다. 부동산 가격의 등락과 부침은 시장 기제를 통한 철거 방안이다. 이 지역 부동산 가격의 부침을 살펴보면 크게 두 가지 요인이 작용하는데 하나는 외부 부동산 경기 시세이며 다른 하나는 내부의 소문이었다. 이러한 소문은 곧 부동산 중개업자들에 의해 효과를 발휘했다. 내부의 중요한 소문은 시공사 측에서 흘러나오는 소문, 재개발추진위원회에서 흘러나오는 소문 등인데 언제 아파트가 들어설 것이라든가 평수가 어떻다든가 분양 조건이 어떻다든가 하는 것에서부터 언제 강제 철거가 시작될 것이라든가, 또는 곧 전기를 끊는다든가 수도를 끊을 것이라는 소문에 이르기까지 매우 다양했다. 이런 소문이 돌 때마다 부동산 가격은 오르거나 떨어지며 매매는 활발해졌다. 지역 주민의 입장에서 보면 이는 시장 원리에 따라 진행되는 재개발 사업의 피해에 지역 주민들이 소극적으로나마 대응하는 일종의 합리화 전략 또는 방편이라고 볼 수 있다. 참여 조합이나 재개발추진위원회 측에서 보면 철거를 유도하는 방책이었고 부동산업자 측에서 보면 매매를 활성화하는 기회였다. 철거가 시작되면서 동네 분위기는 점차 흉흉해졌고 철거 반대 시위도 잦아졌다. 이에 대한 의견도 이해관계에 따라 달랐다. 당시 철거 재개발로 학위 논문 주제를 잡았던 조교는 특히 이 과정을 세밀하게 현장 일지에 기록해 놓았다.

며칠 전 주인집 할아버지가 용수 아버지에게 와서 4월 말까지 방을 비워 줄 것을 요구했다. 지난 번 조사자가 있을 방 한 개를 빼 주면서 보증금으로 준 돈이 조합 사무실에 4월 말까지 철거하겠다고 약속하면서 빌려 온 돈이었다는 것을 다시 강조하면서, 직접 세입자들에게도 말을 하지 못하고 용수 아버지에게만 전하고 갔다. 낮에 사람들이 모여 있을 때 용수 아버지가 이 말을 전하자, 몇몇 사람들은 다소 걱정스러운 눈치를 보였으며, 뿐이 엄마나 2층 광주 아줌마처럼 동네 소식을 잘 아는 사람들은 진입로가 해결이 안 되어서 아직 철거는 멀었다, 88년 이후에나 된다 등 떠도는 말을 전하면서 철거가

곧바로 시작이 되지 않을 것이라고 한다. 몇 년 전 저 안쪽 동네에도 빨간 종이(계고장행정상의 의무 이행을 재촉하는 내용을 담은 문서라 유사)가 날아와 철거할 것처럼 했지만 결국 철거가 되지 않았다며 철거가 쉽게 되지 않는다고 한다.

은영 엄마는 수원에 사는 친척이 형수가 넓어 한쪽에 방을 들여놓는다고 하는데, 내려와서 날자고 했다는 말을 하면서 여차하면 그쪽으로 옮긴다고 한다. 선미 엄마는 다른 곳에서 철거하면 20만 원 정도 보상을 해 주는데, 최소한 보상을 받고 나가지 그렇지 않으면 곧 조집요하고 고약한성질가 나서 더 못 나갈 것이라고 한다. 또한 선미 아줌마와 같은 교회를 나가는 뒷 골목 동철이 엄마는 집주인이 "방을 내놓으라"고 하는데, 걱정이 된다고 하면서 막상 다른 데(가격이 맞는 곳)를 알아볼 곳이 없다고 한다.

지현이 엄마는 얼마 더 보태어서 경문고등학교 뒤에 있는 연립 주택으로 전세를 장만해 갈 계획이지만 사정이 여의치 않다고 한다. 홍경선, 1986.3.28

철거 재개발 과정에서 세입자 이주 대책을 놓고 갈등이 심해지면서 정치인들이 다녀가기도 했다. 야당 대통령 후보자들이 세입자 측의 초대에 따라 잇따른 방문을 했으며 이때 세입자 측은 현수막 외에 '철거 투쟁'이 쓰인 머리띠를 두르고 참여했다. 현장 일지는 더 세세하게 당시의 분위기를 보여 준다. "세입자 측에서 민통련을 통해 김대중 씨의 방문을 추진했으며 8절지 크기에 홍보 내용을 300여 장 써서" 동네에다 붙였으며 "김대중 씨는 4시에 공터로 오겠다는 말과 달리 4시 30분에 시장 입구에 당도해 5시가 넘어 공터에 도착했고 '민주당 동작구 환영' 현수막이 걸리고 세입자 측 여자들이 철거 투쟁 등의 머리띠를 두르고 맞았다"는 기록이 있다. 동원된 김대중 씨 계보 7,8명과 세입자 총무는 손가락으로 브이 자를 그려 보이고 다른 세입자는 마이크에 계속 김 씨 이름을 외쳤다. 조교가 세 든 같은 집 세입자인 선미 엄마 말로는 그들이 거의 전라도 사람들이라고 했다. 김대

중 씨는 부자만 잘사는 철거는 있을 수 없으며 그런 정부는 있어서는 안 된다고 얘기하자 주민들이 호응했다. 그 외 임대 주택/기본금 없이 한달 3,4만 원 주고 살 수 있는 아파트 입주 방식과 의료 보험 문제 등 구체적 문제를 얘기하고 약 20분 후 떠났다. 선미 엄마 말에 의하면 지난번 김영삼 씨가 같은 장소에 왔는데 홍보도 안 됐을 뿐더러 몇 분 얘기도 안 하고 잠깐 스쳐 갔다고 했다.* 공터에는 약 150여 명이 모였고 선미 엄마는 머리띠를 두르고 참여했으며 동사무소, 사무장 직원, 추진회 총무, 파출소 직원들의 모습도 보였다. 주최 측인 세입자 모임에서는 구호 및 개사 노래를 계속 불렀다.**

동네 주민 간에 출신 지역에 따른 차이도 나타났다. 전라도가 고향인 한 아줌마는 두 집에서 파출부 일을 하는데 공교롭게도 한 집은 노태우, 다른 한 집은 김대중을 지지하는 집이라며 "노태우 지지하는 집은 무슨 종이들을 잔뜩 가지고 온다"고 하면서 "지난번 국회의원 선거 때는 (자기한테는) 투표용지도 나오지 않았었다. 처음에는 자신만 그런 줄 알았는데 장사 다니면서 보니 한둘이 아니었다. 분명 그것은 동사무소에서 자신들을 제쳐

---

* 이때까지 DJ라는 호칭은 등장하지 않은 듯하다. 주민들은 김대중 씨라 칭했다. YS의 경우도 마찬가지로 김영삼 씨로 불렸다. DJ, YS라는 호칭이 등장한 것은 1988년부터다.
** 개사 노래1.
[1절] 부자들 잠들었을 때 우리는 깨어/ 사당동 빈민 형제 울부짖던 날/ 손가락 깨물며 맹세하면서/ 진리를 외치는 빈민들 있다
[2절] 밝은 태양 솟아오르는 우리 새 역사/ 삼천리 방방곡곡 빈민의 깃발이여/ 찬란한 승리의 그날이 오길/ 춤추며 싸우는 빈민들 있다
개사 노래 2.
[1절] 빈민들 모여서 함께 나가자/ 투쟁의 정기가 우리에게 있다/ 무엇이 두려우랴 출정하여라/ 영원한 빈민의 행진을 위해/ 나가 나가 탄압을 뚫고/ 출정가를 힘차게 힘차게 부르세
[2절] 투쟁의 깃발이 높이 솟았다/ 투쟁의 정기가 우리에게 있다/ 무엇이 두려우랴 출정하여라/ 억눌린 빈민의 해방을 위해/ 나가 나가 목숨을 걸고/ 출정가를 힘차게 힘차게 부르세

두고 대리했을 것"이라고 흥분하기도 했다. "이번에는 만약 (투표용지) 안 나오면 쫓아가 따질 것"이라고도 했다. 이 아주머니는 "김대중을 찍을 것"이라며 비밀이란 듯이 "누가 뭐라고 해도 안 듣겠다"고 얘기하기도 했다.

철거가 시작되면서 동네가 삭막해졌고 특히 동네를 놀이터로 삼아 놀던 아이들한테는 동네 곳곳이 점점 위험한 놀이터가 되어 가고 있었다. 동네에 하나밖에 없는 보육 시설 '샛별탁아소'에 아이를 맡긴 엄마들은 날이 갈수록 위험해지는 상황에 불안과 불만을 토로하기도 했다. 심지어 동네 모양이 바뀌어 아이들이 집을 못 찾아오기도 한다고 했다.

> 재개발 한 뒤로부터는 애들도 많이 다치구요. 못에 찔려 갖구 오구요. 그리고 애들이 조금 나가면 집을 못 찾아요. 길이 없기 때문에… 집을 못 찾아요. 울다가 주위에서 이 애 누구 집 애냐고 데리고 와요. 그런 경우도 많구요. 사실 집에 사람이 없으니까 탁아소에 애 맡겨 놓고 파출부로 다니는 거잖아요. 돌 가지고 놀다가 다치기도 하고. 친구도 없구요. 외로워서… 주위에서 이사 가고 그러니까 외롭고…

그뿐만 아니라 특히 여성들에게는 밤길이 점점 무서운 동네가 되었다. 우리 조교들도 다칠 뻔한 일이 자주 생겼다. 연구 팀의 철수를 고려해야 할 지점이었다. 조교가 집 앞에 서 있을 때 주먹만 한 콘크리트 한 개와 부스러기 몇 개가 문 옆 연탄광 쪽으로 떨어져 놀랐는데 그 자리에 이웃집 은영 아빠, 선미 엄마, 용수 엄마까지 함께 있었고 은영 아빠가 "콘크리트가 썩어 그렇다"고 했다. 이런 일이 빈번해지면서 이사를 서두는 사례들도 부쩍 늘었다. 스웨터 부업 아줌마네는 새벽잠을 자다가, 윗집 공씨네 집의 축대가 무너지면서 흙이 넘어왔는데 건넌방의 냉장고가 넘어오는 것을 잠자다가 깬 딸이 급히 일어나 받쳤다. 그 바람에 큰 사고는 없었지만 그 딸이 다리에 약간의 타박상을 입었다. 꽝 하는 소리에 놀라 일어난 스웨터 아줌마, 아저씨가 집이 더 무너져 내릴 것을 걱정하며 새벽 굵은 빗줄기 속에서 이삿짐을 나르는 이런 일들이 동네 이곳저곳에서 일어났다. 스웨터 아줌마는 봉천동 초등학교 앞에 얻어 놓은 오락실로 급한 대로 짐을 옮겼고 남은 짐은 친척 집으로 옮겼다. 보름쯤 뒤에 집을 얻어 이사하려 했으나, 윗집이 무너져 내리는 바람에 이사 날짜를 앞당긴 것이다.

일자리도 형편없이 줄어들어 특히 부업하던 아주머니들이 부업거리가 없어 탁아소에 아이를 맡기고 파출부로 나가기 시작했다. "여자가 뭐 못 배우고 기술 없으면 그것밖에 더 있냐"고 했다. 어떤 이들은 길거리에서 광고지 돌리는 일에 나서기도 했다. 또한 주거 조건은 더는 살 수 없는 정도로 험악해져 갔다. 수돗물도 한 해 전까지만 해도 잘 나왔는데 물도 잘 안 나오게 되었고 집주인들은 그런 것에 신경도 안 쓰게 되었다. "이제 재개발 지역이니까. 그리고 돈 벌었으니까 이사 가면 되잖아요" 그런 식으로 말하면서 비가 새도 고쳐 줄 생각도 안 했다. 여자들은 "저녁에 깜깜해서 무서워서 못 올라 다니겠어요. 꼭대기거든요. 10시 쯤 넘으면 무서워요. 빈집 같은 집이 많잖아요. 젊은 애들이나 불량배들, 이런 아이들이 거기에 숨어 있다가… 식당 일 하는 아주머니 같은 경우는 새벽에 오거나 밤늦게 오는 경우가 많거든요. 그런 분들한테 이렇게 달려들고 심지어는 다 벗어 버리고 막 보이면서 달려오고 그런 일까지 벌어졌다"고 하소연을 하기도 했다.

금선 할머니 가족은 거의 유령 동네가 된 시점까지 버틴 마지막 몇 가족 중 하나였다. 할머니는 철거 과정 마지막 단계에 돈을 약간 만들 수 있었다. 2차 강제 철거까지 남아 있다가 세입자 분양권을 570만 원에 팔았다. 이 중 10만 원을 부동산에 소개비로 내고 115만 원으로 옛날의 철거 경험을 살려 교대역 근처에 주인이 여럿 있는 사유지의 무허가 주택을 구입하여 보증금 50만 원에 월 5만 원씩을 받고 세를 주었다. 땅 소유주가 7명이나 되지만 철거 때 보상금을 좀 받을 수 있지 않을까 생각하고 또 월세를 받을 수 있어 최악의 경우 115만 원을 버릴 셈으로 크게 마음먹고 투기를 한 것이다. 남은 돈으로 사당동 가까운 사유지에 사당동 살 때와 비슷한 조건의 방을 보증금 400만 원을 내고 월세 3만 5,000원에 얻어 이주했다. 임대 아파트 입주는 1991년 초인데 1989년 12월부터 더 버틸 수 없게 철거가 진행되었기 때문에 할머니 가족은 임시로 거처를 마련할 수밖에 없었다. 임대 아파트로 이주할 때까지 수일 아저씨는 계속 사당동 로터리에 나와 일용직을 구했다. 당시 일당이 5~6만 원으로 1986년 조사 시작 때에 비해 3배 이상 높아졌지만 방값과 물가 등이 올라 생활은 크게 나아진 것이 없었다. 그때까지만 해도 사당동 로터리에는 일용 노동자들이 모였고 그 수가 100명 수준으로 규모가 크게 줄었다. 대신 전문 용역 업체가 생겨 전화로 일을 알선해 주고 한 건당 5,000원씩 수수료를 받았다.

사당동에 살던 주민의 거의 대부분은 동작구 내 인근 지역과 관악구, 강남구 등 멀지 않은 지역으로 이사했다. 당시 현장 조교는 동사무소의 협조를 얻어 전출지 주소를 일일이 손으로 써서 확인했다. 행정 구역상으로 보면 전체 이주 가구 734가구 중 55%에 해당하는 338가구가 동작구 내로 옮겼는데 이들 대부분은 사당동 내 인근 사유지로 옮긴 경우다. 그 다음으로 85가구가 관악구로 옮겼으며 60가구가 강남구로 옮기는 등 약 80%가 인근 3개 행정 구역에 몰렸다. 강남구로 옮긴 가구는 포이동, 양재동, 서초동, 세곡동 비닐하우스로 옮긴 경우가 대부분이었다. 당시에는 서초동에도 꽃동네 비닐하우스가 많았고 비닐하우스 한 채 전세 가격이 180~200만 원이어서 사당동 철거민의 주요 이주지가 되었다. 안양, 시흥 등 서울 근처 위성 도시로 빠져나간 경우도 상당했다. 그 외 지방 도시나 농촌으로 이주한 경우도 각각 20여 가구 남짓했다.

한편 다시 재개발 지역으로 이주한 경우는 관내 이동 67가구와 인근 다른 재개발 지역 18가구 등인데 거주민의 약 12%가 다시 재개발 예정지로 옮긴 셈이다. 실제로는 이보다 더 높을 가능성도 많다. 동사무소 자료에 나타난 주소만으로는 사유지인지 재개발 지역인지 불분명한 경우가 많기 때문이다.

사당동 사람들: 인생의 조건

사당동에서 만난 사람들은 조금만 친해지면 비교적 쉽게 자기가 살아온 이야기를 털어놓는 편이었다. 생애사를 채록하면서 구술사 방법론에서 포화점을 이해하게 되었다.* 이곳에 사는 사람들의 생애사를 몇 사례 듣다 보면 어디서 들은 적이 있는 이야기를 되풀이해 듣는 듯한 포화점에 이르고는 했다. 그들의 생애사와 현장 일지에서 읽은 일상을 재구성해 이들의 집합적 초상화를 그려 보기로 했다. 왜 그토록 자주 직장을 바꾸는지, 어떻게 이혼하게 되는지, 또는 사회 이동의 출구는 무엇인지, 여성 가구주의 삶은 어떤지 그리고 가난하고 단란한 가족의 삶의 조건을 이해할 수 있는 사례들을 골라냈다. 특별하게 사회 이동을 꿈꾸는 집도 골랐다.

○ **해방촌 손녀: "맨날 똑같아요"**

뿐이네는 사당동에 산 지 19년째였고 뿐이 어머니는 청소부로 일하면서

....

* 포화점(point of saturation)이란 질적 연구에서 수집되는 자료의 내용이 반복되어 자료를 더 추가할 필요가 없을 만큼 수집된 자료에 대한 해석이 확정되는 시점을 말한다.

가계를 꾸리는 여성 가구주였다. 아버지는 4년 전 병으로 세상을 떴다. 뿐이는 이 집의 막내로 얼굴이 예쁘장해서인지 동네에서 이뿐이라고 불렀는데 나중에는 뿐이로 줄여 불렀다. 뿐이 언니는 요꼬 공장에 다니고 있었다. 그 밑의 큰오빠는 군대 갔고 작은오빠는 주물 공장에 다니고, 뿐이는 중학교 2학년이었다. 뿐이 언니는 당시 스물세 살이었다. 이 가구는 사당동에서 "딸들이 밤늦게 일하고 집에 올 때 무서워서" 끝까지 버티지 못하고 1차 철거 뒤 세입자 딱지를 600만 원에 팔아 인근 시유지에 사당동과 비슷한 조건의 방을 전세 700만 원에 얻어 나갔다. 그러나 1년 뒤에 전세금을 900만 원으로 올려 달라고 해서 아들 딸들이 모아 둔 저축을 모두 털어 겨우 전세금을 맞췄다. 방 한 칸의 전셋값은 사당동 때와는 비교가 안 될 만큼 비싸지만 실제로 주거 환경이나 생활 조건은 나아진 것이 없었고 이주한 곳에서도 방 한 칸에 식구 다섯 명이 함께 살았다. 아버지가 안 계셔서 단칸방에 온 식구가 사는 데 불편함이 덜했다. 뿐이 아버지는 돈을 좀 벌어 보려고 중동 건설 노동자로 두 번 다녀왔지만 큰돈을 못 모았고 건강이 나빠져 몇 년 만에 세상을 떴다.

뿐이 언니의 생애사 인터뷰는 사당동 철거가 막바지에 이른 때 하게 되었다. 사당동 오기 전에도 철거를 경험했다면서 그전의 거주지였던 해방촌에 살던 때부터 이야기를 시작했다. 그리고 끊임없이 직장을 옮긴 이야기를 했다. 사당동에 살던 스물세 살짜리의 생애사는 철거 이주와 끝없는 직장 이동, 이 두 가지로 집약되었다.

출생은 용산구 용산동 해방촌 있는 데서 했어요. 해방촌은 우리 할아버지와 외할머니네 동네인데 그분들은 지금도 거기서 사세요. 내가 국민학교 때부터 여기서 다녔으니까 나 어렸을 때 사당동 왔을 거예요. 약 19년 전쯤에 해방촌에서 인천 갔다가 사당동 와서 쭉 살았어요. 저쪽에 산 12번지 3통 5반. 아 그러니까 용산동에서 인천으로 갔다가 아빠가 동두천. 그러니까 미군 부대 다녔죠. 그런데 싸우고 나왔어요. 아버님 돌아가신 게 팔십…오년 아니 팔십사년 5월 달. 그전에 아버지가 외국에 많이 갔는데 1년씩 두 번 해외 취업 나갔어요. 국민학교 1학년 때와 2학년 때. 한 번은 1년 만에 오셨고 한 번은 1년 6개월인가. 아버지가 두 번째 외국 갔다 오고 나서 그냥 지방에도 내려가 일하기도 하고….

사당동 내에서만 네 번인가 다섯 번 이사했다. 이사하는 계기는 거의 똑같았다. 계약 기간이 되면 방세를 올려 달라고 하고 타협하다 안 되면 이사했다. 철거하기 전에는 그렇게 많이 이사 다닌 편은 아니었고 사당동 안에서 윗동네가 먼저 철거되어 그때 아랫동네로 이사했다. 뿐이 언니는 비교적 자세하게 사당동의 학교생활에서 직장 생활에 이르기까지 당시의 상황을 구술해 주었다. 봉제업에서 일한다는 것의 실상과 이들 계층의 일터의 조건을 눈에 선하게 보이듯이 이야기했다.

처음 남성국민학교를 다니다가 4학년 때 방배(국민학교)로 갔어요. 4학년 때 3부제까지 했었죠. 사람이 너무 많아서 학교 새로 지어 가지고 18반까지 아니 이십 몇 반까지 있었을 거예요. 그래서 수업을 하루에 두세 시간 밖에 안 했었어요. 오래 돼서 기억이 잘 안나요. 중학교는 세화여중을 열일곱에 졸업했어요. 81년도 그러니까 열일곱 살 봄에 졸업을 했고… 봉제 쪽 잠바 만드는 데서 일했는데 직원이 30, 40명 정도 됐어요. 중부시장 안인데 의류는 없고 건어물 상회인데 지하에 봉제 공장이 있었어요. 재봉틀 같은 게 한 20대 정도 있었고, 거기서 4년 정도 기술 좀 배웠어요. 처음에 월 6만 5,000원 받았는데 월급은 자기네가 올려 주고 싶을 때 한 번씩 올려 줘요. 거기서 나올 때 월 15만 원 받았나. 의료 보험 같은 건 없었고 개인 회사예요. 하청은 아니고 완제품이에요. 백화점 같은 데서 주문해 오면 만들고 그랬어요. 그쪽에서 만든 게 아니고 완전히 다 우리한테 맡기는 거예요. 상표는 제일모직이나 삼성물산 그런 데 걸로 나가죠. 기술을 다 배워 가지고 정식 기술자 대우 받았어요. 거기서 2년 만에 사촌언니 소개로 언니가 다니고 있는 (그 언니도 그때 사당동에 살았어요. 우리 아버지 쪽 친척들 다 사당동에 살았어요) 데로 옮겼다가 관뒀어요. 일이 쫌 힘들었거든요. 아침 8시 반에 시작해서 집에서 일찍 나가야 되고. 여기서 거기 가려면 시간이 많이 걸렸어요. 차가 밀려서 맨날 지각했어요. 매일 그렇게 나가면 저녁에 아주 늦어져요. 거기는 야간을 맨날 (강하게) 하거든요. 저녁 9시 반까지도 일해요. 더 바쁠 때는 철야도 하죠. 그때 저는 보조를 했거든요. 미싱 두 대 놓고 하면 오야가 있고 보조가 있어서 그 오야가 돈은 주는 거예요. 보조가 잘해 주면 매수가 그만큼 더 나오면 월급을 더 받으니까… 그 공장에서는 월급을 오야한테 나가는 수량만큼 줘요. 월급제가 아니고 오야 마음이에요. 오야가 싫어서 나왔는데 이 일이 굉장히 까다롭기 때문에 조금 있었으면 저도 오야 됐죠. 근데 그걸 못 참고 나와서 그렇지… 아동복 하는 데 조금 하다가 김민재로 갔어요. 거기는 진짜 하청이에요. 미싱 몇 대만 놓고 하는데 거기서 하다가 두 달인가. 그리구서 쪼끔밖에 안 했어요. 김민재 거기도 망했구요.

뿐이 언니가 김민재로 옮긴 때는 하필 의류업계가 불황으로 쓰러지던 때였다. 의류업계에서 꽤 이름 있던 김민재 아동복도 자금난으로 부도설이 끊임없이 나돌았다.[*] 그래서 할 수 없이 친척이 하던 작은 전기용품 납품업체에 취직했다.

트랜스 어댑터 같은 데 들어가는 거 대충 만들어서 넘기는 데였죠. 사장이 돈 회전하는데 조금 쪼달렸어요. 사장님은 어디 가서 주문받아 오고. 그런데 돈이 안 나와서 그만뒀어요. 두 달치나 못 받고 나왔어요. 친척인데도 안 주더라구요. 망하지는 않

---

[*] 실제로 김민제 아동복이 최종 부도 처리된 것은 1997년 IFM 때다.

았는데 돈이 잘 안 들어오고 그래서 다 나왔죠. 그 뒤 한 번 가보니까 사람도 두세 명밖에 없더라구요. 그러고 나서 작년 재작년 일했던 봉제 공장도 그저 그랬죠. 거기도 열댓 명 정도 있었어요. 미싱이 일곱 대 있었구요. (월) 8만 5,000원 받았나 그랬죠. 아침 8시 반에 시작이에요. 그래 갖고 저녁 8시 반까지 때로 잔업 같은 것도 했어요. 어떤 때는 새벽 2시까지요. 그 다음 날 아침부터 출근해야 되고… 거기서도 한 6개월 정도 하다가 망해 가지고. 다락방 요만큼 있는데 미싱 일곱 대 놓고. 월급은 제때 제때 나오다가 어느 날부터 안 줬죠. 망한 거죠. 봉제 공장은 다 비슷한 것 같아요. 자기네도 하청받아서 하는데 돈 안 나오면… 그냥 개인 집 이런 집 같은 거에다 미싱 몇 대만 놓고 하는 데라 월급이 조금이죠. 동네 친구 소개로 갔는데 근무 시간은 아침 8시에서 저녁 8시예요. 이런 봉제 계통은 대우가 그저 그래요. 15만 원보다는 더 나을 것 같아서 나왔는데 어떤 계기가 있었어요. 관리하는 사람이 그걸 팔았다고 그랬어요. 자기도 하청받아서 하는데 사장이라면 사장인데 다른 사람한테 인수시켜서 그냥 나왔죠. 힘들다고 쉰다고 그랬어요. 그리구선 저쪽에서 또 오라 그래서 그리로 다시 갔나? ㅎㅎㅎ (웃음) 옛날에 중부시장에서 하던 데서 오라 그래서. 처음에는 아프다고 쫌 쉰다 그러구 나왔다가 다시 갔다가 얼마 안 있다 다시 또 나왔죠. 그냥 쫌 편하게 살고 싶어서 거기 관두고 간 곳이 에덴물산이에요. 그런데 말로만 주식회사였어요. 거기 있는 친구가 오라 그래서 간 거예요. 근데 그냥 미싱 했어요. 작업 시간이 9시에서 7시라서 편했어요. 18만 원 받았는데 거기가 제일 많이 받았어요. 기술자는 세 명 그리고 실밥 따는 사람 있고 다리미질 하는 사람이 두 명인데요. 한 사람은 과장님이 하거든요. 그러다가 여기 삼화단지 있는데. 89번 버스 다니는 남산 앞에 있는 봉제 공장으로 옮겨 지금은….

뿐이 언니뿐 아니라 남동생 또한 비슷한 업종에서 비슷한 경험을 한다. 일터 옮기는 일은 이들의 자의적 선택처럼 보이지만 자의처럼 보일 뿐 타의일 때가 더 많다. 이들의 직장은 거의 영세 업체들이어서 수시로 주인이 바뀌거나 부도가 나서 문을 닫는다. 또한 어차피 오래가지 못할 직장이기 때문에 월급이 조금이라도 많거나 노동 조건이 좋은 곳이 나오면 주저 없이 옮긴다.

지금 우리 가족 수입은 남동생이랑 나랑 둘밖에 안 벌잖아요. 큰 남동생은 나염하는 데서 일했어요. 선린상고 나오면 사무직으로 많이 가잖아요. 근데 사무직 못 가고 찔끔찔끔 놀다가 거기 나염하는 데 조금 다니다가 말다가 그랬어요. 나염하는 데 그렇게 오래는 안 있었어요. 큰 공장은 아니구요. 그냥 사장하고, 동생하고 이렇게 한 4명 정도. 5명도 안 되었을 거예요. 남대문에 있었어요. 졸업하고 나서 거기 한 군데 다니다 군대 갔어요. 작은 남동생은 재작년에 학교 졸업하고 정릉에 있는 전자 공장에 갔어요. 사람은 10명 정도 됐고 공장은 지하실에 있어요. 맨처음 월급 4만 5,000원 받았고, 9시에 시작해 가지고 6시인가까지. 큰엄마 소개로 갔어요. 큰엄마의 언니의 아들이 거기 사장이에요. 그 사람도 잘사는 건 아닌 것 같아요. 차도 없거든요. 거기서 어댑터 같은 거, 쪼끄만 트랜스 만들어요. 그런 거 만드는 데 10명이면 충분해요. 여유 자금이 없어서 우리가 대충 만들어서 다른 데 넘기죠. 하청이라 바로 팔지는 않고. 사장님은 일 안 하고, 어디 가서 주문받아 오고 거기서 6개월 정도 있었어요. 사장도 맨날 쪼달려요. 그러고 나서 간 데가 천막사예요. 86년 7월에 들어갔죠. 그전까진 몇 날 동안 쉬지도 않았어요. 막내 작은아버지가 말해 준 건데 거긴 한 8개월 정도. 거기두 열댓 명 정도 일하는 데예요. 우리 작은아버지가 기술 배우라 그래서 그리로 간 거죠. 주조도 하고 선반도 하고 그래요. 동, 신주, 알미늄 그런 거 짜는 거예요. 고철 녹여 가지고 틀에 넣어 만드는데 우리가 직접 우리 꺼 만드는 것도 있고, 다른 데서 덩어리를 만들어서 우리 공장에 갖고 오는 것도 있어요. 지금 거기 다닌 지 한 6개월 됐어요. 월 13만 원 받아요. 첨엔 11만 원 받았구요. 보너스가 1년에 한 네 번 정도 나와요.

이렇게 벌어서 이들 가족은 뿐이의 중학교 학비를 대고 네 식구가 먹고 살았다.

○○ 건설 십장 - 파출부 부부: 끝내 이혼

"에이 쪼금만 들어 갖고 되는 것이 아니여, 내가 살았던 것을 얘기할라고 하면은 한정 없어"라는 말로 경훈이 아빠 김 씨는 이야기를 시작했다. 경훈 아빠의 가족사와 생애사를 듣는 데 두 시간이 넘게 걸렸다. 그때 김 씨 나이 서른넷이었다. 김 씨는 이 지역에서는 학력이 높은 고졸 출신으로 공장 노동자의 경험이 있으며 장사도 해 봤지만 실패하고 현장 연구 당시 일용 건설 노동자로 일하다가 계산 능력이 있어 작은 공사도 맡아 하는 십장 생활을 하고 있었다. 그러나 십장 하면서 빚만 더 생겨 생활은 파출부와 가내 부업을 하는 부인에 의존하고 있었다. 때로는 부인이 파출부 해서 번 돈으로 남편이 진 빚의 이자를 갚아야 했다. 김 씨는 누나 다섯에 남동생 하나 모두 일곱 남매의 장남이었고 장남이지만 위로 누나가 다섯이어서 실제로는 일곱 남매의 끝에서 두 번째였다. 고향에서는 먹고살 만한 집이었지만 부모님 연세가 많아 고등학교 때 부모님을 모두 여의고 대학에 갈 꿈도 못 꿨다.

김 씨는 결혼 전 부산 동명목재 공장을 다녔다. 결혼하면서 생활이 안 되어 공원을 그만두고 영세 자영업의 종업원 생활을 했으며 그때 모은 돈을 가지고 농수산물을 중개하는 장사를 시작했다. 그러나 자본과 경험 부족으로 기존 중개 상인과 경쟁이 안 되었고 산지에서 떼어 온 물건이 제값을 받지 못하는 바람에 몇 개월 안 가서 망했다. 서울에 있는 사촌형에게 관공서 경비직을 부탁하려고 올라왔으며 이때 사당동에 정착했다. 부산에서 장사하면서 방세까지 까먹었기 때문에 월세방을 얻었다.

기대한 취직이 여의치 않자 젊었을 때 취득한 중장비 운전 기술로 중동에 나가려고 했다. 서울의 여러 건설 회사를 돌아다니며 일고여덟 군데나 알아보았으나 초봉이 지나치게 적다는 것을 알고 외국 나가는 것을 포기했다. 그 이후 동네 밑에 있는 남성시장에서 야채 행상을 했지만 손해만 나서 일주일 만에 그만두었다. 이 때문에 리어카 구입 비용, 물건 대금 등 20만 원을 없앴다. 장사에 실패한 후 뚜렷한 직업도 없이 집에서 쉬고 있을 때 먼저 올라와 있던 사촌동생이 사당동을 중심으로 형성된 건설 노동, '공구리 콘크리트' 팀에 나가고 있어 그 동생의 소개로 공구리 팀의 고정 일꾼으로 들어가서 3년 동안 일했다. 처음 해 보는 건설 노동에다 팀 내의 인간관계도 잘 안 되어 일이 많지 않았다. 여기에다 겨울에는 일이 줄어 되풀이되는 계절적 실업으로 간신히 생계를 꾸려 나갔다. 친척들과 같이 있으려고 구입한 방 두 칸의 월세 내기도 힘들어 방 한 칸으로 옮겼다. 보증금도 100만 원에서 50만 원으로 줄였다. 1986년부터는 그동안 노동 일을 하면서 터득한 기능과 인간관계를 기반으로 집수리와 증축을 전문으로 하는 십장 생활에 들어갔다. 처음에는 돈이 모이는 듯했는데 후반기에 맡은 공사에서 낮은 공사비 책정과 현장에서 인부가 다쳐 뒷바라지하느라 몇 개월 동안 번 돈도 까먹고 재료비, 일꾼 일당 등 600만 원 정도를 빚지게 되었다. 주로 섀시, 보일러, 페인트, 건재상 등에 진 빚이었다.

김 씨는 자기 집이 시골에서 꽤 살 만한 집이었다는 것을 강조하며 자기 자식이 자기 같은 노동자 되는 것은 어떻게든 막겠다고 했다. 김 씨는 아들 용수가 공부보다는 야구 선수가 되는 것이 가장 빨리 잘살게 되는 일일 것 같아 아예 어려서부터 야구를 시킬 생각으로 동네에서 좀 떨어진 야구부가 있는 초등학교에 보내고 있었다. 가끔 야구 구경도 데리고 갔다. 하지만 김 씨가 일이 없는 날 1만 원을 내고 아들과 함께 한 번 야구 구경을 다녀온 날 부인한테 "나 잡아먹어라"라는 화풀이를 들어야 했다. 용수 엄마가 파출부

일도 구하지 못해 집에서 브래지어에 붙이는 꽃 하나를 오리는 데 20전씩
받는 부업을 하루 종일 한 날이었다. 한 시간에 200개를 해도 240원의 벌
이밖에 안 되므로 하루 종일 10시간 동안 했지만 벌 수 있는 돈이 2,400원
이었다. 그런데 남편과 아들은 1만 원을 쓰고 야구 구경을 다녀온 것이다.
'나 잡아먹어라' 하는 한탄이 절로 나올 수밖에 없었다.

　"내가 경험을 해 보니까. 내 계획이 그거여. 지금 나는 비록 삽자루 잡고
남의 밑에 가서 노동 일을 하더라도 우리 애기들만큼은 노동 일을 시켜야
되겠느냐 이런 생각에서 내가 일을 하는 거지." 그러면서 자식을 "몸만 내
보내 갖고는 그 애들도 크면 내 우리하고 똑같애진다"고 했다. 그리고 자기
가 어떻게 직장에 들어가고 어떻게 해서 직장에서 나오게 되었는가를 자세
하게 구술해 주었다. 김 씨의 직업사를 들어 보면 김 씨가 불안정한 일자리
에 빚이 몰린 것이 김 씨 탓만은 아님을 알 수 있다.

직장 생활 하다가 뭔 일이 있어 갖고 싸우고 나왔다고. 그러니까 동명목재 처음 입
사하는 게 75년도 6월 달에 입사를 했다가 나왔다가 다시 들어갔지 9월달쯤에. 그
래 가지고 용수 엄마를 알게 됐지. 용수 엄마하고 그러고 있으니까 용수 엄마는 퇴
사해 버리고 나는 쪼금 더 댕기고. 당시에 동명이 막 넘어간다고 그랬거든. 합판이
70년도 말에 기울고 그래서 나와 대명에 드갔지. 대명에 가 가지고 일 년 이상을 다
녔지. 거기서 나와서 반도에 가고 대명도 또 넘어 갈라고 그랬다고. 그때, 또 넘어가
부렸고. 인제 마지막으로 다니던 공장이 반도목재. 돈 쪼금 준다고 나와 버렸지. 그
때는 얼마 돈 안 받았지. 한 달에 이십만 원인가 그랬지. 이십 한 이만 원, 기본금이
얼마 돼야지. 여하튼 합판 회사는 경기가 안 좋았어. 보너스가 이백 프로가 안 나와
쫌 벌어 놓은 거 이거 갖고 차로 마늘 장사를 하다가 계산상으로는 이문이 많은데
경비가 많이 들어가 망했지. 마늘을 가지고 가면은 도매상에서 제값을 안 줘. 그래
서 망해 불고 외국이나 나간다 그라고 서울로 왔지. 서울 시내 해외 건설 업체는 내

가 안 돌아댕겨 본 데가 별로 없어. 81년에 왔지. 서울에 와서 장사 3일 해 봤어 한 이십 만 원 까져 부렸지… 원래 시장에서 장사를 하려면 말을 잘해야 돼. 근데 뭐 우리 그 챙피시러워서 막 떠들지도 못해. 그걸 못해. 그러니까 이렇게 살지. 왜 갑자기 장사를 하게 되었는가 하면, 월급쟁이 생활을 하면은 밥은 먹고 살어. 밥은 먹고사는데 애들이 생기고 나니 돈이 들어갈 때가 굉장히 많더라고. 직장 생활하는 거보다는 쪼금 벌드라도 내 것을 하는 게 낫겠다 한 거지. 퇴직금 받아 갖고 백 한 오십만 원 다 날렸지. 방만 남았지. 방 팔십만 원에 있다가 그놈 들고 서울에 올라왔지. 서울에 올라와 가지고 외국 나가 볼라고 해도 잘 안 되드라고. 한양에서 오라고 해서 갔는데 돈이 너무 적더라고. 매달 사십만 원밖에 안 돼. 그래서 안 가 버렸지. 커미션 같은 것 없고 기한은 일 년 중장비고 그렇게 결정을 하는데 거기서 일을 하면은 벌긴 더 번다고 그라더라고. 그런데 액수가 적어서 안 가 뿌리고 인제 노동 일 한 거지. 노동 일 해 갖고, 현재 이렇게 돼 부렸지. 그래서 금년에 돈 좀 벌긴 벌었는데 계산상으론 벌었는데 한입에 딱 털어 넣어 불고 나니까 이렇게… 노동일 해 가지고 일 년에 500만 원 정도 번다는 것은 있을 수가 없어. 크게 오야지 하는 사람들 이외에는. 운이 좀 따른 갑다 했는데 막판에 일이 터져 갖고 (중략) 한 4월 달부터 했지 4월 달 전부터 집수리 몇 개를 했어. 그래 가지고 한 500(만 원)은 벌었지, 그런데 (공사 사고 보상금으로) 770만 원, 800만 원을 퍼불고 나니까. 500만 원 그놈 없어져 부렸고 한 300(만 원)이 빚이 져 부렸다고. 외상이 한 300만 원 돼. 전부 다 해 갖고, 남한테 해줄 게. 그래서 그 사람들한테 (혀 차는 소리) 욕을 안 얻어먹기 위해서 빚을 내다가라도 다 갚아 줘 불려고 생각하고 있거든. 자기들이 얼마만큼 좀 봐주면 내가 떳떳하게 받고 그렇게 할라고 생각하고 있는데 맨날 전화질하고 그라더라고.

결국 용수 아빠는 건설 십장 하다 사고가 나서 빚을 내야 했고 시골 누나들과 처갓집에 손을 벌려야 했다. 사채를 얻지 않고 누나와 처남들의 보증으로 농협에서 돈을 좀 빌렸다. "연 8%면 1할이 안 되므로 굉장히 싸게 빌

렸다"고 했다. 김 씨 부부는 회사에서 만나 결혼했고 부인이 얌전하고 신용
도 있어 남편보다 부인이 동네에서 더 인심을 얻어 사는 집이었다. 용수 아
빠도 이 점을 인정해서 "용수 엄마는 다른 사람한테 싫은 소리 안 듣게 하
고 산다"고 말하고는 했는데 빚이 늘면서 부부 싸움이 잦아졌다. 어느 날은
"용수 엄마와 아빠가 애들 문제로 싸움이 있었다"고 했고 또 어떤 날은 용
수 엄마가 나갔다가 들어오는데 눈시울이 붉어져 있었다. 평소에는 용수
아빠가 뭐라고 해도 용수 엄마가 참아 마찰이 없었는데 어떻게 된 셈인지
어느 날 용수 아빠가 연탄집게로 용수 엄마 넓적다리 부분을 때려 멍이
시퍼렇게 들었다며 "해도 너무 한다"고 이웃집 아줌마들이 흉을 보기도
했다.

　　그러다가 사당동 철거 이주 과정에서 김 씨는 세입자대책위에서 일하는
듯하더니 부동산 소개소에 취직했고 나중에 상당한 돈도 벌었다는 소문이
났다. 세입자 분양권도 비싸게 팔아 전세방을 마련해 방 두 칸을 얻어 용수
에게 책상이 있는 방도 마련해 주었다. 그러나 김 씨는 철거가 끝난 후 부동
산 소개소에서 해고되었고 부동산 소개소에서 일해 본 뒤로는 건설 십장
노릇 같은 것도 할 생각이 없어져 놀고 지내면서 노름을 하게 되었다. 빚을
2,000만 원 넘게 졌다는 소문이 동네에 나돌았다. 생계는 다시 김 씨 부인
의 파출부 일로 꾸려 나가게 되었다. 부인은 주로 집에서 스웨터 등의 부업
을 해 왔으나 남편의 빚이 늘고 생활비와 집 월세까지 쪼들리자 사당동 살
때 세 들어 살던 집의 외지인 소유자였던 주인집에 다시 파출부로 나갔다.
당시 주 4일에 2만 8,000원을 벌어 가계 지출 외에 남편이 진 빚까지 갚아
나가야 했다. 그러다 전세 보증금을 빼내어 빚을 갚고 월세로 전전했다. 사
당동을 떠난 2년쯤 후에 결국 이혼했다.

○○○ 시계 노점상 아줌마집: "아이들이 딱 정상에 올라서면"

이들 계층에서 비교적 공부 잘하고 말썽 안 부리는 자녀를 둔 경우, 아들은 경찰이나 기능공, 딸은 간호사·공무원·유치원 교사 등을 꿈꾼다. 대체로 4년제 대학에 진학한 경우는 드물고 전문대에 가서 기능공이나 간호사 자격을 따거나 작은 회사의 회사원이 되면 "자식 농사 잘 지었다"고 말한다. 시계 노점상집은 이 동네에서 비교적 자녀 교육에 성공한 집이다.

딸은 전문대를 나와 간호사를 하고 있고 아들은 고등학교를 졸업하고 작은 회사에 다닌다. 시계 노점상 아줌마가 자녀 교육에 얼마나 열성이었는지 "첫애를 가졌을 때 아이를 예쁘게 낳으려고 산동네 미운 애들은 쳐다도 안 보고 다녔다"고 할 정도였다. 그러나 시계 노점 아줌마 딸 선주는 초등학교 2학년 때 폐병을 앓았다. 당시 아저씨가 폐병으로 노동 일을 못해 아줌마가 생계를 꾸릴 때여서 선주가 잘 먹지도 않고 골치가 아프다고 해도 그냥 두었다. 그런데 어느 날 학교에서 쓰러졌고 같은 학교에서 남자애가 비슷한 증세를 보이다가 죽었다는 이야기를 듣고 겁이 나서 큰 병원에 데리고 갔다. 폐병이어서 집중 치료를 받아야 한다는 진단이 나왔다. 의료 보험도 없어 병원보다는 보건소에 가고 싶었지만 "큰일 날지도 몰라" 하루에 1만 2,000원씩 내고 병원에서 40일 동안 치료받아 150만 원을 의료비로 썼다. 마침 계를 탔는데 곗돈이 그 밑으로 다 들어갔다. 혹시나 싶어 두 살 위인 아들도 종합 검진을 해 보니 간염을 앓고 있었다. 그런데도 우선 생계가 급해 돈 벌러 다니느라 딸은 40일간 치료한 후에는 내버려 둘 수밖에 없었고 아들도 그냥 둬버렸다. 다행히 딸은 1년 뒤 엑스레이 결과가 좋게 나왔고 아들도 어떻게 자연히 치유가 되었는지 별일은 생기지 않았다. 그때 아줌마는 새벽마다 계란을 떼다 팔고 오후에는 생선을 떼다 팔면서 아저씨의 약값도 대고 네 식구 먹여살리느라 정신이 없었다. 그때 고생한 것을 본

이 집 아들은 학비를 내지 않는 육사를 가겠다고 했는데 고등학교만 나와 곧 취직했다. 딸은 영어 교사가 꿈이었는데 간호사가 되었다.

시계 노점상 아줌마는 1946년생으로 전남 나주에서 초등학교만 졸업하고 서울에 올라왔다. 빈농의 칠남매 중 장녀로 혼자 서울에 올라와서 처음에 가발 공장에 다녔다. 방값이 싸다는 친척 말을 듣고 사당동에 오게 되었고 스물넷에 결혼해 스물다섯에 첫딸 선주를 낳았다. 당시 아줌마 남동생 다섯 중 세 명이 사당동에 살았고 나머지 두 명이 수원에 살았다. 막내 여동생은 비너스 공장(비너스 상표의 속옷을 만드는 공장)에 다니면서 기숙사에 있었다. 아저씨는 아줌마보다 여섯 살 위며 같은 고향 출신으로 초등학교를 마치고 서울에 올라왔다. 가난한 빈농의 3남 3녀 중 차남으로 서울 올라와서 건설 노동에서부터 안 해 본 것이 없었다. 형제들 또한 형님만 고향에 남고 남동생은 사당동으로 와서 살았고 여동생 2명도 사당동에 살았다. 아저씨는 건설 일 하다가 몸을 다친 데다 폐결핵까지 앓아 힘든 일은 못하고 가락시장에서 가벼운 짐을 나르는 잡부로 일한다. 그러나 사당동에 오래 살면서 집값이 얼마 되지 않을 때 집은 사 놓아서 자가였다. 철거되면서 보상받아(딱지 팔아) 작은 아파트를 살 수 있었다. 철거 막바지에 집을 팔아 시세로는 1,500만 원 손해 봤지만 이미 지난 일이니 그러려니 생각한다. 애들 교육비만 안 나가면 그럭저럭 편히 살 수도 있을 것이지만 시계 노점 하면서 아이들 학비 댈 수 있는 것도 자신의 복으로 알고 산다. "아이들이 정상에 딱 올라서면" 그때는 할 말 하며 편히 살게 될 것이라고 말하며 위안을 삼는 듯했다.

사당동 철거가 끝나고 3년쯤 후에 조교와 함께 인터뷰를 하러 갔을 때 선주 엄마는 오후 4시쯤부터 나와 포장마차에서 토스트를 팔고 있었다. 시계 팔 때 텃세가 심하다고 하소연을 하더니 품목을 바꾼 모양이었다. 책장사 아저씨가 있던 곳에서 콩나물 김칫국에 밥을 말아 먹고 있는 여자의 옆 모습이 선주 엄마와 닮아 보여 조교가 등을 툭툭 치면서 아는 척을 했고 선주 엄마는 먹던 밥을 놔두고 일어서며 "어메 누구여" 하며 반가워했다. 아저씨는 지금도 가락시장에서 리어카로 짐 끌어 주는 일을 다니는 모양이었다. "다니다 말다 혀" 했다. 선주 엄마는 오후 4시에 포장마차를 열어 새벽 1시까지 한다면서 시계보다 먹는 장사가 더 낫다고 했다. 자세히 보니 선주 엄마가 눈 쌍꺼풀을 했다. 조교가 "아줌마 전보다 더 젊어지신 거 같다"고 하자 "살이 쪘어" 말하고 넘어갔다. 아줌마는 그때 쉰넷이고 아저씨가 환갑이었다. "그래서 이번 일요일 식구들끼리 어디 음식점에서 식사나 할까 하고 생각한다"고 했다. 선주 안부를 묻자 "우리 선주 시집갔어" 했다. "벌써?" 하니까 "벌써가 뭐여 스물여덟인디. 아들 낳아서 두 달 되았어"라며 손자가 이렇다며 손으로 얼굴을 크게 표시했다. "선주 간호사 혀." 선주는 시댁에서 집을 줘서 합정동에서 살고 있다. 아줌마는 딸의 전화번호를 묻자 시원스레 알려 줬다. 아들에 대해서 묻자 올해 서른 살이라면서 "직장은 시원찮은데"라고 알려 주지 않았다. 아저씨, 아줌마, 아들 이렇게 셋이 살고 있는데 "쬐까난^{작은} 스물다섯 평짜리 우성아파트에서 살고 있다"고 했다. 짐이 많지 않아서 그렇지 "쬐까난 아파트"에서 산다고 몇 번이나 '쬐까난'을 강조했다.

그때 선주가 마침 왔다. 1986년 우리가 연구에 들어갔을 때 선주는 중학생이었다. 그때 선주는 조교 방까지 자주 놀러온 아이 중 하나였다. 수학 문제를 묻기도 했었는데, "너네 산동네 살 때 앞집 할아버지 집에 살던 혜란 언니야" 하고 소개했는데 "전혀 기억이 안 난다"고 했다. "네 꿈이 원래 교사였지?" 하자 계속 "네네"만 했다. "근데 왜 간호사 됐니?" 했더니 약간 웃으며 "어떻게 하다 보니 그렇게 됐어요"라고만 대답했다. "사당동 그 동네에 대해서는 잘 모른다. 기억이 없다"는 대답으로 일관했다.

○○○○ 묵장사 아줌마집: 여성 가구주와 딸들

묵장사 아줌마집의 가족 구성은 당시 사당동에서는 그렇게 특이하지 않았다. 사당동에서 쉽게 볼 수 있는 친정어머니와 여성 가구주, 시집간 딸까지 모여 사는 가족 구성인데 하는 일이나 사연도 흔히 들을 수 있는 그런 사례였다. 나이 예순의 묵장사 아줌마가 가구주이고 팔순이 넘은 친정어머니, 둘째딸, 셋째딸, 막내아들 등 다섯 식구가 한 집에 살았다. 아줌마가 묵을 팔아 생계를 꾸리고 친정어머니가 쥐치포 등의 부업으로 약간씩 보탰다. 아들은 대학 가려고 재수 중이었는데 공부를 잘하지는 못했다. 둘째딸의 남편은 감옥에 들어간 지 두 달째였다. 남편이 이태원 한 카페에서 기타리스트로 일하다 마리화나를 피웠는데 다른 네 명은 나오고 자기 남편만 못나왔다고 징징거리며 다녔다. 마리화나를 판 사람은 양색시여서 불쌍해서 내보내고 세 명은 자기 남편에게 얻어 피웠다고 해서 나왔다면서 변호사비로 200만 원이나 썼는데도 변호사가 힘쓰지도 않았다고 불평이었다. 남편은 실형 1년이 떨어졌는데 나오기만 하면 변호사부터 때려잡겠다고 벼르고 있었다. 변호사는 항소를 무료로 해 준다고 하지만 믿을 수가 없다면서 남편은 "어떻게든 손써서 나오게만 해 주라"고 졸랐다. 묵장사 아줌마는 딸이 징징거리며 은근히 도움을 요청하는 눈치지만 "이제 나 돈 못 꿔줘. 지(제) 엄마, 누나도 가만있는데 왜 너만 그러니?"라며 딸에게 시가에 손을 벌리라고 눈치를 했다.

   묵장사 아줌마는 경북 김천이 고향이며 아버지가 술 먹고 노름을 해서 어머니가 고생하는 것을 보며 자랐다. 어머니는 남의 집 일도 해 주며 살림을 꾸렸다. 너무 살기 힘들어 어머니는 아홉 살 된 큰딸을 데리고 고향을 떠나 충북 진천으로 갔다. 묵장사 아줌마는 3남 3녀 중 장녀였다. 바로 위 오빠가 6·25때 사망하고서 장녀인 자기가 어머니를 도와 남의 집 일도 다니면서 동생들을 돌봤다. 열일곱 살 때 가까운 동네에 사는 남자를 중매로 만나 구식으로 가마 타고 시집갔다. 빈농의 둘째아들이었고 사이에 딸 둘, 아들 둘을 낳았지만 아들 둘이 모두 유아 때 사망했고 남편도 위암으로 세상을 떴다. 두 번째 남편은 군포교도소에 근무했는데 위 수술받다 숨졌다. 처음에는 아줌마집에 있는 세 딸이 모두 첫 남편 소생처럼 말했는데 셋째딸부터는 두 번째 남편 소생이었다. 묵장사 아줌마 본인은 두 번 결혼한 이야기를 안 했는데 친정어머니가 딸이 없을 때 이런 얘기들을 슬쩍슬쩍 조교한테 흘렸다.

"간수 남편이 죽은 뒤 3년쯤 놀며 왕계주를 하다 돈 다 까먹고 이 동네에 와서 묵장사를 시작했다"는 말도 묵장사 친정어머니가 해 주었다. 이 아줌마네는 처음 사당동 올 때는 윗동네에 살았는데 1978년 강제 철거로 아래쪽으로 내려와 소방 도로 근처에 전세를 얻어 살다 1982년 4월에 지금 사는 집을 550만 원에 샀다. 방 한 칸은 보증금 50만 원에 월 5만 원씩 받고 세주었다. 묵장사를 생각한 것은 시골에서 묵을 많이 쑤어 봐 쉽게 할 수 있을 듯해서다. 아들 집에 살던 친정어머니(85세)가 자주 와서 묵 쑤는 것도 도와주고 살림도 도와주더니 아예 딸집에 눌러 살고 있다. 친정어머니 말고도 시집간 둘째와 셋째딸도 같이 산다. 아줌마의 큰딸은 관악서 근처에 사는데 남편이 실직하고 놀고 있다. 둘째딸은 일본 술집에 가서 일할 여자들을 알선하는 일을 한다. "전에는 연예인 비자로 보냈는데 이제는 유학생 비자로 보낼 참"이라고 동네에 말하고 다녔다. 한 사람당 200만 원씩 받고 2개월 안에 일본에 갈 수 있게 한다는 것이다. 그러면 1년에 1,000만 원은 번다고 했다. 자기는 안 나가고 '뚜쟁이'만 한다고 했다. 한 사람당 20만 원씩 받아 50~60만 원 만들고 남편의 기타를 팔아 50만 원을 만들면 남편을 출옥시키는 비용으로 쓸 참이다. 셋째딸은 나이가 서른인데 초혼에 실패했고 기타 치는 남자와 결혼은 안 하고 동거 중에 있는데 남자가 지방에 돈 벌러 간다고 간 뒤로 어머니 집에 같이 묵고 있다. 할머니 말로는 "깨진 것 같다"고 했다. 가끔씩 '밤일'을 나가는 눈치였다.

묵장사 아줌마의 품목은 언제나 도토리묵이다. 메밀은 잘 쉬니까 도토리묵만 쑤어서 팔고 아침 9시에 나가 등촌, 강서, 묵동 시장에 내다 판다. 사당시장에는 도토리묵 받는 집이 한 집밖에 없었다.

묵장사 아줌마네는 등촌동시장에서 묵 팔면서 알아둔 화곡동 근처에 전세를 얻어 철거 막바지에 이사했다.

○○○○○ 일용 잡부 - 과자 리어카상: "싸움도 가난 때문"

조그마한 손 리어카에 과자를 싣고 다니면서 동네 구멍가게에 물건을 대주는 일을 하는 과자 리어카상 아줌마네는 아저씨는 일용 잡부고 아들 하나, 딸 둘의 평범한 집이다. 이 집의 생애사는 이 동네 아이들, 부부 관계, 직업사 그리고 이 동네의 집값을 둘러싸고 얼마나 많은 희비가 엇갈렸는가를 보여 주는 전형적 사례다.

과자 리어카상 아줌마의 남편 오 씨는 빈농의 4남 2녀 중 셋째로 가난 때문에 초등학교를 중퇴하고 농사 품을 팔면서 열 마지기 내외의 집안 농사일을 하다가 스무 살 때, 먼저 상경한 형들을 따라 서울 생활을 시작했다. 서울역에서 과일 장사로 첫 서울 생활을 시작해서 좀 되는가 싶었는데 자유당 말기로 경기가 안 좋아 다시 고향으로 내려갔다. 형 농사일을 거들다 3년여 만에 다시 여동생네에서 하는 가게를 같이하기로 하고 상경했다. 5년간 열심히 일해 고향에 논을 두 마지기 살 수 있었다. 그러나 같이 일하면서 돈을 벌어 몰래 논 두 마지기를 산 사실을 안 여동생네와 사이가 안 좋아져서 그 집에서 나오게 되었다. 그때 고모가 사당동에 와서 살고 있었는데 고모 소개로 결혼하게 되었다. 아줌마가 서울 와서 공장을 다니고 있을 때였다.

과자 리어카상 아줌마는 논이 15마지기쯤 되고 밭은 그 두 배쯤 있는 당시 고향에서는 먹고살 만한 집의 2남 3녀 중 둘째였다. 아줌마는 생애사 인터뷰 때 처녀 적 이야기를 자세하게 해 주었다. 초등학교만 나와 집에서 놀고 있는데 동네에서 한 살 위인 고모 딸이 '나가자고 꼬셔서' 가출했다. 친척 언니가 사는 태인에서 하룻밤 자고 이리에 도착해 맘씨 좋고 나이 들어 보이는 한 리어카 상인에게 가서 "아서씨, 우리 도방 나왔는데 취직 좀 시켜 줘요" 하니 그 맘씨 좋은 아저씨는, 언니는 술집에 심부름꾼으로 자기는 짜장면 하는 식당 집에 소개해 줬다. 3개월 뒤 집이 그립고 눈물 나서 고향 집에 편지를 띄웠다. 어머니는 바빠서 못 오고 고모 혼자 찾아왔다. 고모 딸인 사촌언니가 술집에 있다고 했더니 "남들에게 고향 가서 얘기하지 말라"고 당부했다. 아줌마는 지금까지 한 번도 그 말은 누구에게도 하지 않았다고 털어놓았다. 둘은 다시 고향으로 돌아갔다. 그러다가 가을 추수 때 일 안 한다고 어머니가 야단치자 아줌마는 다시 집을 나와 이리에서 일하던 집으로 갔다가 얼마 뒤 서울에 와서 공장에 취직했다.

결혼을 한 오 씨는 시골에 사 둔 논을 팔고 방 전세금 20만 원을 합쳐 260만 원에 용산에서 사과 도매 가게를 차리고 부인의 큰오빠^{처남}를 불러 장사를 시작했다. 그러나 경험이 없어 1년 만에 망했다. 다른 가게 주인들은 사과밭을 아예 사 버리는 '밭떼기'를 하기 때문에 원가가 낮게 먹힌 반면 오 씨는 충주·대구·예산 등지에서 '관떼기'만 해 오니 가격 경쟁이 안 되어 나중에는 데리고 있던 사람(한 명은 처남) 월급도 못 주고 가게 보증료까지 까먹고 나오게 되었다. 그래서 20만 원에 전세를 살던 집에서 13만 원짜리 전세방으로 옮기고, 결혼반지와 아들 돌 반지, 목걸이 등 가지고 있던 금붙이를 몽땅 판 돈 8만 원과 가게를 처분한 20만 원을 합쳐 사당동으로 이사했다. 그 돈으로 방을 얻을 수 있는 곳은 사당동 같은 불량 거주지밖에 없었다. 10만 원에 방을 전세 얻고 나머지 돈으로 사업을 했는데 1년 만에 또 망해 버렸다. 방값을 올려 달라고 하고 가진 돈은 없어 할 수 없이 근처의 형님댁 뒷방을 빌려서 3년 정도 살면서 주철 공장에 취직했다. 더는 밑천도 없고 다른 길이 없을 것 같아 노임이나 받아 생활하기로 했다. 그러나 거기서 무거운 쇳덩어리를 들어 올리다 떨어뜨려 발을 다친 후 그만두고 놀 수밖에 없었다. 그때 큰딸 명자를 가졌다. 아이를 떼고 싶어도 쌀도 못 사는 판국에 그럴 돈이 없었다. 그런데 아저씨가 무슨 말끝에 목침으로 아줌마 머리를 내리쳤다. 아줌마는 그 아픈 기억을 잊을 수가 없다. 자기네는 "싸움도 가난 때문"이라고 했다.

할 수 없이 아줌마가 길가에서 옥수수 등 먹을 것 장사를 시작했다. 돈을 좀 모아서 사당동에서는 집을 살 수 있었는데 "이런 판잣집은 언제라도 살 수 있다"고 오 씨가 못 사게 해서 집 살 기회를 놓쳤다. 아줌마는 이 점을 가장 애석해했다. 사당동 조교가 현장 조사할 때 이 집에는 고등학교 1학년짜리 아들 기욱, 중학교 1학년짜리 딸 명자, 초등학교 2학년짜리 막내딸 희자가 있었다. 큰딸 명자는 사고가 여러 번 있었다. 5년 전인 초등학교 2학년 때 학교에서 적금하라고 해서 은행에 가다 버스에 치이는 사고를 당했고 또 공터에서 떨어져 팔이 다치는 사고도 당해 두 번이나 큰돈을 없앴다. 당시는 의료 보험도 없어 치료비로 75만 원이라는 큰돈을 써야 했는데 결국은 친정오빠한테 빌려서 쓰고 갚느라고 한동안 애를 먹었다. 아줌마는 장사하느라 바빠, 아이들 입원시키는 일이나 간호하는 일 모두 친정 이모가 해 줬다. 큰일 났을 때마다 시댁에서는 모두 모른 척해서 그때부터 시집보다는 친정집을 더 생각하게 되었다. 그래서 봉천동 살 때 3년 동안 방 한 칸이었을 때도 여동생을 데리고 있었다.

사당동에서 과자 리어카상도 하고 이것저것 해서 어느 정도 수입이 되어 살 만했는데 철거가 시작되었다. 주민들이 떠나면서 동네 작은 가게들도 문을 닫아 과자 중간 도매를 할 데가 없어졌다. 할 수 없이 파출부로 나섰다. 한번은 파출부 갔는데 주인 할머니가 가자마자 곧 자신의 은수저가 없어졌다고 의심했다. 며칠 전 갔을 때 닭 삶아 먹고 그 뼈와 같이 버렸는지 없어진 것 같은데 귀신이 곡할 노릇이지 "은수저가 뭐가 탐이나 훔치겠느냐. 돌 때 들어온 자기 아들 은수저도 씻기 귀찮아 버렸다"면서 파출부 일하기가 쉽지 않다고 했다. 그래서 다른 부업을 하기로 다시 마음을 다잡았다. 차라리 부업을 해야지 생각하고 목걸이 꿰는 부업거리를 가져다준다는 하청업자를 기다렸는데 오지 않아서 가내 부업도 포기해야 했다. 철거에 들어가면서 부업 오야들이 많이 이사 나가서 일거리를 구해다 주는 사람들이 없어진 것이다. 바로 이웃에 살면서 친해진 조교는 철거 막판에는 이 아줌마의 고달픈 넋두리 상대가 되었다.

아줌마는 아저씨 생일 다음 날도 싸운 이야기를 했다. 생일날 오전에도 파출부 일 나갔다 왔고 다음 날은 일거리가 없어 집에서 쉬고 있었는데 소뼈 고은 국물과 미역국이 있는데도 아저씨가 돼지찌개를 해 달라고 했다. 할 수 없이 1,000원어치 사다가 해 주었는데도 저녁밥을 먹으며 반찬 투정을 해서 "그럭저럭 먹지 좋네 낫네 한다"고 혼자 중얼거렸는데 아저씨가 갑자기 돼지고기가 든 김치찌개를 들어 아줌마 발등에 던져 버렸다. 뜨거운 국물에 오른 발등이 데고 국물이 애들 운동화에 스며들었다. 서로 욕하고 싸웠는데 아저씨는 아줌마한테 "일 다닌다며 사내놈들에게 씹구멍이나 들이대고 가랑이 벌려 다닌다"고 욕하면서 "몇 놈하고 붙어먹었느냐"는 억지까지 썼다. 아줌마는 "남자들은 돈 못 벌면 강짜나 하고 의처증이나 생긴다"며 한숨을 내쉬었다. 얼마 뒤에 아줌마는 파출부 일을 그만두고 관악서 근처 가방 닦는 데 다녔다. 그곳은 수출품 가방 닦는 곳으로 일당은 6천 원이고 일거리가 있을 때만 나가고 과자를 찾는 사람이 있으면 과자도 가져다주는 겸업을 했다. 그러나 과자를 찾는 가게가 줄어들어 다시 파출부 일을 시작했다. 일주일에 두 집으로 파출부를 다녔다. 몸은 계속 아프고 부업거리는 없고 과자 도매도 할 곳이 없어서 달리 선택이 없었다. 이주비 나오고 전세비 빼고 해서 봉천동으로 이사할 궁리를 했다. 그곳은 방 세 칸짜리가 전세 850만 원 정도 했다. 슈퍼에서 소주 두 병을 사는 아줌마를 만났는데 아저씨가 3일간 일을 안 다니고 있어서 걱정을 하고 있었다. 아들 기욱이는 중학교 때는 반에서 35등을 두 번 했고 초등학교 때는 반장도 하고 잘하는 편이어서 걱정을 안 했는데 고등학교 들어간 뒤 애를 먹이기 시작했다. 특히 부천 외삼촌과 인천 이모집 다녀와서부터 태도가 이상해졌다. 처음으로 외가 친척집에 데리고 갔었는데 외삼촌은 주철소에 다니며 자기 집도 있고 애들 공부방이 다 각자 있고 이모네도 이모부가 목재소에 다니며 돈도 잘 벌고 이모도 외판원 하며 부지런히 모아 반듯한 집에 애들 방이 각자 따로 있는 것을 보고 와서부터 충격을 받은 듯했다. 기욱이는 자기 집에 와서 아버지가 야단하자 집을 나간다고 세뱃돈을 챙겨 나가 버렸다. 고등학교 입학식 날도 나가서 밤이 되도록 돌아오지 않았다. 그 뒤로 말썽이 이어졌다.

아들 기욱이는 학교 간다고 꼭꼭 나갔는데 학교에서는 오지 않았다고 담임선생님한테 두 번이나 연락이 왔다. 처음에는 보름이나 안 나왔다가 다시 나가다 일주일을 또 안 나가 버린 것이었다. 학교에서는 다시 더 안 나오면 퇴학시키겠다고 했다. 기욱이 말로는 "인문계도 아니고 학교도 시원찮다"면서 학교를 그만두고 직업 양성소에 다니겠다는 것이었다. 아줌마는 돈 벌라고 안 할 테니까 제발 학교에 다녀 졸업장만이라도 받아놓으라고 달랬다. 최소한 고교 졸업장이 있어야 취직도 괜찮은 데 할 수 있고 다음에 대학 가고 싶으면 갈 수 있지 않느냐고 달랬는데 그때는 들은 것 같은데 돌아서면 그렇지가 않았다. 돈도 자주 훔쳐 가고 한번은 통장에서 돈도 빼 갔다. 담배도 피우는 것 같아 아줌마가 직접 솔을 사다 주기까지 했다. 아저씨는 은하수 피우는데 아들한테는 솔을 사다 준 것이다.* "아직 포경 수술도 안 시켜 줘 여자 문제로 그러는 것 같지는 않다"고 아줌마는 위안을 삼는 듯했다. 방이 좁아 그러는 것 같아 철거되어 나가게 되면 방 세 칸짜리 집을 얻을 테니 그때는 혼자 방을 쓰라고도 달랬다.

아줌마는 아들을 달래다 달래다 안 되어 학교를 자퇴시키고 신길동 단골집에 소개해 일을 다니게 했다. 신길동 그 집은 과자업을 하다 안 되어 라켓 만드는 공장을 하게 되었는데 아줌마가 아들을 그 집에 취직시킨 것이다. 한 달에 15만 원 받기로 했다. 철거가 끝나고 사당동에 아파트가 들어서자 아줌마는 시장 입구에 북어 등을 파는 노점을 시작했다. 정육점 앞에 쭈그리고 앉아 멸치 북어 등 건어물을 앞에 놓고 팔고 있었는데 큰딸 안부를 묻자 "뭐…"라고 힘없이 대답하고 말았다. 큰딸 명자가 전문대를 가기는 갔는데 학교를 안 다니겠다고 한다는 것이었다. 중학교 졸업 때는 우등상도 받고 고등학교 때까지 괜찮았는데 "요즘 집에 오면 말도 잘 안 한다"고 걱정이었다. 아줌마 안색도 별로 좋지 않아 보였다. 시장 노점 자리가 "황소바람 불어 춥다"면서 "온몸이 쑤시고 아파 모든 것이 귀찮다"고 했다. 사당동 철거 전 과자 리어카상 할 때의 생기를 찾아볼 수 없었다.

○○○○○○ 미장원집: "아들 유학 보냈어요"

이화미장원집은 사당동에서 자수성가한 대표적인 집의 하나로 철거 당시 20평짜리 자가를 가지고 있었다. 이 중 한 칸은 전세를 내주고 길가에 면한

---

* 담뱃값 솔: 500원, 은하수: 330원(1985년 기준).

출입구와 방 두 개를 사용했는데 출입구는 1.8평 정도로 직접 미장원을 했고 방 하나에서 부부와 중학교에 다니는 아들 둘이 함께 거처했다. 다른 방에서는 아줌마 여동생이 해산하러 와서 갓난아이와 지내고 있었다. 동네에서 미장원집으로 불린 이 집은 재개발 과정에서 20평짜리 자가를 가격이 좋을 때 팔고 근처의 사유지에 있는 다세대 집을 샀다.

미장원집 부부는 모두 무일푼으로 서울에 올라와 갖은 고생 끝에 철거 당시 재산이 약 5,000만 원이 될 만큼 기반을 닦았다. 동네에서 큰 계주 중 한 명이었다. 우리가 현장 연구할 때 이미 15년째 미장원을 하고 있었는데 10년 동안 하는 친목계도 여럿 있었다. 처음에는 1,500원에 시작해서 5,000원씩으로 올려 각자 금팔찌 8돈짜리도 하고 현금만도 200만 원 모아 놓았다.

미장원집 남편 김 씨는 개인용달을 하다가 개인택시를 사서 운행했다. 김 씨는 경북 산골 소작농의 2남 5녀의 셋째로 그곳에서 중학교를 겨우 졸업했으며 중학교를 졸업하자마자 먼저 서울에 올라간 형을 따라 사당동에 정착했다. 건설 노동을 하는 형 집에 머물면서 운전 기술을 배워 군대를 운전병으로 갈 수 있었다. 제대하자 형이 서울 생활을 청산하고 시골로 가면서 함께 살던 집을 주고 갔다. 배운 기술이 운전이었으므로 사당동에 살면서 택시 스페어 운전수 일을 시작했다. 그때 동네 미용실에서 일하던 부인을 만나 결혼했다. 나이는 두 살 차이고 고향도 같고 집안 배경도 비슷했다. 부인도 소작농의 2남 5녀의 첫째로 초등학교만 나왔으며 열일곱 살에 서울에 올라와 공장 생활을 좀 하다 열아홉에 미용 기술을 배워 미용실 '시다'로 일했다. 스물네 살에 결혼했는데 그때 그동안 모아 놓은 약간의 돈으로 미장원을 차렸다. 골목 안에 있던 집을 팔고 돈을 좀 보태어 소방 도로변에 위치한 집으로 이사해 방 한 칸에서는 살림하고 한 칸에서는 미장원을 시작했다. 부인은 계속 미장원을 했고 남편이 직업을 바꿀 때마다 미장원을 해서 번 돈으로 뒷바라지를 했다. 그러나 미장원 아줌마가 원래 하고 싶은 것은 양재였다. 그런데 고향에 있을 때 부잣집 딸인 친구가 양재하는 것을 보니 돈이 많이 들어가 그것은 할 수 없을 것 같아 서울 오자마자 미용을 배운 것이다. 시골집에 있다가 시집가면 농사나 짓는 데로 갈 것이고 또 자식들도 그리 되기 싫어 그렇게 안 하려고 서울 올라와 미용을 배웠다. 학교에 가고 싶었지만 아버지가 "너 하나면 모르는데 동생들을 어떡하느냐"며 우는 모습을 보고 마음을 접었다.

아저씨는 택시 운전이 봄만 힘들고 돈은 많이 벌리지 않아 자가용 운전수로 취직했으며 그럭저럭 생활은 되었지만 큰돈을 벌어 보고 싶었다. 그래서 1977년에 사우디아라비아에 운전기사로 취업했다. 월 40만 원씩 1년간 집에 꼬박 송금하여 부인이 이 돈을 안 쓰고 돈놀이 등으로 키워 상당액을 만들었다. 귀국하자마자 버스 운전을 시작했으며 그동안 모은 돈으로 인근에 집을 한 채 사서 세를 놓았다. 그리고 또 한 번 중동 취업을 했다. 1년 후 돌아오니 웬만큼 경제적으로 안정이 되었고 운전수 생활을 오래 해 봐야 "별 수도 없을 것 같아" 여러 가지 생각 끝에 고향에 내려가 목장을 해 보기로 했다. 우선 근처에 사 두었던 집을 팔아 염소와 벌을 키워 보기로 하고 가족은 두고 혼자만 고향으로 내려갔다. 그러나 비싼 가격으로 샀던 가축 가격이 폭락하는 바람에 1년 만에 집값 2,300만 원만 모두 날리고 다시 서울로 올라왔다. 부인이 마련해 준 돈으로 개인 용달차를 사서 3년간 열심히 일해 개인택시로 바꿨다. 고향에는 받은 재산이라고는 아무것도 없었으며 그동안 본인이 번 돈으로 논 5,000평, 밭 1,500평을 샀다. 양봉을 해볼 생각으로 벌통 20통도 사 놓았다. 부친이 대신 관리한다.

이화미장원은 동네 사랑방이다. 배꽃이란 이름이 예뻐 30년을 계속 이화라는 이름으로 미장원을 한다. 산동네에는 사람이 많아 일거리도 많았는데 이주한 뒤는 그만 못하다. 미장원이 한 집 걸러 하나여서 손님이 없다.

그래도 이름 보고 전에 오던 사람들이 찾아와서 그럭저럭 유지는 하고 있었다. 사당동을 떠나려고 이사하기 전 여기저기 알아보기도 했지만 결국 못 떠났다. 아파트 철거된 뒤 새로 사들인 집은 원래 목사 집이었는데 1억 2,000만 원 주고 샀다. 목사 아들 둘이 이 집 때문에 칼부림하고 싸웠다. "아들 한 명은 목사였는데도 그렇더라"면서 "돈이 있으면 다 그런다"고 혀를 찼다. 1층은 방 하나, 보일러실, 가게 그렇게 모두 합쳐 20평이고 2층은 20평 그대로가 집이다. 이사 와서 1층에 방 하나를 보일러실 쪽으로 냈다.

혜란 조교와 내가 새로 이사한 집을 5년 만에 찾아갔을 때 미장원 아줌마는 곧장 문이 터진 옆방으로 들어가 커피 마시겠느냐며 가스 불을 틀었다. 주방으로 꾸며진 옆방에는 냉장고와 가정용품이 있고, 벽에는 아들이 받은 고려대 총장 명의의 4년 장학증서가 걸려 있었다. 방 안에는 장롱이 있고, 책장·컴퓨터·녹음기 등도 있었다. 산동네에서 같이 살던 여동생이 3층에 살고 있었다. "내 아쉬운 때 도와줬는데 지 아쉬운 때 도와줘야지 싶어서 그냥 살라"고 했다. 아줌마가 장녀여서 남동생 둘에 여동생이 넷인데 막내여동생이 아이들이 어려 같이 지내고 있다.

미장원 한편에서는 파마하러 온 40대 여자가 "마흔 넘으면 이젠 살아온 인생이 허무하게 느껴진다"고 얘기하고 있었다. 그 여자는 오늘 초등학생 아들이 필통을 안 가져가 대학생 아들에게 갖다 주라고 그랬다가 거절당해 "자기는 초라한 모습이라 선생을 만나기가 싫었지만" 어쩔 수 없이 갔다 왔다고 푸념했다. 큰아들과 말도 하기 싫어 "이제부터는 돈도 달라고 하지 말라"고 말했다고 미장원 아줌마한테 하소연했다. 이 동네 사람들은 미장원 집이 아들들 교육을 잘했다고 웬만큼 알고 있어서 자식 때문에 속상하면 여기 와서 잘 털어놓았다.

미장원 아줌마는 아들 교육에 열심이었다. 큰아들 정근이는 중학교 때 반에서 5등 안에 들 정도로 공부를 잘하는 편이었다. 늘 상위권이었다. 작은아들 영근이는 그러지 못했다. 어느 날 영근이 통지표에 체육과 사회만 '잘함'이고 나머지는 '노력 요함'이었다. 아줌마는 통지표를 보자마자 회초리를 찾다가 없자 큰아들 혁대를 풀라고 해 "형이 되어 가지고 너만 공부 잘하면 다냐"고 힘껏 여덟 대나 때렸고 작은아들은 무조건 잘못했다고 울면서 빌었는데도 스물두 대나 때리면서 "에미 애비는 공부 못해 이렇게 고생하는데 너희들은 잘해야지" 하며 혹독하게 야단쳤다. 미장원 손님들이 보고 있는데도 "사회에 나가면 이보다 더해. 맞아서 아픈 것은 아무것도 아니야. 세상이 얼마나 무서운 줄 알아?" 하며 야단을 쳤다.

그런 아들들이 어떻게 컸는지 궁금했다. 큰아들은 1991년에 대학에 들어갔다. 아버지는 한의대 가라고 하고 아들은 싫다며 물리학과 간다고 우겼다. 아들이 고집불통인 것은 아버지하고 똑 닮았다. 그런데 자신도 어려서부터 하기 싫은 것은 죽어도 안 했다. 아버지가 "너는 목이 길어서 머리를 짧게 하지 마라" 했는데 그 말 들은 즉시 나가 머리를 잘라 버리기도 했다. 아들이 한의대 가기 싫어서 한번은 시험을 백지로 내버렸다. 전체 4,5등 했는데 전체 320등으로 떨어졌다. 고려대 가는 것은 생각해 보지도 않았다. 고대 시험 보고 와서는 아들이 "됐을 거요"라고만 했다. 그때 "서울대 커트라인이 296(점)인데, 애가 300(점)이 넘게 나왔는데 미치겠더라" 그래서 "재수해라" 했다. 말을 듣기는커녕 시험 보고 오자마자 책을 다 싸서 밖으로 내다 버린 애였다. 대학 졸업하고 미국으로 유학 갔다. 펜실베니아 주립대학교는 주립대라고 해서 등록금이 좀 쌀까 했더니 한 학기 등록금이 1만 달러가 넘는다. "머리에 심어 주면 됐지 싶어 돈 쓰고 있다"고 했다. 애가 크면 버려야 하는 데 말뿐이지 참 힘들다. 큰애가 공부하면서 갑자기 요즘 눈이 안 좋다고 연락이 왔다. 오른쪽 눈이 전혀 안 보인단다. "거기에서 적응하기가 힘들어서"일 거라고 했다. 일주일에 한 번씩은 연락하고 산다. 일요일 할인 시간에 하니까 이쪽에서 부담하는 것으로 해서 전화비가 한 달에 2만 원 정도 든다. 미장원 아줌마는 자식들 학벌 욕심이 많아 용인에 있는 명지대 들어간 작은 애한테도 "재수해라" 했다. 작은애가 큰 애보다는 못했지만 서울에 있는 괜찮은 대학 들어갈 실력은 되었는데 수능 성적이 평소보다 낮게 나와 용인에 있는 대학 가서 밤거리를 울고 다녔다. 작은애도 미국 연수 간다면 보내 줄 생각이다. "에미 애비가 못 배워서 이렇게 사니까 지들만은 어떻게든 공부시켜 줘야겠다"고 생각한다.

아저씨는 미국 보낸 아들한테 "미국에서 나오지 말고 거기서 자리 잡고 살라"고 말했다. 자기들이야 나이 들고 말도 못해서 미국 가서 못 살지만 "자식은 미국 가서 보란 듯이 살게 하고 싶다"고 했다.

04

세상의 가난 가난의 세상

• 할머니 가족: 삶을 이야기하다 •• 할머니 가족에 들어온 사람들
••• "바람을 그리다": 가난의 앞날

할머니 가족의 삶을 약간의 상황 설명만 덧붙이고 구술받은 대로 살려 보기로 했다. 심한 함경도 사투리나 전라도 사투리, 장애 때문에 오는 부정확한 발음, 늙음에서 오는 웅얼거림 그리고 욕지거리까지도 살려 녹취를 풀었다. '읽기 힘듦'과 '못 알아들음'에 대한 참을성과 노력을 읽는 사람들에게 요구하기로 했다. 그들도 우리의 말을 편하게 듣고 사는 것은 아니므로. 할머니 가족에 편입된 새로운 사람들은 연변 조선말이거나 필리핀 영어로 그들의 삶을 이야기해서 어쩔 수 없이 녹취 그대로 싣지 못하고 풀어 썼다. 아이들은 미술 치료라는 이름을 빌어 그들의 삶을 조금 더 이야기하게 했다. 그림을 그리는 일은 사회학자가 들여다볼 수 없는 내면과 바깥 세계의 관계를 조금 더 엿보게 했다. 미술 치료 전문가의 평에 대해서는 연구자는 참조 자료로 경청했지만 여기에는 생략했다.

할머니 가족: 삶을 이야기하다

○ 금선 할머니: "밤낮 지지고 볶고"

할머니의 생애사를 처음 채록한 것은 사당동 연구를 시작한 지 6개월쯤 된 1987년 1월 겨울이었다. 그 집에 함께 세 들어 사는 현장 조교가 할머니 일대기를 녹취한다고 했더니 세 든 사람들이 모두 둘러앉아서 할머니 이야기를 들었다. 밤 11시 가까이 되어 졸리는 사람들은 "자자. 안 잘 거냐?" 하고 어떤 사람들은 "잠자는 것보다 더 재밌어" 할 만큼 할머니 생애사는 흥미로웠다. 첫 번째 생애사는 주로 뭘 해서 벌어먹고 여기까지 왔는가에 집중되었다. 할머니는 우선 자기가 해 온 일을 "경력이야, 경력!"이라면서 월남하자마자 경주 시댁에 내려가서 장사하는 이야기부터 시작했다.

경주에 큰집이 있으니까, 방 하나 빈방 줘 가지고 살다가. 난 이날 이때껏 장사하잖아. 저기 시골서 사람들이 곡물… 그 사람들이 넉넉하게 가져 왔기 때문에 한 반 되씩 더 가져와요. 찹쌀도 한 말 가져왔다 그러면 (한 되도 더 넘게) 넉넉하게 가져와요. 그 사람들이 딱따리 밟어.^{꽉꽉 채워온다는 함경도 사투리} 그 사람들 계란도 100원이라 가져오면 난 110에 팔거든, 과일도 그렇고 배추도 무도. 시골에 장날이 있잖아요. 그러면 장날 중간에 가 앉아 있어요. 시골 사람들 장날 와. 그거 붙잡고 살았지. 사

가지고 얼마씩 떨어지는 것을 가지고 소매하는 거야. 그런데 도저히 안 되겠어요. 그래가, 부산 나왔다가 내 혼자서 서울 올라갔어요. 혼자서 무조건하고 서울 올라온 거야. 서울 역전에 내리니까, 시장에 갈려면 어찌 가요 하니 가르쳐 주더라고. 남대문시장 가서 다라이^{대야} 하나 샀어. 무조건 떡을 샀어. 떡 시장 있더라고 새벽에 일찍 가야 도매하더라고 그 떡 사 가지고 마포 배 있는 데 가서 무조건 배에 올라가요. 뱃사공들은 내릴 수 없거든. 떡 사 줘요. 팔고 오고. 낮에 오다가 과일 소매장이 있더라고 그 다라이에 과일 받았어. 과일 받아서 밤엔 사과 궤짝 하나 얻어 가지고 위에 보자기 덮고 과일 팔고, 그러다 밤중에 왔지. 그렇게 장사를 했어 …(중략)… 소금 장사도 해 보고 고래고기 장사도 해 보고 돌아다니면서 빵이요, 이런 것도 팔아 보기도 하고… 미군 부대 다니면서 쓰레기 치우면서 병도 가지고 나와 팔기도 하고 거기서 나온 건 내가 무조건 사 가지고 팔고 팔고….

그렇게 피난 시절을 보내고 돈 좀 모아 용산에 방을 얻었다. 용산역 앞에다가 적산집*을 하나 얻어 부산 있던 시어머니, 시아버지, 아이들까지 서울로 데려왔다. 계속 '야미'로 물건을 사고팔아 경찰서 신세도 많이 졌다.

한 여섯 번은 경찰서에 들어갔어. 여섯 번 경찰서 들어갔는데, 한번은 잡혀 들어가니까… 이 아주머니 또 왔네. 남대문경찰서야… "이 아주머니 또 왔구만" 그래서 "밥 벌어먹으려는데 왜… 잡아넣느냐" 그랬지. 그랬더니 "아 이거 봐라. 빨갱이 물 먹었으니까 잡아 여." 그러는 거야. 포승 딱 채우는 거야. 도장 찍으래. 글쎄. 다른 사람 다 안 잡아 놓고. 내 혼자만 마포형무소에 드가서. 말 대접했다고 예… 이북서 살다

---

* 적산은 적의 재산이라는 뜻으로 적산집은 일본이 1945년 패망하면서 한국에 살던 일본인들이 두고 간 집인데 대개 일본식으로 지은 2층집으로 온돌이 아니라 다다미방 집이다. 서울에는 남산 밑에 회현동과 필동, 용산역 주변, 서울역에 가까운 청파동과 후암동, 동자동, 갈월동에 적산 가옥이 많았다.

가 이북은 나쁘다고 이남으로 넘어와서 새끼들 벌어먹이는 사람을 왜 잡아넣느냐 그랬다고. 내 혼자만 형무소 들어갔다가 살다 나왔어.

할머니는 여기까지 이야기하다 말고 "보통 고생 안 했소" 하고 한숨을 돌렸다. 시아버지는 서울 와서 얼마 안 돼 세상을 떴고 (계모) 시어머니도 2, 3년 뒤 세상을 떴다. 금선 할머니는 그때 형무소 산 것이 두고두고 억울했는지 두 번째 생애사 녹취 때 판사한테 따진 이야기를 다시 한 번 자세하게 했다.

"난 이북서 넘어와 가지고 남편도 없단 말이야. 애새끼들 둘 데리고 당신 같은 사람을 만들라고 내가 노점상 하는 거 불쌍한 사람을 왜 잡아 오느냐" 그랬더니 "하하 김일성 물 먹었구만? 잡아넣어" 그러잖아. "그럼 뭐 하고 먹으라고 합니까? 그럼 다른 대책은 다 있는데 과부 대책은 왜 없습니까" 그랬다. "이남이 좋다고 이남으로 넘어왔는데 이남에서는 모든 걸 다 처리를 잘하더라. 근데 과부만큼은 왜 대책을 안 세워줍니까" 내 그랬다.

두 번째 인터뷰는 할머니가 서울 처음 도착해서부터 사당동 오기 전까지 살았던 동네를 따라다니며 촬영도 하고 구술도 받았다. 용산 적산 가옥에 몇 집이 모여 살던 이야기, 남산 밑에서 색시 장사한 이야기도 거침없이 털어놓았다. 지금의 힐튼호텔 자리였다. 떠난 뒤 20여 년 만에 그 자리에 처음 와 보게 되었다면서 당시의 남산 순환길 근처에서 강냉이 팔던 이야기도 했다. 유일하게 큰 변화 없이 남아 있는 건물은 회현동 입구에 있는 파출소뿐이었다. 밤에는 색시 장사하고 낮에는 강냉이도 팔면서 돈을 좀 모을 만했을 때 양동이 강제 철거당해 사당동에 오게 되었다. 사당동 오기 전 한강 백사장에 갔던 이야기도 한강변에 서서 생동감 있게 해 주었다. 사당동 와서는 시장에서 노점도 하고 보험 외판원도 하고 파출부도 했다.

세 번째 생애사는 어린 시절 이야기부터 듣기로 했다. 할머니는 기억력이 좋은 편이어서 비교적 세세하게 어린 시절부터 선본 이야기, 결혼 과정 등등 그동안 살아온 삶을 가감 없이 구술해 주었다. 할머니 임대 아파트에서 연구자와 단둘이 앉아 구술 녹취를 하게 되어 더 세세한 생활사에 집중했다.

청진서, 예… 출생했지. 공부도 거기서 했고 결혼도 거기서 하고, 청진 본토박이죠. 여덟 살일 적에 학교 들어갔지. 학교 이름도 모르겠어. 한 반에 사십 몇 명이 있었지. 국민핵교 6년 다녔어. 졸업하자마자 4년제 고녀^{중고등학교} 졸업 맞고. 숙대 입학 원서를 넣었어. 핵교에서 추천을 해 주더라고… 내가 고런 말 하니까 우리 친정 아부지가 지지바계집애는 (외지) 안 보낸다고 난리 난리가 나는 거야. 딸은 서울 안 보낸다고 절대 못하게 하는 거야. 그래 타자 학원에 들어갔지. 하하. 타이비스토. 일본말로. 타이비스토 학원에 6개월 다녔어. 거기서 시험 쳤는데 내가 일등으로 되었어. 1분 동안에 스물넉 자를 했으니까. 일본 타자. 속기하고 그 두 가지를 해 가지고 전기 회사에 취직을 했지 청진전기회사… (중략)… 직장 갔다오니까, 우리 전도사님이 "야 금선아", "왜" 하니까 손님 왔다 그래서 "와 왜 무슨 손님이가" 하니까. 아 손님 왔대 이 방에 오라 그래. 나 안 간다고. 다들 눈치가 틀리니까 안 간다고 하니까 우리 전도사님이 와서 차만 먹으래. 시아버지, 시어머니 될 사람이 나를 볼라고 온 거야. 그래서 할 수 없이 전도사님이 말씀하시니까, 가서 차 한잔 마시고 내 방에 왔지…(중략)… (연애) 그런 거 하나도 몰랐어. 하하 시집가라 그래서 안 간다고 그랬더니 여자는 열아홉을 넘어서는 안 된다고, 열아홉 넘으면 스물이라 그러면 시집 못 가는 줄 알아요. 열아홉에 시집갔는데, 그때. 우리 결혼할 적에 우리 친정엄마가 화신백화점^{1931년 설립된 백화점으로 당시 유일한 백화점이고 서울에서 가장 높은 빌딩이었음}에 와 가지고 실패, 바늘 넣는 거까지… 많이 사 가지고 왔어요. 잘사니까 서울로 와서. 싱거 미싱까지, 그 담에 축음기. 벽시계도 가져가고 별거 해 달라는 거 다 해 줬어. 친정에서 큰딸이고 하니까이 이불은 뭐 여름 거 겨울 거 뭐 다 해 줬지 뭐. 옷도 하하. 양단 있고 의단 이런 것들. 옛날에는 그거지 뭐….

할머니가 기억하는 당시 친정이나 시댁의 여관은 모두 장사가 잘 되는 편이었다. 한반도에서 만주 쪽을 가려면 꼭 청진을 거쳐야 되는데 막차가 닿는 곳이 청진이어서 장사꾼들이 여관에 묵을 수밖에 없었다. 더구나 할머니네 여관은 청진역 앞에 있었다. 할머니는 당시 역전 풍경을 눈에 보듯이 선하게 이야기했다.

인대꾼일종의 호객꾼이 — 인대꾼이라 그래요. 그 사람들. — 이남 사람들 왔다. 기차가 왔다. 이쪽에 인대꾼들 쫙… 무슨 여관입니다. 대성여관입니다. 조선여관입니다. 막 이렇게 여관은 많아요. 여관이 많은 동네에요. 여관 대여섯 개 있었어요. 우리 집은 방 열여섯 개. 4호는 안 쳤고 열다섯 개지. 일 이 삼 오 이렇게 죽을 사는 안 쓰고. 아래 위층이니까. 우리 시어머니가 젊었을 때만 해도 사람 안 두고 나하고 둘이 했어요. 지금은 나이론 이불이니까이… 그렇지만 그전에는 광목. 광목이라 해 가지고 내가 순전히 청소를 다 하고 시어머니하고 둘이서. 사람들 잠깐 와 가지고 자고 가면 우리 시어머니가 하얀 이불 홑청을 떡 뜯어 가지고서는 한 번 빨라면 뜯어야 되지. 다댐이다듬이 해야 되지. 끌어매야 되지 할라면 다 해야 돼요. 우리 어머이 성질이….

그렇게 여관집 딸로 커서 여관집 며느리로 일상을 살던 금선 할머니에게 해방과 함께 소련군이 북쪽에 진주하면서 변화가 왔다. 1945년 해방이 되었을 때 딸 하나 아들 하나 낳고 비교적 안정된 생활을 누리고 있을 때였다. 북쪽에 진주한 소련군이 할머니 여관에도 드나들게 되었고 할머니 시댁에서 걱정이 돼서 당시 젊은 신혼부부였던 아들 내외를 남쪽으로 먼저 내려보내기로 한 것이다. 할머니는 그때 상황을 소상하게 기술했다.

딸을 스물하나에 낳았고 청진에서 우리가 여관 하니까 어떻게 했냐 하면 해방 이듬 해니까니. 저기 소련군이 마구 밀고 들어오더라고. 여관을 들어와서는 그 사람들 신발을 안 벗어요. 여기다… 장화를 이런 거 신었는데 장화를 훌떡 벗더니 그 사람들이 양말이 없어… 그러니까 붕대, 다리를 막 하얀 붕대 가지고 막 감아가지고 와서는 붕대를 풀고서 떡 들어와서 자고 또 신발 신고 막 들어오고… 우리는 손님을 받을 수가 없어요. 그냥 총 매고 댕기다 그냥 여관에 들어와 자는 거야. 그것만 하면 좋은데 여관에 들어와서 자빠져 자고 여자만 보면 "다와이 다와이" 하는 거야. 그러니까 내가 젊있으니까 해방 이듬해니까이. 스물다섯 살이 됐을 거야. 그래서 우리 시아버지가 이거 안 되겠다. 우리 며느리 뺏기겠다, 이남 나가자. 우리 시아버지 경상도거든, 경주. 우리 신랑 보고서 이남 나가자. 근데 나는 안 나간다 그랬어. 엄마 두고 아버지 두고 나 안 나간다 그러니까이, 친정 모르게 우리 친정 식구가 하나도 몰라 가지고 그 후에 나온 사람들에게 물으니까. 우리 엄마가 우리 집 와 가지고 그렇게 땅을 치고 울더래.

할머니는 친정 남동생들이 빨갱이어서 시댁에서 서둘러 남하시켰다는 사실은 세 번째 생애사 녹취에서 아주 자세하게 털어놓았다. 구술을 받는 사람이 누구인가 그리고 구술할 때의 사회적 분위기에 따라 구술 내용이 달랐다. 할머니는 워낙 눈치가 빨라 인터뷰를 시작하면 내가 원하는 것이 무엇인지 빠르게 감을 잡고 이야기하는 편이었다.

소련놈이 온 다음에 나를 반장을 시키더라고, 소련놈들 온 다음에. 그러니까 아침에는, 밥 하기 전에 한 바꾸 돌아야 돼요. 빨간 띠 두르고, "우리들은 붉은 기를 지키리라"* 이러면서, 남자들은… 딱 말 타고 여자들은 바지 딱 입고 운동화 신고 나를 반

---

* 〈적기가〉 후렴을 말한 것으로 보인다. 생애사 녹취할 때가 1991년쯤이었는데 이때까지 연구자는 이 노래가 어떤 노래인 줄 몰랐다. 〈적기가〉는 2004년 영화 〈실미도〉에 등장해 논란

184

장을 시켜 가지고 아침에 내가 댕기며 줄 서 가지고 기 들고 조그만한 기 하나 들고 그러게 한 바구 돌아요. 동네를, 돌아요. 나발 불면서리… 한 박자 한 박자, 그렇게 도는 거야. 하하하. 무슨 말 하면서는 했는지 자세한 것은 다 잊어버렸어. 하하. "어쩌구저쩌구 우리들은 붉은 기를 지킨다." 몰라. 그까지… 너무 오래돼서. 그렇게 한 바구 돌고서 들어와야 밥을 해 묵었어. (중략) 요놈애가 거거여 빨갱이여. 속된 말로. 아주 빨갱인 게 아니라. 소련놈들 앞잽이 하니까, 우리 동상이가. 그러니까 시아버지 말씀이 너 안 데려가면 여기서 처형되고 죽는다. 시집 식구 다 나가니까, 나가재요. 친정 보고 말하믄 다 총살 맞아 죽으니까. 동생 하나는 중학교 댕기고, 또 하나는 수산고등학교 댕겼어. 근데 가만히 보면 소련말을 배우고 이러니까. 우리 시아버지가 눈치 딱 차리고 야 안 되겠다. 니 동생이지만은 얘… 물 먹은 거 같으니까 나가자. 우리 잘못하면 총에 맞아 죽으니까. 그래 가지고 우리 시아버지가 안 가겠다는 나를 그냥 이레 끌고 온 거야. 함흥에 기차 타고 와서 빈 몸으로 함흥에 와서 야미배를 타더라고 야미배. 그래 갖고 몸땡이만… 이남 사람들이 만주에 장사를 가는데 청진여관에 와서 자고 가요… 그러니까 시아버지가 손님들과 이남 돈하고 빨간 돈당시 이북 돈 색깔하고 자꾸 바꾸더라구… 이북 돈은 빨간 거고 빨간 거 예를 들면 오천 원짜리. 이남돈은 지금 저기 회색깔이고. 여관하면서 우리 시아버지가 다 바꿔 났어. 이남 사람들이 와 가지고 청진 우리 여관에 들어야 만주로 들어가요. 그러니 바꿔 놓고 바꿔 놓고 이만큼 돈을 모아 났더라고. 통에 든 양털 이런 거 딱 빼고 된장을 넣더라고. 다른 건 다 안 가져가고 우리 시아버지는 고거만, 들고 오더라고. 가다 걸리면 된장 찍어 먹는다, 거짓말하고.

  그렇게 해서 시어머니와 시아버지까지 함께 남쪽으로 내려오게 되었다. 할머니 친정식구로는 유일하게 여동생이 월남했다. 그 사실도 모르고 있었

이 되면서 가사 내용이 알려졌으며 김일성의 애창곡이었고 북쪽에서 국가 다음으로 인기 있는 노래라는 것도 알려지게 되었다. 금선 할머니의 기억력이 좋음을 새삼 확인할 수 있었다.

는데 어느 날 남대문 근처에서 좌판 놓고 앉아서 "고기 사슈" 외치다가 우연히 자매가 만나게 되었다.

여동생은 나보다 더 빨리 나왔더라고. 걔는 남편이 철도청의 장이 됐거든. 그 사람들이 높은 사람들은 무조건 총살해요. 그래 나와 가지고서는 남대문시장에서 장사를 했어요. 난 거기서 바구니를 놓고 이렇게 소고기 장사를 했거든, "사모님 고기 사세요. 고기 좋아요." 그러는데 누가 "에휴 보던 사람 같은데" 그러는 거야. 그래서 "아줌마가 나를 어떻게 알아요? 나 이북 사람인데" 그랬지. 그랬더니 "이북 혹시 청진서 안 왔냐" 묻는 거야. 그러니께 "청진서 왔어요" 그랬지. "혹시 아부지 정정만 아니냐" 그러는 거야. 그래 "당신 어떻게 우리 아부지 이름을 알아요?" 그랬더니 "아이고 우리 아부지라고" 그러는 거야. 그때야 쳐다봤지. 그래 알았지. 걔 남편은 고향이 전라도여. 전라도에 살다가 여기 와서 조그맣게 남대문시장 끝에서 뭐 막 장사를 하더라고 장사꾼들 먹는 거 그 국밥 장사. 조그맣게 천막을 쳐 놓고 시장 입구에서 장사꾼들이가 배가 곯면 먹는 거 그런 거 하더라고… 여동생하고 남편하고 둘이서. 그러다가 남편이 철도청 경험이 있으니까. 철도청 다녔지. 예… 국 장사는 얼마 안 했을 거야.

그렇게 만난 여동생과도 자주 왕래하지 않았다. 여동생은 남편이 바람 피워 첩을 얻자 갈라섰다. 어렵게 살게 되어 정신이 없어 자매끼리 서로 자주 찾지도 못했다. 할머니 친정은 딸 둘에 아들 셋, 다섯 남매였는데 남동생과 친정 부모는 북쪽에 남고 딸 둘은 시집이 남쪽이어서 모두 내려온 셈이다. 이산가족 상봉이 시작되고 남북 관계가 해빙 무드였을 때 두고 온 남동생들이 어쩌면 러시아로 가서 살아 있을지도 모른다는 속내를 내비치기도 했다. 남동생들을 찾기 위해 이산가족 만남을 신청했는데 행방을 알 수 없다는 통보가 와서 생전에 동생들 만나는 것은 포기했다.

할머니는 남쪽에 내려와 고생한 이야기를 하면서 월남한 것에 대해서는 후회하지 않고 '자유'를 얻었다는 것을 꼭 강조했다. 이남에 대해 나쁜 소리를 하면 안 된다는 것을 일찌감치 터득해서 처음에는 동생들이 빨갱이 물 먹었다고 힐난하듯 말했는데 사회적으로 냉전 분위기가 약화되면서 할머니는 동생들이 어쩌면 소련에 유학갔을 것이라는 이야기도 했다.

이북서 빨갱이 됐지. 전쟁 안 났으면 이남은 못 나오니까. 나왔기 때문에 해방돼 가지고 자유… 이카지. 이북에 있었으면 그 사람들한테 얽매여 가지고 꼼짝 못하지. 또 똑똑해 가지고 반장급을 시켜 놨으니까. 뭐 그 사람들 밑에서 내가 놀아나는 거지. 난 애들이, 우리 동생 애들 둘 다 빨갱이하고 좋아하니까 애들 둘 다 총을 맞았던지, 죽었던지 그랬을 거야. 소련 사람을 좋아했으니까 소련에 간 거 같애 내 생각에는. 우리 여동생이 그런 말(확인 불가능) 하니까. 걔들 제동이는 소련 갔기 때문에… 왜 소련 갔기 때문에 없는 거 아니요. 서이나 죽었겠어요. 그렇잖우. 돌아가신 게 아니라 확인 불가능 왜 확인 불가능인가 이거야. 한반도 사나인데… 우리 동상 말은 그거야. 고놈들이 우리 말 안 듣고 그렇게 같이 가자고 그랬는데. 미혼이니까이 같이 나가자 그랬는데. 엄마 아부지 옆에 있어야 된다고.

할머니 가족이 임대 아파트로 이사한 뒤에 다시 한 번 생애사를 채록했다. 일흔아홉의 고령에도 불구하고 정정했으며, 혈압이 높아 구청 보건소에서 약을 받아먹고 있었다. 임대 아파트로 와서 할머니 가족은 따뜻한 물로 목욕도 할 수 있고 월세 때문에 이사하거나 그럴 일은 없어서 훨씬 안정적인 삶을 누리게 되었다. 할머니 가족이 이처럼 한곳에서 계속 살아 보기는 처음인 것이다. 할머니는 차츰 아파트 생활에 적응해서 아파트 통반장 노릇도 하고 그런대로 활발하게 움직였다.

하하하하 아이구 지긋지긋하게 살았어. 사람다운 일을 못해 봤어요. 밤낮 지지고…

없는 데서 살았어요. 밤낮 지지고 볶고 지지고 볶고 그렇게 산 거지. 사람다운… 이렇게, 그런 짓을 못해 봤어. 내일은 또 어딜 가서 뭐를 사다가, 뭐를 사다가 뭐를 팔아서 어떻게 해 가지고 저걸… 애들하고 뭘 어떻게 하겠느냐. 그걸로 살았지. 그때보다는 지금은 대통령이야. 아 그렇지? 그때 생각하면 지금은 대통령이야. 이렇게 구질구질하게 살면서도 대통령이라는데. (중략)

지금 내 나이 노인들 보니까, 공부 안 한 사람들 많습디다. 글씨 못 쓰는 사람 많더라고. 첫 달에 여기 와가지고 총무를 했거든. 할머니들이. 죽으라고 해도 죽으라는 것도 모르더라고. 여그 오니까이. 교회서도 서기고 여 와서도 총무고… 할머니들이 예… 내가 **빨빨**하다고 그런데, 내 작년에 내났어 총무를….

할머니가 세상을 뜨기 열흘 전쯤 생애사를 다시 한 번 채록하게 되었다. 연세가 여든 중반을 넘어서면서 기력이 조금씩 쇠하는 듯했지만 기억력은 여전했다. 그때 할머니는 고향 청진 이야기와 월남 당시 이야기를 좀 더 자세히 털어놓기도 했다. 또 그동안 이야기가 없었던 신학교 다닌 이야기를 했다. 장사 아닌 뭔가 다른 일을 해 보려고 발버둥 쳤지만 애들을 당장 먹여 살려야 해서 전도사 되는 꿈을 버리고 생활 전선에 뛰어들어 여태껏 산 것이다.

내가 신학교를 마흔한 살에 들어갔거든? 신학교를 마흔에… 공부를. 장사를 하다가 전도사나 된다고 야간 신학교 들어갔어요. 그러니까 마흔한 살에 들어갔으니까 서른일곱쯤 됐을 거예요. 서른일곱여덟쯤 됐을 거예요. 예… 하도… 지긋지긋해 살다가 전도사 노릇한다고 신학교 다녔는데 할 수 없이 그만두고 다시… (중략)… 너무 고생해서 허리 근대가 늘어났대요. 그냥 갑자기 자다가 일어나서 이불을 개는데, 삐끗하더라고 그래 종일 침 맞으러… 12월 12일날부터 댕기니까 1월달까지 침 맞으러 댕기라고 매일… 침 맞고 뜸뜨고 부항 붙이고. 노인이니까 잘 안 나아. 침도 많이 안 나 줘요. 내 오늘 아침에 쟤가 일 못 가니까 내가 야, 애 다섯(자녀 둘과 손주 셋)을 기르면서도 이렇게 니처럼 안 했다. 허리 아파서 아침도 지어 달라 그러고. 하하하하. 일 나갔어요. 오늘은. 아휴. 날이 따뜻하면 (일거리가) 있는데, 날이 이러니까이. 힘들어. 내 취로 사업도 못하고 십육일… 일하면 삼십이만 원 십일조 삼만이천 원 내고 나면 한 이십 몇만 원 이십 칠만 원 되지. 사는 거는 영주가 조금 보태고…

그러면서 오직 하루라도 빨리 털고 일어나 일을 해야 한다고 했다. 아파 누웠는데도 그날 내복 차림으로 아파트 문밖까지 나와 배웅을 하면서 "교수님 못 보고 가는 줄 알았다"는 말을 했다. 그때가 12월 말경이었다. 겨울철이라 공공 근로가 쉬게 되어 수입이 줄어들 것을 염려하며 열흘 뒤에야 공공 근로가 잡혔다고 걱정하던 할머니는 공공 근로가 다시 시작되는 날 세상을 떴다. 2007년 1월 할머니 나이 여든일곱이었다.

○○ 수일 아저씨: "여자 없어서…"

수일 아저씨는 중학교 2년 다니다 말고 공부하기가 싫어 중국집 배달 등을 하다가 열여덟인가 열아홉 때부터 건설 노동을 시작했고 평생 그 일을 했다. 지금 예순다섯의 나이에도 불러 주기만 하면 노동 일을 한다. 아저씨는 생애사 인터뷰를 세 번 했다.

첫 인터뷰는 조교가 사당동 살 때 그때까지의 직업사를 중심으로 했다. 중학교 2학년을 중퇴하고 선풍기 망 만드는 데서 일했지만 친구들과 어울리느라 별로 배우지도 못했고 6개월 정도 만에 나왔다. 월급은 작업복 등 옷 사고 차비 쓰고 밥 사먹고 나면 남는 게 없어서 집에 도움을 주지 못했다. 놀고 있다가 북창동에 있는 중국집 배달을 모집한다고 해서 취업했는데 사장과 싸우고 나오고 2~3개월에 한 번씩 옮기다 마침 그 근처에 일용 노동 시장이 있어서 건설 날일도 했다. 이때 양동 철거로 사당동에 이주하게 되었고 그때부터 건설 일을 주로 하게 되었다. 건설 현장에 따라다니다 스물둘에 입대했는데 데이트하다 입영 시간을 어겨 탈영범이 되기도 했고 헌병에 잡혀 군 복무를 더 연장해서 한 경험도 있다. 군 복무 끝날 때쯤에 결혼했다.

두 번째 인터뷰는 연변에서 온 아내가 도망간 뒤 연구자가 직접 하게 되었다. 세 번째 때는 건설 노동 현장을 다니면서 일자리를 찾는 중이었는데 건설 노동자로서보다는 월남한 가족이라는 점에 초점을 두고 인터뷰를 했지만 그 점에 대해서는 별 생각이 없다며 거의 이야기를 하지 않았다. 건설 노동하면서 아내가 없어 돈을 모으지 못했다고 그 점만을 애석해했다. 즉 야무지게 살림해 주는 아내가 없어서 목돈을 못 만들었고 그래서 건설 노동을 열심히 했는데도 오야지가 되지 못했다는 것이다. 수일 아저씨는 금선 할머니만큼 이야기꾼이 아니어서 생애사 구술이 간략했다. 그리고 할머니만큼 다양한 직업이나 직종을 경험한 것도 아니었다. 아저씨는 오직 건설 노동에 대해서 이야기할 때만 자신감을 드러냈다.

거의 열아홉 살 때부터 일했으니까 그게 이거야… 열아홉 살에 단독 올라왔는데 아시바 건물을 지을 때 건물 외벽에 계단을 설치해서 공사 인부들이 다닐 수 있게 만들어 놓은 것… 일본말… 한국말은 파이프고 그걸 해야 위험한 걸 올라가서 바깥에 매고… 그거 매는 거 거의 30년… 서울시에도 제가 한 거 있어요 시청 앞에 걸려 있던 청계 고가 보수 공사 때 사진… (중략) 중학교 그만둘 때 뭐 돼야지 그런 생각도 없었어요… 돈 좀 벌어야겠다… 돈을 벌어야 뭐 돈이 있어야 하지 구멍가게도 돈 있어야 하지 공사해도 돈 있어야 연장을 사서 뭘 하지… 회사에 뺑기칠해도 뺑기 사려면 돈이 있어야지. 공장서 조금 일하다 말고… 선풍기 만들고 하는 공장… 선풍기 돌리고 망 만들고 그런 공장, 용산… 길 옆에 있는 공장들에서 일했지 그러다가 건설 일은 자연히… 그때 그 동네가 건설하는 사람이 많았지… 건설 일은 금방 쉽게… 아유 많았죠. 집 짓는 거 많았

190

죠. 그때 방배동에 집 하나도 없었어요. 방배동에 집 싹 다 짓고… 방배동 우리가 다 지었어요. 반 이상… 거의 다 지었어요. 3분의 2를 지었어요. 하하하. 방배동 거기를 중점으로 해 가지고 싹 지었어요. 한참 집 짓느라고 파이프도 하고 뭐도 하고… 집 잘 팔렸어요. 그때 집 짓고 팔고 하면 돈 벌었지만 에이 돈이 있어야 하죠. 돈이 있어야 사람도 모으고 해야 집 짓지 돈 없으면 무슨 소용이 있어요. 방범은 잠깐 했어요. 1년 반, 잠깐 하고… 결혼은 스물셋에 일찍 했어요. 그러다 서른 몇 살에 헤어졌어요. (헤어진 지) 십 년 넘었지… 영주 아홉 살 때… 오래 안 갔지. 가정에 사람 있으면 술도 안 먹고 돈 모으게 되고 그러는데 난….

아저씨는 스물셋에 결혼했는데 그때 신부는 임신 8개월이었다. 신부는 사당동에서 술집을 하는 집 딸이었다. 결혼식은 했느냐는 질문에 "결혼식을 배가 이렇게 불러서 했다"고 했다. 큰아들 영주가 뱃속에 있을 때 결혼한 것이다. 할머니네가 사당동 판잣집(실제로는 진흙 블록집)을 팔게 된 것은 아저씨가 영주 엄마와 데이트하느라고 돈이 필요해서였다고 할머니는 "그 새끼가 내가 일 나가고 없는 동안에 집을 팔아먹었다"면서 집을 없앤 것을 늘 애석해했다. 수일 아저씨가 그 집을 날린 뒤로 할머니는 단 한 번도 월세를 벗어난 적이 없다.

그 판잣집을 처분한 돈의 일부로 수일 아저씨는 월세방을 얻어 독립했고 할머니는 입주 가정부로 들어갔다. 수일 아저씨는 영주 밑으로 3년 터울로 아이 둘을 더 낳았는데 아이들 엄마는 바람이 나서 집을 나갔다. 그때 아저씨는 건설 노동 외에 밤에 순찰 도는 부업을 하고 있었다. 통금이 있던 때여서 통금 시간 이후에 동네를 순찰하면서 '방범' 활동을 하는 것인데 꽤 괜찮은 자리였다. 방범 활동 시작할 때 커미션으로 30만 원이나 내고 얻은 자리였다. 당시 월급은 12만 원이었지만, 통행금지가 있었으므로 부수입이 상당해서 커미션까지 얹어 주면서 처가에서 소개해 주었다. 할머니 말에 의하면 이때 며느리가 남편이 밤에 집에 없는 동안 춤바람이 나 모든 살림을 다 팔아먹고 나가 버렸다.

어느 날 교회 신도들로부터 아들이 손주 셋을 데리고 거리에 나다닌다는 소리를 들었다. 그래도 아들에게 연락을 하지 않았다. 그런데 아들이 일을 나갔다가 공사장에서 떨어져 다리를 다쳤다는 소식을 듣고 찾아가서 데려오게 되었다. 부인이 집 나가고 애들 걱정 때문에 정신이 다른 데 쏠려 실수로 발을 헛디뎌 아래로 떨어졌는데 다행히 다리만 좀 다쳤다. 할머니는 손주들 셋이 손잡고 다니면서 배가 고파 남이 버린 사과 등을 집어 먹으며 다닌다는 이야기에 가만히 있을 수가 없었다. 수일 아저씨는 방을 빼서 생활비로 써 버려 애들 셋 데리고 시장 근처 여인숙에서 생활하고 있었다. 당시 막내 덕주 씨는 겨우 걸어 다닐 정도의 어린애였다.

사당동에서 할머니 가족을 연구하고 있을 때 할머니 가계부에서 굉장히 흥미로운 기록을 볼 수 있었다. 할머니는 기록을 매우 잘하는 사람이었다. 모자란 생활비에도 불구하고 항상 가계부를 썼고 매일 수입과 지출에 대한 기록도 세밀하게 했다. 그런데 그 가계부 한 귀퉁이에는 아들 수일 아저씨가 여자를 돈 주고 산 날이 빨갛게 표시되어 있었다. 할머니가 가계부를 보여 주었을 때 빨간 표시가 있어 물었는데 서슴없이 "아들이 여자를 산 날"이라고 했다. 할머니는 당신 아들이 돈 주고 여자를 사는 것이 가계 수입과 지출에 관계되어 있기 때문에 가계부에 표시를 해 놓은 것이었다. 마누라가 없으니까 여자는 필요하고 돈 주고 사는 것이 당연하다는 어투였고 마치 한 끼 식사를 해결하고 식사비를 써 놓은 것처럼 지극히 사무적인 일처럼 기록되어 있었다. 이러한 표시는 아마도 아저씨가 연변에서 부인을 맞이할 때까지 계속되었던 것 같다. 상계동에 이사 온 뒤에도 가계부를 볼 수 있었는데 여든이 넘은 뒤에는 너무 힘들어서 못 쓴다고 했다.

사당동에서 현장 연구하던 시절에는 아저씨는 성실하게 일해서 비교적 노는 날이 없었다. 일기불순 등으로 건설 일이 불가능한 날만 빼면 아저씨는 하루도 빠짐없이 일을 하는 편이어서 사당동에서는 가장 노동일이 많은 일용직 노동자였다. 사당동 현장 연구 때 기록을 보면 1986년 3월부터 1987년 2월까지 아저씨가 1년간 일용 건설 노동을 한 총 노동일은 176일이다. 이는 할머니가 매일 기록한 생활 기록부를 참고로 작성한 것이다. 매우 정확하게, 일을 한 경우 1만 3,000원짜리인지 1만 1,000원짜리인지 또는 5,000원짜리인지도 기록해 놓고 노동 시장에 나갔는데 일을 못 구한 경우대마찌와 일기불순으로 쉰 경우까지도 구분해 기록했다. 건설 노동 외에 취로나 고물상 등의 노동을 한 날까지 합하면 1986년 3월부터 1987년 2월까지 아저씨는 일 년 365일 중 204일을 일한 것으로 나와 있다. 겨울에는 건설 일이 없기 때문에 고물 수거 등의 일을 했다(표1 참고). 아저씨 스스로 일을 하지 않은 날은 하루도 없다고 해도 과언이 아니다. 평균 월수입은 19만 208원으로 1988년 당시 비농업 부분 상용 노동자 임금 44만 6,000원에 비하면 턱없이 낮다.

아저씨가 일을 얻는 곳은 사당로의 일명 '로터리'라는 일용 건설 노동 시장이었고 아저씨는 일용 건설 노동 시장이 열리는 3월 초부터 로터리에 나와 일을 시작해 12월초 노동 시장이 서지 않을 때까지 계속 이곳에서 일을 얻었다. 이 기간 중 비가 많았던 6월과 8월을 제외하고는 한 달에 20일 가까이 일했다. 12월 중순 이후에는 건설 노동은 일자리가 없어져 임시방편으로 취로 사업, 고물 장사 등의 생계 수단을 찾아 나섰으나 이렇게 해서 벌어들인 수입은 11만 4,000원에 불과했다. 실제 12월에서 다음 해 2월까지 건설 노동 외에 취로 사업 20일, 고물 장사 8일을 했다. 아저씨가 1년 동안 건설 노동을 한 날은 월평균 17일 정도며 나머지는 일기불순이나 개인 사정으로 일을 못해 쉰 날이거나 일거리가 없어 공을 친 날이다. 아저씨가 일용 노동으로 벌어들인 연간 총수입은 216만 8,500원이며 여기에 취

표1. 수일 아저씨의 노동일 (1986.3 ~ 1987.2)

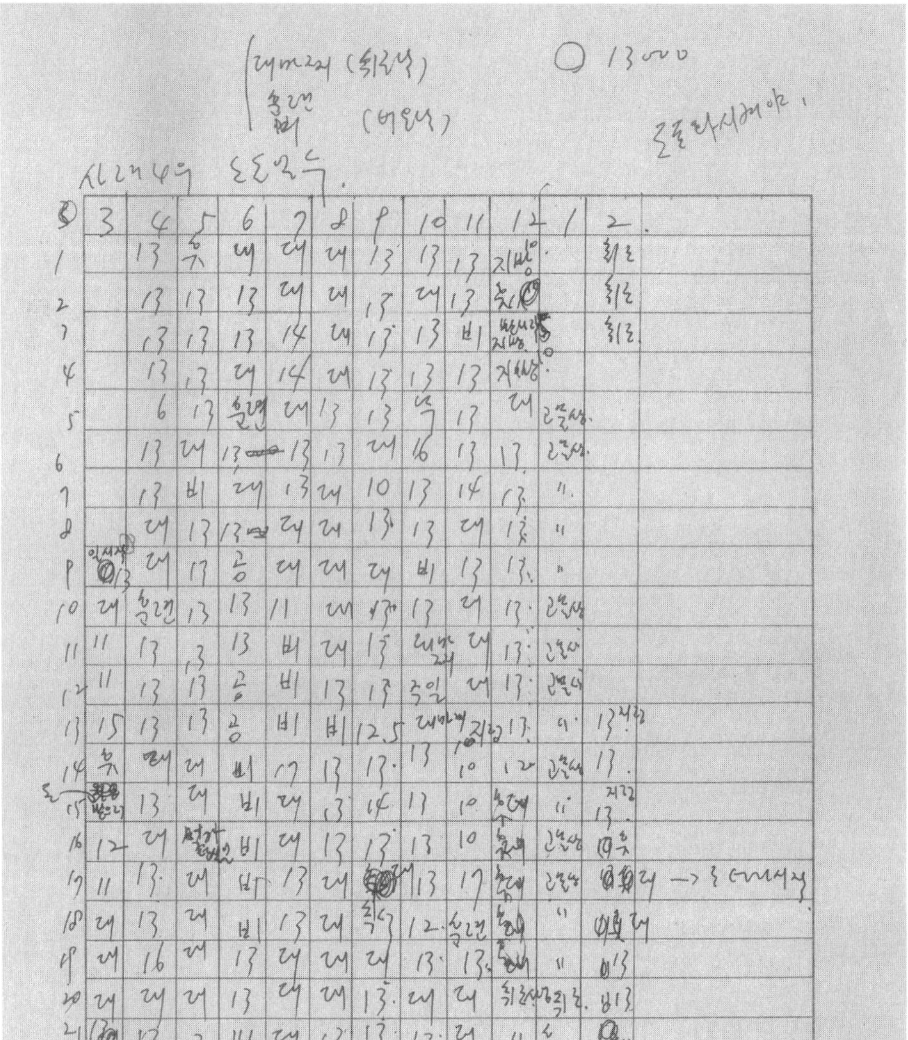

	3	4	5	6	7	8	9	10	11	12	1	2			
26	13	4	13	13	24	13	13	24	10	7	8½½				38
27	13	84	13	16	18	4	12	24	20	4	8½½				
28	11	4	13	13	13	4	24	103	20	7	8½½				
29	13	13	17	2½	13	4	24	17	10	11	8½½				
30	13	13		2½	13	24	13	16	10		8½½				
31	13		13		13	24	X	⊗	X	⊘	8½½				

$$\frac{218}{605}$$

3A	이노	17½	13×11=156,000, 11×4=44,000 +27,000			227,000
4A	이노	20½	13×18=234,000 6,000+16,000=22,000			256,000
5A	11	20½	13×20=260,000			260,000
6A	이노	15½	13×11=143,000 + 28,000			171,000
7A	이노	16A	13×10=130,000 + 88,000			218,000
8A	이노	11A	13×10=130,000 + 17,000			147,000
9A	이노	22A	13×18=234,000 + 48,500			282,500
10		20A	13×16=208,000 + 58,000			266,000
11	2노	18A	13×9=81,000 + 81,000			172,000
12	이노	12+10	13×A=105,000 + 10×45=45,000			149,000
1	204 6	8×3=24,000 + 10×9=31,500				오,000
2	5+3	13×5+3×45=6,000+13,500=				55,500

이 204½. (이 5)2046 2½ 28½

2 (3   둘째 2052100 2168.

둘째 171008..

9 60			2168 6005	
265,2100			2767,000	
221,000	146+2²	204 ½ ÷12=174.		704,02,00
	204 ½ ÷12=174			52,8000

로 사업, 고물 장사를 나가 번 돈 11만 4,000원까지 합치면 1년에 벌어들인 수입은 총 228만 2,500원이 된다. 이 수입을 12개월로 나누면 월평균 19만 208원이 된다. 한편 월평균 지출은 30만 원 이상이라 나머지는 할머니 수입으로 보충한다. 수입이 별로 없는 12월의 아저씨 가구의 지출을 보면 총 생활비가 30만 3,500원으로 월평균 수입을 초과한다. 이 중 식비가 52.2%를 차지하며 주거비가 9.9%를 차지한다. 주거비가 다른 가구에 비해 낮은 것은 재개발로 월세가 오르지 않았기 때문이며 또한 아이들이 셋이어서 식비가 차지하는 비율이 워낙 높기 때문이었다.

수일 아저씨는 사당동이 철거된 뒤 1989년부터 1992년까지는 한동안 사당동의 공구리 오야지 유 씨 밑에서 공구리 일을 하거나 일일 인력 시장 로터리에서 일을 했었다. 사당동의 공구리 오야지 유 씨는 그때 공구리 일로 몇 억을 벌어 다른 일을 시작했지만 아저씨는 그런 기회를 한 번도 잡지 못했다. 다행히 1992년부터 1999년까지 청계천 고가 도로 보수 작업에 참여하여 아시바 등 주로 철근 작업을 하게 되었다. 그때 작업반장으로 30여 명을 데리고 일꾼들 술을 사 주면서 관리를 할 만큼 잘 나갔다. 당시 수입이 200만 원을 넘을 정도였는데 수일 아저씨는 그때가 한창이었다며 자기 팀이 철근 작업하는 사진이 시청 앞에 걸려 있었다는 이야기를 자랑삼아 했다. IMF가 터지고 건설 경기가 침체되면서 큰 공사는 거의 따기가 어려웠고 그때부터 아저씨는 일자리를 스스로 찾아다녀야 했다. 아저씨는 상계동에서 비교적 가까운 미아리 근처 삼양시장 아파트 공사장에서 철근 일을 계속했지만 쉬는 날이 많아졌고 자신이 직접 철근을 판매하는 곳의 사무실을 찾아다니며 일자리를 구해야 했다.

아저씨는 임대 아파트에 최소한 독립된 방 한 칸의 공간이 확보되자 적극적으로 부인 찾는 일을 시작했다. 그리고 연변에서 부인을 데려올 수 있었던 것은 바로 임대 주택이지만 자기 집이 있고 단칸방이 아니었기 때문에 가능했다. 아저씨가 연변에서 데려온 부인과의 결혼 생활은 1년도 되기 전에 파경을 맞았다. 아저씨는 결혼을 하기 위해 두 번이나 중국을 다녀왔으며 결혼 예물 등을 포함해서 총 경비가 2,000만 원 이상 들었다. 그 때문에 아저씨는 빚을 1,000만 원 정도 졌다. 연변 며느리가 나간 뒤 금선 할머니는 기회만 있으면 이웃에 좋은 색시 있으면 '불쌍한' 자기 아들한테 소개해 달라는 말을 하고는 했지만 할머니가 세상을 뜰 때까지 그런 일은 일어나지 않았다. 할머니가 세상을 뜬 뒤 얼마 안 되어 아저씨는 여자를 만나기는 했다. 아저씨와 같은 아파트 같은 동 7층에 혼자 사는 아주머니와 동거에 들어갔는데 은주 씨는 그분을 절대 어머니라고 못 부른다면서 언니라고 불렀다. 이혼한 여자였고 건강이 안 좋은 듯했다. 은주 씨 말로는 간질 환자인 것 같다고 했다. "갑자기 길거리에 누워서 거품 물고 있는 것을 봤다"면서 "그런 여자 아니면 우리 아버지랑 살겠어요?" 했다. 아저씨는 당시 허리가 아파서 계속 일을 못 나가고 있었고 신혼인 영주 씨 내외와 지내는 게 불편한지 그 집에서 지내고 있었다. 그런데 얼마 지나지 않아 그 아주머니가 세상을 떴다. 사인은 폐암이었다. 아저씨는 다시 혼자가 되었고 짐을 챙겨 원래 아저씨 방으로 돌아왔다.

아저씨와 살던 아주머니가 세상을 뜬 뒤 전혀 예상치 않은 일이 생겼다. 장례식을 치르고 난 후 바로 그 아주머니의 아들이 계모와 함께 경찰을 데리고 아저씨 집에 와서 1년 전에 자기 엄마가 아저씨한테 준 컴퓨터를 내놓으라고 윽박지른 것이다. 결국 아저씨가 한 달 안에 컴퓨터를 반환하겠다는 약정서를 경찰관 앞에서 쓰게 되었는데 그 컴퓨터는 이미 오래전 폐기 처분한 뒤였다. 은주 씨는 경찰이 자기 집까지 와서 뒤졌다고 하면서 용산전자상가에 그 컴퓨터를 알아보러 다녔는데 워낙 오래된 모델이라 사기도 힘들고 어떻게 해야 할지 모르겠다면서 공포에 질린 목소리로 도움을 요청했다. 불암파출소에 가서 담당 경찰관을 찾았는데 4교대여서 그날 출

세상의 가난, 가난의 세상_____197

근을 안 했고 사건 일지를 찾아봤으나 기록이 없는 것으로 미루어 정식 사건으로 접수되지는 않은 듯했다. 절도 사건으로 몰아가려고 하는 듯한데 경찰이 보기에 그렇지 않아서 접수는 안 하고 아저씨한테 반환증을 써 주도록 한 모양이었다. 반환증을 써 줬기 때문에 은주 씨는 금방이라도 경찰이 자기 집에 들이닥칠지도 모른다고 걱정을 하고 만약에 그 일 때문에 무슨 일이 생기면 자기는 '죽고 말 것'이라고 몹시 걱정을 했다. 은주 씨가 경찰서에 간 것은 그때가 처음이어선지 몹시 겁을 먹었다.

그 아주머니 아들은 고등학교 1학년이었는데 매우 공격적이었다. 은주 씨를 도와주려고 컴퓨터를 구해 줄 테니 모델명이라도 알려 달라고 내가 전화했더니 "컴퓨터 문제는 양 집안 간의 문제니까 빠지라"고 이야기했다. 심지어 "동국대 교수라면서 바쁜데 왜 이런 일에 간섭하냐, 당신이 보호자냐" 등등의 이야기를 당돌하게 했다. 그 아들은 부모가 이혼한 뒤 재혼한 아버지 집에서 학교를 다녔고 가끔씩 어머니한테 왔는데 어머니가 수일 아저씨와 동거한 것에 못마땅해하면서 어머니 생전에도 아저씨를 제대로 호명한 적이 없었고 컴퓨터 내놓으라고 할 때는 아저씨를 할아버지라고 지칭하기도 했다. 컴퓨터를 받는 것보다는 다른 감정이 개입해 있는 듯했다.

아저씨는 아주머니가 병원에 입원했을 때 처음에는 극진히 간호했지만 아주머니의 전남편이 나타나면서 자주 안 가게 됐고 결국 장례식에도 안 갔다. 덕주 씨는 "아버지가 새어머니에게 기본적인 도리를 못했다"면서 "내가 생각해도 그건 화가 날 것 같애. 아빠가 잘못했어, 실컷 데리고 살다가 아프니깐 헤어졌잖아. 병원에 있을 때도 문병도 안 가고"라고 아버지에 대해 언짢아했다. 은주 씨가 "돈이 없어 못 갔다"고 하니깐 덕주 씨는 "5만 원만 있어도 되는데"라면서 "컴퓨터 땜에 그런 게 아냐"라고도 말했다. 은주 씨가 컴퓨터를 사 줘야 한다고 생각하는 데 비해 덕주 씨는 그런 생각을 안 하는 듯했다. 은주 씨는 한동안 이 문제로 골치를 앓았고 경찰들이 올까 봐 안절부절못했는데 이 사건이 끝난 뒤로 경찰이 조사 나온다든가 하는 문제에 훨씬 대범해졌다. 그런데 아저씨가 문상을 가지 않은 것은 돈 때문도 마음이 가지 않아서도 아닌 듯했다. 수일 아저씨는 그 아주머니의 전남편이 나타나서 장례 절차와 병원 뒷정리를 하고 있는데 거기에 갈 수는 없었던 듯했다. 아저씨는 그 일에 대해 "참…" 하는 말 외에는 입을 다물었다.

○○○ **영주: "꿈은 많았어요"**

영주 씨는 이 가족 중에 직업과 일자리를 가장 자주 바꿨다. 되고 싶은 것은 많았지만 될 수 있는 것은 별로 없었다. 어렸을 때 꿈이 무엇이었냐는 이야기로 첫 인터뷰를 시작했는데 "어렸을 때 뭐 해야 되겠다 꿈은 많았는데…"로 응수했다. 그러고는 "정치 쪽 국회의원, 군인, 특히 경찰이 하고 싶었는데…"라면서 한국 사회에서 힘있어 보이는 직업을 열거했다. 영주 씨는 생애사 인터뷰를 여러 번 했지만 거의 모범 답안에 맞추듯 응하고 속내를 잘 드러내지 않았다. 임대 아파트로 온 뒤에 인터뷰를 했을 때는 "그래도 사당동 살 때 재미있었다"고 말했다. 초등학교 졸업하고 할머니와 아버지가 중학교 가지 말고 바로 돈 벌라고 해서 "완구 공장에 취직했었다"는 이야기도 아무런 표정 없이 했다. 완구 공장 사장이 너무 어린애가 일하는 게 안쓰러웠는지 공부하라고 야간 중학교에 보내 줘 '주경야독'을 한 셈이라고 문자까지 썼다. 고등학교도 야간에 "산업체 학교를 다녔다"고 마치 남의 일 이야기하듯이 무표정하게 했다.

두 번째 인터뷰에는 같은 또래의 대학원생 조교를 보냈는데 그동안 살아온 이야기를 하면서 힘들었음을 내비쳤지만 "난 한 번도 우리 집을 원망한 적은 없거든요. 원망 안 해요 우리 집은… 없어도 그래도 웃음꽃이 피고 믿음으로 나아가니까 절대 원망하진 않아요"라고 인터뷰를 끝냈다. 할 수 없이 세 번째 인터뷰는 한참 시간이 흐른 뒤에 훨씬 친숙해진 동갑내기 촬영 조교를 보냈다. 그때 나이 스물다섯쯤 되었을 때다. 이때야 약간 속내를 드러냈다. 신학교에 다닐 때였다. 안 해 본 것이 없을 만큼 많은 직종의 일을 거쳤다고 털어놓았다. 초등학교 다닐 때 신문 배달도 했고 중학교 때는 극장에서 인기 있는 영화표를 미리 사 두었다 시간에 맞춰 오는 관람객에 되파는 암표 장사도 했다. 이때 영주 씨는 사당동 살 때의 어려움과 학교 다닐 때 매 맞은 일까지도 진솔하게 털어놓으면서 처음으로 눈물을 보였다. 엄마에 대한 회한도 드러냈다.

집에 가면 산동네라서 그 서민들의 아픔과 그 참… 제가 아직도 생각이 나요. 물 뜨려고 어렸을 때 물을 이렇게 양쪽으로 — 보셨죠? — 그런 물 뜨고, 어렸을 때부터 옆에서 도와주고. 이제 제 기억으로는 또 이제 연탄도 제가 많이 날랐던 거 같아요 어렸을 때. 또 운동도 어렸을 때 오르락내리락 산동네를, 산 24번지 참 높은 산이었거든요. 산 24번지에서 17번지 이렇게 쭉쭉 내려오면서…(중략)…
어렸을 때 순 설움만 당한 거 같아요. 그렇지만 난 또 오히려 그냥 넘기고 넘기고. 진짜 누구한테… 하소연을 못 하겠더라구요. 한번은 친구를 사귀었는데 음… 모르겠어요, 그런 친구들만 어떻게 만나게 되었는지. 이제 친구가 국민학교 1학년 때 선생님한테 한 번 맞았어요 손바닥을. 어 너무나도 무서운 거예요 학교가. 입학하자마자 맞았는데. 깍두기 공책 그걸 제가 준비를 못 했는데, 누가 신경 쓰는 사람도 없었고… 맞았는데 거기서 제가 얼었어요. 선생님이 공책 사 오라고 그러는데 얼어 갖고 예 알겠어요 나갔는데 나오자마자 막 뛰었어요 혼자… (중략) 어머니가 이제 교무실 밖에서 찾아오셔 갖고… 기분이 참 묘하더라고요. 어렸을 때 그 〈엄마 없는 하늘 아래〉하고 똑같더라구요. 아 그거 기분 참 이상해요 막. 〈엄마 없는 하늘 아래〉 그 영화랑 비슷하더라구요. 근데 엄마의 무릎에 딱 나를 앉히고 우윤가 요쿠르트를 먹이면서 딱 앉았는데, 되게 어색하더라구요. 나가기는 갓난애기 때부터 나가 가지고 국민학교 뒤늦게 와 갖고 참… 감은 오더라구요. 엄마라는 감은 오는데 거참 묘하더라구요.

영주 씨의 네 번째 인터뷰는 아저씨의 연변 부인이 떠나 버린 뒤에 했는데 그때 떠난 연변 아주머니를 '새엄마'라고 칭하면서 새엄마가 오는 날 아버지와 함께 공항을 갔을 때를 술회하고 "잘되기를 바랐다"면서 모범 답안을 찾듯이 애써 말을 이어 갔다.

처음에 온다 그래서 그날 아버지가 잠을 못 잤어요. 내일 김포공항 간다 그래 갖고 (아버지가) 사진을 딱 보여 줬어요. 저한테… 김포공항 가자고 했을 때 같이 갔거든요. 동생들하고 갔는데 아버지가 못 찾는 거예요. 사람들이 다 내렸는데 안 왔다는 거예요. 그런데 공항에서 나오는 사람들 모니터에서 사진하고 똑같은 사람을 봤거든요. 그래서 저 사람 아닌가 해서 데려가려니까 아버지가 아니래요. 맞는 것 같은데… 그래서 아버지를 끌고 갔죠. 그때야 맞다고 그러더라구요. 김포공항에서 어머니하고 아버지 둘이 만나서 손잡는데 보기 좋더라구요. 그전에도 그런 경우 몇 번씩 있었지만 그때는 제가 마음에 안 들었었어요. 사춘기여서인지 몰라도 싫었어요. 근데 이번에는 아버지가 좋아하시기 때문에 나도 참 좋았어요. 그래서… 상계동까지 택시를 타면서 제가 처음에 한 말이 한국 땅 좋죠, 이 말을 하면서… 가정 간에 화목하기를 원했는데, 근데 온 분은 좀 혼자 있는 걸 좋아하고 혼자 고민하고 그런 게 많더라구요. 그래서 타향에 왔기 때문에 그런 거구나라고 생각했어요. 또 중국에 있는 식구들을 보고 싶어 할 거고. 그렇게 넓게 생각을 했는데, 시간이 지날수록 아니더라구요.

그때 영주 씨는 제대해서 태권도장에서 아이들에게 태권도를 가르치고 있었다. 공고 자동차과를 나온 영주 씨는 자동차 정비업소에서 자동차도 고쳐 보고 색칠 작업도 해 보았지만 오래 붙어 있지는 못했다. 단무지 공장 같은 데서 아르바이트하다가 미용 학원을 다녀 미용사 자격증도 땄지만 한 2년 일하다 그만두었다. 남대문에 있는 텐트 가게에서도 일했고 인쇄소에서 일했고 뿔대^{막대기} 만드는 공장에서도 일했고 그야말로 안 해 본 것 없이 다 해 봤다. 직종도 다양했다. 군대 가서는 취사병도 했고 이발병도 했다.

영주 씨는 수없이 많은 일들을 전전하다가 어느 날 큰 결심을 했다. 신학교에 가서 목회자의 길로 들어서겠다는 것이었다. 영주 씨는 1994년 추운 겨울에 막노동으로 등록금을 모았다. 약간 모자란 돈은 누가 도움을 주었다. "다 하나님의 뜻"이라고 했다. 영주 씨가 다닌 신학교는 종로 뒷골목 5층에 있었는데 1층은 카페, 2층은 노래방이었다. 무허가 신학교였는데도 영주 씨는 "여기 와서 너무 좋아요. 서울대학교보다 좋고"라면서 즐거워했고 을지로에서 일을 마치고 저녁 8시면 신학교로 가서 열심히 공부했다. 아버지는 정비 공장에 다녀 돈을 더 벌기를 원했으나 할머니는 영주 씨의 장래를 생각해서 신학교 다니는 것을 지원했다.

영주 씨는 신학교를 졸업해서 전도사가 되는 것이 꿈이었다. 그때 은주 씨가 둘째를 낳아 할머니 집에 와 있어서 영주 씨가 논문을 쓸 동안이라도 작은 방을 얻어서 나가 있고 싶다고 했다. 이 집의 친구처럼 지내게 된 나는 영주 씨가 논문 쓰는 잠깐 동안이라도 자기 공간을 가질 수 있도록 약간 지원해 주게 되었다. 사실 할머니 아파트에는 어른 다섯에 은주 씨의 아이들 둘, 모두 일곱 명이 누우면 움직일 틈도 없었다. 영주 씨는 어렵사리 신학교를 졸업했다. 졸업 당일까지 마지막 등록금을 못내 졸업생 명단에 이름을 올리지 못했다. 나는 그 졸업장이 별 쓸모가 없으리라는 것을 알았지만 졸업장을 받을 수 있도록 마지막 등록금을 내는 일에 도움을 주었다. 이 집에서 화이트칼라로 진출하는 사람이 나온다면 영주 씨밖에 기대할 데가 없었다. 그때까지는 영주 씨가 어쩌면 화이트칼라로 진출하는 것이 가능할 수도 있지 않을까 생각했다. 그러나 영주 씨는 신학교를 졸업했을 뿐, 원하던 전도사 일은 얻지 못했다. 영주 씨가 다닌 신학교는 무허가 신학교였고 전도사나 목사가 되는 데 아무런 도움이 되지 못했다. 졸업식 날 사각모 쓰고 사진 찍고 그 사진을 벽에 걸어 놓은 것으로 만족해야 했다.

체육관 사범이 되고자 다른 일 하면서 체육관을 다니던 때 다섯 번째 인터뷰를 했다. 그때까지도 전도사에 대한 미련을 못 버리고 성경 공부를 하러 다니기는 했다.

아침에 7시 50분… 여기서 한 8시… 동대문까지 지하철로 그래서 거기에 도착을 하면 8시 45분. 일 시작이 9시부터이고 일 끝나는 시간은 6시 30분, 6시 40분… 공부 시작이 7시 반이에요. 성경 공부가. 끝나면 9시예요. 그럼 9시부터 10시 반까지 운동을 해요, 체육관에서. 그럼 집에 오면 11시… 토요일도 일하고 일요일은 교회 가고. 쉬는 날은 거의 없죠. 바쁘죠. 에… 다른 일은 운동밖에. 저는 운동하고요 성경 공부하고요 그럼 만족해요… 음… 운동은 체육관 가서 운동은… 골고루… 골고루요. 주로 그냥… 태권도하고 택견… 택견하고… 음… 취미 생활은 그것만. 체육관은 제가 사범이기 때문에 싸게. 일 년치를 다 줬어요. 아… 지도자기 때문에 일 년 안에 그거를… 마스터를 해야 돼요. 마스터를 해야 하는데… 마스터를 못하면 안 되거든요. 그런 조건하에… 다른 일반인은 한 달에 10만 원인데 저는 일 년 해서 50만 원을… 내고 예. 그렇게 일 년 하면서 체육관 선생님 자격을 따기 위해서 자격증을 따고 나면 체육관 선생님이나 뭐 사범을 하려고. 그럼 체육관을 할 수도 있고…

영주 씨는 그렇지 않아도 직장을 자주 옮기는 편인데 IMF가 터지면서 직장을 더욱 자주 옮겨야 했다. 다른 일을 못 찾아 건설 현장에 나가서 일용 건설 노동을 하게 되었다. 건설 경기의 침체로 일자리가 많지 않았지만 그래도 건설 일이 비교적 쉽게 구해졌다. 아버지가 하던 건설 일은 안 하고 싶어서 버텼지만 어쩔 수 없었다. IMF 영향은 일용 건설 노동자들에게는 아무런 완충 지대 없이 직격탄으로 떨어지는 듯했다. 아파트 건축 현장의 철근 일은 IMF 전에는 일당이 9만 원 정도였으나 IMF가 나면서 7~8만 원 정도로 떨어졌다. 하지만 건설 노동도 일자리 얻기가 쉽지 않았다. 학교 선배의 소개로 선배 친구가 운영하는 세차장 겸 정비소로 옮겼다가 다시 상패 만드는 일로 옮겼다.

그리고 1년 반쯤 태권도 사범을 하다가 그만두었다. 사범을 하려면 아이들을 집 앞에서 픽업해 주어야 하고 그러려면 운전면허가 있어야 하는데 영주 씨는 운전면허가 없어 그 태권도장에 더 있을 수 없었다. 결국 다시 도장 파는 곳에 취직했다.

도장 파는 일을 한 지 5개월 되었을 때 인터뷰를 하게 되었다. 그전에는 을지로 상패 만드는 데서 가장 오래 있었던 셈인데 4년 정도 일했다. 청계천 복원 공사가 시작되면서 작은 공장이나 가게들이 문을 닫았다. 도장 파는 데는 비교적 안정적이라고 했다. 고용인이 영주 씨 포함 세 명인 작은 업체다. 주인은 두 명이고 가족들끼리 사장을 바꿔 가면서 하고, 도장은 기계로 파는데 인터넷이나 전화로 전국에서 주문을 받는 그런 곳이다. 길가에서 도장 파는 것과는 달리 하루에 몇백 개씩 나간다. 많이 나갈 때는 하루에 한 육백 개 주문 들어오고 영주 씨도 하루에 오륙백 개 정도 판다. 한 명은 컴퓨터로 제작하는 사람이고 영주 씨는 기술적으로 파는 일을 하고, 또 한 명은 그냥 전화받고 상담, 주문받는다. 개인(주문)도 있고 단체(주문)도 있고 군대서도 주문 오고 절에서도 오고 전국에서 온다. 인주 찍는 도장도 있고 인주가 필요없는 도장도 있고 제품은 여러 가지다. 돌도 있고 나무도 있고 옥도 있고 할 게 많아 평생 직업이라고 생각하고 하는 데까지 도장을 하고, 다음으로는 (무술) 체육 쪽을 했으니까 그 꿈도 못 버리고 있다고 했다.

지금만 있으면 꿈이 체육관 차리는 것이다. "집에 생활비 도와주느라 돈 모은 게 없다"고 아쉬움을 표하기도 했다. 신학 공부한 거는 평신도로 공부만 한 걸로 생각하고 그쪽에서 일할 생각은 접은 듯했다. 그전에는 목회를 하려고 했는데 당장 집이 어렵기 때문에 교회 쪽 가서 일하는 것은 고려할 환경이 아니라는 것을 깨달았다고 했다. 앞으로 체육관이든 도장이든 뭘 하나 차리는 게 꿈이다. "뭐, 되든 안 되든. 결혼을 하려고 해도 뭘 하나 차리고 가려고 한다. 돈을 많이 못 벌어서… 거의 다 벌고 쓰고 해서… 벌어 놓은 게 없다"고 했다. 영주 씨는 할머니에게 번 돈을 다 갖다 주고 용돈을 타서 썼다. 당시 월수입은 70만 원이었는데 할머니한테 다 가져다 드리고 용돈으로 35만 원을 받았다. 나머지는 할머니가 생활비로 썼다.

영주 씨는 다시 자동차 정비공으로 취직했다가 곧 그만두었고 동네에 있는 전기요 만드는 공장에서 일하고 오토바이 배달 서비스도 했다. 그런 와중에 할머니가 돌아가셨다. 할머니가 돌아가신 뒤 6개월도 안 되어 영주 씨는 결혼을 하게 되었다. 동네 전기요 만드는 공장에서 알게 된 필리핀 이주 노동자가 소개했다. 싱가포르에서 가사도우미로 일하는 사촌^{커즌}이라고 소개해 주었는데 알고 보니 사촌이 아니었고 필리핀 사람들은 그저 아는 고향 친구 정도를 커즌이라고 하는 듯했다. 그렇게 소개받은 필리핀 여성과 전화 데이트를 하게 되었고 결혼을 결정하게 되었다. 집안에서는 모두 반대했다. 아저씨가 연변에서 온 여성과 결혼해서 빚지고 끝이 안 좋았던 경험 때문에 아저씨뿐 아니라 덕주 씨, 은주 씨 모두 반대했다. 그러나 영주 씨는 아랑곳하지 않고 결혼을 밀고 나갔다. 국내에서 결혼할 상대를 만나는 것이 쉽지 않다는 것을 알았는지 아저씨가 반대하자 "그럼 혼자 살라는 말이냐"고 반발하면서 결단을 내 버렸다.

영주 씨는 결혼 후에도 몇 차례 더 일자리를 바꿨다. 보일러 수리, 판금, 자동차 수리 등 여러 일을 했다. 한번은 영주 씨가 일주일 전부터 계속 연구실에 찾아오겠다고 했다. "직장이 동대문 근처에 있어 아무때나 들릴 수 있다"고 전화를 해 왔다. 그런 일이 별로 없었는데 거의 하루에 한 번씩 시간이 되냐고 전화를 해 와서 '무슨 일이 있다'는 생각을 하긴 했지만 시간을 낼 수 없어서 몇 차례 연기를 하다 점심이나 같이하자고 며칠 뒤로 약속을 잡았다. 처음에는 순간적으로 결혼 생활에 혹시 문제가 생겼나 생각했는데 그건 아닌 것 같았다.

학교 앞 지하철역 파출소 앞에서 12시에 만나기로 하고 나갔는데 영주 씨 옷차림을 보고 놀랐다. 양복 정장에 와이셔츠를 입고 007가방을 들고 생각에 잠긴 표정으로 공원을 계속 걸어다니고 있었다. 그런 모습의 영주 씨는 한 번도 본 적이 없어서 당황했다. 알고 보니 세일즈를 하러 온 것이었다. 옷차림이 신사복으로 확 달라져 있어 무슨 일이 있느냐고 물었더니 "큰 변화가 있었다"고 말했다. "직업을 바꿨다"는 것이다. 그러고는 공기 청정기 소개서를 내놓고 공기 정화가 얼마나 중요한가를 설교하듯이 늘어놓았다. 알고 보니 공기 청정기 판매원 실습 중이었다. 일주일 전에 신문을 보고 찾아가서 면접을 했는데 "떨어질 줄 알았는데 붙었다"고 자랑스러워했다. 그러면서 6주 실습이 끝나면 팀장이 되고 6개월 후에는 또 진급을 하게 된다면서 무엇보다 '진급'이라는 단어가 마음에 들었다고 했다. 그동안 한 일은 진급이라는 것이 없는 일이었는데 이 일은 진급을 할 수 있다면서 흥분된 표정이었다. 영주 씨는 어눌한 편인데 그런 눌변으로 "연구실에도 공기 정화기가 필요할 거다"라는 이야기를 수차례 하면서 "집에도 가져다 놓으면 좋다"는 얘기를 되풀이했다. 자기가 신사복 입고 세일즈에 나선다고 하니 지지 씨가 너무 좋아한다는 말을 덧붙였다.

내가 영주 씨의 세일즈의 첫 손님으로 뽑힌 듯했다. 배달 일을 왜 그만두었냐고 물었더니 고시원에 배달 나갔을 때 자기랑 비슷한 나이의 고시원생이 얼굴도 안 쳐다보고 음식 값을 '던지듯이' 쑥 내밀고 문을 닫아서 자존심이 상했다고 했다. 그런 일은 죽어도 다시 하기 싫다고도 했다. 내가 "영주 씨는 말도 잘하지 못하고 아는 사람도 그렇게 많지 않아서 세일즈에는 적합하지 않다"고 직언을 하면서 다시 잘 생각해 보라고 했는데 전혀 먹히지 않았다. 할 수 없이 실습 기간 6주 동안 해 보고 그 6주 동안에 "나 빼고 세 건을 팔면 그때 나도 생각해 보겠다"고 말하고 돌려보냈다. 3주 후에 영주 씨한테 전화가 왔다. 세일즈를 그만두었다는 것이었다. 다시 자동차 정비공으로 나간다고 했다.

이제 영주 씨는 전도사가 되거나 태권도장을 여는 꿈 등은 다 접고 지금은 시청이나 구청의 미화원이 되는 것이 꿈이다. 아저씨가 하던 일용 건설 노동을 하면서 미화원이 되기 위한 준비를 하고 있다.

○○○○ 은주: "산 입에 거미줄 치겠어요?"

은주 씨는 고등학교를 졸업하고 동네의 작은 백화점에 6개월 근무한 뒤 옷 만드는 봉제 공장에서도 1년 6개월 정도 일했다. 그 무렵 언제쯤 은주 씨는 결혼했다. 처음에 할머니는 내게 은주 씨가 다니던 여고 운동장에 농구 하러 온 동네 총각이 밴드부에서 드럼을 치는 은주 씨한테 반해 따라다니다가 결혼하게 되었다고 했다. 은주 씨가 첫애를 낳아 할머니 집에 와 있을 때 인터뷰를 했는데 할머니가 은주 씨를 거의 대변하다시피 했고 은주 씨는 단답형 대답만 했었다. 그런데 나중에 알고 보니 은주 씨는 동네 다방에서 친구들과 누군가를 만났는데 그날로 집에서 나와 그 남자와 동거에 들어가 버린 것이었다. 그 남자가 바로 지금의 은주 씨 남편이다. 할머니는 은주 씨 결혼 과정을 한국 사회의 로맨스 각본에 짜 맞춰 내게 이야기했던 모양이다. 할머니를 안 지 거의 10년이 된 때였는데도 사실대로 이야기하지 않던 은주 씨의 결혼 이야기를 은주 씨가 바람이 들어 이혼하겠다고 할머니 집에 와 있자 속이 상해서 옛날에도 애먹였다는 이야기를 하다가 '그때 그 일'을 털어놓았다.

졸업 맡아 가지고 직장을 댕겼어. 얘가… 사당동 살던 때 거기… 백화점에 점원을 했어. 신발 파는데, 그러다 어떻게 바람이 나 가지고 댕기더라고… 6개월도 안 됐을 거야. 괜히 나쁜 친구들 만나 가지고서 날라리 친구들 만나 가지고 그러다 얘(남편)를 만나 가지고서 어떻게… 은주가 다방에 있을 때요. 애덜 다방에 차 마시러 댕긴다 그랬더니, 우리 애가 좀 얌전하지 못하잖우. 덜렁이 덜렁이 하니까. 아휴(허리 통증), 그래 가지고 이 남자가 그때, 방 얻어 혼자 있고 하니까 가자고 한 모양이야. 6개월을 연락이 없는 거야. 할머니 무서우니까 연락 못하고. 나는 파출소마다 가출 신고를 내고… (중략)

동거했지 그니까, 할 수 없이 주인아주메, (은주 씨 신랑) 공장 주인아주메가 야 너 할머니도 있다고 하고 아빠도 있다니까 연락을 해라 그러면서 연락을 했대. 그래 오라고 내가 그랬거든. 그랬더니 야 데리고 왔는데, 아이고 못생기기도 하고 뭐 몇 살이냐 했더니 동갑이라 그러더라고. 그게, 전라도 사람들 좀 강하거든, 일단, 말도 못하겠고, 할 수 없이 그냥 놔둔 거지 뭐. 방이 있구, 그 백만 원짜리 사글세 방이 있는데, 그냥 데리고 있겠다고 해서 챙피하게시리 내 우리 집에 어찌 데리오오? 은주하고 동갑이라 그러더라구, 처음에. 근데, 이제 보니 두 살 덜 먹었다 그러잖아. 동갑인 줄 알았는데, 이제야 처음 들은 거야 내가. 그니까 스물 몇 살, 스물한 살에 가… 영현이 낳은 거야… 앨 스물한 살에 놓은 거야. 그니까 은주가 애 업고 안고 가방, 애 가방 메두 얘는 아 손 하나 안 잡아요. 기저귀 가방 안 들어요. 주욱 혼자 가요. 아휴(허리 통증) 지금도 어디 갈라 해도, 애들 손 안 잡아. 사람들이 동상이요? 이런다고.

은주 씨는 처음에는 잘 입을 열지 않았지만 점점 솔직해졌다. 스스럼없이 살아온 이야기를 털어놓았다. 어떤 때는 너무 솔직해서 듣는 사람이 당황할 때도 있지만 유머러스하기도 했다. 신랑을 만나 동거하게 된 경위도 아무런 가감 없이 털어놓았다. 그리고 신혼 초에 장사한 이야기도 했다.

내가 몇 달 나갔거든요. (할머니가) 반대할까 봐가 아니라 그냥 철없이 나간 거죠. 죽도록 좋아서 사는 게 아니라 남자가 능력이 돼야 사는 거죠. 나중에 살아 보니까 알겠더라구요. 할머니가 나보다 낫대요(웃음). 인생이 참… 인생에 대해서 모르겠지만 살아가는 게 참 고생을 많이 하고. 그전에는 월세방에서 살았고 나라에서 보조해 주는 것도 없었구요. 우리가 벌어 오면 겨우 월세 낼 형편이었는데 지금은 관리비까지 다 포함해서 생계비가 나오니까 그렇게 힘들지가 않아요. 그전 셋집 살 때는 우리 아빠가 와서 술주정을 해도 동네 사람들이 시끄럽다 나가라 그랬는데 여기서는 그런 말 하는 사람 없으니 그러니 좋지요. (중략)

술을 먹으면서, 또라이들 다 그런 게 있어요. 술을 잘못 배워 갖구, (우리) 아빠도 알구 있어. 스무 살 때부터 그렇게 살아왔거든요, 아빠가 조금만 먹겠지 그랬는데, 하다 보니깐 자꾸 먹게 되더라구. 집에서 난리가 났어요. 멱살 잡구, 나를 후라이팬 가지고 들들 패 버리고… 신발장에 가서 신발 꺼내 들고 패구… 나중에 경찰 오구 난리 났었다니깐. 원래, 술 먹으면요. 아무도 없어… 시아버지도 그런 곤조^{집요하고 고} ^{약한 성질}도 있어요… (중략)…

토스트 장사도 했었는데 돈이 없어서. 계란판도 기계까지 빌렸어요. 재료비만 대 주면 팔아 주는 조건으로. 비가 오나 눈이 오나 해 볼라고 고생을 했어요. 진짜 고생을 했어요. 겨울에(웃음). 하나 500원이었거든요. 5개에 2,000원 팔았거든요. 첫째 임신을 했지. 돈을 벌겠다고 월세방에 살 적에. (중략) 계란빵 장사 해 봤구요. 두 달 했나요. 옷 장사 해 봤구요 두 번 해 봤어요. 제가 원래 장사꾼이에요. 원래 크게 될 사람인데 병 때문에 크게 못 돼요. 귀 문제 때문에 크게 못 된다구 진짜루. 밀어 주고 그랬으면 진짜 크게 버는데. 안 그래도 뭐 할까 생각 중이에요. 겨울 끝나고 인제 따뜻해지면요 뭐 할까. 먹는 거 장사를 하라는데… (중략) 여태까지 우리 가족이 되게 가난하게 살았잖아요. 계속 이러면 성공이 안 돼요. 뭐래도 가게래도 조그만 구멍가게라도 차려서 했으면 좋겠어요. 뭐래도 장사를 좀 해서 애들도 고생 안 시키고. 할머니도 고생 안 시키고. 동생도 그렇게 살고 오빠도 못 버니까 나래도 열심히 해야 되겠다. 그래 투자했어요. 옷 장사 했었어요. 길바닥에서. 마트 앞에서. 몇 달 됐어요. 겨울 전에. 추운데 옷을 쌓아 났다가 바자회에 바쳤어요. 너무 추워 갖고 옷이 안 팔리더라구요 아동복인데 잘 안 팔리드라구요. 하루에 1만 원 정도 벌었나. 옷은 제가 떼 왔어요. 공장에서 다 제가 떼 갖고 판 거예요. 옷이 얼마나 많은 줄 알아요? 세 번 날랐어요 세 번. 애들도 거들어 주고(웃음). 제가 밥 먹으러 가면 애가 봐 줘요(웃음). 애들이 옷도 팔았어요(웃음). 점심시간 전까지는 개시도 못해요. 배고파서 점심을 먹으러 가고. 애가 유치원 안 갈 때 토요일 날이었어요. 애가 하나 팔았더라구요. 5,000원, 1,000원짜리, 1만 원짜리도 구분할 줄 알고. 큰애는 학교 갔고 작은애가 화끈해요. 나 닮아서 성격이 화끈해요. 떼 올 때 이게 3,500원, 한 벌에 8,000원. 티가 2,000원. 아무나 골라잡아 하면 안 되겠더라구요. 골라잡아는 동대문에서 해야지 여기서는 골라잡아 하면 안 먹혀요. 길바닥에서. 골라잡아 1만 5,000원 (웃음) 했는데도 잘 안 팔려요. 이것도 비싸다고 안 사 가는 사람이 많더라구요. 경험 삼아 해 봤는데. 안돼요. 100만 원 가까이 투자했어요. 투자하면서 빌려 가지고 갚고 또 갚고. 안 되더라구요. 손해 봤어요. 바자회에다 그냥 바쳤어요. 10만 원 딱 주드라구요. 아깝죠. 여름 내내 계속했어요. 까매서 들어왔어요.

붕어빵 장사를 해 볼까 떡볶이 장사를 해 볼까 그랬었어요. 그런데 붕어빵 장사 하기 전에 옷 장사 했잖아요. 앞쪽에 롯데마트 앞에 떡볶이 장사가 또 생겼잖아요. 엄청 잘 되더라구요. 내가 떡볶이 장사를 했었으면 엄청 잘 팔렸겠다 돈을 많이 벌었겠다 그런 생각이 들더라구요. 롯데마트 나오는 입구에 내가 떡볶이 장사를 하려고 했는데 어떤 아줌마가 해 가지고 "아줌마 여기가 내 자리였어요" 했더니 "하지 왜 안 했냐"고 그러더라구요. 옷 장사 했었다고 그랬죠. 여름엔 했었는데 겨울에 추워서 들어갔다고. 또 할 거예요. 성공할 때까지 해야죠. 밀어붙여야죠. 다른 거 바꿔 가지

고. 먹는장사가 잘 된다 그러드라고. 떡볶이는 두 대나 생겼잖아. 생각해야죠. 뭐래
도 막 팔고 싶어요. 요즘은 그런 생각이 들어요. 집에 노니깐요. 뭐래도 팔고 싶어요.

이렇게 장사한 이야기를 신나게 하더니 갑자기 "제가 만약에 (집에서) 나
가면 법원에서 확실히 이혼이 되는 거냐"고 물어 왔다. 은주 씨의 결혼 생
활은 늘 불안정한 편이어서 은주 씨는 첫딸을 낳은 뒤에도 수시로 남편과
싸우면 할머니 집에 와서 며칠씩 묵어가곤 했다. 결혼 생활이 불안정한데
도 은주 씨는 첫딸을 낳은 뒤 바로 둘째아이를 갖게 되었다. 유산할 돈이 없
어 차일피일하다가 할 수 없이 또 아이를 낳게 되었다고 할머니가 한탄했
다. 그런데 둘째도 딸이라는 것을 알고 그런 와중에도 아들을 낳아야 된다
고 단산 조치는 취하지 않았다. 그때까지만 해도 한국 사회는 저출산 문제
가 심각한 때가 아니어서 돈만 있으면 유산할 수 있었고 정관 수술이나 난
관 수술 등이 장려되는 때였다. 그런데도 은주 씨는 피임이나 단산에 대해
서는 아무런 생각도 없는 듯했다. 이웃의 선배 언니가 피임 좀 하라고 말한
모양인데 피임이란 단어도 모르는 게 아닌가 생각될 정도로 그 말에 반응
을 보이지 않았다. 둘째아이 가졌을 때부터 낳은 뒤까지 그나마 난방이 잘
되는 할머니 임대 아파트에 와서 지내게 되어 할머니 아파트에는 한때 일
곱 명이 잠을 잤다.

할머니가 백방으로 뛰어다녀 은주 씨한테 장애인 임대 아파트를 얻어 준
것은 둘째를 낳은 뒤였다. 결혼 생활이 불안했는데 은주 씨가 청각 장애를
인정받아 장애인 임대 아파트를 얻으면서 약간 안정되기 시작했다. 딸 둘
을 낳을 때까지 결혼식을 못 올렸는데 어떤 교회가 주선하는 합동결혼식에
서 면사포를 쓰고 결혼식도 하게 되어 동거 부부라는 딱지도 떼었다. 지하
셋방에 살 때는 말수가 적고 자신 없어 했는데 임대 아파트에 살기 시작하
면서 표정도 밝아졌다.

몇 년 뒤 저출산이 사회적 이슈가 되면서 세 번째 출산에 대한 정부의 지원이 생기기 시작했고 은주 씨네는 결국 셋째아이를 가졌다. 딸일까 봐 걱정했는데 아들을 낳았다. 더 큰 임대 아파트로 이사도 할 수 있게 되었다. 할머니가 돌아가신 뒤였다. 은주 씨는 사당동에 대해서는 기억이 별로 나지 않고 철거반이 들이닥쳐 집을 부숴 버려 빈 집으로 옮겨 다닌 정도만 기억한다. 그리고 겨울에 한쪽 벽이 헐려서 아예 벽이 없는 방에서 추위에 떨며 밥을 먹던 생각은 난다고 했다.

은주 씨도 영주 씨와 마찬가지로 하는 일을 자주 바꿨다. 길거리에서 옷 파는 행상을 하다가 봉투 붙이는 일을 하다가 밤이나 은행 까는 일도 했다. 한번은 은행 까기 부업을 한다고 했는데 얼마나 잘하는지 방송의 달인 프로그램에 나갈 정도라고 했다. 한 달쯤 뒤에 갔더니 은행 까는 부업을 그만두고 새로 미싱 일을 시작했다고 했다. 재봉틀을 리스^{대여}해서 한 달에 10만 원 정도를 내야 하는데, 하루라도 늦으면 재봉틀을 회수하기 때문에 무슨 일이 있어도 그 이상을 벌어야 한다고 했다. 재봉틀이 얼마냐고 하니까 재봉틀은 150만 원쯤 하는데, 그 돈이 모이지 않기 때문에 할 수 없이 빌리고 있다고 했다. "재봉틀만 자기 것이면 얼마나 좋을까" 하고 한탄했다. 어느 날은 옷소매를 붙이더니 어느 날은 밀짚모자 창을 만드는 작업을 하고 있었다. 한 개에 140원 받는 것이다. 한 개 작업 시간이 약 1분 30초 걸리는데, 그 전날 밤에 일이 밀려서 납품 일자를 맞추느라 잠을 한 시간밖에 안 잤다고 했다. 일이 없을 때는 없지만 일단 일을 맡으면 납품 일자에 항상 쫓기기 때문에 잠자는 시간을 줄여 2~3일에 한 번씩은 밤을 새운다.

막내 영남이가 어느 정도 커서 어린이집에 가게 되자 은주 씨는 가내 부업 대신 하청 업체 공장에 나가게 되었다. 낮 1시까지 시간당 5,000원씩 받고 주 5일을 일했다. 그래 봐야 한 달에 22일 일하고 44만 원 받는 거였다. 일터는 열악하기 이를 데 없었다. 겨울인데 너무 추워서 일을 할 수가 없었다. 비닐하우스나 마찬가지인 제품 공장에 난방 시설이라곤 온풍기한 대뿐인데 그나마도 전기세 아끼느라 조금씩 틀었다. 모두들 장갑 끼고 목도리 두르고 일하는데 덜덜 떨어 불량이 안 나올 수 없었다. 따뜻한 동남아 쪽에서 온 이주 노동자나 결혼 이주 여성들은 조금 다니다 말고는 해서 이직률이 높았다. 그나마 은주 씨가 길게 다닌 편이었다. 은주 씨는 덜덜 떨면서도 한동안 다니더니 사장과 다투고 6개월 만에 그만두었다. 가불한 돈을 갚을 수 있을 때쯤 나온 것이다. 그 돈은 동네에서 엄마라고 부르는 분한테 융통했다. 이 엄마라고 부르는 분은 아파트 입구에서 '친정엄마'라는 식당을 한다. 이 식당 주인은 사당동 살 때 할머니처럼 동네 계를 많이 하는 계주다. 장애인 아파트 주민 대다수가 수급자이기 때문에 최소한 한 달에 한 번씩 수금할 수 있다는 것을 알기 때문에 밥도 외상으로 주고 소액 돈은 융통도 해 준다. 은주 씨는 물론이고 비슷한 이웃들이 늘 이곳에 모이는 이유다. 은주 씨는 한 며칠 놀다 다른 공장으로 월급을 10만 원 더 받고 갔다.

어느 날은 은주 씨가 남편 자랑을 했다.

우리 애기 아빠가 기술자잖아요. 나염 아세요? 열심히 나가고 있어요. 토요일마다 돈 받아 오구… 조금 띠(떼)고 주죠. 200만 원 갖다 주더라구요. 그래도 나가는 게 많아서 곗돈 쓰고 바빠 죽겠어요. 우리 애기 아빠가 완전 기술잔데 개인 사업하면 몇 천은 벌죠. 거짓말 아니고 우리 애기 아빠 나염에서 모르는 게 없어요. 사장보다 더 잘해. 술 먹고 개기잖아요. 사장이 우리 집에 찾아와요. 애들 아빠가 이틀 삼일 술 먹고 안 나가면 사장이 막 찾아오고 전화 와요. 딴 사람은 안 나오면 그만이지… 그 정도로 인기가 많아요. 애 아빠가 돈을 잘 벌어 와요. 솔직히 200(만 원)씩 잘 벌어 오는데 저번에 내가 계를 타 가지고 1,500만 원 곗돈 받아 남동생 헬스 채려 준

거야. 저번에 집 나갔었잖아… 삼대식당 계 오야가 동네 언니들이 나 집 나갔다는 소리 듣고 우리 집에 전화해 갖고 곗돈을 안 갖고 온다고 말해 뾰록이 난 거야. 그래 갖고 싸우긴 싸웠어. 곗돈을 타 갖고 어디다 났냐? 그냥 썼다란 말밖에 못 하겠더라구. 만일에 남동생 줬다고 하면 애들 아빠가 남동생 헬스장 가서 얼마나 개판을 치겠어… 말도 못하고 넘기고 있어, 그리고 어제도 동생이 와 갖고 식당에서 300만 원 빌려 갔어요. (중략) 내 꿈이 뭐냐면 신랑 나염 공장 해 주고 싶었어요. 내가 맘이 상한다니깐… 내 꿈을 다 버리고 덕주한테 간다는 게… 덕주 잘 못 갚아요. 곗돈 그런 거는 잘 갚고 나가는데 내 거는 잘 못 갚고 있어요. 서번에 천 얼마 가져간 거 남았는데… 남편이 저한테 고맙긴 고마워요. 내가 미안하죠. 애기 아빠가 타 온 돈으로 곗돈을 막고 있어. 곗돈 100만 원 나가요. 우리 애기 아빠 그것밖에 없어요. 공장에서 성공하고 싶고. 나도 애 아빠를 성공을 시켜 주고 싶어… 우리 아빠가 저보다 성공할 가능성이 더 커요. 우리 애 아빠는 초등학교 4학년 때부터 이 일을 시작했어요. 도가 튼 거지… 동대문에서 여기까지 와… 우리 신랑이 뽑을 수 있으니깐… 우리 신랑밖에 안 되니까 일 년만 고생하면 집 한 채를 살 수 있는 능력이 있어요. 근데 306동 사는 친구가 중학교 때부터 나랑 친구였고 그 신랑도 우리 애들 아빠 친군데 우리 신랑이 얘를 가르쳤어… 얘 노가다 판에 있었는데. 항상 고마워하지… 얘하고 같이 동업을 하고 싶었어요. 돈 3,000만 원 있으면. 맨날 술만 먹으면 그 얘기 안 나온 적 없어… 나는 1,000만 원 모았다 이거야. 너두야. 돈을 얼마 모았냐… 우리 같이 사업 좀 해 보자… 이런 얘기를 해요. 돈벼락이 딱 떨어져 갖구… 공장 하나 차릴 돈이나 딱 떨어졌으면 좋겠어… 공장을 좆빠지게 까야 돼… 신랑이 그렇게 힘들어서 오는 모습이 내가 싫다니깐… 맨날 술 먹으면 하는 말이 나를 밀어주면 안 되겠냐? 여자 하기 나름이라는데. 요즘 내가 220만 원 갖다 주는데… 그렇게 계도 들어간다면서 나 못 밀어주겠냐? 대출이라도 어떻게 해 봐라 막 그러는 거예요.

은주 씨의 이러한 남편 자랑에도 불구하고 은주 씨 남편은 두 달 정도 일하고 한두 달은 쉬는 일이 되풀이된다. "술을 좋아해서 공장에서 짤렸다"고 말하지만 꼭 술 때문이라기보다는 다니는 나염 공장이 일감이 지속적으로 없기 때문인 듯했다. 복지 전공의 연구 조교는 은주 씨와 상담도 하고 약 6개월간 일상을 지켜본 뒤 의견을 보내 왔다. 중산층의 사회복지 전공자의 시각을 가감 없이 보여 주는 의견서였다.

> 은주 씨는 통제력이 거의 없고 뒷일을 전혀 생각하지 않는 편이다. 친해지자 술 사 달라고 졸랐는데 같이 외출해 보니 돈 씀씀이가 헤프고 중산층 시각에서는 이해가 안 된다. 아파트 관리비가 6개월 밀려서 거의 쫓겨날 상황이어서 (교수님이) 한 달분 관리비를 낼 수 있도록 도와준 적이 있는데 그때도 자기 돈 있다고 옷 사 입고 월드컵 스티커 사서 얼굴에 붙이고 정신이 없는 사람처럼 길거리를 왔다갔다했다. 음식점에 갔을 때는 음식을 시키고 음식 값을 교수님이 주는지 아니면 직접 쏘는지를 알아보며 직접 낸다고 하니깐 반반씩 내자고 했다. 은주 씨는 돈이 주머니에 있으면 내일을 생각하기보다는 우선 쓰고 보자는 생각으로 돈을 쓰는 것 같다. 계획성 있게 생각하지 않고 미래에 대한 희망을 별로 갖고 있지 않은 듯 보인다. 아침 9시부터 저녁 5시까지 일하게 되어 한 달 수입이 100만 원 가까이 되고 남편이 180만 원 가까이 주고 수급자라서 한 달에 80만 원씩 받고 모두 합하면 웬만한 중산층보다 낫다.

이 조교는 1년 반 정도 지난 뒤에야 은주 씨네가 "중산층보다 수입이 많다"던 불평을 거둬들였다. 우선 무엇보다 수입이 불안정하고 곗돈으로 부은 돈은 모두 미리 타서 썼고 빚 위에 빚을 지고 살고 있다는 것을 안 것이다. 복지 전공 조교가 '가난한 사람들'의 염치없음을 말할 때마다 조금 더 지켜보라고 말하면 이해가 가지 않는다는 표정이더니 1년 반쯤 지난 후에야 감을 잡기 시작한 듯했다. 은주 씨네 한 달 수입이 가장 잘 나갈 때는 350만 원을 넘을 때도 있기는 했다. 남편이 일만 하면 한 달에 약 180~200만 원까지 집에 가져다 줄 수 있고 은주 씨가 봉제 일을 해서 월~토까지 근무하면 월급을 120만 원까지 받기도 했다. 거기에 기초 수급 50만 원을 더하고 장학금을 15만 원(영현이 장학금 10만 원, 영남이 5만 원)을 마련해 주었으므로 약 375만 원 정도의 수입이 있을 때가 있었다. 아파트 관리비 20만 원 내고 학교에도 큰돈이 안 들고 영남이 유치원비도 무료여서 크게 돈 들어갈 데가 없어 왜 빚을 지고 쩔쩔매며 사는지 이해가 가지 않았다. 수일 아저씨 용돈으로 20만 원 드리고 곗돈이 한 달에 150만 원 나가고 일 시작할 때 공장에서 300만 원 가불받았으므로 이를 매월 30만 원씩 갚는다고 해도 어림잡아 150만 원 정도의 수입이 있는 셈이다. 그러나 이런 정도의 수입은 1년에 반 정도고 나머지 반은 둘 중에 한 명은 놀기 때문에 항상 적자고 빚을 진다. 은주 씨는 이런 상황에서도 "산 입에 거미줄 치겠어요. 어떻게 되겠지요"라는 말을 입에 달고 산다. 마치 아무런 걱정을 안 하는 사람처럼 말한다.

할머니가 계실 때는 은주 씨가 가출하면 아이들은 할머니가 돌봐 주셔서 그런대로 넘어가고는 했지만 지금은 상황이 다르다. 가출한 날의 집안 풍경은 이 집의 아이들이 자라고 있는 환경을 단적으로 보여 준다. 은주 씨가 집을 나갔다는 것을 알고 영현이 장학금 문제로 은주 씨 집을 방문했는데 은주 씨 남편은 아무 일도 없다는 듯이 집에 가서 영현이를 만나 보라고 했다. 전화 컬러링에는 "돌아와 줘"가 되풀이되고 있었다. 영현이는 이불을 뒤집어쓰고 누워 있었다. 심하게 아픈 상태였고 학교에 갔는데 12시쯤 조퇴하고 왔다. 동생 영선이는 약 좀 사 오라고 보냈는데 안 나타났다.

약을 사러 갔다는 영선이가 30분이 지나도 오지 않아서 할 수 없이 함께 간 촬영 조교가 약을 사러 나갔다. 약을 사 올 때까지도 영선이가 오지 않아

마침내는 촬영 조교가 찾으러 나갔다. 저녁 6시 반에 영남이가 어린이집 버스에서 내리면 영선이가 가서 데려와야 하는데 영선이가 나타나지 않은 것이다. 어린이집 옆에 있는 놀이터에 있을 것이라고 해서 조교가 찾으러 나갔고 그 사이에 영남이가 어린이집 선생님 손을 잡고 들어왔다. 영남이는 나를 보자마자 울음보를 터뜨렸다. 자기 엄마를 기대했는데 엄마는 없고 낯선 여자가 있어서 당황했는지 갑자기 닭똥 같은 눈물을 흘리면서 엄마를 부르며 울었다. 그때까지도 영선이는 오지 않았다. 영현이는 약국에서 사 온 약이 알약이어서 못 먹겠다고 했다. 알약을 먹어 본 적이 없다는 것이다. 할 수 없이 다시 조교가 약을 사러 나갔다. 그 사이에 영선이가 아이스크림을 먹으면서 들어왔다. 왜 언니 약을 사서 빨리 오지 않았냐고 했더니 자기는 약 사러 간 것이 아니라고 했다. 영선이는 우리가 자기 엄마가 가출한 걸 모른다고 생각하는지 계속 엄마가 어제 집에서 자고 일찍 일 나갔다고 했다. 아마 할아버지가 오시면 그렇게 말하도록 은주 씨가 당부해 놓은 것으로 보였다.

7시가 지나서 영선이와 영남이를 데리고 나가 저녁을 먹기로 했는데 길에서 수일 아저씨를 만났다. 아저씨는 은주 씨가 집을 나간 줄 모르고 내가 왜 애들을 데리고 있냐고 해서 은주 씨는 일 나갔다고 그랬더니 무슨 일을 이렇게 늦게까지 하냐면서 애들 방을 청소해 주러 오는 길이라고 했다. 모두 함께 식당으로 갔다. 식당 아주머니는 우리를 보자 영선이가 조금 전 4시쯤에 와서 밥 한 그릇을 먹고 갔다면서 또 밥을 먹으러 온 것을 의아해 했다. 영선이는 다시 밥을 한 그릇 먹고 돼지갈비를 먹고 싶다고 해서 시켜 주었더니 다 먹었다. 영남이도 돼지갈비를 좋아해서 1인분을 먹었는데 식당 아줌마는 영남이에게 "아빠가 요즘 돈 못 버는 모양이다. 돈 많이 벌어서 고기 사 달라고 해"라고 했다.

가출한 은주 씨가 일주일 만에 집에 들어왔다. 영현이가 아프더니 영선

이마저 아프다고 해서 엄마로서 집에 들어오지 않을 수 없게 된 것이다. 은주 씨 남편은 은주 씨가 아무 말 없이 집에 들어오자 받아 주었다. 뜻밖에도 은주 씨는 가출하고 돌아온 후 발언권이 세어져 있었다. 은주 씨가 "나도 맞벌이하는 사람이니깐 너도 집에 와서 바로 들어오면 청소도 해 주고 설거지도 해 주라"고 요구해 그 약속을 받아 내고 나서야 집으로 들어온 것이다. 돈벌이도 시원찮고 아이가 셋이나 딸린 남자한테 다른 대안이 없다는 것을 은주 씨도 은주 씨 남편도 잘 알고 있는 듯했다.

○○○○○ 덕주: "돌고 돌고 또 돌고"

덕주 씨는 처음에 아파트로 이사 와서 굉장히 좋아했다. 사당동에서 태어나서 쭉 거기서 컸기 때문에 임대 아파트에 살게 되었을 때 처음으로 불량 주거지를 벗어났고 아파트도 처음 경험했다. 아파트가 정말 크다고 생각했다. 모든 아파트가 자기 집 같은 줄 알았는데 다른 아파트를 가 보니 기본적으로 방이 3개 이상은 되어서 놀랐다. "부자는 너무 가진 것이 많다"는 것도 알게 되었다. 임대 아파트로 이사 온 것은 덕주 씨 열세 살 때였다.

　덕주 씨는 처음에는 인터뷰가 힘들었다. 그러나 시간이 지나면서 가장 자연스럽고 솔직하게 인터뷰를 했다. 덕주 씨는 첫 인터뷰를 스물두 살에 했는데 그때는 면접하는 것을 어색해했고 약속을 잡고 가면 안 들어오기도 했다. 우연히 운 좋게 마주쳐도 방에서 계속 자는 척했다. 첫 인터뷰는 사당동 살 때 같은 집에 세 들어 살던 조교가 저녁 먹자고 깨워 데리고 나와서 겨우 말문을 열었다. 사당동에 살던 기억은 집과 산꼭대기 정도만 어렴풋이 생각나고 친구나 사람들은 기억이 나지 않아 한집에 같이 세 들어 살았던 조교도 처음에는 못 알아봤다. 너무 어려서 사당동을 떠났기 때문에 동

218

네에 대해 기억나는 게 별로 없다며 장마 때 고생한 기억만 끄집어냈다.

장마 시작되었는데 남성시장 거기서 물이 엄청나게 몰려 왔거든요. 뭐 타고 배 같은 거 만들어 가지고 그거 타고 진짜 그런 적 있어요. 막 건물 있는 데도 거기 물 타고 그런 적 있어요. 진짜로. 그때 기억이 되게 많이 나요. 집에⋯ 물 다 막히고 학교 같은 데서 자고 경문고 같은 데서 자고.

덕주 씨는 중학교를 일찌감치 중퇴했다. 학교도 가기 싫었고 "컨닝하다 걸렸을 때 어차피 공부도 못하니까 돈이나 벌어야겠다고 생각했다. 남들은 후회한다고 하는데 후회 안 한다"고 했다. 중학교를 중퇴하고 바로 가방 공장에 다녔는데 월 20만 원씩 받고 1년 6개월 다녔다. 그 후 탤런트가 되고 싶어 연기 학원에 다녔지만 뜻을 이룰 수가 없었다. 중국집 배달도 해 보고 삐끼 등 안 해 본 것 없이 많은 일을 했다. 중학교 중퇴 학력으로 군대를 가지 않아 그동안 돈을 벌려고 했으나 잘 안 되었다. 주로 〈벼룩시장〉 등을 통해 일자리를 알아보고는 했는데 일자리 얻기가 쉽지 않았다.

덕주 씨는 중화동 근처에 있는 권투 도장에 나가 약 2년 동안 권투를 했다. 한국 챔피언만 해도 수입이 괜찮아 돈을 벌려고 권투를 시작했다. "학교 다닐 때 축구를 했는데 축구는 체력이 너무 딸려서 못하겠다 싶었다. 권투는 아마추어(라이트 웰터급)로 뛰면서 20전 16승 4패로 승률이 좋았고 관장도 기대를 많이 했으나 시력이 0.4에서 더 나빠져 그만두었다. 한번은 시합에서 다운을 당해서 바닥에 누워 정신을 잃었다가 눈을 떴는데 관장의 얼굴을 보고 이제 죽었구나 생각하며 다시 눈을 감았다고 했다. 시합에서 지면 관장에게 몹시 맞기 때문이다. 한동안 권투를 그만두었다.

IMF 때는 웨이터를 했는데 손님이 줄기는 했지만 크게 영향을 받지는 않았다. 월급 없이 팁만 받았는데, 물 좋은 데서는 팁만 하루에 8만 원 정도 받아 월 200만 원 수입이 되었다. 그러나 식사비 등 지출이 많고 수입이 들쑥날쑥해 저축을 하지는 못했다. 그 후에는 계속 피시방에서 살다시피 하고 거기서 아르바이트로 돈도 벌었다. 피시방에 오래 다니다 보니 컴퓨터까지 고치게 되었다. 컴퓨터도 고쳐 주고 일도 하면서 월 70만 원씩 받았다.

덕주 씨는 두 번째 인터뷰에서 영주 씨와 달리 처음부터 속내를 솔직하게 털어놓았다. 영주 씨가 계속 "꿈은 많았는데"라고 이야기하는 반면 덕주 씨는 "꿈이 있어야 하는데 꿈이 없다"고 했다.

제 꿈은 아직 모르겠어요. 꿈이 있어야 되는데… 학교도 가기 싫었고 컨닝 하다 걸렸을 때 어차피 공부도 못하니까 돈이나 벌어야겠다, 그게 난 것 같았어요. 남들은 후회한다고 하는데 후회 안 해요. 더 낫다고 생각해요. 룸싸롱에서 일하다가 전화 와서 일 좀 도와달라고 하면 그만두고 가고… 학교 다닐 때 축구 했었는데 축구는 체력이 너무 딸려서 못하겠더라구요. 권투를 2년 했었는데 눈이 나빠져서 그만뒀어요. 지금은 마이너스까지 내려가서… 탈렌트 학원 다녔는데 KBS에서 뭐 해 가지구 1차 사진은 합격했는데 2차에서 떨어졌어요. 학력 때문인지… 중졸, 중퇴잖아요.

하고 싶은 건 아직 생각 중이에요. 할 줄 아는 게, 배운 게 권투밖에 없거든요. 운동이나 열심히 할걸… 아 나는 왜 하필 태어날 때 이런 집에서 태어났나 하는 생각 들죠. 옛날에 친구들이 장난감 자랑하고 그러잖아요. 장난감 별로 안 좋아하긴 했지만 전 그렇게 못하니까. 갖고 싶은 거 맘대로 못 가지니까 사 달라고 말도 못하고… 그런데 나이 들수록 내가 커서 잘살면 내 아들도 잘살고, 내가 못살면 (내 아들도) 똑같이 살아야 되니까 누가 하나 잘해서 성공해야 되는데 안 그러면 못살고, 못살고, 돌고, 돌고 또 돌고 계속 그 자리만 머물게 되고… 꿈이 있어야 하는데… 배우긴 배워야 되는데 배울 동안에 돈을 못 벌잖아요. 돈을 못 버니까 힘들잖아요. 어릴 때 배워야 하는데… 웨이터도 기술이니까 못하면 안 쓰잖아요.

세 번째 인터뷰는 덕주 씨가 웨이터를 그만두고 옛날 기술을 활용해 가방 공장에 취직하려고 할 때였다. 포천 쪽에는 공장이 많지만 오래 다니려면 집 가까운 곳에 취직해야 해서 가까운 데서 찾고 있었다. 결혼할 생각도 있는데 수배 중이라 여자 쪽 집에 말할 수가 없어서 머뭇거리고 있다고 했다. 취직을 하긴 해야겠는데 "월급쟁이는 맨날 그 모양이어서 하고 싶지 않고 그렇다고 돈이 없어서 장사를 할 수도 없고 밑천도 없고. 장사하면 망하기 십상"이라면서 불안정한 장래에 대해 비교적 현실적인 진단을 했다. 일은 안 해 본 게 없다고 했다.

> 일은 안 한 거 없어요. 다 해 봤어요. 할머니 맨날 그래요. 너 왜 한 달도 못 버티냐. 중국집에서 한 2년 정도 했고, 거의 중국집. 거의 중국집에서 배달 많이 하고 (오토바이) 면허증 없을 때, 또 면허증 막상 따니까 중국집을 안 하게 되더라구요. 열여섯 살 때 술집 많은 데 가서 삐끼호객 행위 같은 거 하고 또 그만두고 다 했어요. 뭐 아르바이트는 아르바이트대로 다 했어요. 하다 그만두고 하다 그만두고 나도 그때 왜 그랬는지 모르겠어요. 지금은 이제 마음대로 못 그만두겠어요. 지금 아파서 그만두게 됐는데 아 내가 그러니까 나이가 먹어서 그런지 모르겠는데 그만두고 어딜 가지, 가면 또 2~3일 정도 쉬게 될 텐데 그런 생각 막 들더라구요. 나이는 못 속이는 거예요.

그러다 할머니 집을 방문할 때마다 덕주 씨가 왜 집에서 자고 있고 우리가 오면 슬쩍 나가는지 묻게 되었다. 경찰 수배를 받고 있었던 것이다. 수배는 처음이 아니었다.

> 들어갔다가 (나왔는데) 또 들어갔어요. 집에서 잠자고 있는데, 작은 방에서 자고 있는데 어디서 똑똑 그러더라구요. 그래서 누구예요 그러니까 아 예 복지관에서 왔습니다. 그러더라구요. 아 복지관에서 왔구나 그러고 문을 딱 여는데 "사실은 보호 관

찰소에서 왔습니다. 좀 갑시다" 그러더라구요 거기서 처음에는 봐 줬어요. 원래 그런 거 그렇게 큰 죄가 아닌 줄 알았는데, 갑자기 수갑을 채우더라구요. 어디 갈 때도 수갑 채우고 뭐 할 때도 수갑 채우고 화장실도 누가 쫓아오고. 저녁에 성동구치소가 가지고 15일 정도 살다가 재판을 받고 판사가 그러더라구요. 그때 또 운 좋게 제가 아는 판사가… 가 있으라고. "원래 (집행 유예) 취소인 거 알죠?" 취소되면 10개월 더 살아야 되거든요. 봐 주더라구요. 사회봉사 명령으로. 근데 나오니까. 원래부터 (사회봉사) 안 다닐라고 그랬어요. 아무리 한 달이지만… 그럼 그동안 뭐 먹고살이요? 우선 내가 급한데 내가 먹고실아야 되는네… (사회봉사) 안 다녔어요. 그래서 계속 이렇게 있죠. (웃음) 안 불안해요. 처음에는 불안했는데 이제는 뭐 걸리면 또 들어가면 되니까. 솔직히 들어가면 좋은 게 어디 있어요. 일만 계속하면 안 걸린다 생각하기 때문에 계속하는 거예요. 이게 구치소라고 생각하거든요. 일하는 게 구치소라고 생각하고 계속 일하고 있어요 지금. 그런 마음으로.

덕주 씨는 2년간 사귄 애인이 있는데, 덕주씨 사는 동네 다음 역인 당고개역 근처에 산다. 애인은 권투 시합 때 응원을 왔으며, 자신이 권투하는 모습이 멋있다고 했다. 그러나 애인이 전화를 걸면 할머니가 싫어해서 집으로는 전화를 못하게 했다. 애인과는 얼마 뒤 헤어졌다. 동대문 봉제 공장에서 일하던 아가씨인데 온 가족을 벌어 먹여야 하는 책임을 지고 있어 술만 먹으면 넋두리하고 울어서 '질렸다'고 했다. 덕주 씨는 그런 속내 이야기를 하다가 한때 조직에 있다가 나온 이야기도 털어놓았다.

저도 다 들어갔다 나왔거든요. 잠깐 있었어요. 잠깐. 좀 잠깐 있다가 나왔죠. 그것 때문에 그런 건 아니구요. 그건(문신) 원래 한 거고. 이것 때문에 개입이 돼 가지고 에이 이왕 일 년 상관없다 해서 그래서 간 거예요. 6개월만 고생하면 다방 차려 주니까… 그것 때문에 한 거예요. 다방 차려 줘요. 제일 밑바닥이 진상 처리반. 사채업자, 채권자… 옛날에 드라마 나왔잖아요. 쩐의 전쟁. 그거예요. 바로. 그게 바로 제일 밑바닥. 거기 주인공 말고 빡빡이 두 명 있잖아요. 돈바우들 그런 사람이 제일 밑에 조직에… 그렇게 해서 크는 거예요. 힘들죠. 옛날에 <모래시계> 나온 것처럼 쳐들어가 가지고. 사무실 들어가서 막 부시고 그러는 거예요. 그냥 시키는 대로 했어요. 그렇게 막 하고. 경찰 부르기 전에 한 명 막 잡아 가지고 사장실 같은 데 가서 돈받아 내고. 다른 거 다 부셨죠. 하루 쉬고 이틀 있다가 합숙하고 또 그 다음에 예식장. 결혼식장인데 정보를 입수해 가지고 이게… (빚쟁이는) 어머닌데 딸 결혼할 때 부조금을 다 뺏었죠. 600만 원인가 뺏어 가지고. 우리한테 300만 원 그렇게… 주로 처음에는 빚 받는 일을. 다 그렇게 하죠. 그걸 6개월 동안 해야 돼요. 그래야지 올라가요. 단계별로 있어요. 6개월 해도 못 올라갈 놈은 못 올라가죠. 어리버리하고 그러면. 어느 정도 잘한다 그러면 바로바로 올라가고. 줄을 잘 탄다는 소리가 있잖아요. 라인을 잘 탄다. 그게 그거예요. 나올 때는 특별한 보복 같은 거 그런 거 없었어요. 원래 있는 게 정상인데 나는 없었어요. 내가 뭐 왈가닥 까져 버렸으면 끝까지 잡았는데 성격이 난 안 맞는다고 그렇게 말했거든요. 난 아니라고. 핸드폰 다 반납하고. 그런 거 처음에 다 줘요. 정장 세 벌 주고. 구두 몇 벌 주고. 모두 반납하고 조용히 그냥 나왔죠. 그때 핸드폰 비쌌죠. 그러니까 다 훅 가는 거죠. 정장 한 벌에 50만원 명품… 그런 거니깐요. 이제는 그런 데서 발 빼고 공장에서 일해야죠.

덕주 씨는 형과 누나 그리고 집 나간 어머니와의 관계도 비교적 소상하게 털어놓았다.

형은 되게 순진했어요. 엄청 순진했고, 할머니 말이면 무조건 다 들었어요. 할머니가 뭐 해라 그러면 무조건 예. 할머니가 또 형 되게 좋아하고 형은 뭘 해도 꾸준히 열심히 하고 계속 그만두고 싶어도 할머니가 한마디 하면은 다시 일어서는… 우리 형이 남들 말에 잘 속고 뭐 착하니까 말에 잘 넘어가요. 그래서…

어떻게 보면 누나는 너무 빨리 결혼한 것 같고. 누나 맨날 힘들어해요. 맨날 보면 하는 일이 자고 일어나고 애기 보고. 나이가 엄청 어린데 누나는 너무 빨리 결혼했다고… 우리 누나가 되게 인기가 많았거든요. 남자들도 많이 따르고 그랬으니까. 막상 결혼하고 그러면 남자가 변하나 봐요. 그런 거 있잖아요. 난 모르겠는데 변하더라구요. 잘 때 싸우는 소리 들리고. 솔직히 뭐 결혼하면 안 때릴 수 없잖아요. 결혼하면 때릴 수도 있고 겁주고… 누나 불쌍해요. 누나 불쌍해… 불쌍해 죽겠어요. 그런데 이미 때는 늦었으니까요. 애 하나 가질 때 어떻게 해야지 두 번째 애가 또 나오는데 어떻게 해… 뭘 다 봐야 되는데 다 보지도 않고 빨리 결혼했다고… 아직 결혼식도 안 올렸어요. 애도 둘인데 결혼식도 안 올렸어요. 그럼 뭐 끝난 거예요. 그렇죠? 후회되겠죠. 뭐. 지금도 뭐 항상 후회하고 있을 거예요.

(엄마 만난 것) 한 번 있었어요. 내가 초등학교, 세 살 때인가? 그때가 이제. 산꼭대기에서 살았어요. 살고… 누나랑 나랑 셋이 손잡고 돌아다녔어요. 시장 돌아다니면서 놀았는데, 우리 엄마가 딱 왔어요. 난 엄마 그때 처음 봤죠. 근데 엄마가 누나랑 형한테 돈을 주더라구요. 그때 내 생각에 100원인가 200원인가 아니면 500원인가… 줬을 거예요. 내가 왜 그랬는지 모르겠는데 튀었어요, 집으로. 돈을 안 받고. 집으로 가서 이불을 덮고 할머니한테 그랬어요. 왜 이러냐 그러니까 바깥에 엄마 있다고. 왜 우냐고… 그래서 아… 모르겠다고 그냥 이불 속에서… 누나랑 형은 야 빨리 나와 돈 받아 막 그러고… 할머니가 엄마 얘기를 하도 많이 하니까 뭐… 우리 엄마 돈 갖다 쓰고 옷 같은 거 좋은 거 있으면 시장 가서 100원 200원에 팔고 막 그러고… 또 커서도 만난 적 있어요. 열여덟 살인가 그때… 엄마가 만나서 뭐 사 주고 할머니 몰래 형이랑만 알죠. 형이 몰래… 엄마가 우리 형 되게 좋아하거든요. 나도 가끔씩 가고 누나도 가끔씩 가고.

덕주 씨는 연구자인 나보다는 조교들과 더 친했고 이야기도 더 잘 털어놓았다. 그러나 내게도 일단 이야기를 시작하면 솔직하고 꾸밈새 없이 이야기를 했다. 할머니 장례를 치르고 난 뒤 어릴 적 본드 불던 일 등 비행에 대해서도 인터뷰에 응하고 비행을 함께 저지른 친구 이야기 등 이들 계층 청소년들의 삶을 생생하게 털어놓기도 했다.

(감방에) 세 번 갔다 왔어요. 지금은 안 가지. (안 간 지) 7년 넘은 것 같아요. 지금은 아예… 그때 뭐 집도 많이 털었고… 그때는 본드… 그때는 뭐 어리니까… 열네 살 때 기억나는 게 뭐냐면 학교 가기 진짜 싫었어요. 할머니 때문에 가는 거야. 다리를 딱 건너는데 내 친구들이 학교를 안 다니는 거야. 다리 앞에 친구들이 있어. 다리 밑에 서 애들이 본드를 불고 있는 거예요. 그런가 보다. 그냥 그랬는데 애들이 자꾸 학교를 가지 말래요. 에이 가서 뭐하냐 아이. 원래 그런 애들 꼭 있잖아요. 거기서 빠졌으면 (되는데) 그거 때문에 내가 학교에 안 간 거죠. 걔네들이 없었으면 지금도 학교 다녔을 수도 있죠. 그때 축구 좋아했으니까 선수 생활 열심히 했겠죠… 그때 선생님한테 맞았어요. 근데 생각했어요. 아유 내가 열네 살인데 중학교 1학년인데 중학교 언제 졸업해, 중학교 지나면 고등학교 또 언제 졸업해. 그러니까 아유. 에이 가지 말자. 교복을… 비닐하우스 구석에 박아 놓고 그냥 애들하고 집 나간다 그랬죠. 바로… 집에 안 들어가… 한 달 동안 공사장 있잖아요. 공사장에서 맨날 자고… 그랬죠. 그때는 그게 재밌는 것 같았어요. 그때는 후회도 안 돼요. 그게 추억이니까… 기억 잘 안 나는데 그런 건 기억나요… (중략)

열다섯 살 때 돼지본드를 불었어요. 봉다리에… 부는데 기분이 이상하더라구요. 눈이 이상해지고 이렇게 막 돌더라구요. 그래서 안 했어요. 놀래 가지고 못하겠다 그래서 안 했는데 친구들이 또 하더라구요. 산에 올라가서. 옛날에 여기가 학교가 아니었거든요. 자동차 학원이 아니고 이게 벽이었어요. 나무 이렇게 있고. 본드 하다가 난 안 했는데… 친구들이 자꾸 이렇게 하더라구요. "나 장풍 쏜다" 이런 거 있잖아요. 텔레비전 이런 데 많이 나오잖아요. 장풍 쏘고 나 장풍 쏴 잘 봐. 그럼 옆에 친구가 "야~~ 기가 장난 아닌데?" 환상을 보는 거죠. 근데 그게 어느 정도까지 갔었냐면… 친구들끼리 보더라구요. 같이 봐요. 장풍… 하늘 나르고 막… 저기 갔다 오고 막… 사람들이 나오고… 그걸 내가 말로만 듣다가 나도 맨 처음 했어요. 결국에는. 또 코크라는 게 있잖아요. 코크라고 있어요. 철물점에서 파는 거 있어요. 흰색… 코크를 했는데, 모르겠더라구요. 기분은 좋아요. 그런데 장풍? 아무것도 안 나와. 아무것도 안 돼요. 야 나는 왜 아무것도 안 보이냐… 했더니 친구들이 많이 쏴야 된대요. 기를 많이 쏴야 된대… 그만큼 많이 쌓아야 된다는 거죠. 그래서 한두 달 동안 했는데 두 달 동안 아무것도 안 되더라구요. 괜히 먹다 그냥 뻗고… 그리고 한 두 달쯤 지나니깐 보이기 시작하는 거예요. 그걸 덜 분 사람들은 모르는데 많이 분 사람들은 그게 보이더라구요. 의정부 쪽 가면 그게 있거든요. 친구 한 여섯 명이 모여요. 한 3:3으로 나눠 가지고 거짓말 안 치구요. 신자 같아요. 이게 남들은 환상이라 그러는데 막상 이거 분 사람들은 환상이 아니고 진짜라 그래요. 나는 3:3 드래곤볼… 에네르기파를 한 명씩 드래곤볼 대회를 하는 거예요. 누가 보면 쇼 하네. 싸이코 이럴 수 있는데 진짜 본드 분 사람들은 같이해. 기를 모아서. 어디서 하나 둘 셋 하고 어디서 캐릭터 하나 만들어 가지고… 사람 만들고 에.네.르.기. 파 하면 진짜 이렇게 돼요. 나도 기가 딱 뭉치면 이게 왔다갔다해… 지금 이렇게 약간 이상하게 보일 수도 있는데 (웃음) 진짜로요 쭉 날라가요… 제가 저 산에서 많이 떨어졌거든요. 해 보니까 진짜로. 이렇게 맨 벽이 있고 그거를 하다가 기억이 없을 때, 딱 움직이면 절로 밑에 떨어져 있어요. 기억이 안 나는 거예요. 여기서 불다가… 여기 보면 아파트가 너무 많아요. 본드 불면 아파트가 쫙 다 보이는 거예요. 그래서 뒤를 쫙 다 부시는 거예요. 거짓말일 수도 있는데 군풍 불러 가지고 저기 갔다오고 진짜로.

본드 불던 때를 신나게 이야기하더니 현실로 돌아와 뭘 할 거냐고 물으니 아버지, 형과 함께 당구장을 해야겠다고 했다. 가난한 동네의 당구장이야말로 이들에게 마지막 꿈인 듯했다. 그런데 뜻밖에 덕주 씨가 동네 헬스장에 트레이너로 취직을 했다. 권투 경력을 사 준 것이다. 그러나 헬스장에서 잘 나갈 것 같던 덕주 씨가 1년도 못 채우고 트레이너 꿈을 접었다. 헬스장이 문을 닫은 것이다. "헬스센터 사장이 도주해서 본인은 같이 잠적하면 공모한 줄 알 것 같아서 나와서 뒤처리를 하고 있다"고 했다. 동네 헬스장은 상당히 불안정한 업종이다. 비교적 자본이 많이 드는 편이어서 조금만 자본을 더 투자한 헬스장이 같은 동네에 생겨 경쟁이 시작되면 문을 닫을 수밖에 없다. 덕주 씨가 다니던 헬스장도 비슷한 재정 상태였다. 헬스장은 보통 3개월 단위로 회비를 받기 때문에 갑자기 헬스장이 문을 닫으면 3개월치 선불 낸 회원들의 항의가 빗발칠 수밖에 없다. 덕주 씨가 이런 뒤치다꺼리를 하게 된 것이다.

덕주 씨 또한 형만큼은 아니지만 자주 직장을 바꿨다. 한동안은 전에 다니던 전기장판 만드는 데서 아르바이트를 했다. 그 다음에는 건설 현장에서 일했다. 전기장판 공장 그만두고 헬스장 오픈할 때까지 며칠을 쉬게 되는데 그 며칠이라도 돈을 벌려고 하면 건설 현장밖에 일자리가 없기 때문에 단 며칠이라도 건설 현장에서 일해 돈을 모아야 했다. 한때는 영주 씨가 아버지와 함께 건설 노동을 나가고. 덕주 씨도 일이 없으면 아버지, 형과 함께 건설 노동에 나가게 되어 세 부자가 건설 현장으로 나가기도 했다. 하지만 덕주 씨는 건설 노동을 무척 싫어했다. 어떤 때는 새벽에 형과 함께 소개 사무소까지 나왔다가도 헬스장에 가서 운동을 하겠다고 일을 빠지기도 했다. 덕주 씨는 아버지가 그런 일을 하는 것을 보고 커서 자신은 그 일을 하고 싶지 않다고 했다. 또한 가발을 쓰기 때문에 건설 현장의 안전모가 가장 불편하다고 하면서 건설 일 하는 어려움을 털어놓았다.

덕주 씨가 새로 일자리를 찾고 있던 중 뜻밖에 길거리에서 불심 검문에 걸렸다. 대포차 문제로 지명 수배 중이었던 것이다. 7년이 지나면 시효가 지나기 때문에 조심하고 있었는데 시효 몇 달을 남기고 불심 검문에 걸린 것이다. 바로 구류 처분을 받았는데 다행히 하루 뒤에 풀려났다. 벌금형으로 간이 재판을 받아 해결되었다. 이때 덕주 씨는 이웃 동네의 영세 헬스장 인수를 준비 중이었다.

덕주 씨를 통해서 알게 된 것 중 하나는 우리가 흔히 '불량소년'이라는 이름으로 매도하는 상당수의 청소년들이 특별히 불량하지도 악덕하지도 않은 아이들이라는 사실이다. 그들은 거의 즉흥적으로 돈이 없으면 돈을 만들어 내는 방법을 찾아냈다. 덕주 씨가 처음 소년원에 가게 된 것은 길가에 세워진 자전거를 타고 다니다 걸려서였고 그 뒤로도 몇 차례 수감당한 기록을 가지고 있는데 덕주 씨는 그런 것에 아랑곳하지 않았다. 실제로 덕주 씨가 중학교를 자퇴하고 친구들과 어울리면서 본드도 하고 카드놀이도 하고 조직에 들어가기도 한 경력이 있는데 덕주 씨 자신은 그런 모든 것들이 스스로 돈을 벌어서 살아야 하는 아이들의 일상으로 이해했다. '불량소년'이라는 범주가 아니라 "어렸을 때는 다 그래요"라는 말로 자기 동네 아이들의 일탈을 설명했다. 그 '동네 아이들' 중에는 소매치기, 장물아비 등등도 심심치 않을 정도로 많았다.

2000년 초 덕주 씨는 사회봉사 명령을 지키지 않아 수배자 명단에 들어 갔는데 잡히지 않기 위해 피해 다녔다. 덕주 씨가 범법을 저지르고 피해 다닐 때 나는 "자수하고 광명 찾자"는 주의여서 덕주 씨에게 자수를 권고하기도 했다. 그리고 경찰과 검찰 측에 연락해서 자수하면 선처해 달라는 부탁을 하기도 했다. 그 과정에서 그의 사건 기록을 찾아본 적이 있다. 덕주 씨가 스물한 살 때였다.

1999년
11월 16일 긴급 구속
12월 1일 집행 유예
12월 1일 취소

2000년

1월 5일 지시: 200시간 보호 관찰, 8시간씩 30일

1월 12일 봉사 안 하고 있음

1월 19일 경고장

1월 24일 봉사

2월 10일 사회봉사 집행

    그러나 덕주 씨는 공소 시효가 지날 때까지 잡히지만 않으면 된다면서 얼마 안 남았다고 피해 다녔다. 이런 일은 가난한 동네의 아이들에게는 흔한 일인 것이다. 이렇게 해서 초범이 되고 재범, 3범이 쉽게 되어 버린다. 덕주 씨가 사회봉사 명령을 받았을 때 피해 다니면서 단 하루도 자기 먹을 것을 자기가 벌지 않은 때는 없었다. 그래서 사회봉사를 할 수 없었다. "당장 먹고살아야 하는데" 어떻게 사회봉사를 하냐는 것이었다. 술집 같은 데서 일하면서 피해 다녔다. 늦은 밤에는 주로 피시방에서 아르바이트하면서 자고 가끔씩 낮에 집에 와서 자고 나갔다. 경찰은 몇 번 다녀간 뒤 가출해서 집에 안 들어온다고 하니 더는 찾아오지 않았다.

    나는 이 기간을 조마조마하게 지켜보았다. 실제로 공소 시효가 지날 때까지 덕주 씨는 아무 일이 없었고 자수하라고 권한 나만 바보가 된 느낌이었다. 이들에게는 나름의 '생존 전략'이라는 게 있는데 '도망 다니기'는 가장 흔하고 쉬운 생존 수단이었다. 다시 대포차 문제로 수배 중임을 알았을 때는 자수하라는 말도 못했다. 사실은 그때까지 대포차나 대포폰의 정확한 내용을 알고 있지 못했다. 대포차나 대포폰은 항상 "뭔가 지독하게 죄질이 나쁜 범죄"로 언론에 오르내리고 피해자들에 대해서만 들어왔기 때문에 대포차 범죄를 저지른 사람들에 대해서는 별로 생각해 본 적이 없었다.

    덕주 씨는 〈사당동 더하기 22〉 다큐를 끝낸 뒤부터 그 이후 찍는 다큐는

자기의 성공담이 되리라고 호언했다. 실제로 덕주 씨는 작은 규모지만 헬스센터를 열었고 멤버 확장에도 적극적이었다. 전화할 때마다 거의 언제나 "교수님, 몇 명 더 늘었어요" 자랑하면서 1,000만 원의 권리금을 주고 산이 헬스센터가 언제라도 자기가 원하면 3,000만 원을 받을 수 있다고 했다.

헬스센터를 개원한다고 할 때 나는 걱정이 많았다. 상당한 자본이 필요한 업종인 데다 동네에서 웬만한 정도의 시설을 갖춘 헬스센터가 자주 부도가 나는 것을 봤기 때문에 과연 덕주 씨가 자기가 사는 방의 전셋값을 빼고 어찌어찌하여 헬스장을 인수하기는 했지만 망해 먹지 않을까 조마조마했다. 3개월 동안 계속 회원이 는다고 자랑하던 덕주 씨가 어느 순간부터 힘이 빠진 듯한 표정을 짓기 시작했다. 회원이 더 늘지 않고 3,000만 원 보증금에 그 헬스센터를 인수할 사람이 쉽게 나설 것 같지도 않다는 것이었다. 덕주 씨는 한동안 잘 나갈 때는 2층집 옥탑방을 건물주가 무료로 내주어 살고 있었는데 회원이 증가하지 않고 헬스센터 월세도 밀려서 독촉을 받는다고 했다. 또 무료로 살던 옥탑방도 내주고 다시 헬스센터 구석에 간이침대를 가져다 놓고 숙박을 해결하는 것으로 보아 상황이 상당히 나빠진 듯했다.

그럴 때 현금을 빌리는 것은 은주 씨 몫이어서 은주 씨가 곗돈을 타거나 동네 상인들과 내왕해서 급전을 구해서 막는 일을 했다. 은주 씨가 계속 계를 하는 것은 계를 일단 들면 급전을 빌리는 것이 용이해서다. 은주 씨가 돈을 더는 융통할 수 없다고 하면 대부업자의 돈도 가져다 쓰는 듯했다. 어느 날 자랑삼아 '러시앤캐시'에서 돈을 빌린다고 해서 처음에 못 알아들으니까 굉장히 놀라는 눈치로 '러시앤캐시'도 모르냐고 반문했다. 유선방송 광고에서 본 게 생각나서 얼른 아는 척을 하고 넘어갔다. 이들은 제1금융권에서는 신용 대출도 힘들어서 금리가 높은 사금융에 기댈 수밖에 없다.

그러나 어떻든 덕주 씨는 회원이 30명이던 헬스센터를 인수한 지 6개월 만에 130명까지 늘리고 되팔지도 않고 그럭저럭 잘 운영을 하고 있다.

할머니 가족에 들어온 사람들

○ 은주 씨 남편: "집이 제일 무섭죠"

은주 씨 남편 종수 씨는 나염 기술자다. 이제 서른셋이 되었다. 전라도 빈
농 출신인데 초등학교도 제대로 못 다녔다. 어머니가 아버지와 싸우고 가
출했고 위에 누나 둘이 있었는데 "엄마 따라 서울 공장으로 간다"고 나갔
다. 잠깐 연락이 되다가 이제 연락이 끊긴 지 오래되었다. 종수 씨는 초등
학교 2학년인가 마치고 두 살 위 형 손목 잡고 "서울 가면 돈 번다"는 이야
기만 믿고 형제가 서울로 올라왔다. 너무 어려서 공짜로 기차를 탈 수 있었
다. 서울역에 내려 형제 둘이서 손잡고 울고 다니니까 순경이 고아원에 데
려다 주었다. 거기서 몇 년 살고 좀 크니까 취직한다고 돌아다니다가 어느
제품 공장 사장이 "밥 먹여 줄 테니 우리 집 와서 기술 배우라"고 해서 따라
나섰다. 그 집에서 먹고 자고 기술도 배워 기술은 상당한 편이다. 종수 씨
는 어렵게 어린 시절 이야기를 꺼냈다.

> 원래 혼자 살았어요. 친구랑 자취하고 있었어요. 엄마가 여덟 살에 나가시고 아버지
> 랑 살다가… 떨어져서 형이랑 살다가… 아버지는 농사짓다가 서울 올라오셔 가지
> 고… 공사장에서… 할 게 없어서… 막일하고 재혼은 안 했구. 형은 아직 혼자 있어

요. 지금 서른일곱. 형은 지금은 한 군데 안 있고… 왔다갔다해요. 가끔 통화는 하니까… 형은 기술이 몇 가지 돼요. 배워 놓은 게 많아 가지고. 어렸을 때부터 사회생활 해 가지고…

나염도 할 줄 알고. 재단도 할 줄 알고, 차 정비도 할 줄 알고… 이것저것 많이 배워 놨죠. 전 나염이 최고고 다음이 재단, 칼질하는 거요. 의류 쪽… 재봉질도 할 줄 알고 패턴 그런 거 다 해 봤어요. 기술을 배운 건 4학년 때 처음엔 장안동의 장갑 공장. 골프 장갑. 그런 거… 처음에 재단사 하다가요. 재단 일 하다가 미싱도 하고 이것저것 다 했어요. 일을 많이 해서요. 굳은살이 배겼죠.

엄마는 이후에 본 적 없어요. 서울 올라와서 다방 일 하고 있었어요. 그것 때문에 아버지랑 막 싸우셔서 가지고 나가셨어요. 이모들하고는 안 만나요. 엄마 찾고 싶은 마음은 없어요. 누나들은 따로따로 엄마 따라 다 올라왔다가 엄마가 집 나가면서 다 흩어져서 나갔어요. 아버님, 어머님 연세는… 기억이 안나요. 형제는 2남 2녀고 큰누나가 마흔 살쯤. 나이 차가 좀 나요. 누나는 결혼하구 거의 20년 만에 만났다가… 또 헤어졌어요. 연락 안 되고 있어요. 매형은 모르겠어… 뭐 하는지… 누나한테 무슨 보증해 줘 가지고 고생하고 있어요. 보증 선 것 때문에 신용 불량자가 되어 그런 게 날아오더라구요. 누나니깐요. 놔두는 거예요. 누나가 갚는다고 했는데… 저도 못 갚고 있어요. 능력이 안 되니깐… 돈이 많이 생기면 갚으면 되는데 능력이 안 되니깐….

종수 씨는 엄마가 집 나간 데 대한 아픈 기억 때문에 자기 애들은 꼭 엄마 손에 자라게 하고 싶은데 그게 쉽지 않다면서 은주 씨를 "차라리 임신을 시켜 버리면 어떨까?" 그런 생각도 한다. 넷째를 낳으면 나라에서 뭐도 주고 적어도 한 2년은 은주 씨가 나돌아 다니지도 못할 거 아니냐면서. 반면 은주 씨는 남편이 스무 살의 어린 나이에 아빠가 되어서 그런지 외출하면 길에서 아이들을 더욱 본체만체한다고 투덜댄다. 은주 씨는 "애가 두 살 터울인데 큰아이 손목 잡고 작은아이를 업고서 보따리 들어도 신랑은 보따리도 안 들고 가요"라면서 불평을 털어놓았다. 종수 씨는 은주 씨가 돈만 밝히고 가정에는 소홀하다고 불만이다.

툭 하면 (집사람이) 맨날 돈 없다고 그래요. (제) 용돈은 20만 원인데 많이 쓰면 30만 원 없으면 10만 원 쓰고… 술은 있을 때는 먹고 없을 때는 주위 사람들에게 사 달라고 그러고… 자주 먹는데 보통 주위에서 사 줘요. 일주일에 두세 번은 먹어요. 한잔하자고 나가서 먹고… 집사람이 많이 쫓아 나와요. 일 끝나고 연락되면 가서 먹고, 없을 땐 집에서 먹고… (중략) 결혼하구서 스트레스를 많이 받으니깐… 미치겠어요. 가끔 육탄전도 벌어지고 그러는데. 자기 생각만 하니깐… 제 말 안 들어요. 그래서 포기했잖아요. 얘기 안 하고 있어요. 너가 무슨 일을 해도 좋으니깐 애들만 잘 보라고… 안 되겠어요… 잠자리도 안 한 지 오래됐어요. 안 할라고 그래요… 아예… 성질이 많이 나죠. 안 돼요. 힘으로 안 돼요. 꼬시는 것도 한두 번이지… 너무 자존심이 상해서… 하기 싫다고 그러는데 마음이 통해야지 하지… 한 번 할라구 그러면 신경질을 팍 내니깐… 그러면 짜증나잖아요. 치사해서 기분이 나빠져서… 이제 하도 안 하다 보니깐 신경도 안 써요. 전에도 몇 번 좀 떨어져 살았었어요. 같이 안 산다고 나간 거예요. 그때 저는 그냥 기숙사 들어가서 살아 버렸어요. 생활비는 안 줬어요. 나중에 전화해서 돈 없다고 돈 좀 달라고… 그래서 줬어요. 애들 땜에… (중략)

세상에서 집이 제일 무섭죠. 회사는 에이 관둬 버리면 되지만 집은 안 그래요. 많이 힘들죠. 내가 봤을 땐, 집사람은 그냥 돈 갖다 주면 살랑살랑해요. 이상하게 일주일 전부터 살랑살랑 하는 거예요. 웃어 가면서… 왜 이렇게 살랑거리나 그러면 월급날이야… 웃어 가면서… 안 하던 짓도 하고 청소도 잘하고 춤추기도 하고 왜 그러지? 갑자기? 달력 보면 이틀밖에 안 남았어요. 월급 갖다 주면 그 이후에는 약발이 2,3일은 가죠. 한 달에 5일 정도 그때가 제일 낫죠. 돈을 한꺼번에 안 주고 띄엄띄엄 주면 난리나요. 한번 돈을 안 줘 봤어요. 공장까지 쫓아왔더라구요. 택시 타고… 대단하죠. 돈

쥐야지요. (중략)

　한 달에 보수는 많이 틀려요. 이럴 때도 있고 저럴 때도 있고 일정한 게 아니에요. 많을 때는 집사람한테 220만 원도 주고… 200만 원도 주고 적을 땐 180만 원도 주고… 그런데도 집에서는 왜~ 일주일만 지나면 돈 없다고 그러구… 화가 좀 나지… 처음부터 결혼해 가지고 다 갖다 줬어요. 살림할려면 돈이 있어야 되잖아요. 안 갖다 주면 불안해서… 친구들하고 잘 지내요. 살기가 힘드니깐 돈 쓰지 말라고 술 먹으러 가면 같이 돈을 낼라고 하면 너는 가만 있으라고… 그러고… 친구들 사는 건 똑같애요. 장가 간 놈은 많이 없어요. 총각들이니깐… 저는 자유가 없잖아요. 우리 같은 사람은… 뭘 할라고 해도 집 먼저 생각하고… 해두 되나~ 그래야 하고… 나야 친구들한테 술 한잔 얻어먹으면 되고. 앞니를 하라고 하는데… 돈이 있어야죠.

　종수 씨의 꿈은 항상 자기 사업 하는 것이다. "내 공장 차리면 돈도 많이 벌고 딴 사람보다는 금방 할 수 있는데" 자본이 없다. 얼마 전 작은 공장을 빌려 친구와 동업을 시작했다. 일하던 나염 공장 사장이 겨울에 일이 없어 쉬느니 월 100만 원 내고 직접 운영해 보라고 한 모양이다. 나염 공장에서 어릴 적부터 같이 일한 친구가 1,000만 원 정도 모아 놓은 돈이 있어 함께 동업하자고 해서 시작했다. 그 친구는 결혼을 안 하고 열심히 돈만 모아 1,000만 원을 모았다고 종수 씨는 부러워했다. 기술자끼리 동업해서 인건비가 안 나가니까 돈 좀 벌 줄 알았는데 몇 달 동안 계속 적자다.

○○ 연변에서 온 아저씨 부인: "다 그런 거지 뭐"

금선 할머니의 며느리, 즉 수일 아저씨가 재혼한 부인은 연변에서 왔는데 아저씨보다 열 살 이상 젊었고 연변에서 고등학교를 나왔다. 연변에 있는 한 의류업체에 다니다 결혼했는데 아이는 없었고 결혼생활이 평탄치 않았다. 이혼한 뒤 친정집에서 중풍에 걸린 아버지를 부양하고 있었는데 한국으로 시집가라고 친척 언니가 아저씨를 소개했다. 혼자된 아버지 부양에 대해 부담을 많이 느끼고 있을 때였다. 할머니는 아들 수일 아저씨가 혼자인 것을 늘 안타까워했고 마침 교회 아는 사람을 통해 연변에 있는 아주머니를 소개받자 바로 연변에 건너갔었다. 두 번째 연변 갈 때는 결혼을 위한 모든 증명서를 갖춰 아주머니를 데려오게 되었다. 결혼 비용으로 약 2,000만 원이 들었다.

할머니가 연변에서 며느리를 데려왔다는 이야기를 전화로 했을 때 '사건'이라고 생각하고 카메라를 준비했다. 할머니 집에서 연변 아주머니를 본 것은 1998년 12월이었다. 이때까지만 해도 '다문화 가정'이나 '결혼 이주 여성' 같은 단어가 언론에 오르내리기 전이었다. 사회학자들보다 훨씬 빨리 이 계층에서 한국 사회의 결혼이라는 제도의 허를 찌르고 있었다. 1998년도 통계 자료를 보면 한국인 남성과 외국인 여성과의 결혼은 전체 결혼의 2.1%에 불과했다. 또한 2000년만 해도 한국 남성과 연변 여성의 결혼은 3,566건에 불과했다. 수일 아저씨는 매우 일찍 '다문화 가정'을 꾸린 셈이다.* 초창기 결혼 이주 여성은 대체로 우리말을 할 줄 알고 같은 민족이라고 간주된 연변에서 온 여성이 대다수를 차지했다.

수일 아저씨의 결혼은 1년도 되기 전에 파경을 맞았다. 아저씨와 연변 아주머니의 결혼이 오래가지 못할 징후는 사실상 아주머니가 공항에 도착한 날 나타났다. 아저씨는 공항에서 부인을 알아보지 못했다는 이야기를 영주 씨가 한 적이 있다. 연변에서 온 아저씨 부인이 올 때부터 다른 마음을

---

* 다문화 가정이라는 용어는 다른 민족 또는 다른 문화적 배경을 가진 사람들이 포함된 가정을 총칭하는 말로 '국제결혼 가정', '혼혈아' 등 인종 차별적인 이미지와 그로 인해 유발되는 정서를 해소하기 위해 2003년 건강시민연대가 제안하여 현재까지 사용되고 있다.

먹었던 것 같지는 않다. 우리가 인터뷰하러 갔을 때 솔직하게 이야기도 하고 촬영도 거부하지 않았다. 무난하게 적응하는 듯했고 할머니와 잘 지내고 아이들하고도 "그만하면 좋은 편"이라고 말했다. 그런데 몇 달 지나지 않아 가출해 버린 것이다. 어느 날 수일 아저씨가 "나가 살겠다"고 할머니한테 양해를 구했고 할머니는 며느리 데려오느라고 빚을 졌기 때문에 나가서 빚도 갚고 매달 생활비로 50만 원을 달라는 조건을 내걸었다. 의견이 일치되지 않자 며느리가 옷을 싸서 먼저 나갔고 아들은 뒤따라 나가기로 했는데 연락이 끊겼다. 방 얻은 뒤 곧 연락하겠다던 연변 부인은 연락을 끊고 종적을 감춰 버렸다. 아저씨는 연변 부인에게 매월 용돈도 따로 주고 노래방도 데리고 가고 잘 먹이고 성의껏 했다. 임대 주택에 살고 넉넉지 않은 살림이지만 연변보다는 생활수준이 높아 그대로 적응하고 살 줄 알았다.

공공 근로 사업을 나가면서 사람들과 안면을 익힌 연변 아주머니는 좀 더 조건이 좋은 남자나 돈을 더 잘 벌 수 있는 곳을 찾아 나선 듯했다. 몇 차례 연락이 닿았을 때는 술집에 있는 것 같았다. 아저씨가 전화 연락처를 찾아 "곧 방 얻어서 연락한다더니 왜 거짓말했느냐"는 말에 "다 그런 거지 뭐"라고 응수하고 전화도 끊어 버렸다. 집을 나간 후에야 할머니는 아저씨가 매달 수입에서 연변 부인에게 40만 원을 주었다는 얘기를 들었다. 돈 1,000만 원 정도는 모아서 나간 것 같다고 했다. 공공 근로 사업에도 일부러 대신 내보냈는데 거기서 번 돈을 한 푼도 살림에 내놓지 않았다. 다소 의심이 들기는 했었다. 연변 며느리가 그동안 이 집에 내놓은 돈은 연변에 연락하면서 나온 국제 전화비를 계산한 것이 전부였다. 할머니는 연변 며느리가 주거지를 옮길 때마다 찾아내 주민 등록을 세 번 정도 말소시켰다.

집을 나간 연변 아주머니는 바로 이혼을 신청하고 위자료 신청을 해 왔다. 할머니와 아저씨는 돈을 모아서 달아나려는 의도가 있었다고 생각해 절대 이혼에 응해 줄 수 없다고 했다. 한동안 아저씨와 할머니는 서울가정

법원을 드나드는 것이 일과였는데 이혼 및 위자료 소송에서 아저씨가 패소했다. 가정법원은 연변 부인이 "한국에 시집와서 시어머니인 할머니를 부양했다"는 진술서를 그대로 인정해서 오히려 아저씨 쪽에 1,000만 원의 위자료를 지급하라는 판결을 낸 것이다. 이 집의 상황을 모르고, 진술한 내용만 보면 흔히 있는 결혼 이주 여성을 대상으로 남자 쪽에서 조건을 속이고 한 사기 결혼 같은 인상을 줄 수도 있었다. 실제로 할머니는 그때 나이가 많았고 아이들도 함께 살고 있었기 때문에 연변에서 온 여성은 시어머니를 공양하고 아이들 셋을 잘 돌보았지만 워낙 가난한 집에 무능한 남편을 만나 파경을 맞은 그런 사건으로 비친 것 같다.

1,000만 원의 손해 배상을 하기에는 억울한 사건인 듯도 하고 배상할 돈도 없는 집이어서 법률구조공단에 상담을 의뢰해 주었다. 그런데 집안에 노동 인구가 있으면 무료 법률 자문을 받을 수 없다면서 공단 측에서 상담을 거절했다. 할머니 집에는 당시 스물다섯 살짜리 영주 씨가 아저씨와 함께 주민 등록이 되어 무료 법률 자문을 얻을 수 없다는 내용을 할머니가 듣고 다급한 나머지 동사무소에 가서 영주 씨가 정상적인 노동 인구가 될 수 없는 저능이라는 증명서를 떼 갔다. 그렇게 해서 무료 법률 자문을 받긴 했는데 결과는 "그냥 두라"는 것이었다. 차압당할 재산이 없는 집에 위자료 1,000만 원을 배상하라는 판정은 아무런 의미가 없다는 것이다. 결국 아저씨는 재판에 졌고 위자료는 물지 않았으며 항소도 하지 않았고 패물도 돌려받지 못했다. 아저씨는 결혼 비용으로 쓴 빚만 안은 채 다시 혼자가 되었다.

○○○ **필리핀에서 온 영주 씨 부인: "괜찮아요"**

금선 할머니가 세상을 뜬 뒤 영주 씨는 필리핀 여성을 신부로 맞았다. 영주 씨는 내게 필리핀 여성과의 결혼을 이렇게 알려 왔다. 2007년 5월 하순 어느 날 전화해서 "저 필리핀에 결혼하러 가요. 6월 7일에 가는데 제 월급날은 6월 15일이거든요." 처음에는 무슨 말인가 했다가 곧 감을 잡았다. 월급날보다 1주일 앞서 결혼하러 간다는 이야기를 한 것이었다. 안 본 지 두세 달도 안 된 사이에 무슨 일이 생긴 것인지 궁금했다. 곧 조교들과 회의를 하면서 그동안 아무 말 없던 영주 씨가 갑자기 필리핀에 결혼하러 간다고 하는 것은 혹 위장 결혼 해 주고 돈을 받으려고 하는 것이 아닌가 하는 추측까지 해 보았다. 마침 언론에서 결혼 중개업과 위장 결혼 문제가 한창 터져 나올 때였다. 따져 보니 위장 결혼은 아닌 듯했다. 위장 결혼이라면 도움이 필요하다는 암시를 주기 위해 시간도 얼마 남지 않았는데 내게 전화할 필요가 없을 듯했다. 위장 결혼인 경우 결혼 중개업자들이 모든 비용을 대고 500만 원 정도의 사례금까지 지급한다는 보도가 나돌 때였다. 촬영 조교를 보내 사실 확인을 했다. 위장 결혼은 아니었다. 상계동 일대의 영세 업체들에는 이주 노동자들이 많았다. 영주 씨는 대체로 그런 곳에 일자리를 얻게 되는데 내국인은 대부분 나이 든 아줌마들이어서 영주 씨는 쉽게 이주 노동자들과 친구가 되었고 신붓감도 소개받은 것이다. 그렇게 되어 영주 씨는 필리핀에 결혼하러 가게 되었다.

영주 씨와 지지 씨의 결혼은 사실상 소통이 안 되는 상황에서 시작되었다. 영주 씨가 필리핀에 결혼하러 갈 때 촬영을 맡은 대학원생 한 명과 촬영 조교 겸 현장 기록자로 학부생 한 명을 딸려 보냈다. 학부생 조교의 현장 일지에는 다음과 같은 첫 관찰기가 붙어 있다.

서로 몸을 밀착하고 기대고, 몸짓으로 농담도 했다. 그러나 앞으로 어떻게 둘이 의사소통을 할지가 걱정스러웠다. 둘이 말이 안 통하면 나(조교)를 쳐다보며 통역을 해 달라는 눈치를 보냈다. 또 내가 모기향을 주면서 지지 씨에게 설명을 하자 지지 씨가 "I know"라고 답했는데, 영주 씨는 그것을 "No"로 알아듣고 받지 말라는 뜻으로 받아들여 다시 정리를 해야 했다. 이런 일은 지난 며칠 내내 있었던 일이다. 앞으로가 걱정스럽다.

송창훈, 2007.6.16

영주 씨는 영어를 한마디도 할 줄 몰랐고 지지 씨는 한국어를 한마디도 모르는 상황에서 둘은 전화로 데이트를 시작했다. 둘이 어떻게 전화 데이트를 했는지 신기했다. 지지 씨가 한국말을 좀 한다고 영주 씨가 말해서 싱가포르의 한국인 집에서 가사도우미를 했나 생각했다. 아니면 한국인 술집 같은 데서 일했나 하는 생각도 해 보았다. 그런데 둘 다 아니었다. 지지 씨가 할 수 있는 한국말은 "사랑해요", "보고싶어요" 정도였다. 그리고 영주 씨가 아는 영어는 "아이 미스 유", "아이 러브 유"가 다였다. 어떻든 그런 정도의 소통으로 전화상으로 결혼까지 약속했다. 영주 씨는 마닐라 공항에 도착했을 때, 한국 차가 많은 것을 가리키면서 코리언이라는 영어에 '차'라는 영어 단어도 생각이 안 났는지 "코리언 차 많아요"라고 말했다.

지지 씨의 부모님이 사는 아파리라는 곳은 마닐라에서 버스로 열여섯시간이나 걸리는 필리핀 최북단 오지다. 낮 12시경에 탄 버스가 지지 씨의 집에 도착한 것은 새벽 4시 반이었다. 필리핀 농촌 마을의 한 농가였다. 새벽의 어스름함 속에 아파리로 향하는 길 양쪽에는 길갓집만 쭉 늘어서 있었다. 지지 씨의 집도 그중 하나다. 마을에서 못사는 집은 아니었고, 농업으로 자급자족하는 집이었다. 집 한쪽에는 쌀 포대가 4개쯤 쌓여 있었다. 지지 씨는 싱가포르에서 가사도우미로 일하다 결혼하러 3년 만에 집에 온 것이다. 마닐라 공항에 영주 씨보다 앞서 도착해서 몇 시간 후 도착한 영주 씨와 공항에서 조우한 뒤 고향집에 간 것이다. 지지 씨는 1남 3녀 중 셋째로 위로 언니와 오빠는 결혼했고 바로 아래 여동생이 있다. 지지 씨의 동생 한 명과 동생 친구 한 명 등 두 사람이 마닐라에서부터 동행했다. 마닐라 공항에서 지지 씨의 짐은 엄청나게 많았다. 큰 캐리어백 크기의 가방이 세 개는 되었고, 선풍기도 하나 얹혀 있었다. "마치 상경한 시골 소녀의 귀향처럼 보였다"고 촬영 팀 조교는 적고 있다.

영주 씨와 촬영 팀은 아파리 시골 동네의 구경거리였다. 얼굴 생김새가 크게 다른 것은 아니지만 이 동네에 처음 나타난 '외국인'이었으므로. 일거수일투족이 구경거리였다. 영주 씨가 그 집에서 가장 먼저 한 일은 선풍기를 조립하는 것이었다.

가족 소개가 끝난 뒤 아침을 먹기도 전에 바로 결혼식 이야기가 나왔다. 촬영 조교에게 통역을 부탁해서 결혼식과 관련한 지지 씨와 영주 씨의 의견을 조율해야 했다. 결혼식 비용으로 15만 페소(약 300만 원) 정도 드는데 영주 씨가 부담할 수 있는 액수를 알고 싶어 했다. 영주 씨는 그 큰 액수에 몹시 당혹스러워하며 자신은 이런 돈이 필요하리라고는 생각하지 못했다고 했다. 영주 씨에게 남은 돈을 따져 보니 2만 5,000페소(약 42만 5,000원)가 약간 넘었다. 결혼식을 주례할 목사님을 위한 사례금이 약 5,000페소라고 하니, 결혼식 비용으로 부담할 수 있는 금액은 2만 페소(약 40만 원)뿐이었다.

결혼식은 야외에 식장을 만들고, 오후 4시부터 다음 날 오전까지 이어지며, 돼지 한 마리에 5,000페소인데 네 마리를 잡을 예정이라고 했다. 영주 씨는 당황하는 모습을 보이더니 잠시 생각을 한 후, 조촐하게 결혼식을 올리는 건 어떠냐고 제안했다. 지지 씨는 조촐하게 할 바에야 안 하는 게 낫다고 대답했다. 영주 씨는 그렇게 많은 돈이 필요할 줄 몰랐고, 준비를 못했다고 말하고 한국에도 그런 돈은 없다는 말을 통역해 달라고 했다. "둘의 불편하고 당혹스런 표정이 한참 이어졌다. 아침 식사 자리로 옮겨서도 아슬아슬한 분위기는 이어졌다"고 현장 일지에 기록되어 있다. 결국 영주 씨는 한국에 가서 결혼식을 올리고, 돈을 번 후 필리핀에 다시 와서 결혼하는 것이 어떻겠냐는 제의를 했고 상황 판단이 빠른 지지 씨가 동의하면서 갈등 국면은 오래가지 않았다. 영주 씨와 지지 씨는 결혼식을 생략하고 피로연만 하는 것으로 합의를 보게 되었다. 돼지도 네 마리 대신 한 마리만 잡아 동네 사람들에게 대접하기로 했다. 지지 씨가 어디서 노래방 기계도 빌려왔다. 가라오케 기계가 오자 마을의 몇몇 어린이들과 소년들이 모여서 노래를 불렀다.

의사소통의 문제는 지지 씨가 서울에 온 뒤도 계속되고 있다. 지지 씨가 서울에 와서 곧 아이를 출산했고 어느 정도 서울 생활에 적응하면서 지지 씨의 한국말이 빠르게 늘기는 했지만 영어를 전혀 못하는 영주 씨와 한국말이 서툰 지지 씨는 한국어로 소통하면서 늘 뭔가 다 말할 수 없음에 답답해했다. 의사소통 문제는 조금씩 개선되고는 있지만 어떤 결정을 해야 하는 중요한 일에서는 문제가 생겼다. 지지 씨의 동생이 서울로 오고 싶어 해서 초청장을 준비하는 과정에서 영주 씨와 지지 씨 간에 소통이 안 된다고 도움을 청해 왔다. 영주 씨가 서류를 제대로 구비하지 못해서 퇴짜를 맞은 모양인데 영주 씨는 무슨 서류를 보냈는지 어떤 서류가 미비한지를 모르는 듯했다. 지지 씨와 통화해 보니까 남편의 자필 초청장이 필요한데 영주 씨가 자필 사인을 하지 않은 것이었다.

그렇게 어렵사리 초청장을 준비하고 모든 준비를 끝내 놓고 처제 오기만 기다린다는 영주 씨한테 어느 날 전화가 왔다. 지지 씨가 동생을 데려오기 위해서 갖은 노력을 하고 초청장 보내고 비용도 다 보냈는데 바로 그 초청장이 필리핀에 도착하자 지지 씨 동생이 잠적해 버렸다는 것이다. 그날로 집에 돌아오지도 않고 연락이 끊겨서 알고 보니 남자 친구가 생기고 임신까지 했다는 것을 알았다. 지지 씨는 동생을 한국에 초청해 자기도 도와주고 한국 남자와 결혼해서 살면 서로 도움도 되고 의지도 될 거라는 꿈에 부풀어 있었는데 여동생이 제 갈 길을 간 것 같아서 한편 서운하기도 하고 다른 한편으로는 한국에서 자기가 만난 가족에 더 애정을 갖게 된 듯했다. 앞으로 아이를 더 낳을 거냐고 물었더니 한 명 더 낳고 단산하겠다는 얘기를 했다. 둘째를 낳게 되면 친정어머니를 초청해야겠다고 했다.

영주 씨 월급으로 빠듯하지만 근검절약하면서 생활을 하는 듯했다. 지지 씨는 당분간은 부업을 찾아서 할 생각이지만 부업을 찾기도 쉽지 않은 듯했다. 은행 까는 부업은 한 포대를 까는 데 이틀 정도 걸리는데 8,000원을 벌 수 있는 정도고 무슨 액세서리를 만드는 것은 보증금 7만 원을 걸고 하루에 4,000원 정도를 벌 수 있을 것 같아서 시작도 안 했다. 지지 씨는 다문화 자녀들을 상대로 일주일에 2시간 영어를 가르치고 모자 공장에서 몇 시간씩 부업을 해서 30만 원 정도 번다. 시아버지를 모시고 사는 것도 쉽지 않은 듯하지만 그런 티는 내지 않는다. 그러나 은주 씨가 가끔 시누이 노릇을 해서 불화도 생기는 듯했다. 어느 날 영주 씨 집에 간다고 했더니 은주 씨가 "저번에 지지가 아빠 밥을 안 차려 주더라구요. 내가 보기에 너무 안 좋아 보여서 지지랑은 말이 잘 안 통하니까 오빠한테 이야기했어요. 지지한테 잘 말해서 잘하라고. 그런데 지지하고 한바탕 싸운 거예요. 그래 가지고 지지가 나한테 전화를 하더니 나 때문에 자기 오빠랑 헤어지게 생겼고, 복잡해져서 필리핀 가게 생겼다고 하더라구요" 하면서 그 집 분위기 잘 보라고 일러 주었다.

지지 씨가 처음 필리핀 친정에 갔을 때는 3개월간 있었고 그때 영주 씨는 행여 아내가 돌아오지 않을까 봐 노심초사했다. 다행히 예정된 날에 돌아왔고 그 뒤로 좀 더 결혼 생활이 안정된 듯했다. 그런데 지지 씨가 아버지 돌아가신 일로 두 번째 필리핀 다녀올 때도 지지 씨의 비행기 스케줄이 어긋나 돌아오는 날짜가 불과 하루 늦어졌는데도 영주 씨는 불안감을 떨쳐 버리지 못했다. 내게 지지 씨와 통화 좀 해 봐 달라고 부탁하기도 했다. 지지 씨는 마닐라 공항에서 아이 데리고 하루 동안 고생하고 있었지만 아무렇지 않게 "몇 시간 뒤 비행기 타게 될 것 같다"고 밝은 목소리로 말했다. 영주 씨가 말뜻을 못 알아듣고 화만 냈다고 했다. 지지 씨는 평상시에는 영주 씨가 괜찮은데 종종 성격이 급하고 욱해서 당황할 때가 있다고 서울 온 뒤에 털어놓았다. 이제는 자기가 한술 더 뜨기 때문에 참을 만하다고 했다.

영주 씨는 지지 씨에게 버는 돈을 전부 갖다 주고 있다. 어떤 때 내가 이 집에 방문했다가 돈을 약간 줄 때가 있는데 영주 씨는 그것을 지지 씨에게 바로 전달한다. 수입이 적지만 지지 씨가 이 점을 고맙게 생각하고 살림을 알뜰하게 하는 편이다.

"바람을 그리다": 가난의 앞날

이 절의 제목을 정하지 못하고 있던 중에 제목을 삼아도 좋을 만한 모티브가 엉뚱한 순간 잡혔다. 사회복지 전공을 하고 미술 치료사 자격이 있는 조교가 은주 씨네 가족 상담사를 자처하면서 시작한 미술 치료 첫날, 이 집에서 가장 나이가 어린, 여섯 살짜리 아들 영남이가 자기 그림에 붙인 제목이다. 엄밀한 의미에서 미술 치료는 아니고, '미술 치료'라는 이름으로 은주 씨네와 그 자녀들, 영주 씨네와 그 아이의 관계와 생활을 다른 방식으로 좀 더 들여다보게 되었다. 사회복지 전공자가 앞으로 이 가족에게 도움이 될 듯해서 가까워질 겸 시도한 것이었다.

가족들이 모두 모여 앉아 미술 치료 상담을 하는데 여섯 살짜리도 식구들 틈새에서 뭔가 열심히 그렸다. 열두 살, 열네 살짜리 누나들이 보고서 "야, 너 장난쳤구나" 그랬을 때 "아냐, 나 바람 그렸단 말이야" 하고 우겨댔다. 이렇게 해서 〈바람을 그리다〉가 제목이 되었다. 바람은 변화이기도 하고 흔들림이기도 하다. 그리고 바람일 수도 있다. 이 가족의 현황과 바람까지도 드러낼 수 있는 단어라고 생각했다.

○ 은주 씨네: "댄스가수 해서…"

미술 치료 상담은 은주 씨 가족을 새롭게 볼 수 있는 기회가 되었다. 엄마,

244

아빠와 함께 아이들이 모두 그림을 그리면서 함께 앉아 있는 것만으로도 큰 수확이었다. 온 가족이 한자리에 모여 함께 어떤 일을 해 본 적이 없는 가족이었다. 조교가 미술 치료라는 게 있다면서 가족 전부에게 그림을 그리게 하고 상담을 하겠다고 했더니 은주 씨 남편 종수 씨가 무척 좋아했다. 먼저 종수 씨한테 조교만 보내기로 했다. L마트에서 만나 가까운 호프집으로 자리를 옮겨 편하게 이야기하도록 분위기를 만들었다. 미술 치료에 대해 설명하고 도화지에 사람을 하나 그리게 했다. 종수 씨는 초등학교 2학년인가밖에 안 다녀서 그 이후 처음 크레용을 잡아 본다며 잘 그릴 수 있을지 모르겠다고 쑥스러워했다. "은주는 잘 그릴 것"이라는 말도 했다. 은주 씨가 자기보다 학력이 높은 것이 부럽다는 것을 가끔씩 이런 방식으로 드러낸다. "애들이 보면 어쩌지요?" 하면서 머리를 긁적이기도 하고 아이같이 순진하게 얼굴이 상기되어 그림을 열심히 그렸다. 종수 씨 그림을 가지고 조교가 함께 집으로 갔다.

은주 씨와 은주 씨 남편, 아이들 셋이 한 방에서 모두 엎드려 그림을 그리는 장면은 이 가족에게서 좀처럼 볼 수 없던 모습이다. 함께 모두 모여 있는 자체가 드문 일이었다. 영현이와 영선이는 아빠랑 같이 앉아서 뭔가 그린다는 사실이 너무 신기하고 좋아서 어쩔 줄 몰라했다. 영남이도 엄마 아빠 누나들이 그림 그리는 것을 보면서 자기도 그리겠다고 크레용과 종이를 가져다가 "바람 그렸다"라면서 그림을 내보였다. 실제로 만 네 살 정도 아이가 할 수 있는 수준의 제멋대로의 선 긋기이지만 "바람을 그렸다"는 표현은 놀랄 만했다. 조교가 그림을 그리게 한 후 "그 가족에서 희망의 빛이 보인다"는 이야기를 하면서 그동안은 다녀올 때 아무런 희망이 안 보여 너무나 피곤했는데 이제는 이 가족에 희망이 보이는 것 같아 훨씬 마음이 가벼워졌다고 했다.

그러나 그 희망은 오래가지 못했다. 두 번째 미술 치료 프로그램을 하기

그림3

그림4

그림5

그림6

위해 약속 날짜도 미리미리 잡고 그 전날 확인 전화까지 했는데도 프로그램 진행하는 날 집에는 아이들만 덩그러니 남아 있고 부모는 모두 집에 없었다. 은주 씨 남편은 들어가다 마주쳤는데 마치 아무런 약속도 없었다는 듯이 갈 데가 있다면서 나가 버렸다. 초등학교 2학년 이후에 처음으로 '그림을 그려 본다'면서 좋아했는데 두 번째부터 펑크를 내 버린 것이다. 은주 씨는 아무런 연락도 없이 나가고 없었다. 전날 몇 번이나 약속을 확인했는데 허탕이었다.

이 가족이 처음 그린 그림은 HPT 테스트로 여자, 남자, 나무, 집 등 간단한 것이었다.* 미술 치료 시작할 때 처음에 그리게 하는 누구에게나 친숙한 화제인 셈이다. 이 간단한 그림 그리기에서 은주 씨 가족원들의 정서적 불안을 읽을 수 있었다. 맨 먼저 은주 씨 남편의 그림을 보면 그가 그린 여자 그림은 머리만 크고 팔은 짧고 다리도 안정감 없이 공중에 떠 있듯 서 있다[그림3]. 누구냐고 물었더니 영현이라고 했다. 아이들 중에서 항상 영현이가 늘 마음에 걸린다. 너무 어려울 때 영현이가 태어나서 제대로 해 주지 못해서 항상 마음에 걸리고 미안하다고 했다. 여자 그림과 관련하여 혹 어머니 이야기가 나올까 했는데 "자기는 엄마에 대한 생각이 아예 없고 보고 싶거나 그런 것도 물론 없고 엄마를 다시 만난다는 생각도 하지 않았으며 찾고자 하는 마음도 없다"고 했다. 남자 그림은 몸에 비해 팔이 짧고 전체적으로 균형이 잡혀 있지 않다[그림4]. 나무 그림도 초등학교 저학년 수준이다[그림5]. 나뭇가지 위에 온 가족이 있는 것을 동그라미로 그리라고 했더니 은주 씨가 가장 가운데 있었고 그 옆으로 아이들을 그렸다. 은주 씨가 자기 가정에서 항상 중심에 있어야 아이들이나 자기가 편할 거라고 생각하는 것 같았다. 마지막으로 집 그림은 구체적이지 못하고 무슨 성처럼 그렸

* Home, Person, Tree 머리글자를 딴 HTP 테스트는 미술 치료의 시작 단계에서 내담자에게 그리게 하는 것이다.

그림7

그림8

그림9

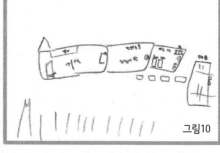

그림10

다[그림6]. 2층집이고 방이 많은 큰 집인데 안방에는 영남이와 은주, 다른 방은 딸들 방이다. 집이 큰데 혹시 다른 사람이 온다면 누굴 초대하고 싶은가 했더니 혼자 사는 형을 초대해 함께 살고 싶다고 했다. 혼자 떠돌아다니며 지내는 형에 대한 애정을 가감 없이 드러냈다.

한편 은주 씨가 그린 여자 그림은 몸과 머리는 큰데 발은 거의 보일 듯 말 듯해서 땅에 발을 붙이고 산다고 보기 힘들다[그림7]. 누구냐고 했더니 자기도 아니고 딸도 아니고 "그냥 멋쟁이 여자를 그렸다"고 했다. 남자 그림도 여자 그림과 마찬가지로 머리는 크고 하체가 매우 약하게 그려져 있다[그림8]. 남편을 상상하면서 그렸느냐고 물었더니 아니라고 했다. 나무 그림에는 형체를 알 수 없는 캡슐 속에 들어 있는 나무를 그렸는데 어딘가에 갇힌 듯한 느낌을 준다[그림9]. 그러나 사람 그림을 아무렇게나 쓱쓱 그린 것과 달리 집을 그릴 때는 아주 신중하게 그렸다. 일반적인 집의 구조가 아니며 집을 평면으로 펴 놓은 것처럼 그렸다. 다만 마당이 넓고 방이 많은 집을 그렸다[그림10]. 이 집에 누가 사느냐고 물었더니 자기 가족이 사는 집인데 방이 많아서 아이들한테 방을 하나씩 주고 방에 침대도 놓고 영남이에게는 장난감 방을 만들어 주고 싶다고 했다. 나중에 남편이 돈을 많이 벌어 부자가 되면 이렇게 방을 꾸밀 거라고 설명했다.

현재 불만은 집이 너무 작아서 싫고 임대 아파트에 사는 게 싫다고 했다. "사람들 수준이 너무 낮고 남들이 우습게 보고 무시하는 것 같은 기분이 들어서 싫다. 빨리 남편이 돈 벌어서 넓은 집으로 이사 가고 차도 사고 그러고 싶다"고 했다. 은주 씨는 지하 셋방이나 임대 아파트 외의 집은 텔레비전에서나 보았고 실제로는 한 번도 가 본 적이 없다. 은주 씨가 살림을 엽엽하게 잘했다면 가사도우미를 해서 중산층 이상의 집에 가 볼 기회가 있었겠지만 그렇지 못해 다른 사람들의 집도 상상이 안 가고 더욱이 자기가 어떤 집에 살고 싶은지를 그리는 데 힘이 들어 보였다.

그림11

그림12

그림13

그림14

영선이와 영현이는 "학교에서 이런 것 한 적 있다"고 하면서 열심히 그렸다. 영현이가 그린 여자애는 자기라고 했다. 만화적이고 귀엽지만 6학년 아동들의 일반적 그림에 비해 사실성이 떨어진다[그림11]. 남자 아이 그림에서도 마찬가지다[그림12]. 여자아이 남자아이 모두 얼굴이 크고 하체가 작다. 나무 그림은 초등학교 3학년 수준이며 그림을 세 그룹으로 나누는 그림은 주로 공간을 나누어 개념화하는 시기인 초등학교 1~3학년 아동에서 나타나는데 영현이의 나무 그림에서 이런 나누기가 보인다는 전문가의 평이었다[그림13]. 아빠 엄마 동생이 함께 쓸 방 하나와 자매가 각자 방을 갖는 게 꿈이다. 영현이는 방이 세 칸인 집을 성곽처럼 그렸다[그림14]. 실제로 본 적이 있는 집을 그리는 것이 아니라 TV나 만화 등에서 본 집을 적당히 짜깁기하고 있다. 영현이는 임대 아파트 외의 다른 아파트에 사는 친구 집에 가 본 적도 없고 아파트 아닌 '땅 집'에 가 본 적도 없다. 안방은 영남이와 엄마 아빠가 함께 방을 쓰면 되고 영선이 방과 자기 방이 각각 따로 있는 그림이라고 설명한다. 마당에 연못도 그리고 연못 안에 물고기도 그리고 개도 한 마리 기르고 싶다며 개도 그렸다. "부잣집에는 다 연못이 있고 이렇게 징검다리 같은 돌이 있잖아요?" 집을 설명하면서 정말 이런 집에 살면 얼마나 좋을까, 하고 연신 말했다. 그리고 "이 개는 똥개가 아니에요"라면서 그림에 '똥개 아님'이라고 써 놓기까지 했다.

영선이의 그림은 전체 공간에서 한쪽으로 치우치거나 지나치게 작게 그리는 경향이 나타났다. 자기 이름을 붙인 여자아이 그림은 귀엽지만 전체 공간에서 아주 조그맣게 그려져 있다[그림15]. 남자아이 그림도 아주 작고 공중에 떠 있는 듯이 그려져 있다[그림16]. 남자아이를 그린 두 번째 그림에서 첫 번째 그림보다 그림의 크기가 작았다. 언니보다는 더 구체적이고 욕심이 있다. 나무는 사람 그림과 달리 화면을 꽉 채웠으며 나무가 비교적 안정감 있게 그려져 있지만 옹이가 많다[그림17]. 살고 싶은 집은 앞에 적당히

그림15

그림16

그림17

그림18

꽃을 그리고 뒤에는 구름이 떠다니는 듯 그려 놓았다[그림18].

영선이는 마당이 넓어서 꽃을 많이 심은 집이라고 하면서 "이 집은 방이 세 개가 있고 들어가면 거실에 소파도 있고 큰 텔레비전이 있는 집이에요. 선생님! 부잣집에 있는 그런 거 다 있어요. 제가 나중에 돈 많이 벌면 이런 집 사고 엄마하고 아빠하고 언니랑 동생이랑 살 거예요"라고 한참 설명을 하더니 "지금 우리 집은 너무 작아서 불편해요"라고 말했다. 영현이는 그 말을 들으면서 "내가 나중에 유명한 가수가 돼서 돈을 많이 벌면 큰 집 살 거야"라고 했다. 자기는 댄스가수가 될 거라고 했고 은주 씨는 "우리 영현이 춤 잘 춰요. 영현아 춤춰 봐! 진짜 가수 되면 돈 잘 벌잖아!" 하고 옆에서 거들었다. 이 집 식구들이 희망하는 최대 방 칸수는 세 개다. 이는 영현이뿐만 아니라 은주 씨나 은주 씨 남편 모두에게서 나타난다.

한편 전반적으로 영남이 그림은 밝고 자유롭다[그림19][그림20]. 네 살짜리 아이의 그림답다. 영남이 그림은 누나들에 비해 색깔도 다양하고 "바람을 그렸다"고 말할 만큼 생각을 언어화하는 능력이 누나들보다 뛰어나다. 이 집의 아이들 셋 모두에게 태권도를 가르친 태권도 관장에 따르면 이 집에서 영현이와 영선이는 지능이나 행동 발달이 평균보다 낮은데 영남이는 평균보다 높고 셋 중에 가장 똑똑하다. 관장은 영남이에게 존댓말을 쓰고 있다. 이 집 아이들은 어디서도 존댓말을 들어본 적이 없어서 존댓말 쓸 줄을 모르고 말을 함부로 하는 것 같아서 일부러 영남이에게 존댓말을 썼더니 영남이가 관장 선생님한테 존댓말을 쓰기 시작했다.

어느 날 영현이가 가진 꿈에 대해 인터뷰를 해 보기로 했다. 그런데 인터뷰가 쉽지 않았다. 질문에 대한 답이 너무 짧게 단답형으로 나와서 길게 이야기하기가 힘들었다. 영현이는 친구들하고 놀 때가 가장 신난다고만 짧게 말했다. 장래 뭐가 되고 싶은가를 알아보기 위해 이리저리 질문을 돌려 가며 했지만 얻은 것은 꿈이 사육사와 가수가 되는 것이라는 것밖에 없었다.

그림19

그림20

그림21

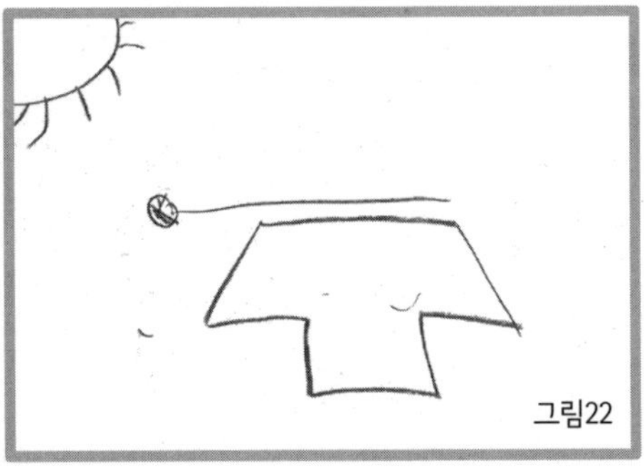

그림22

Q 엄마는 어디 가서 안 오니? 영현아 이리 와 봐. 선생님하고 얘기 좀 하자. 저기 너 뭐 하고 싶다고 그랬지?

A 태권도….

Q 어~ 양말 이쁘네. 너 이번에 장학생 됐는데 선생님이 뭘 좀 물어봐야 하는데 공부하는 거 재밌어? 어떤 과목이….

A 체육이….

Q 태권도 왜 하고 싶어?

A (같이 있는 친구를 가리키며) 이 친구랑 같이 하고 싶어요.

Q 전에 (태권도) 다녀 본 적 있어?

A 어렸을 때, 노랑띠 때 끊었어요.

Q 요새 엄마랑 아빠랑 어때?

A 싸울 때도 있고….

Q 저번에 엄마가 집 나갔을 때 힘들었어?

A (다시 한 번 강조하듯이) 네, 어 어 많이 힘들었어요.

Q 왜 동생들 챙기느라 힘들었어?

A 그냥. 동생들 챙긴 것도 아니고… 그냥 힘들었어요.

Q 엄마, 아빠랑 자주 싸워?

A 자주요? 자주는 아니고요.

Q 가끔?

A 네.

Q 너가 많이 자주 말려 주는 거야?

A 동생이 말려요.

Q 너는 왜 안 말려?

A 저는 말리기가 좀… 어려워요.

Q 왜?

A 말리면 저까지 맞을 것 같으니깐….

Q 영현이는 앞으로 어른이 되면 뭐가 되고 싶어?

A 꿈 두 개인데, 사육사하고요, 가순데 그 두 개 다 하고 싶은데… 엄마 아빠는 가수하래요.

Q 사육사는 어떻게? 동물 병원 의사?

A 아니 그 뭐지? 동물을 치료하는 거….

Q 그러면 공부를 열심히 해야겠네?

A 동물에 대해서 많이 해야 돼요.

Q 동물에 대해서 공부하는 것은 대학 가서 하는 거구, 지금은 학교 공부를 잘해야 하는데….

A …(대답이 없다).

Q 왜 사육사가 되고 싶어?

A 동물이 귀여워서….

Q 동물 좋아해?

A 네.

Q 어떤 동물 좋아해?

A 아! 강아지 새끼 같은 거….

Q 장학금 받고 하니깐 공부 열심히 해야 하는데….

A 장학금 왜 받는데요? (왜 자신이 장학금을 받는지 의아하다.)

영현이는 말을 할 때 고개를 숙이고 대답하고 자신감이 별로 없다. 영현이 친구들도 그런 편이다. 은주 씨의 말은 "이 동네 애들이 거의 저렇다"고 하면서 "수급자 애들이 다 그래요" 하고 말한다. 은주 씨는 그러면서 자기 아이들이 "이런 애들하구만 놀아서 별로 좋지 않다"면서 "아이들 친구들 집 중에 자기들보다 더 어려운 사람도 많고", 더구나 "저기 3단지 4단지는 북한에서 올라온 애들까지 있다"고 했다. "북한에서 오면 무조건 이런 데 넣어 줘요. 말투가 다 북한 말투예요. 딱 알지 뭐"라면서 얕잡아보는 말을 서슴없이 했다. 그리고 자기 딸들은 남의 돈을 훔치거나 그러지 않는다는 점을 자랑스럽게 덧붙였다. 한번은 영현이가 친구 집에 놀러갔다 왔는데 그 친구 집에서 돈이 없어졌다고 친구 엄마가 영현이를 의심해서 쫓아왔기에 "나는 우리 딸 그렇게 안 키운다"고 소리 질러 보냈다.

영현이가 다닌 초등학교는 총 학생이 610명쯤 되는데 그중 25% 정도가 수급자 자녀들이었다. 수급자 가정의 아이들은 대부분 학년이 올라갈수록 성적이 좋지 않다. 대체로 빈곤층이 많은 학교에는 복지 담당 교사들이 배치되어서 담임교사와 별도로 수급자 가정 아동들을 특별히 관리하고 있었다. 학교는 비교적 깨끗하고 학생들에 대한 복지도 잘 되어 있고 상담 기록 등이 매우 세밀하게 되어 있었다. 영현이는 학습 부진아반에서 특별 지도를 받고 있고 영선이는 미술 상담 치료반에 있었다. 아이큐가 평균에 미달한다는 소견이었다. 특히 엄마나 아빠가 신경을 써 주지 않는다는 점을 간파하고 있었다. 영현이 성적은 반에서 거의 맨 꼴찌다. 복지 교사는 이 학교의 4분의 1이 수급자 가정의 자녀들이지만 잘사는 집 아이도 있다고 덧붙였다. 이 학교가 가난한 아이들이 많은 학교로 낙인찍히는 것을 경계하는 눈치였다. 학교에서 동영상을 찍을 수 있을지 문의했는데 의논해 봐야 알겠지만 학교에서 동영상을 찍는 것은 쉽지는 않을 것이라고 했다. 이 학교가 수급자 자녀들이 다니는 학교로 알려지는 것이 조심스럽다는 반응을 보였고 특히 교장 선생님은 이를 허락하지 않을 것이라고 했다. 교장 선생님 선까지 가면 거절당할 것이 너무 분명해 보여 동영상 기록물을 남기는 것은 포기했다.

영현이가 중학교에 진학했다. 입학식 때 학부모들의 차림새만으로는 빈곤층이 모인 학교라는 생각은 못했는데 지역 사회 담당 교사에 따르면 23.3%가 수급자 자녀라고 했다. 영현이가 다니던 초등학교의 수급자 가정 자녀 비율과 유사했다. 아마 같은 지역이어서 지역적 특성을 반영하는 듯하다. 수급자 자녀들은 성적도 좋지 않은 편이라고 했다. 영현이 담임교사가 중산층 아이들이 20% 정도 된다고 해서 누가 중산층 아이냐고 물었더니 30평 정도의 전세 아파트에 사는 애들이라고 서슴없이 이야기했다. 중산층(그 선생님 표현대로 하면 30평대의 전세 아파트에 사는) 자녀들은 20% 정도 되고 나머지 약 55%는 차상위 계층 및 지소득층 자녀들이라고 했다. 그러면서 이 상위 20% 즉, "중산층 아이들은 학교에서 확실히 다르다"는 표현을 했다. 그러나 부모들 탓만은 할 수 없는 것 같고 "구조적 문제인 것 같다"면서 가난한 지역의 교사로서의 어려움과 상황을 토로했다.

영현이는 남학생들한테 인기가 많다. "저소득층 여자애치고는 터프하지 않고 남학생들한테 상대를 잘해 주는 편이어서 편하게 대하는 것 같다"면서 그 점을 담임교사는 걱정했다. 집안에서 어머니가 '그런 문제'와 관련하여 교육을 잘할 것 같지 않다는 느낌을 잡은 듯했다. 슬슬 은주 씨네 딸들이 뭔가 문제를 일으키게 되는 것이 아닐까 걱정이 되는 시점에 온 것이다.

걱정한 지 두어 달도 지나기 전에 영현이가 두 번이나 가출하는 일이 생겼다. 두 번 하룻밤씩 자고 다음 날 들어왔는데 "외박을 했느냐?"고 물었더니 밖에서 잠을 잔 것은 아니고 "돌아다니다 왔다"고 했다는 것이다. 그래서 아이들 아빠가 아침에 들어온 영현이를 "흠씬 패 주었고" 은주 씨도 말리지 않고 남편 나간 뒤 또 옷걸이로 때리면서 "100대 맞을래, 남자 친구하고 그만둘래"하고 물었더니 영현이가 100대 맞겠다고 해서 더 화가 나서 실컷 때려 주었다는 것이다. 은주 씨는 영현이가 남자 친구를 인터넷상으로 만났고 수유리 산다는 것 외에는 어느 학교에 다니는지 어떤 집인지는 묻지도 않았다. 무조건 만나지 말라고만 했다. 그 이야기를 전해 들은 영주 씨는 "호기심 때문인 것 같은데 그냥 두라"고 했고 은주 씨는 "그럼 오빠네 아이들 크면 그렇게 하겠냐"고 하니까 지지 씨가 자기 아이는 "남자애니까 상관없지만 영현이는 여자애라서…"라고 말꼬리를 흐렸다. 다분히 임신이라도 하면 어떻게 하느냐는 걱정을 눈에 담고 있었다. 중1짜리가 눈에 화장을 하고 밤에 돌아다니기 시작한 것이다. 은주 씨에게 "언제 외박하고 언제 눈 화장해 봤느냐"고 슬쩍 물었더니 고1 때라는 대답이 돌아왔다.

○○ 영주 씨네: 아들 꿈은 영어 선생

한편 영주 씨는 미술 치료 상담을 하는 조교를 보낼 테니 그림을 한 번 그려 보겠느냐고 물었을 때 바로 알아듣고 "그린 뒤에 진단도 꼭 알려 달라"고 했다. 미술 상담 치료에 대해 들은 적이 있는 모양이었다. 물론 우리는 본격적으로 미술 상담 치료를 도입하려는 것은 아니지만 전문가의 평을 듣고 전달해 주겠다고 했다. 영주 씨와 지지 씨는 전날 확인 전화를 해 보니 약속 일자와 시간을 알고 있고 나는 안 가고 미술 치료 조교를 보내겠다고 했을 때도 "괜찮다"고 했다. 늘 그렇듯이 조교가 방문했을 때 준비를 해 놓고 있었다. 이 점에서 은주 씨네와는 큰 차이가 난다.

같이 그림을 그리는 데 집중할 수 없을 정도로 재성이가 말썽을 부리고 다녔다. 크레파스를 온통 다 빼 놓고 그림을 그리는 아빠한테 풍선을 불어 달라고 하니깐 영주 씨는 그림을 그리다 말고 풍선을 불어 준 다음 다시 그림을 그리기 시작했다. 재성이는 아빠 어깨에 올라가고 먹을 거를 달라고 하고 텔레비전을 틀어 달라고 하고 징징거렸다. 재성이도 그림을 그리라고 도화지와 크레파스를 주었는데 영남이만큼 관심이 없어 했다. 재성이는 산

그림23

그림24

그림25

그림26

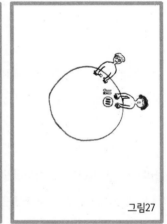

그림27

만하게 돌아다니고 계속 아빠에게 뭔가 졸라 댔다. 지지 씨는 재성이가 징징거리든 말든 얌전히 앉아서 그림을 열심히 그렸다.

영주 씨 여자 그림은 만화 캐릭터 비슷했다[그림23]. 지지라고 했다. 자신은 화려한 여자가 좋고 잘 꾸미는 여자가 좋다면서 미니스커트를 입은 여자를 그려 보여 주었다. 다른 남자들은 자기 아내나 여자가 미니스커트 입은 걸 싫어하는데 자신은 지지가 미니스커트를 입어도 상관없고 예쁘면 된다고 했다. 자기 가족에 대해서 다문화 가족이지만 "자기는 지지랑 나이 차가 별로 안 난다"는 점을 강조했다. 다른 남자들은 스무 살, 스물다섯 살 이상 차이 나는 사람도 있다면서 다른 다문화 가족들과 모이면 지지가 제일 나이가 많고 자기는 제일 젊다는 점을 자랑스러워했다. 지지가 다문화 가족 모이는 데만 가면 신랑 나이를 묻는 버릇이 있어 "그러면 안 된다"고 주의를 준 적도 있다. 지지 씨는 자신은 한국 음식을 할 줄 알고 특히 된장찌개, 김치찌개, 동태찌개를 잘 만든다고 하지만 영주 씨는 지지 씨 음식이 잘 안 맞는다. "지지가 김치를 만들 줄은 알지만 너무 복잡하고 힘들어서 사 먹는다"고 했다.

영주 씨는 남자를 그리고 난 뒤 옆에 여자를 그렸다[그림24]. 남자만 그려야 하는데 혼자 있으면 외로울 것 같아서라고 했다. 남자는 자기라고 했다. 나무를 그릴 때 나뭇가지를 섬세하게 그렸다[그림25]. 자신은 원래 섬세한 사람이고 꼼꼼한 편이라고 말하면서 이 나무는 '종합 과일나무'라고 말했다. 왼쪽에는 잎사귀가 조금 있는데 잎사귀가 많으면 영양분이 잎사귀에만 가서 과일이 잘 안 열릴 것 같아서 잎사귀를 조금 그렸고 사과, 배, 포도 등 모든 과일이 다 열리는 나무라 했다. 자기 가족들 은주, 덕주 등을 다 포함해서 함께 먹고 싶다고 말하면서 자신의 섬세한 표현에 만족스러워했다.

영주 씨는 집을 두 채 그렸다[그림26]. 아래 큰 기와집은 넓은 방이 2개가 있는 궁궐이라고 했다. 이 집에서 자기 가족들 지지와 재성이 그리고 아버지가 살 것이라고 말했다. 이 집은 아주 넓은 집이고 안에 들어가면 방이 아주 커서 한방에도 많은 식구들이 함께 잘 수 있는 그런 큰 집이라고 했다. 다른 한 채인 작은 집은 자기 혼자서 쓰는 방인데 거기서 "책도 읽고 음악도 듣고 생각도 하는 집"이라고 했다. 자기만의 공간을 가지고 싶은 마음을 드러냈다. 특이하게도 집 앞에 무덤을 그렸는데 "할머니 무덤일 수도 있고 아버지가 돌아가시면 모실 무덤이기도 하다"면서 집 가까이에 있어야 자기가 잘 돌볼 수 있어 집 옆에 그렸다고 말했다. 엄마는 어떠냐고 슬쩍 조교가 떠 본 모양인데 "절대로 자기는 엄마를 거기에 안 모실 거다. 죽든 살든 자기와 상관없다"고 딱 잘랐다. 아파트와 주택 중 어느 쪽이 좋으냐고 물었더니 "여기가 편리하긴 하지만 사당동 살 때가 좋았다"고 했다. "밤에 새소리도 나고 새벽에 닭소리도 나고 개가 짖는 소리도 나서 정겹고 골목에 나오면 답답하지도 않고 밤에 하늘을 넓게 볼 수 있어서 좋았다"고 했다.

그림 그리기를 끝낸 영주 씨는 "자기는 원래 외로움을 잘 타고 또 외로움을 즐긴다" 했다. 그러면서 현재도 외롭다면서 외롭다는 말을 여러 번 반복했다. 가족이 함께 행복했던 때를 생각하며 그림을 그리라고 했는데 영주 씨는 큰 식탁에 할머니하고 둘이만 함께 있는 그림을 그렸다[그림27]. 왜 다른 식구들은 없느냐고 물었더니 자기 기억에 가끔 할머니랑 냉면을 먹으러 간 적이 많아서 할머니 생각이 나서 그린 것이고 다른 식구들은 별로 관심이 없다고 했다. 할머니가 영주 씨를 끔찍하게 여긴 만큼 영주 씨도 할머니에 대한 애정을 이런 방식으로 드러내고는 한다.

지지 씨는 상당히 신중하게 고민을 하면서 그림을 그렸다. 여자 그림에 대해 누구냐고 물었더니 자기 엄마라고 했다. 자기는 그림을 잘 못 그린다며 "더 예쁘게 그려야 하는데…"라며 아쉬워했다[그림28]. 남자 그림에 대해서는 영주 씨라고 했다. "영주 씨가 옷을 멋지게 입고 있는 모습을 그렸

그림28

그림29

그림30

그림31

그림32

다"고 말했다[그림29]. 그 말을 영주 씨가 듣고는 자기가 집에서 맨날 아무렇게나 입고 있어서 지지 씨가 멋있으라고 그렇게 그린 것 같다고 흡족해했다. 지지 씨가 그린 나무는 자기네 나라에 있는 코코넛나무였다[그림30]. 열매가 많은데 가족들과 함께 나눠 먹고 싶다고 했다. 그 가족은 친정 가족이었다. 지지 씨가 그린 집 또한 한국에서 보기 드문 집이었는데 어떤 집을 그린 거냐고 물었더니 "필리핀에 있는 집"이라고 했다[그림31]. 자기 친정 식구들과 사는 집이라고 했다. 한국에 와서 사는데도 한국에서 사는 집을 그리지 않고 필리핀에 있는 집을 그려서 아직 한국에 사는 것이 안정적이지 않아서 그런가 했는데 자기는 아파트가 싫고 꽃도 심고 마당이 있는 집이 좋아서라고 했다.

지지 씨는 가족의 즐거운 한때를 그린 그림을 설명하면서 친정 식구들 이야기를 털어놓았다. 기타를 치는 아버지 모습을 그리고는 "아버지는 기타도 잘 치고 멋진 사람"이라고 자랑했다. 그러나 (여자들한테) 인기가 많아서 자기가 고등학교 때 바람이 나서 엄마랑 가족이 많이 힘들었다고 털어놓았다. 친정 가족 중에서는 별로 친한 사람이 없고 그나마 엄마와 친하다고 말했다. 무슨 이유인지 모르지만 자기 위에 큰언니는 어릴 때부터 외할머니네 집에서 자라서 자매라는 느낌이 별로 없고 오빠는 워낙 짓궂어서 자기를 많이 힘들게 괴롭혀서 관심이 없고 여동생은 열 살 아래여서 항상 자기가 부모처럼 돌봐 주어야 하는 존재라 형제자매 간의 감정이 없다고 하였다. 특히 아빠가 바람났을 때 자기가 엄마를 많이 위로해 주어서 엄마와는 특별히 가깝다고 했다.

영주 씨는 아들 재성이가 교사가 되는 게 꿈이다. 영어권인 필리핀 여성과 결혼하고 그 사이에 아이가 태어나자마자 꾸는 꿈이다. 영주 씨는 지지 씨가 출산한 날, 꿈이 무어냐고 물었을 때 아이가 "선생님… 교수처럼 큰 그런 선생님 말고 영어 선생님"이 되는 거라고 답했다. 지지 씨가 영어를 하기 때문에 아들 재성의 영어 교육에 힘이 될 거라고 많이 기대하고 있다. 처음에는 지지 씨가 서울 와서 영어 과외 같은 것을 할 수 있지 않을까 기대했는데 대학을 안 나와서 안 된다는 것을 알고 실망이 컸다. 영주 씨는 "자기가 보기에 지지가 영어를 잘하는데" 필리핀에서 고등학교밖에 안 나와서 '다문화 영어 교사'가 못 되는 것을 매우 아쉬워한다. 동네 학원에서 초등학생들을 대상으로 하는 초급 영어반 교사로도 안 불러 준다는 것이다.

재성이의 돌이 갓 지났을 때 영주 씨의 거실 벽은 온통 영어와 한글이 함께 쓰인 글자 배우기 그림으로 도배되어 있다시피 했다. 지지 씨는 은주 씨가 아들 영남이에게 열성을 쏟지 않는 것에 대해 매우 못마땅해하면서 재성이 교육에 열성을 보인다. 재성이는 영남이와 같은 어린이집에 다니고 있는데 지지 씨는 재성이의 일지를 매일 꼼꼼하게 챙기는 데 비해 은주 씨는 영남이의 일지도 별로 보지 않는다. 지지 씨는 합동결혼식 후 신혼여행을 보내 주는 프로그램이 있었는데 재성이를 데려갈 수 없다는 말에 그토록 가고 싶어 한 제주도 신혼여행을 포기했다. 재성이를 2박 3일간 맡길 곳이 없었기 때문이다. 은주 씨 집에는 믿고 맡길 수 없다고 생각하는 듯했다.

재성이는 영남이보다 한 살 정도 어린데 집에서 아무리 달래도 그림을 그리지 않았다. 어린이집에서는 그림을 그리는 모양인데 우리의 '미술 치료'에는 전혀 참여하려 하지 않고 온 방을 정신없이 헤집고 다녔다. 영남이가 약간 기죽어 있는 데 비해 재성이는 지나칠 정도로 어리광이 심하다. 엄마, 아빠 그림 그리는 것을 방해하고 다녔다. 영남이나 재성이 모두 어린아이들이 쉽게 걸리는 감기나 설사, 복통 등의 병치레를 자주 한다. 은주 씨는 놓아두면 낫겠지 하고 방치하는 편이다. 그래서 병을 더 키운다. 반면 영주 씨는 재성이가 감기만 걸려도 바로 병원에 데리고 간다. 특히 지지 씨는 재성이가 조금만 아파도 매우 신경을 쓰는 편이다.

지지 씨 집에서 주식비 외에 지출의 대부분은 재성이의 옷을 사거나 장난감 사는 데 쓰인다. 지지 씨는 우유를 살 때도 어른용 우유와 재성이용 우유를 따로 살 만큼 정성을 보인다. 재성이용 우유는 자라는 아이의 성장을 도와준다는 광고가 TV에 자주 나오는 E제품 우유를 산다. 앞으로 재성이와 영남이가 어떻게 클지 흥미로운 사례가 될 것 같다.

영주 씨 집 한 달 수입은 영주 씨가 노동 일로 버는 90만 원과 지지 씨가 부업을 해서 버는 20~30만 원, 외부 후원금 5만 원, 수일 아저씨가 보태주는 35만 원 등 월평균 150만 원 정도다. 이 중에서 지지 씨가 부업을 해서 받는 20~30만 원은 지지 씨가 비상용으로 따로 관리하고 월수입으로 치지 않는 듯했다. 이렇게 해서 모은 돈으로 지지 씨는 친정 갈 때 비행기 삯을 마련했다. 지지 씨의 가계부를 25년 전 금선 할머니가 썼던 가계부와 비교해 보면 전체 지출에서 부식비가 차지하는 비율은 같고 관리비가 차지하는 비율도 비슷하다.

25년 전 할머니 가족은 5인이었고 당시 5인 가족 도시 근로자 월평균 최저 생계비는 64만 6,800원이었다. 할머니네 가족의 총지출은 당시 월평균 최저 생계비의 46.9%에 불과하며 영주 씨 가족의 총지출은 2011년 4인 가족 월평균 최저 생계비의 70% 수준이다.

영주 씨네 생활비에서 차지하는 비율이 가장 높은 것은 부식비(37.4%), 다음은 아파트 관리비와 지지 씨 집에 보내는 돈이 각각 19.9%로 다음을 차지한다. 주식비가 차지하는 비율이 매우 낮은 것은 밥을 많이 해 먹지 않는 것과 관련이 있는 듯하다. 그러나 전체적으로 볼 때 주식비와 부식비를 합치면 식비가 차지하는 비율은 41%로 매우 높으며 아파트 관리비와 친정에 보내는 돈 외에는 거의 지출이 없다. 재성이 옷이나 장난감에 약간의 돈을 쓸 뿐이다.

반면 사당동 때 할머니 가족의 생활비에서 가장 높은 비율은 부식비(37.4%)였고, 다음이 주거세 및 관리비(27.1%), 주식비(14.8%), 교육비(13.2%)

표2. 한 달 생활비 내역

	할머니 가족(1986년 12월)		영주 씨(2011년 2월)	
	금액(원)	비율(%)	금액(원)	비율(%)
주식비	44,920	14.8	36,800	3.6
부식비	113,510	37.4	376,960	37.4
주거비	30,050	9.9	-	-
관리비	52,200	17.2	200,000	19.9
교통비	6,070	2.0		
교육비	40,060	13.2		
전화	-	-	90,000	8.9
이자	9,100	3.0		
기타 잡비	7,590	2.5	103,320	10.3
(필리핀)송금	-	-	200,000	19.9
지출 합계	303,500	100.0	1,007,080	100.0

순이다. 주식비가 낮게 나온 것은 주거 관리비와 교육비가 차지하는 비율이 높은 데서 연유한다. 할머니 생활비에서 상당 비율을 차지하던 월세 주거비(9.9%)는 영주 씨 생활비에는 없는 대신 거의 같은 비율(8.9%)의 전화료가 새로 추가되어 있다. 그리고 기타 잡비 비율도 영주 씨 생활비에서 꽤 높은 비율(10.3%)를 차지하는데 이는 의약품 및 학용품 등 거의 재성이에게 들어가는 비용이라고 할 수 있다. 이 가족에서 지지 씨 친정에 송금하는 20만 원은 가계 지출이나 수입에서 큰 비중을 차지하고 있다.

필리핀에서 좀 더 나은 삶을 위해 싱가포르 가사도우미를 거쳐 한국에 온 일종의 글로벌 우먼인 지지 씨와 한국의 전형적인 도시빈민 출신의 영주 씨의 다음 세대가 어떻게 변해갈지 예측하기 힘들다.

05

가난이 낳은 가난

● '맨몸'으로 산다는 것 ●● 가난의 자존심 ●●● 가난의 두께
●●●● '빈곤 문화'의 조건

초고를 끝내려는 순간 연구 조교의 전화를 받았다. 은주 씨가 성동경찰서에 있다고 도와달라는 전화를 받았다는 것이다. '러시앤캐시'에서 300만 원인가 빌려 썼는데 월 이자가 9만 원이나 되어 고민하고 있던 차에 누군가 전화를 걸어 통장만 만들어 주면 1,000만 원을 낮은 이자(월 10만 원)로 빌려 준다고 하여 바로 통장을 만들어 퀵으로 보냈는데 다음 날 고소가 들어왔다고 경찰서에서 연락이 온 것이다. 누군가 하루 사이에 1,400만 원을 은주 씨 명의 통장에 넣은 다음 바로 빼 갔다. 은주 씨는 이른바 대포통장의 주인이 된 것이다. 은주 씨도 피해자지만 어떻든 이름과 주민 등록증을 빌려 준 범법 행위에 가담한 셈이어서 조사 받고 벌금을 내야 할 처지에 놓였다. 금융 자본주의가 어떻게 가난한 사람들의 일상에 기어 들어왔는지 그 현장을 보여 주고 있었다. 난 마지막 순간에 다시 한 번 가진 것이라고는 '맨몸'뿐인 사람들을 25년간 지켜보고 있음을 절감했다. '맨몸'을 팔 뿐 아니라 돈이 되면 자기의 주민 등록 번호도 팔아야 하는 사회에서 살아가는 사람들에 대해 그토록 오래 '연구'한 것이다. 그동안 은주 씨는 대포폰을 쓰는 듯했다. 너무 자주 전화료가 연체되어 자기 명의로 휴대폰을 개통할 수가 없어 늘 남편이나 동생 또는 아이들 명의로 개통해 쓴다. 그래서 휴대폰 번호가 수시로 바뀐다. 처음에는 잃어 버렸다고 해서 그런 줄 알았는데 너무 자주 되풀이되어서 봤더니 전화 요금이 체납될 때쯤에 분실 신고하고 새로 받는 방식을 되풀이하는 듯했다. 이때는 명의를 빌려 주는 것이 아니라 명의를 빌려 쓰는 것이었다. 그동안은 대포폰 정도였는데 드디어 대포통장을 만든 일이 생긴 것이다.

이 장을 쓰면서 멕시코의 한 가난한 가족의 이야기를 썼던 오스카 루이스의 《산체스네 아이들》 서문을 수차례 읽어 보았다.* "가난이란 어떤 적극적 의미까지 가지고 있어서 빈민들이 살아가는 데 없어서는 안 되는 구조이자, 근거이자, 방어 기제이다. 간단히 말해서 가난의 문화는 유난히 견고하고 지속적이며 대대로 전수되는 생활양식이다"라는 서술을 다시 한 번 꼼꼼히 새기면서, 또한 루이스가 과연 가난에 대한 사회 구조의 책임을 얼마나 인식했느냐는 줄기찬 비판에 대해서도 세밀하게 읽어 보려고 했다. 이 장은 이 질문에 답하는 한 방식일 수도 있다. 사당동 때의 현장 일지를 다시 점검했다. 그때 그 사람들의 삶을 다시 읽었다. 그리고 현재의 가난을 다시 읽어 보려 했다. 팔 것이라고는 '맨몸'뿐인 사람들의 삶을 사당동과 상계동 사람들의 이야기를 오가면서 '어떤 질문'에 답해 보기로 했다. 여기 나오는 익명의 개인은 개인이라기보다는 이러한 구조적 지점에 놓인 집합적 행위자다. 할머니 가족을 빼고는 익명화한 이유다.

*오스카 루이스(2007), 《산체스네 아이들 1·2·3》, 박현수 역, 지식공작소.

'맨몸'으로 산다는 것

사당동 철거 지역에서 상계동의 임대 아파트 단지까지 서울 빈민들의 생활을 지켜보면서 그리고 특히 한 가난한 가족을 25년간 계속 따라다니면서 '가난함'이란 무엇일까, '빈곤 문화'란 어떤 것일까, 이들에게 빈곤의 출구는 있는 것일까?라는 질문을 끊임없이 던져 보았다.

　사당동에서도 상계동에서도 대화 중간 중간에 '그들의 이야기'에서 수시로 듣는 말은 "가진 것이라고는 몸밖에 없는" 또는 "맨몸으로 서울 올라와서" 같은 말이었다. 맨몸으로 할 수 있는 일은 노동뿐이었다. 노동 빼고는 맨몸으로 돈 만드는 일은 노름, 외상, 빚 얻기 그런 것이었다. 옛날 사당동에서 일 나가지 않을 때 동네에서 모여 앉아 하는 일은 대체로 소액을 놓고 화투를 치는 일이었다. '화투짝'을 가지고 노는 것은 이들의 일상생활이었다. 노동이 불안정하기 때문에 일을 나가지 않을 때가 많고 그때 동네에서 소일거리이면서 돈 만드는 일을 찾을 수밖에 없었다. 노름이라고 부를 만한 큰 판은 아니지만 금선 할머니도 일이 없을 때는 화투를 쳤고 화투를 같이 치는 팀이 함께 곗돈을 모으는 팀이기도 했다. 화투 치고 고스톱 같이하는 것이 함께 건설 노동 하거나 부업을 같이하거나 계 모임을 같이하는 것이나 별반 다를 게 없었다. 때로는 화투 팀이 교회 구역 모임 팀이기도 했다.

수일 아저씨도 사당동에서 고스톱을 많이 했다. 그러나 임대 아파트로 오면서 고스톱은 거의 치지 않고 대신 일주일에 한 번 복권 사는 일을 거르지 않는다. 아무리 수입이 없어도 로또 복권이 나올 때부터 지금까지 한 번도 거르지 않고 한 회에 5,000원어치씩 매주 복권을 샀다. 당첨이라고 할 만한 일은 일어난 적이 없고 다음 회 복권을 한 장 얻는 그런 일은 몇 번 있었던 듯하다. 자녀들도 자세히는 잘 모른다. 아저씨가 그동안 복권을 사느라고 들인 돈을 적금에 넣었다면 아마 상당액이 되었을 듯해서 "차라리 적금을 붓지 왜 복권을 사세요?" 그랬더니 '재미'라면서 웃고 넘어갔다. 로또 복권을 사고 그 당첨 일을 기다리는 재미로 일주일을 보내는 것이다.

할머니 가족 중에 수일 아저씨 다음으로는 덕주 씨가 복권을 많이 사는 편이었다. 로또 복권보다는 스포츠 복권(일명 토토)을 사고는 했는데 한 번 스포츠 복권이 터져 200만 원의 당첨금을 받은 뒤 덕주 씨는 복권을 사지 않게 되었다. 이 200만 원을 종잣돈 삼아 월세방을 얻고 일을 열심히 해서 그 돈을 500만 원까지 늘린 다음에 월세를 줄이고 보증금 500만 원에 월 30만 원짜리 반 전세방을 얻었다. 그 다음에 다시 돈을 모아 1,000만 원에 20만 원 월세방으로 갈 수 있었다. 그때 덕주 씨는 이제껏 본 것 중에 가장 행복하고 희망에 찬 표정을 짓고 있었다. 월세를 10만 원이나 줄이고, '보증금 1,000만 원짜리 방'을 얻은 사실에 흥분했다. 그 전까지 1,000만 원이라는 돈을 자기가 가질 수 있다고 꿈꿔 본 적도 만져 본 적도 없었다. 전세 보증금 500만 원에 월세 30만 원짜리 셋방에서 보증금 1,000만 원에 월세 20만 원짜리로 이사하면서 방의 위치도 지하 셋방에서 반지하 셋방으로 승격했다. 반지하로 이사한 지 6개월도 채 안 되어 덕주 씨는 방을 뺐다. 그 방 보증금으로 동네에 있는 헬스장을 인수한 것이다. 헬스장에서 먹고 자는 거처를 해결하면서 헬스장 '사장'이 된 것이다. 헬스장의 종잣돈은 말하자면 스포츠 복권 당첨금 200만 원이었던 셈이다. 덕주 씨한테 대포차 같은 범죄 행위도 아니고 곗돈을 부은 것도 아닌데 목돈 200만 원이 굴러들어 온 것은 난생 처음이었다. 이들에게는 이러한 종잣돈이 될 수 있는 목돈이 없는 것이다. 이러한 종잣돈을 만드는 방법이 사당동 때는 화투짝과 노름이었다면 이제는 복권이 된 것이다. 화투나 윷놀이나 카드놀이 등의 돈내기가 팀이 있어야 한다면 로또는 혼자 하면 되는 것이다. '내기'(배팅)도 개인화된 셈이다. 이 점이 달라졌다면 달라진 셈이다.

○ 일수·외상·계에서 카드깡·대포차·'러시앤캐시'로

사당동 때 가난한 사람들이 돈을 모으는 또 한 가지 방법은 일수를 찍거나 계를 하는 것이었다. 생활비가 모자라면 외상을 달거나 이웃이나 친척한테 푼돈을 빌리고 급전이 필요하면 달러이자를 주겠다고 해서 빌렸다. 사당동 현장 일지에는 돈을 빌려 쓰고 못 갚아 싸우거나 외상 안 갚고 도망간 이야기가 수없이 많았다. 이들의 일상에서 일수 장사 이야기나 일수 찍는 이야기는 단골 메뉴였다. 그러나 이런 일로 싸우기는 해도 경찰서에 가지는 않았다. 상계동 임대 아파트 단지에서는 가난한 가족들의 마지막 돈줄이 대포차나 대포통장, 카드깡인 경우가 많다. 덕주 씨나 은주 씨에서 보듯 이들은 대포차나 카드깡, 러시앤캐시 등 '제도화된 빚'을 지면서 범법의 경계를 아슬아슬하게 넘나든다. 금융 자본주의 같은 거창한 단어는 이 가족에게 전혀 어울리지 않지만 금융 자본주의의 맨 하층 그물망에는 이런 가족이 걸려 있다.

처음 열아홉 살짜리 덕주 씨가 수배 중인 피의자라고 들었을 때는 이런 계층에 흔히 있는 일탈 청소년이 이 집에서도 나왔구나 생각했다. 죄목이 무엇인가보다는 '도망쳐 다닌다'는 점에 신경이 쓰여 자수하라고 권했다.

물론 자수하지 않고 버텨서 시효가 끝났다. 얼마 뒤 덕주 씨가 또다시 피해 다니는 건수가 있다고 했을 때 정확한 죄명은 묻지 않았었다. 알고 보니 대포차 때문이었다. 덕주 씨가 "교회를 갔다 오다가 불심 검문에 걸렸다"고 연락이 왔다. 2002년 11월에 카드빚을 메우기 위해서 대포차에 자신의 명의를 빌려 준 적이 있는데 사기죄로 고소되어 그동안 쭉 기소 중지 상태였다. 기소 중지 문제 때문에 은행 계좌도 못 열고 있었다. 선거 때나 특별 사면이 있을 때 혹시 기소 중지가 풀렸는지 늘 궁금했는데, 풀리지 않았던 것이다. 법적으로 7년이면 시효가 지나는데 시효 두세 달을 남겨 두고 불심 검문에 걸렸다. "재수 없게 걸렸다"고 했다.

불법 명의 자동차 발생 메커니즘이라는 것을 정부 보고서에서 처음 보았을 때는 그 의미가 잘 오지 않았다[그림33]. 대포차의 정의를 행정 문서에서 찾으면 "법인 단체 등의 부도 파산 시, 채권자나 법인 관계자 등에 의해 점유된 후 이전 등록을 하지 않고 사용되거나, 개인이 채무자 또는 저소득층인 영세민의 명의로 자동차를 할부로 구입한 후 제3자에게 싼값에 매각하여 이전 등록하지 않고 사용하므로 발생되고 있다"고 되어 있다. 덕주 씨가 바로 그 대포차 문제로 수배에 걸려 있다는 것을 안 뒤에야 대포차나 대포폰의 뜻을 쉽게 이해하게 되었다. 대포폰이란 법적 행정적 용어로는 "부정한 목적을 위하여 타인 명의로 취득한 전화기이고 따라서 명의자와 사용자가 다른 전화다." 마찬가지로 대포차란 "부정한 목적을 위하여 타인 명의로 취득하여 운행되는 차"이며 사용자와 명의자가 다른 차다. 대포폰이나 대포차 모두 "주민 등록증만 있으면 즉시 돈을 받을 수 있다"는 말에 돈이 궁한 사람들은 쉽게 대포폰과 대포차의 주인이 되는 것이다. 가진 게 몸밖에 없는데 노동력만으로 생계유지가 힘들게 되었을 때 '명의를 빌려 주고 수입을 얻는 일'은 생존의 마지막 그리고 가장 쉬운 수단인 것이다.

덕주 씨가 대포차 유혹에 빠진 것은 그의 나이 스물둘에 카드빚이 많아

그림33. 불법 명의 자동차 발생 메커니즘

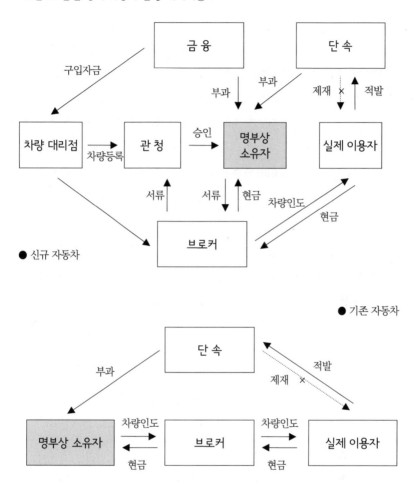

출처: 황준환(2007), "부정한 목적을 위하여 타인 명의의 자동차를 사실상 취득하여 운행한 자에 대한 형사 처벌 근거 마련", 건설교통부.

져서 더는 카드깡도 할 수 없게 되었을 때였다. 주변 친구들이 주민 등록증만 빌려 주면 300만 원을 준다고 해서 카드빚에서 벗어나고 싶은 욕심에 주민 등록증을 빌려 주었다. "빌려 준 주민 등록증으로 차를 할부로 사는 것"이라고 설명해 주었지만 그로 인해 어떤 문제가 생길 수 있는지는 설명해 주지도 않았고 따져 보지도 않고 "그냥 주민 등록증을 빌려 주는 것"으로 간단하게 생각했다. 친구가 300만 원을 받고 주민 등록증을 빌려 주었다고 해서 자기도 내심 300만 원을 기대했는데 150만 원 받고 끝이었다. 그리고 1년 쯤 뒤에 자동차 할부금 체납 고지서가 날아오기 시작했다. 주민 등록증을 빌려 할부로 자동차를 구입한 뒤에 그 자동차를 중고차 브로커에게 팔아넘기는 업자의 먹잇감이 된 것이다.

덕주 씨가 '재수 없게' 생각하는 것은 자기 친구들은 대포차로 300만 원을 받고 사기죄로 피해 다니지도 않는데 자기는 150만 원밖에 못 받았으면서 수배자가 된 것이다. 할부금을 한 번이라도 내면 고의적으로 그렇게 할 의향이 없고 다만 돈이 없어 그렇게 된 것으로 판정되어 사기죄가 되지 않는데 알선 업자가 그것마저 하지 않은 것이다. 처음부터 할부금을 안 낸 경우 사기 칠 의도로 자동차를 매입한 것으로 판정되어 주민 등록증을 빌려 준 사람이 고스란히 그 책임을 져야 하는 것이다. 덕주 씨 친구 중에는 이런 식으로 돈을 받아 카드빚을 해결한 사람이 적지 않다. 덕주 씨는 "원래 대포차 하는 데 주민 등록증 빌려 주면 500만 원 정도 받고 그 돈으로 한두 차례 할부금 내고 그 뒤로는 체납하는 것"으로 알았는데 할부금을 처음부터 안 내고 있다가 1년 체납하면 사기죄가 되는 것을 몰랐다. 덕주 씨에게 대포차를 권한 친구는 좀 더 질이 나빴는지 어떤지는 모르지만 이러한 층의 사람들에게 대포폰이나 대포차의 유혹은 뿌리칠 수 없는 미끼다. 400원만 내면 뗄 수 있는 주민 등록 등본 한 통으로 500만 원을 준다고 하니 말이다. 덕주 씨는 공릉파출소에서 노원경찰서로 가서 조사를 받고 다행히 누나 은주 씨가 보증을 서서 일단 풀려났다. 문제는 벌금이 얼마가 나올지 모르겠다는 것이다. 일단 담당 형사가 누구인지를 알아서 전화를 해 주기로 했다. 상습범이 아니라 몰라서 그런 것이므로 일단 벌금을 적게 낼 수 있도록 얘기해 보려고 했다. 그러나 벌금 액수를 낮게 해 줄 방법을 찾지는 못했다. 벌금이 400만 원이나 나왔다. 이런 사람들에게 이 정도 고액의 벌금을 내라는 것은 몸으로 때우든지 다시 잠적하라는 것밖에 안 되는 듯했다. 이런 사람들을 위해 법률구조공단에 어떤 기금이 있었으면 좋겠다는 생각이 들어 복지 전문가들에게 문의해 보았지만 '꿈같은 얘기'라고 했다. 벌금 마감 날쯤에 덕주 씨가 마침 300만 원짜리 곗돈을 타게 되었다. 이 300만 원의 곗돈을 타면 은주 누나가 보증 서 준 돈부터 갚을 생각이었다. 그러나 벌금 내는 것이 급해졌다. 그러고도 100만 원이 모자랐다. 그냥 도와줄까 고민하다가 자활 능력을 키워 줘야 한다는 생각에서 어떻게든 돈을 마련해서 일단 벌금을 내고 그 벌금 영수증을 보고 나서 내가 100만 원을 빌려 주기로 했다.*

○○ 교회와 생명 보험과 로또 복권에 기대기

맨몸으로 살면서 가난한 사람들이 합법적으로 기댈 수 있는 것은 무엇일까? 할머니 가족을 통해 보면 교회, 로또 복권, 생명 보험인 듯하다. 금선 할머니는 평생을 교회에 의지하며 살았다. 사당동에 정착해서 교회에 마음을 붙이고 살았고 계 모임도 교인 중심으로 꾸렸다. 상계동으로 이사 온 뒤

---

* 마침 〈사당동 더하기 22〉 다큐가 나온 뒤여서 경찰서에 가서 이야기하기가 좀 나을 듯했다. 그렇지 않았다면 내가 누구인지, 왜 이 가족과 얽혀 있는지 그리고 왜 덕주 씨의 선처를 부탁하는지를 구구하게 설명하는 것이 쉽지 않았을 것이다.

에도 교회는 사당동으로 갔다. 영주 씨 또한 교회가 의지처다. 야간 신학교 다니는 동안 낮에 일하면서 번 돈의 십일조는 교회에 냈고 약간 모은 돈은 모두 신학교 등록금에 소진했다. 전도사 - 부목사 - 담임목사에 이르는 목회자 길을 꿈꿨지만 전도사 자리도 얻지 못했다. 영주 씨는 지금도 일용직 노동자로 전전하지만 여전히 수입에서 십일조를 교회에 바치는 일은 꼭 지키려고 한다. 할머니가 아무리 어려운 살림에서도 십일조를 거른 일은 없었기 때문이다.

만약의 위기 상황에 기댈 곳이 할머니와 영주 씨에게는 교회였고 아저씨와 덕주 씨는 복권이었다고 한다면 은주 씨에게는 생명 보험이었다. 임대 주택 단지에는 생명 보험 가입을 권유하는 전단이 많다. 처음 보았을 때는 그냥 지나쳤다. 매일매일 살기도 힘든데 '웬 생명 보험까지'라는 생각도 했다. 그런데 그게 아니었다.

2007년 2월에 임대 주택 승계에 관한 법이 통과되어, 남편이 임대 주택의 세대주인 경우에도 세상을 뜨면 함께 살아온 부인도 승계가 불가능하고 남은 가족은 일단 살던 임대 주택을 비워 줘야 한다. 금선 할머니는 그 법이 생기기 한 달 전 세상을 떴기 때문에 수일 아저씨가 할머니 살던 임대 아파트를 승계할 수 있었다. 할머니는 돌아가시는 순간까지 아들 가족의 생계를 걱정했는데 기묘하게도 아들의 집 문제는 해결해 놓고 떠난 셈이다. 앞으로 아저씨가 세상을 뜨면 이제 임대 주택은 자녀 누구에게도 승계될 수 없다.

할머니의 장례를 치른 지 얼마 안 되어 은주 씨는 보험 설계사의 연락을 받았다. 세대주인 수일 아저씨가 세상을 뜰 경우 장례도 치러야 하고 살고 있는 임대 아파트를 내놓아야 하는데 그때에 대비해 세대주의 생명 보험을 들어 놓아야 한다고 권유했다. 은주 씨는 자기 집에서 그래도 이런 걱정을 하고 보험이라도 들 사람은 "자기밖에 없다"면서 선뜻 보험을 들었다. 그러나 보험료를 제때에 내지 못하다가 결국 2년 만에 해약했다.

가난의 자존심

할머니네 가족이 사는 상계동 주변에서 두 가족 정도를 택하여 가족사와 생애사를 채록해 보기로 했다. 가난한 사람들이 모두 선망하는 자기 사업에 성공해서 '사장'이 된 사례와 한부모나 조손 가족이 아닌 이른바 양친이 모두 있는 '흠잡을 데 없는' 가족을 찾았다. 사당동이나 상계동에서 만난 일용 노동자들의 꿈은 언제나 장사나 자기 사업을 하는 것이다. 그들이 가난에서 벗어날 수 있는 길이라고 생각하는 유일한 꿈이다. 이들의 또 다른 소망은 '가출하지 않은' 엄마, '살림 잘하는 아내'와 '착실한 아빠'다. "엄마만 가출하지 않았어도", "여자가 있었으면" 또는 "아빠가 그러지만 않았어도" 등이 가족사를 채록할 때마다 듣는 이들 인생에서 회한의 지점이다.

그래서 최소한 이러한 회한이나 핑계가 없는 사례를 찾았다. 자기 사업을 하는 사례는 유아복 하청업체 사장이다. 유아복 하청업체를 운영하는 박 사장의 배경과 조건을 처음 접했을 때는 빈농의 딸로 식모에서 시작했지만 여사장이 된 입지전적 성공담을 들을 수 있을 듯했다. '가정적인 문제'가 없는 사례는 할머니 집과 사당동 때부터 알고 지낸 건설 노동자 염씨 가족인데 아저씨는 수일 아저씨와 같이 건설 일을 했고 아주머니는 그때 부업도 안 하고 착실하게 아이들 넷을 키웠다.

○ 제품 업체 사장: "IMF 때 다 들어먹었어요"

당고개 근처에서 유아복 하청업을 하는 박 사장은 우리가 다큐를 찍는다는 것을 이해했고 촬영도 양해해 주었다. 상당히 가까워진 뒤 가족사 인터뷰를 했다. 박 사장이 운영하는 제품 업체는 상계동과 당고개 일대에서 쉽게 볼 수 있는 전형적인 영세 업체인데 직원 6명 중 4명이 동남아에서 온 결혼 이주 여성들이었다. 이 업체의 박 사장은 자기가 고용한 결혼 이주 여성들의 친정까지 챙기는 오지랖이 넓고 누가 봐도 활달하고 성공한 아줌마 사장이었다. 자세한 생애사를 듣기 전까지는 입지전의 주인공에 딱 들어맞을 것 같았다.

박 사장은 1960년생이다. 데리고 있는 고용인들한테는 대학 나왔다고 했다. 그러나 곧 사실을 털어놓았다. 처음에 인터뷰했을 때는 초등학교 졸업했다고 했지만 두 번째 인터뷰 때 초등학교도 중퇴했다고 솔직하게 말했다. 제품 공장이라고 불리는 작업장은 아파트들이 들어선 사잇길 뒤 비닐하우스였다. 박 사장은 자기 삶이 다른 사람한테 "절대 꿀리지 않는다"면서 아주 솔직하게 이야기를 시작했다.

저는 초등학교도 졸업 못했거든요. 처음에 작은집에 올라와 가지고 막막한 거야, 작은아버지가 작은엄마의 허락도 없이 그냥 데리고 온 거야. 부모 대에서부터 힘들었잖아~ 우리는 완전 전라도 깡촌에서, 무안이라고, 열여섯 살에 올라 왔어요. 작은 아버지가 서울에 계셨는데… 올라올 계획이 전혀 없었지… 우리 아버지가 공부를 못 시키니깐… 양재학원이라도 보내 준다고 작은아버지가 나를 데리고 올라왔는데 왔더니 우리보다 더 못살아, 녹번동 산꼭대기… 딱골인가? 갔는데 스레트 집인데 젖 먹는 애까지 5명이 졸랑졸랑 있더라니깐… 그래 가지고 일주일이 안 됐을 거야… 어느 할머니가 왔어. 녹번동 사는 할머니인데 작은엄마 부탁으로 나를 어떤 집에 식모로 보낼려고 온 거야. 작은엄마가 그렇게 무식한 여자는 아니야. 나를

280

이뻐했어요. 작은집에서는 애나 봐야 하는데 그 집에 보내면 중학교를 보내 준다는
데 내가 혹한 거야. 그래서 그 집에 식모살이로 갔어요.

그렇게 서울 생활을 시작했다. 그 집에 좀 있다가 나와서 봉제 공장에 취
직했다. 1970년대 중반 수출 주도형 산업화가 진행되면서 여공을 구하는
곳이 많았다. 그때 옆 공장에서 일하던 남편을 만나 결혼했다. 남편도 시골
빈농의 6남매 중 장남으로 초등학교만 졸업하고 서울 올라와서 간판공으
로 일하고 있었다. 결혼하자 허허벌판이나 다름없는 상계동의 산동네에 방
을 얻었다. 그렇게 해서 상계동에서만 28년째 살고 있다. 남편은 간판 일
을 잘 배워 자기 업체를 차려서 나왔다. 고용인을 대여섯 명이나 부리면서
제법 크게 간판 공장을 했다. 자기도 열 일 다 제치고 남편 하는 일에 '올인'
했다. 한 자리에서 간판 공장을 12년간 했었다.

그런데 IMF 때 "완전히 들어먹었다." 영세업들이 모두 부도를 내고 문
을 닫던 때여서 간판업이 안 되었고 제품을 납품한 업체들은 모두 외상이
었는데 수금이 안 되어 빚을 떠안게 되었다. "완전히 들어먹은 뒤" 그 자리
에 봉제 공장을 차렸다. 이제야 약간 재기한 셈이다. 지금도 버는 돈의 상
당액은 빚 갚고 이자 갚는 데 들어간다. 그렇지만 자기 집은 적어도 빚 떼먹
고 잠적했다는 이야기는 안 듣고 살았음을 강조했다. 이자는 못 줬지만 "원
금은 거의 맞춰 주었다"고 했다. 다 들어먹고 망했는데도 "이 자리에서 이
렇게 살 때는… 다른 사람에게 피해를 안 주었기 때문에 힘들어도 반듯하
게 살았기 땜에…" 가능하다면서 이것이 '오늘 내 자부심'이라는 말을 인터
뷰 중 세 차례나 했다. "앞으로도 쭉… 주변도 좀 돌아볼 줄도 알고 그렇게
살았고 또 그럴 것"이라는 말도 빼놓지 않았다.

박 사장은 초등학교도 안 나왔다는 것이 믿어지지 않을 만큼 어휘력도
풍부하고 이야기할 때 문자도 많이 썼다. "책을 많이 읽어서 어디 가서 대

학 나왔다고 해도 안 꿀린다"고 했다. 직원들에 대해 말할 때 "약점은 커버해 주고 또 좋은 점은 서브해 준다" 등 영어 단어를 빼놓지 않고 섞어 쓴다. 자녀는 딸과 아들을 두었는데 아이들에게 절대로 공짜로 돈을 주지 않고 철저하게 자립하도록 키운다는 점도 강조했다.

집에 있어도 "우리 애들 방세 10만 원씩 내고 있다"면서 항상 애들한테 "니네 일하지 않으면 나는 돈을 일단 안 준다. 돈이 필요하면 일을 하라"고 말한다. 자기 공장에서 일을 시킨 적도 있는데 한 달에 월급을 100만 원 줬다. 아들, 딸 모두 대학을 못 보낸 데 아쉬움을 표하면서도 독립하도록 가정 교육을 철저하게 해서 "그런대로 반듯하게 컸다"고 했다.

아들은 고등학교 다니다가 중퇴했다. 딸은 여고 다니다가 2학년인가에 그만두고 검정고시를 봤다. 그렇지만 "나하고는 다르지, 완전 날씬해 가지고 완전 이뻐~ 나하고는 분위기도 너무 다르고…"라면서 딸이 인물이 좋다는 점에 흡족해했다. 딸은 식당에서 서빙을 하고 있다. "보통 아이들은 일주일을 못 버틸 만큼 일이 고된데", 자기 딸은 6개월이나 버텼다면서 "우리 딸은 멋있다"는 말도 수차례 했다. 자기가 일을 되게 많이 시켜 단련이 되어 그렇다고 했다. "쟁반을 접시 이만큼을 무거운 걸 들고 올라갔다 내려갔다 하니깐 괴물이라고 한다"면서 대단하다고 했다. 처음에는 딸이 공부를 안 한 것이 너무 괴로워서 미칠 뻔했지만 세월이 지나니까 "지금은 너무 괜찮다"고 했다.

전라도 깡촌에서 태어난 가난한 집 육남매의 장녀로 태어난 박 사장은 친정어머니가 치매인데 여섯 남매의 집을 돌아다니다 이제 자기 집에 와 있다고 했다. "막내네 몇 달 있고 이제 큰사위한테 갈란다 해서 작은아들이 시골서 오늘 모셔 왔어요. 우리 신랑이 모신대. 내가 홀시아버지를 모시고 살았잖아요. 그러니깐 우리 신랑도 그런 마음이 있지"라면서 며느리 노릇도 웬만큼 했음을 내비쳤다. 자기도 육남매 맏딸이었는데 육남매 맏며느리로 홀시아버지를 25년 모셨다. 시아버지는 얼마 전 아흔넷에 돌아가셨다.

박 사장 남편은 현재는 부인 사업체에 나와 간단한 일들을 관리한다. 오랫동안 간판 공장 하면서 무거운 물건들을 많이 들어 디스크가 심해져서 힘든 일은 이제 하기 힘들다.

박 사장이 현재 가장 신경 쓰는 일은 인력 확보다. 이 공장의 직원 반 이상은 항상 베트남, 필리핀 등 동남아에서 온 결혼 이주 여성이다. 특히 베트남 여성이 다수다. 박 사장은 이들을 "우리 애들"이라고 부르면서 "돈 버는 것 다 신랑한테 바치지 말고 친정에도 보내라"고 코치한다. 항상 "우리 애들 베트남 애, 저기 서 있는 애도 베트남" 이렇게 말한다. "결혼해서 한국에 온 지 오래되어 10년 된 애도 있고 6년 된 애도 있고. 한 애는 자기 이름이 안 나오고 국적이 없는 거지. 영주권… 불법은 아니니깐… 저 애 딸은 초등학교 다니고 저 애 아들은 유치원 다니고" 하면서 직원 가족 사항도 꿰뚫고 있다. 그리고 "우리보다 더 이쁘고 머리도 더 좋은 것 같고 경우도 바르고 베트남 민족성이 그런 것 같다"고 칭찬하고 "전쟁을 치른 나라여서 애틋한 마음이 있다"고 했다. "다 이뻐요… 마음 같아서는… 돈도 좀 더 푹푹 주고 싶지만…" 그러지는 못한다. 실제로는 이 업체는 저임금으로 동네에 소문난 집이다.

박 사장은 우리에게 "내가 안타까운 게 뭐냐면, 저 이쁜 얼굴에 저 젊은 나이에 나이 먹은 사람에게 온 것 그래서 제가 슬픈 거야. 너무 가슴 아픈 거야. 애네들은 좋아서 왔겠냐구, 돈 벌러 왔잖아. 그러지 못하면 못 오니깐… 이쪽 영세민들이 많잖아…." 박 사장은 가난한 나라의 가난한 집 딸이라는 것이 어떤 것인지 스스로의 경험에서 아는 듯했다. '가난한 친정'을 둔 딸들의 입장을 헤아려 "신랑한테는 이만큼만 받았다고 하구 친정에 보내라"고 하면서 자기가 월급을 정해진 대로 주지만 신랑한테는 줄여서 말해 줄 테니 그렇게 하라고 코치를 한다고 했다.

가난한 나라의 가난한 집 딸들에 연민을 보이고 잘해 주려고 한다고 계속 그렇게 말했지만 그러나 필리핀이나 베트남에서 온 결혼 이주 여성들이 이 공장에 그렇게 오래 붙어 있는 것 같지는 않았다. 3,4개월 뒤에 가 보면 거의 다 얼굴이 바뀌어 있었다. 추울 때 난방비 아끼느라 실내 온도가 너무 낮아 동남아의 따뜻한 곳에서 온 여성들이 추위를 견디지 못해 그만두는 듯했고 여름에는 비닐 천막의 가건물이어서 숨이 턱턱 막혀 일하기가 힘들었다. 시간당 임금도 다른 영세 업체들보다는 낮은 듯했다. 그러나 사장은 빚도 갚아야 되고 이자도 갚아야 되어서 아무리 짜게 해도 남는 것이 거의 없다고 했다. 성공담을 들을 줄 알았는데 20여 년 전 사당동에서 수없이 들었던 이야기들을 순서만 바꿔 다시 듣는 듯했다.

○○ 임대 아파트 옆 동에서 만난 사당동 이웃

사당동 살 때 할머니네 이웃이었던 염씨 아주머니는 영주 씨네 이웃 동에 이사 와서 살고 있었는데 첫 전화에서 흔쾌히 만날 날을 잡아 주었다. 인터뷰 준비를 하고 약속 하루 전 주소를 확인하려고 전화를 하자 약속을 미뤘다. 일요일날 교회를 다녀온 뒤 만나기로 했는데 교회를 사당동까지 다니고 있어서 인터뷰 시간에 맞추기 힘들다고 했다. 그 다음 주중에 날을 잡기로 했다. 그런데 세 번째 통화에서 직접 만나는 대신 전화로 인터뷰를 대신하자고 했다.

아주머니가 살고 있는 아파트에서 인터뷰를 하려고 했는데 아저씨가 병석에 누워 계시고 집안도 엉망이어서 곤란하다는 답변이었다. 무엇보다 딸네 집 살림을 돌봐야 해서 자기 집에 있는 시간이 거의 없다고 했다. 딸이 사는 사당동으로 가겠다고 해도 난색을 보였다. 사위들이 집에 있다는 것이었다. 딸들은 무슨 일 하느냐고 물었더니 어디 다닌다고 그러는데 하는 일은 모른다고 했다. 청소 용역이나 파출부를 하는 것 같은 느낌을 받았지만 더 물을 수는 없었다. 딸 둘, 아들 하나인데 막내아들은 고등학교를 나와 용인에 살고 있고 처가 근처에 살면서 처갓집 일을 봐주고 있다고만 했다. 그리고 집이 너무 정신없으니 오지 말고 전화로 인터뷰하자고 다시 요청했다. 어쩔 수 없이 전화로 인터뷰를 하게 되었고 이야기를 듣다 보니 왜 만나서 직접 면담 구술을 할 수 없는지 이해가 갔다.

사당동에서 살 때 아저씨와 아주머니는 사이가 좋고 두 분 다 워낙 착실한 집이어서 당연히 자녀들을 잘 키우지 않았을까 기대했다. 그러나 뜻밖에도 그러지 못했다. 사당동 철거가 한참이어서 정신없던 1989년 말쯤 중학교 3학년짜리 아들이 어디서 떨어졌는지도 모르게 떨어져서 크게 다쳤다. 그때 사당동은 그런 사고가 많았고 우리 연구 팀이 사당동에서 철수한 뒤여서 그런 소문을 듣기는 했지만 흘려들었는데 염씨 아주머니 큰아들이 그런 사고를 당했던 모양이다. 큰 수술을 받고 6개월간 꼼짝없이 병원 생활을 해야 했다. 그러나 그 6개월이 끝이 아니었다. 퇴원은 했지만 몸을 전연 움직일 수 없었다. 그렇게 22년을 살다가 작년에 세상을 떴다. 그런 아들 때문에 11년 전 장애인에게 주는 임대 아파트를 얻어 상계동으로 이사 온 것이었다. 육상 선수로 뛸 정도로 건강했던 큰아들이 그렇게 다쳐서 병석에 있는 동안 고생은 이루 말할 수 없었지만 "자존심 하나로 버텼다"고 했다. 그 당시는 의료 보험도 없어 천 몇 백만 원 병원비를 할부로 내고 빚도 졌다. 나중에 장애자 판정을 받았지만 장애 등급이 1급이 아니라 2급이어서 장애인 활동 지원 급여가 많지 않아 계속 경제적으로 힘들었다.* 염씨 아주머니는 남한테 손 내미는 일은 절대 안 하고 친척들한테도 아쉬운 소리

---

* 2011년 현재 장애 등급에 따른 활동 지원 급여금은 1급이 86만 원, 2급이 69만 원이다.

하기 싫어 "몸이 닳아지게 일했다"고 했다.

아저씨는 실제로는 일흔넷이지만 호적 나이는 일흔하난가 둘로 올라 있다. 아저씨 고향은 전라도이고 9남매 장남으로 너무 가난해 초등학교도 졸업 못했다. 서울 올라와 남대문시장 입구에서 풀빵 장사도 하고 이런저런 막일을 했다. 결혼하고 난 후에는 건설 노동을 하게 되었다. 딸 둘, 아들 둘을 낳았고 "아저씨가 워낙 가정적이어서" 가난하기는 해도 "크게 남부러울 것 없이" 살고 있었는데 큰아들이 생각지 않은 큰 사고를 당한 것이다. 사당동 살 때는 수일 아저씨와 함께 다니면서 공구리 치는 일을 했는데 레미콘이 들어오면서 일이 줄었고 아들 때문에 너무 마음이 상해 나중에는 건설 일도 할 수 없었다. 아저씨는 아들 문제로 충격을 받아 기억 장애가 왔고 지금은 기억 상실증으로 약을 먹고 누워 지낸다.

아주머니는 1947년 생으로 예순다섯이지만 농촌에서 호적을 늦게 올려 호적 나이는 예순셋이다. 충청도에서 초등학교만 졸업하고 무작정 서울로 올라와 남의 집에서 "식모살이를 했다." 사당동 친척집 놀러갔다가 아저씨를 만나 결혼했다. 사당동 살 때는 "애들이 넷이나 되니까 집에서만 일하고 나가서 돈은 안 벌었다"면서 "아저씨가 아주 가정적이고 아이들밖에 모르고 그래서"라는 말을 인터뷰 중 수차례나 했다. 큰아들이 병석에 누워 지내는 와중에도 딸, 아들 모두 고등학교까지는 졸업시킬 수 있었던 것은 아저씨의 성실함 때문이라는 점도 되풀이해 말했다. 바깥일을 하는 딸 둘이 옛날에 살던 사당동 근처를 떠나지 못해 아주머니는 거의 매일 상계동에서 사당동까지 딸네 집 살림을 봐주러 다닌다. 큰딸은 마흔다섯, 둘째딸은 마흔인데, 특히 둘째딸 집에는 중학교 다니는 손녀와 초등학교 다니는 손자가 있어 아주머니가 매일 가서 돌보지 않으면 안 된다. 아이들 잘 키우도록 "이를 악물고 딸을 도와주고 있다"면서 손자녀들 돌봐 주러 사당동까지 가는 게 힘들지 않느냐는 물음에 다시 한 번 "자존심 하나로 산다"고 말했다.

가난의 두께: 성·사랑·결혼·가족

가난의 두께가 가장 첩첩이 얽혀 있는 곳은 성·사랑·결혼·가족 같은 내밀한 관계다. 그래서 오스카 루이스가 빈곤 문화론을 《산체스네 아이들》이나 《다섯 가족》을 통해 내놓았을 것이다. 그런데 바로 성·사랑·결혼·가족이야말로 연구자가 오용하거나 착취해서는 안 되는 '사적 영역'이다. 고심 끝에 오랫동안 지켜본 한 가족이 아니라 오랫동안 경험하게 된 가난한 사람들의 '사적 영역'을 익명화한 한 가족의 이야기로 재현하기로 했다.

○ 이들에게 가족

가난한 사람들에게 가족이란 무엇인지 딱 잡아 말하기 힘들다. "남편이고 자식이고 징그럽다"고 말하기도 하고 "그래도 믿을 데라고는 가족밖에 없다"고 말하기도 한다.

얼마 전 환갑을 맞은 배씨 아저씨 가족은 사당동이나 상계동에서 흔히 볼 수 있는 가족이다. 배씨 아저씨는 일용 건설 노동자였고 공사장에서 떨어져 다리를 크게 다쳐 장애 판정을 받아 상계동에 임대 아파트를 얻었다. 첫 부인과는 동거하다 아이를 가져 정식으로 결혼식을 올렸다. 둘 다 빈농 출신으로 서울 와서 공장에서 일하다 만났다. 슬하에 딸 하나와 아들 둘을 두었는데, 막내 다섯 살 때 부인이 가출했다. 그동안 집에 들락거리며 같이 산 여자는 다섯 명 정도 된다. 자식이 셋이나 있는 데다 배씨 아저씨가 어머니를 모시고 함께 살아서 새로 부인을 얻기가 쉽지 않았다. 지금은 혼자이며, 본인의 장애증으로 얻은 임대 아파트에 큰아들 경호 씨 내외와 같이 살고 있다.

큰딸 경희 씨는 서른일곱이고 동갑과 결혼해서 같은 상계동 지역의 연립주택 반지하에 전세를 살고 있고, 사위는 자동차 정비공이며, 딸 하나, 아들 하나를 키우고 있다. 배씨 아저씨 가족 중에서 그나마 생활이 괜찮은 편이다. 배씨 아저씨는 딸한테 의존도 많이 하고 간섭도 많이 하는 편이다. 그래서 갈등이 심하다.

경희 씨는 중학교만 나와 계속 미싱 쪽에서 일해 기술자 대우를 받을 정도의 숙련공이다. 그러나 동네 업체에서 일해서 수입은 시원찮다. 중학교밖에 안 보내 준 아버지한테 가끔 앙심을 품기도 하고 또 중학교 졸업 뒤부터 자기가 계속 가족 뒷바라지해서 "이 모양 이 꼴"이라고 신경질을 내기도 한다. 미싱 일을 너무나 어릴 때부터 해서 손 마디마디가 흉터투성이인 것도 때로는 화가 난다. 열여섯 살부터 일하면서 재봉 팀원들끼리 소주를 마셔 버릇해서 지금은 하루라도 소주 한 병을 안 비우면 일을 못한다. 술 마시고 깽판 치고 일자리를 그만두기도 한다. 남편도 마찬가지여서 어떤 때는 둘이 다 실직일 때가 있다.

경희 씨는 전화하면 "아빠가 저 안 본대요. 추석에 아무것도 못해 드렸거든요. 삐져서 이제 안 오네요"라고 말하는가 하면 "아빠가 갑자기 추석에 오시더니 아이들 양말 사다 놓고 용돈 달라고 딱 그러더라구요. 아빠 돈 없어요, 그랬더니 삐져 갖구 쌍놈의 기집애 안 본다고 가더라구요" 하는 말을 아무렇지 않게 하기도 한다. "아빠한테 어떻게 했길래 그러냐구~" 하는 항의 전화를 동생한테 받고 신경질 나서 관계를 끊고 지낼 때도 많다. 심지어는 "아빠 일을 하시는지 안 하시는지 모르겠구요. 큰동생하고 아예 연락 안 하고 살구요. 동생들이랑 통화도 안 한 지 몇 달 됐어요. 바빠서 안 가기도 하고 가기도 싫고…" 이런 식이다.

막내 기호 씨는 태권도 사범으로 몸이 좋은 편이어서 여자들이 많이 따르는 편이다. 지금 사귀는 여자는 이름 있는 대학의 수학과를 나와 학원을 하는데 결혼할 생각은 없다. 기호 씨가 고등학교 중퇴인 데 비하면 학력도 높고 집안도 괜찮은 편이다. 딸 하나를 둔 이혼녀이고 나이는 일곱 살 연상이어서 누나와 동갑이다. 식구들한테는 네 살 연상이라고 말했다. 기호 씨는 서른인데 마흔 될 때까지 결혼 생각이 없다고 잘라 말하고 있는 것은 이 여자 친구의 영향도 있는 셈이다.

이 집에서 그래도 아버지를 가장 챙기는 자식은 기호 씨였다. 막내여서인지 애틋한 마음을 많이 표시했다. 어느 날은 마지막 전철 타고 상계역에 내렸는데 술 취한 불쌍한 분이 내리는데 딱 보니 자기 아빠여서 가슴이 덜컹했다고 했다. 아빠도 한때는 건설 노동 쪽에서 잘 나갔는데 지금은 힘이 없으니까 잘 불러 주지 않는다면서 자기가 "빨리 돈 벌어야 하는데 돈을 못 버니까"라면서 각별한 애정을 표하기도 했다.

그러나 태권도장을 열 때 여자 친구가 돈을 좀 대 주었고 매달 수입을 체크하면서 아버지뿐 아니라 형, 누나에 대해서도 거리를 두기 시작했다. 여자 친구가 가족에 돈을 쓰기 시작하면 "시루에 물 붓기다"면서 어차피 가망이 없는 형이나 아버지한테 지금 용돈 좀 주려고 하지 말고 본인이라도 똑바로 일어서라고 충고했다. 처음에는 듣기 싫었지만 점점 그 말을 수긍하기 시작했다. 한번은 여자 친구와 다투고 헤어질 뻔했는데 왜 그러냐고 했더니 "다 돈 때문이죠"라고 간단하게 대답했다. "태권도장 운영이 어려울 때마다 도움을 청하니 신경질 났겠죠" 그러더니 "돈 이야기 안 하니 싸울 일 없어졌다"고 했다. 그동안 급하면 누나한테 돈을 빌리고는 했는데 이제는 누나에게 돈은 빌리지 않는다. 가정에 불성실한 누나에게도 이제 집밖으로 나돌지 말고 아이들 잘 챙기고 제발 자기를 귀찮게 하지 말라고 한다. 자기는 아버지나 형제들처럼 안 살겠다고 다짐하고 있다.

이 집에서 신용 불량에 걸리지 않은 사람도, 전화번호가 수시로 바뀌지 않는 사람도 아버지뿐이다. 아들이나 딸들이 가끔 아버지 명의를 빌려 전화를 개통하기도 한다. 경희 씨는 가끔 현금이 급할 때면 아빠 카드를 빌려 쓰기도 한다. 대출 한도가 200만 원인데 연체되어 연체 이자를 못 갚으면 배씨 아저씨는 딸한테 "난리를 친다." 배씨 아저씨는 아파트 관리비를 밀리거나 은행 대출금 연체 통지가 오면 불같이 화를 낸다. 경희 씨는 아버지 비위를 거스르면 "아빠가 카드를 정지시킬 것"이라는 점을 제일 걱정한다. 아버지와 딸은 이런 식으로 얽혀 있다. 배씨 아저씨는 사위 월급날이면 꼭 들러서 용돈을 받아 간다. 경희 씨는 사위가 10만 원에서 15만 원씩 드리는데도 불평한다면서 "요즘 아빠 미워졌어요. 그냥 딸 사는 거 보면 한 푼이라도 보태 잘살라고 해야 하는데 아빠가 악착같이 달라고 그러니깐… 얄미워졌어요"라면서 하소연할 때가 많다. 해가 갈수록 아버지에 대한 불만이 커진다. 큰동생 경호 씨는 직장을 그만둬 자주 놀 때가 많다. 그러면 경희 씨한테 전화해서 "경호 녀석 또 일 그만두었다"고 말하고 경희 씨는 "어쩌라구 아빠! 아빠가 그러면 잘 달래 갖구 일 시켜" 그러고서 전화를 끊는다. 경희 씨는 배씨 아저씨 말투까지 흉내 내면서 "아 큰일 났다. 관리비도 내야 되고… 그 새끼 나이가 먹어도 쓸 데도 없고 갈 데가 없어… 한곳에 꾸준히 있지도 않는다고…" 한참 흉을 본 뒤 그런 말 하면 안 되지만 "아빠 살아 계셔도 너무 오래 사시네… 하하하 죄송하고 안 되는 말이지만…" 하고 나서는 계면쩍었는지 머리를 긁적였다. 죄송하고 안 해야 할 말인지 알지만 딸한테 용돈까지 타 가면서 살 게 뭐냐는 투였다. 건설 노동자에게는 환갑 넘으면 일이 없다는 건 알았지만 "살아도 너무 오래 사는 나이"인지는 생각해 보지 못했다.

큰아들 경호 씨는 아버지 덕에 임대 아파트에 살고 있어서인지 그런 말은 안 한다. 경호 씨는 얼마 전 베트남 처녀와 결혼했다. 부인 뚜이 씨가 오자마자 아이를 가져 산월이 가깝다. 그래서 뚜이 씨는 일도 못한다. 아파트가 아저씨 명의이기 때문에 경호 씨는 얹혀사는 셈이다. 아버지가 생활력이 점점 떨어지는데도 아버지한테 큰소리를 낼 수 없는 이유이기도 하다. 경희 씨가 "아버지가 너무 오래 사신다"고 불평할 때 경호 씨는 "그런 말 하면 안 되지"라고 누나한테 중얼거리듯 말했다. 배씨 아저씨가 세상을 뜨면 경호 씨는 옮겨 갈 데도 없다.

경희 씨는 남편이 자동차 정비공이지만 동네 정비업소는 파리 날릴 정도로 일감이 없어 반 실직이나 마찬가지다. 영세 공장들이란 게 월급 제날 주는 곳도 많지 않다. 그런데도 아버지는 경희 씨한테 "니네는 부자인데도 인색하다고 되레 화를 낸다." 아버지는 "내가 잘산다고 생각해요. 아빠 동네 아줌마들 아저씨한테 뭐라는 줄 알아요? 딸이 낫다고 딸이 잘산다고 얘기하고 다녀~ 그렇게 소문을 내고 다녀… 둘이 다 번다 이거야." 경희 씨는 이런 아빠가 답답하다. "아빠, 아니다, 나도 나가는 게 많다, 말해 봐야… 뭣 하고… 곗돈 타는 거 알면 그거 기다릴까 봐 그래서 말 안 했죠. 남편한테도 말 안 했죠. 아침에 일할 때 버스비 아낄라고 걸어가면 20분이 걸려요… 걸어가는데 앉자마자 손이 꽁꽁 얼어 있어 처음엔 장갑 끼고 일해요. 목도리는 갈 때는 감고 가고 일할 땐 안 하고 영세 업체라서 난방비 아끼느라 너무 추워…." 경희 씨가 아버지에 대한 불평을 하다 말고 자기가 얼마나 알뜰하게 사는지를 한참 이야기했다.

늘 활달하고 아무 이야기나 스스럼없이 내뱉는 것 같던 경희 씨가 어느 날 가출한 어머니에 대해 아픈 기억을 들춰 보였다.

아빠는 오히려 나 안 때렸거든요. 우리 할매가 때렸지요. 초등학교 2학년인가 3학년 때. 엄마가 학교 찾아왔거든요. 엄마가 어떻게 알고 왔더라구 교실로. 그래서 내가 엄마 따라서 엄마 집으로 갔어. 하룻밤을 잔 거 같애… 그땐 실지로 엄마 혼자 살았어요… 흑석동인데… 원피스 사 주고 만두도 사 주고, 비 오는 날이었거든. 귀걸이도 사 주고… 그런데 할머니에게 얘기도 안 했나 봐. 다음에 엄마가 나 집에다 데려다 줄라고 하는데 할매가 온 거야. 딱 내려온 거야. 그 자리에서 엄마는 도망갔고… 난 끌려가 갖고 산꼭대기에서 비 오는 날 옷 다 벗겨 놓고 옷 다 찢어 놓고… 개 맞듯이 맞았어. 엄마를 따라갔다고. 나는 모르고 따라간 건데… 엄마가 아빠랑 이혼해서 나간 거지. 내가 보지는 않았는데, 아빠가 저녁에 뭐 돌아다니는 일 했는데 엄마는 저녁마다 카바레를 다녔대요. 춤바람이 났었대요. 내가 어떻게 알아요? 확인해 보지도 못했는데. 기억도 안 나는데…

이렇게 아주 어렵게 가출한 엄마의 이야기를 터놓고 나서 할머니에 대한 애증을 내보이고 그렇지만 가출한 엄마에 대해 아무런 미련도 가질 수 없는 허탈한 마음도 털어놓았다. 엄마가 그 나이에 노란머리에 빨간 머리띠 하고 '완전 날나리'라고 했다. 한번은 밥해 준다고 오라고 해서 갔는데 동거하는 '아저씨'한테 아빠라고 부르라고 해서 그 뒤로는 안 간다고 했다.

경호 씨도 언젠가 자기 어머니에 대한 회한을 경희 씨만큼은 아니지만 드러낸 적이 있다. 엄마로서 얼마나 불성실했는가에 대해서 이야기하면서 가출하기 전에도 살림에는 뜻이 없고 동생들 갓난애 때 기저귀도 잘 안 갈아 주고 자기들 옷도 잘 안 빨아 입히고 불결하게 키웠다는 이야기를 했다. 한편으로는 "할머니가 엄마한테 극성스러웠다"는 표현을 쓰면서 엄마의 가출에 할머니도 일정 부분 책임이 있음을 드러냈다. 특히 경호 씨가 교회에서 아이 딸린 이혼녀를 좋아한 것을 알고 할머니가 쫓아다니며 말렸을 때 자기를 키워 준 할머니에 대해 양가적 감정을 보이기도 했다. 그때 경호 씨는 남편의 구타 때문에 이혼하고 일곱 살 난 딸을 키우면서 야쿠르트 배달을 하는 '아줌마'와 좋아했다. 할머니가 "절대 안 된다"고 훼방을 놓아 그만두었고 7년이 지나서야 베트남에서 아내를 구한 것이다. 이들에게 가족 만들기는 쉬운 일이 아니다.

○○ 그들의 연애 각본

빈곤층 여성들에게 가난한 가족으로부터의 피난처는 사랑이다. 그리고 그 사랑은 다시 가난의 덫이 된다. 사랑에 빠져 집을 나오는 이야기는 이 계층의 여자들한테서 되풀이해서 듣게 되는 이야기다. 사당동 때도 우리의 현장 일지에는 뉘 집 딸이 가출했다는 이야기가 수시로 나왔다. 가난한 동네에서 엄마들이 가출한 이야기도 수도 없이 많았다. 할머니 집에도 은주 씨 엄마, 은주 씨 남편의 엄마 모두 새로운 사랑을 찾아 가출했다. 이들이 사랑 때문에 가출하는 일은 10대나 20대에만 일어나는 일이 아니라 생의 주기에 관계없이 일어난다. 가난하고 구질한 집에서 벗어나기 위해 10대 때 남자를 만나 바로 '그들만의 방'을 갖고 동거에 들어가는 일은 흔하게 일어난다. 곧 임신해서 아이를 낳거나 유산을 되풀이하다가 헤어지거나 아니면 사실혼 관계에 들어가기도 한다. 그렇게 살다가 남편 수입도 시원찮고 아이들이 조금 크면 부업을 시작한다. 가내 부업을 하다가 일거리가 없으면 노래방 가서 도우미 아르바이트도 한다. 가끔씩은 친구들과 스트레스 풀러 나이트에 간다. 거기서 어떤 눈길을 보내는 남자를 만나면 따라나선다. 새로운 '사랑'이다. 이들의 연애 각본은 곧 이들의 빈곤 회로의 일부다. '이런 사랑' 이야기는 사람 이름만 바꿔 넣으면 될 만큼 각본이 거의 같다.

두 아이 엄마인 금희 엄마는 30대 중반에 벌써 두 차례 가출했다 돌아왔다. 10대 때도 가출했다. 고등학교를 중퇴하고 친구들과 어울리면서 다방에 갔다가 비슷한 또래 남자와 눈이 맞아 바로 동거에 들어갔다. 어린 나이에 차일피일하다가 배가 불러와 할 수 없이 고모 집에 연락을 했다. 금희 엄마의 어머니는 금희 엄마 일곱 살에 가출해서 돌아오지 않았다. 고모 집에 얹혀 컸다. 남편은 동갑이었는데 학력은 중학교 중퇴였고 봉제공으로 겨우겨우 생활하는 정도였다. 금희 엄마는 금희를 낳은 뒤 곧바로 또 아이를 가져 연년생을 낳았다. 정신없이 살다가 아이들이 좀 크자 생활비도 벌 겸 처녀 적에 일한 경험이 있는 볼링장에 나가 아르바이트를 했다. 거기서 어떤 남자를 만났다. 생각해 보니 너무 일찍 결혼을 해서 20대에 충분히 놀지도 못했고 달콤한 말도 할 줄 모르고 가끔씩 때리기까지 하는 남편보다는 볼링장에 와서 즐겁게 놀고 가는 이 남자랑 살고 싶었다.

금희 엄마가 새로 만난 남자는 나이가 열 살 가까이 위였지만 총각이었다. 고모가 나서서 극구 말렸지만 더 늦기 전에 남편과 헤어지고 싶었다. 금희 엄마의 고모는 "조금이라도 지금 남편보다 나으면 그렇게 하라"면서 대신 "각서를 받아 오라" 했다. 철없는 조카의 '사랑'을 막을 수는 없고 정신을 바짝 나게 하는 조건을 내걸었다. 남자한테 가서 "나랑 영원히 살고 아이 둘 데려다 공부시킨다"는 각서를 받아 오고 아니면 "간통죄로 집어넣을 것"이라고 전하라는 것이었다. 정식으로 혼인 신고 하고 데리고 살든지 아니면 "엄연히 본 남편 있는" 여자니까 간통죄로 집어넣으면 꼼짝없이 콩밥을 먹게 될 것이라고 전하라고 했다. 그 말을 들은 남자의 어머니가 "우리 아들 안 집어넣고 싶으니까 내일부터 오지 말라"고 했다. 금희 엄마는 그 남자 집에서 설거지하다 말고 나와야 했다. 자기 집에 다시 들어가지도 못하고 어정쩡하게 있는데 고모가 정리를 했다. 금희 엄마 남편한테 "우리 애는 여자니까 어디 가도 살지만 너 같이 아무것도 없고 애가 둘이나 딸린 남자한테 올 여자 없으니 잘 생각해 보고 데리고 살려면 데리고 가고 말라면 말아라"고 엄포를 놓았다. 물론 달래 주기도 했다. 이혼할 생각이 없으면 "내가 사는 날까지 밀어줄 테니" 와서 데리고 가라고 했다. 그렇게 해서 금희 엄마는 관계를 정리하고 이혼까지는 가지 않았다. 그렇다고 금희 엄마가 노래방을 가지 않거나 친구들과 술 마시고 새벽 두세 시에 들어오는 버릇까지 고치지는 않았다. 금희 엄마의 남편은 아내가 늦게 들어오면 늘 불안하고 그래서 자기도 술을 더 마시고 아내가 들어오면 술김에 폭력을 행사했다. 그렇게 불안정한 결혼 생활은 계속되었다. 아슬아슬하게 결혼이 유지되고 그 아슬아슬한 균형은 예측할 수 없는 순간 다시 깨졌다.

이런 일들은 정도의 차이는 있지만 가난한 동네에서 심심찮게 일어난다. 금희 엄마의 주변 친구들 중에 결혼해 살면서도 이런 사건 한두 번 없는 경우는 별로 없다. 이들이 남자를 만나게 되는 곳은 주로 노래방이다. 노래방에서 도우미를 하다가 만나기도 하고 친구들과 어울려 노래방에 갔다가 합석하는 남자들이 있으면 합석하고 그러다가 나이트까지 가기도 한다. 그런 데 가면 "대개 여자는 돈을 안 내도 되기 때문에" 부담 없이 간다. 노래방 도우미는 돈도 벌고 놀기도 하고 가끔씩 파트너를 만나는 행운도 누리므로 '일석삼조'라고 말한다. 그러다 어떤 남자와 사랑에 빠지기도 한다. 친구들과 놀다 늦게 집에 들어가면 코피가 터지게 때리는 남편과 살 마음은 점점 없어진다. 무작정 짐을 챙기고 나와 버리기도 한다. 친정부모가 있는 경우가 드물어서 짐을 싸서 친정으로 가는 것도 아니다. 친정엄마도 비슷하게 가출해 버린 경우가 많다. 자기라고 못할 것도 없다. 남자가 총각이면 그냥 남자 집에 들어가서 살기도 한다.

금희 엄마는 집에 들어간 뒤에도 남자 친구를 자주 바꿨는데 또 한 번 '사랑 놀음'에 빠졌다. 다음 번 남자는 나이도 한참 아래인 총각이었다. 나이트클럽에서 만났다. 그 남자의 친구가 자기가 앉은 테이블에 와서 "자기가 아는 형이 번호를 따고 싶어 하는데 가 보겠냐"고 해서 가게 되었다. 첫 만남을 잊을 수 없었는지 어떻게 만났는가를 흥분해서 털어놓기도 했다. "좀 착하게 보이더라구, 첫눈에⋯ 나갔어⋯ 첫눈에 알아봤어, 했어!" 몇 번 만나다 보니 정이 갔고 선물도 주고 돈도 주고 TV 드라마에서나 들을 수 있는 온갖 말도 해 주었다. 그리고 "이혼만 해라. 다 내가 해 주겠다. 집이고 뭐고 다 해 주겠다"고 했다. 그리고 라디오의 무슨 무슨 사연에서나 듣는 편지도 받았다.

To. 누나에게루

정말 오랜만에 편지지에 다 글을 적어 보는 것 같아!

편지를 쓰기 전에는 할 말이 무척 많았는데. 막상 쓸려고 하니 뭔 말부터 적어야 할지 모르겠다. 처음에 누나의 느낌이 좋았어. 지금까지 만나면서 이런저런 일들이 있었다지만 그 일들이 마냥 싫지만은 않더라. 사람은 싸우고 다투면서 정이 쌓이는 것이니까. 그런 과정의 하나로 생각했어. 그리고 결국 지나서 보니 우리가 그런 일들을 겪으면서 더 가까워졌잖아. 그러면 됐지 뭐. 누나야. 우리 너무 많은 생각은 하지 말고 그냥 좋으면 좋은 되로 표현하며 살자. 웃으며 살기에도 모자란 삶인데. 투정부리고 인상 쓰면서 살면 우리 인생이 더 힘들어 지잖아⋯ 난 누나가 좋아. 누나도 내가 좋다며! 그러니까. 조금이라도 더 아껴 주고 챙겨 주자. 앞으로 살면서 힘든 일도 여럿 있겠지. 그때마다 서로에게 위로가 되고 힘이 되어 주는 그런 사이였으면 좋겠어. 못 쓰는 편지 끝까지 읽어 줘서 고마워. 내가 더 많이 사랑할게. 행복해서 웃는 게 아니라 웃어서 행복해지는 거래. 많이 웃어. 누나 웃는 모습 참 이쁘더라. 내가 많이 웃을 수 있게 해 줄게 힘들 때 편안하게 기대 알았지⋯

=사랑해= 2010. 4. 12. 정훈

금희 엄마는 한 번도 빠져 본 적이 없는 "진짜 사랑에 빠져 버렸다"면서 이번에야말로 '진짜 사랑'이라고 했다. 이런 편지까지 받았는데 어떻게 진짜 사랑이 아닐 수 있느냐고 했다.

"애들도 버리고 싶은 그 정도로" 눈에 보이는 것이 없었다. 그저 "싱글이었으면… 그냥 혼자였으면 좋겠다"는 생각뿐이었다. 그 남자랑 즐기고 싶고 그렇게 함께 살고 싶었다. 그 남자 만난 것을 절대로 후회 안 할 것 같았다. "누가 말려도 소용없어"였다. "가정만 지키면 된다"는 생각을 처음에는 했다. 그렇지만 "너무 빠지면 안 된다"는 주위의 충고는 듣고 싶지 않았다. "가 볼 데까지 끝에까지 가 보려고…" 생각했다. "그 남자가 떠난다고 해도 어쩔 수 없는 거구. 어쩔 수 없이 그 남자도 상처고 서로 상처니깐… 너랑 나랑 가 볼 데까지 가 보자…"고 했다. 그 남자는 요리사라고 했다. 오전 중에는 시간이 있지만 오후가 되면 바쁘고 저녁에는 시간이 없다고 했다.

그런데 요리를 한다면서도 나가는 직장도 분명치 않고 꾸준하게 일을 나가는 것 같지 않았다. 만난 지 얼마 안 되어 "교도소에서 나온 지 얼마 안 되었다"는 고백을 했다. 아는 형이 훔치라고 시켜 뭔가 훔치다가 잡혀서 2년 살다가 나왔다고 했다. 금희 엄마는 그 '뭔가'가 무엇인지도 묻지 않았고 '안됐다'는 생각뿐이었다. 그런데 또 다른 죄목이 안 풀린 게 있는지 한 번 더 2년을 살아야 되는데 집행 유예로 나왔다고 했다. 그러면서 "5년간만 피해 다니면 된다"고도 말했다. 금희 엄마에게 "만약 나에게 연락이 안 되면, 잡혀 간 줄 알아라. 얘기는 하겠다"고 했다. 금희 엄마에게는 '집행 유예'라든가 '2년형'이라든가 하는 단어가 정확하게 이해되지 않았지만 "만약 나에게 연락이 안 되면…"이라는 말을 듣고서 마치 연속극에 나오는 주인공이 된 것처럼 생각했다. 정훈이라는 그 남자 친구는 교도소에 들어가기 전에도 여자 친구가 있었다. 수감되었을 때 그 여자 친구가 "안녕이란 소리는 하지 않겠다. 안녕이란 헤어질 때하는 소리니까"라면서 면회도 가끔 왔다. 그러다 어느 날부터 연락이 끊겼다. 그리고 출소해서 나왔는데 그 여자는 찾을 수 없었고 어느 날 노래방에서 왠지 슬퍼 보이는 '누나'에게 필이 꽂혔다고 했다.

금희 엄마는 그 남자와 만난 지 얼마 안 되어 집에 아이들을 팽개쳐 놓고 함께 모텔에서 지냈다. 노래방 도우미도 하면서 "죽어서 다시 태어나 싱글이 되었으면 좋겠다"고 생각할 만큼 '진짜 사랑'에 빠졌다. 남편한테 이혼을 요구했다. 아이들과 연립 주택 반지하 전세를 자기한테 주고 남편한테 나가라고 했다. 남편이 거절했고 금희 엄마는 옷 몇 가지만 싸들고 집을 나왔다. 집에 남은 사람이 애들을 봐야지 어쩌겠냐면서 집을 차지한 사람이 아이들 맡는 것은 당연한 일이라고 자기는 홀가분하게 나와 버렸다. "몇 달 떨어져 있으면 이혼해 주겠지…"라고 생각했다. 만날 때리고 싸우면서 살아서 남편한테는 미련도 없었다. 아이들 생각하면 좀 그랬지만 "아빠가 알아서 하겠지" 독하게 마음먹고 나왔다. 나오기 전에 부업으로 하던 미싱 일 마무리 짓고 나오려고 했는데 그것도 마무리 짓지 못하고 나와 버렸다. 전날 친구들하고 술 한잔하고 밤 9시쯤 들어갔더니 남편이 보자마자 때려서 그냥 나와 버렸다. 생각하니 자기한테는 20대도 없었고 30대도 없었다는 생각이 들었고 이대로 살다 죽으면 너무 억울할 것 같았다. 어떻게든 돈 많이 벌어 집 하나 마련하고 성공해서 보란 듯이 살고 싶었다. 그리고 집을 나왔다는 기쁜 소식을 전하러 그 남자한테 갔다. 그런데 그 소식을 전해 들은 그 남자는 "바람 쏘이러 나간다"고 하더니 돌아오지 않았다. 핸드폰도 받지 않았고 문자 메시지도 '씹었다.' 그래도 그 남자가 떠났다고는 생각하지 못했다. 연락이 안 되는 동안 자기에게 해 주었던 온갖 달콤한 말을 생각했다.

"정 주면 나중에 너 갈 때 나 마음 아프다" 그런 말도 했고 "안 그래도 살기 힘들어 마음 아픈데… 너는 총각이구 나는 유부녀지만 너 결혼해 가면서 나를 꾸준히 만날 거면 상관없겠는데 단순히 떠나간다면 나는 마음이 아프다…"라고 가끔씩 남자 마음을 체크를 하면 "절대로 안 떠난다"고 다짐했었다. 그 남자가 바람 쐬러 나가서 연락이 없는데도 "(남편과) 이혼 안하면 친구로라도 남겠다"고 했던 말들을 생각하면서 연락 오기만 기다렸다. 그렇게 따뜻한 말을 할 줄 아는 남자가 쉽게 변심했을 리는 없다고 생각했다. 피치 못할 "무슨 일이 생긴 것"이라고 생각했다. 잠적이 확실해졌는데도 어쩌면 피치 못할 어떤 사정이 있지 않을까를 생각하면서 '실연'을 인정하려 하지 않았다. 전화가 없어서 문자를 했는데도 문자를 씹고 전화기가 꺼져 있는데도 그 남자가 자기를 피한다고 생각하기 싫었다.

하루가 지난 뒤에야 "갑자기 연락 안 오고 사라진 사람이 되면 잠적한 줄 알라"는 말이 생각났고 틀림없이 잡혀 갔거나 아니면 쫓기게 되어 피해 안 주고 연락을 끊었다고 각본을 마무리했다. 금희 엄마는 그 남자에게 귀도 뚫어 주고 누구보다도 멋지게 만들어 줄 생각이었다. 곧 방을 새로 얻어서 자기를 데려간다고 했으니 그 말도 믿고 싶었고 다음 달에 1,000만 원짜리 계를 타면 200만 원 준다고 했는데 그것도 믿고 싶었다. 연락이 안 되는 것은 피치 못한 사정이 생겨 자기를 보호해 주려고 연락을 끊은 것이라고 생각했다. 이틀이 지나고 사흘이 지나도 연락이 안 오자 정신없이 찾아나섰다. 정훈 씨는 친어머니는 없고 양어머니와 산다고 했었다. 양어머니 집까지 찾아갔다. 정훈 씨 양어머니를 실제로 뵌 적은 없었다. 함께 찍은 사진이 있어서 얼굴은 알 것 같았고 그 양어머니가 일한다는 식당을 지나가면서 가르쳐 준 적이 있었다. 정훈 씨는 고아라고 했다. 언제부터인지도 말해 주지 않았고 언제 입양되었는지도 말한 바 없고 다만 양어머니도 혼자여서 자기를 아들 삼았다고 했다.

정훈 씨에게는 전화기가 세 대나 있었다. 무슨 남자가 전화기를 세 대나 들고 다니느냐고 했더니 정리할 사람 정리할 거라고 하면서 자기가 싫어하는 사람들 정리하려고 전화번호를 바꾸는 중이어서 그렇다고 했다. 다 정리되면 금희 엄마가 아는 번호 하나만 들고 다닐 거라고 말해 주어서 내심 행복해하며 그날을 기다리고 있었다. 그런데 전화기 세 대가 전부 몽땅 꺼져 있는 상황이 된 것이다. 금희 엄마는 "아유 얘가 미쳤나, 싫으면 싫다, 이렇게라도 해야지 속이 안 뒤집어지고, 답답하지를 않지!" 하면서 전화를 열 번 스무 번 서른 번씩 연이어 걸었다. 혹 중간에라도 전화를 하다가 받지 않을까 해서 계속 수시로 전화를 했다. 자기는 "원래 그런 애 아닌데" 자존심 다 버리고 했다. 연락이 안 되자 정훈 씨네 집에도 찾아갔다. 문이 잠겨 있었다. 열쇠 수리공을 불러다가 따 버릴까 하는 생각까지 하다가 그것까진 안 했다. 자주 가서 밥 먹던 식당에도 가 보았다.

그리고 마침내 양어머니가 일하는 식당까지 찾아갔다. "저 정훈이 여자 친구인데 이틀 동안 전화가 안 돼서 왔어요. 답답해서 왔는데요" 그랬더니 "여자 친구랑 헤어졌어요. 바람 쐬고 올게요" 하고 나갔다는 것이었다. 금희 엄마는 잠깐 '헤어진 여자 친구'가 옛날 여자 친구를 말하는 게 아닐까 생각하고 있었는데 그 양어머니가 "왜 결혼한 여자가 총각하고 만나냐구" 힐난하듯이 물었다. "그냥 친구로서 잘 지내고 가정은 잘 지키라"는 말도 했다. 큰 선심이라도 베풀듯이 "정훈이도 성인인데 내가 이래라 저래라 할 수 없고 기왕 왔으니깐 냉면이라도 한 그릇 먹고 가라"고 했다. 금희 엄마는 그때 자존심이 팍 상했지만 "아무것도 먹고 싶은 맘 없어요"라고만 말하고 그냥 거기서 빠져나왔다.

"괜히 정 주지를 말지, 정 주지를 말지, 정 주지를 말지" 하는 노래만 죽어라 부르고 "시간아 멈춰라, 시간아 멈춰라" 그 노래 하나만 열 번을 부르면서 길거리를 쏘다녔다. 문자를 보냈다. "어머니 만나고 집에 도착했는데 너한테 문자 보내는 거다" "네가 준 반지. 편지. 네가 준 그거 다 마음이 아파서 갖다 버리겠다"는 문자를 날렸다. 그래도 아무 답장이 없었다.

그러던 중 관악경찰서에서 연락이 왔다. 하필 금희 엄마의 남편 전화기로 연락이 왔다. 금희 엄마 남편이 신용 불량자여서 전화기를 금희 엄마 명의로 신청해 쓰고 있었다. 금희 엄마와 남자 친구가 커플 금반지를 한 것 같은데 조사할 게 있다고 했다는 것이다. 정훈이 금반지를 팔려다 장물로 확인되는 바람에 조사에 들어갔고 절도 등의 전과도 조회가 된 듯했다. 금희 엄마는 경찰의 전화를 받고도 그의 전과나 절도 행적에 대해서는 관심이 없었다. 그가 갑자기 연락을 끊은 것이 어쩔 수 없는 상황 때문이었지 자기가 싫어서 그런 것은 아닐 것이라는 생각 때문에 마음이 한결 편해졌다. 경찰 쪽 선이 닿으면 그가 잡혔는지 그리고 잡혔다면 면회라도 할 수 있는지를 알려 달라고 집요하게 졸랐다.

정훈이라는 남자는 절도 전과가 꽤 많은 남자였다. 절도 전과가 많다는 이야기를 듣고 금희 엄마의 반응은 아무렇지 않게 "우리 동생이나 마찬가지죠"라면서 동정심을 보였다. 오직 자기에 대한 그의 속마음, "진실을 알고 싶다"고 했다. 자기를 좋아하지만 상황 때문에 어쩔 수 없이 연락을 끊은 것인지 자기가 집을 나와 같이 살자고 해서 부담스러워 헤어지자는 말도 안 하고 잠적해 버린 것인지 그게 궁금하다는 것이었다. "진실을… 나를 정말 정말 사랑해서 (연락 끊고) 들어갔는지 아직까지도 나를 사랑하고 있는지… 나도 마음 정리해야 했는데… 사랑하는 마음에 쫓기니까 자기에게 아무 말도 안 하고 사라졌는지 아님 싫어서 버렸는지 그것만 알고 싶다…"는 말을 달고 살았다.

이들 계층에서 가출한 엄마 이야기는 흔하고 흔하다. 금희 엄마의 어머니도 어린 삼남매 두고 바람나서 가출했다. 금희 엄마의 오빠는 금희 엄마가 가출할 때마다 엄마처럼 되려느냐고 힐난했다. 금희 엄마는 단단히 마음먹고 가출했지만 함께 살 남자가 사라졌고 아이들은 아프다고 아우성을 치자 슬그머니 집에 돌아왔다. 금희 엄마 주변에서는 여자들이 남자들을 쉽게 나이트클럽에서 만나거나 노래방에서 만나 관계에 들어가지만 그런 것을 불륜이나 탈선으로 생각하지 않는다. 몇 달이 지나지 않아 또다시 금희 엄마에게 남자 친구가 생겼다. 그리고 얼마 안 있어 성병 치료를 받아야 했다. 일을 나가지도 못할 정도로 상당히 심각해 보였는데 며칠 지나자 다시 아무렇지 않게 또 남자 친구를 바꿨다고 했다. 옛날 "진짜 사랑에 빠졌다"고 들떠 있던 음성은 아니지만 새로 남자 친구가 생긴 것을 숨기지도 않는다. "죽을 것처럼 가슴 아파하던 그 사랑"은 생각도 안 난다고 했다. 그때는 왜 그랬는지 모르겠다는 말도 서슴없이 했다. 그리고 어느 날은 이쁜이 수술을 받았다고 자랑했다. 주위에서 보면 30대 중반쯤 되면 여자들이 모두 이쁜이 수술을 받는 것 같아 자기도 받았다는 것이다. 왜 그런 수술을 했냐고 했더니 "그냥 했다"고 했다. 금희 엄마에게 왜 그렇게 남자 친구를 자주 바꾸느냐고 했더니 어떻게 만날 한 가지 반찬만 먹고 사느냐면서 "골라 먹는 재미도 있어야지"라고 아무렇지 않게 말했다.

금희 엄마가 특별히 예쁘거나 돈이 많은 것도 아닌데 유부녀인 금희 엄마가 계속 총각들과 사귀는 것도 불가사의하다고 생각했는데 나중에야 알게 되었다. 이들 계층에서 장가 못간 총각들이 넘친다는 것을. 금희 엄마는 한 가지만은 분명하다. 돈을 받고 몸을 팔지는 않는다. 적어도 좋아해야 같이 나가고 같이 자는 것이지 돈 때문에 그러지는 않는다는 것이다. 자기 주변 친구들이 다치니까 "정은 주지 말고 몸만 줘라"라고 금희 엄마에게 자주 충고를 하는데도 그것만은 안 된다. 금희 엄마의 마지막 자존심이다. 로맨스 각본을 마지막 보루처럼 안고 있다.

'빈곤 문화'의 조건

쑥쑥 뻗은 아파트 숲에 싸여 있어 사당동 달동네와 전연 모습이 다른데도 은주 씨나 영주 씨의 임대 아파트 단지에 들어서면 25년 전 사당동의 어떤 풍경과 겹쳐지고는 한다. 방의 크기는 분명 커졌고 시설도 큰 격차가 나지만 방 안의 냄새는 비슷하다. 아니 삶의 냄새는 비슷하다.

분당에서 전형적인 중산층 삶을 사는 조교는 은주 씨 집을 처음 같이 갔을 때 가난의 냄새가 이토록 지독한 것인지 몰랐다면서 '혼났다'는 말을 되풀이했다. 그 조교는 자기도 어릴 적에 가난을 경험해서 이 가족을 누구보다도 잘 이해할 수 있다고 누누이 강조하지만 처음 방문했을 때의 가난의 냄새만은 이 가족을 안 지 3년째인 지금도 잊을 수 없다고 이야기한다. 머리가 깨지게 아프고 30분만 더 그 방에 있었으면 거의 토할 뻔했다면서 "오랫동안 이 집을 다닌 선생님이 갑자기 존경스러워졌다"는 말까지 거침없이 했다. 아마 한 다섯 번쯤 갈 때까지 그런 말을 되풀이했는데 이제는 좀 익숙해졌는지 그런 말은 안 한다. 그러나 은주 씨 집을 다녀온 다음 날은 "기가 다 빠져 나간 것처럼 피곤해서 몸살처럼 앓는다"는 말은 지금도 계속한다. 영주 씨 집에 다녀와서도 정도는 좀 덜하지만 비슷하다고 했다. 가난의 냄새는 무어라고 표현하기 어렵다. 그 냄새는 어쩌면 찌든 때처럼 그들 삶 깊숙이 박혀 있어 좀처럼 씻어 내기 힘들 것 같은 느낌마저 준다. 사회복지사의 시선에서 희망을 찾고자 하는 조교는 기가 다 빠져나가 몸살을 앓는 경험을 하는지도 모른다. "희망이 안 보여요"라고 때로 말한다. 그러나 이러한 가난의 냄새를 빈곤 문화의 냄새라고 부를 수는 없다. 이들 가족의 삶의 양식을 빈곤 문화라는 용어로 이름 붙일 수도 없다.

오스카 루이스가 1961년 《산체스네 아이들》에서 '빈곤 문화'라는 용어를 만들어 낸 뒤 빈곤 문화는 미국 내에서뿐 아니라 전 세계적으로 수없이 많은 정치적 학문적 논쟁을 촉발했다.* 그가 찾아낸 빈곤 문화의 속성은 50가지도 넘었다. 잦은 폭력, 역사의식의 결여, 미래에 대한 계획 부족, 낮은 동기 부여, 약한 직업윤리, 약물, 알코올 중독, 혼전 동거, 성 문란, 도박 등등. 그리고 이러한 속성들은 빈곤 재생산을 설명하는 변수가 된다. 물론 이에 대한 반박도 열거할 수 없을 만큼 많이 나왔고 원인과 결과를 도치하고 있다는 통렬한 비판에 마주친 것도 사실이다. 여기에 수없이 쏟아진 빈곤 문화 논쟁에 대한 리뷰를 굳이 가져올 필요는 없을 것이다. 이 연구를 정리하면서 나는 가난한 사람들의 빈곤을 설명하는 '문화적 요인'이 아니라 그러한 문화를 가져오는 구조에 주목하게 되었다. 빈곤 문화가 있는 것이 아니라 빈곤이 있을 뿐이며 가난을 설명하는 데 가난 그 자체만큼 설명력을 가진 변수는 없다. '가난의 구조적 조건'이 있을 뿐이다.

열네 살이 된 은주 씨 큰딸 영현이는 생후 6개월쯤부터 지금까지, 그리고 열두 살짜리 영선이는 뱃속에 있을 때부터 지금까지 그리고 여섯 살짜

---

* 빈곤 문화 논쟁은 Eleanor Burke Leacock(ed.)(1971), *The Culture of Poverty: A Critique*, New York: Simon & Schuster; Stephen Vaisey(2010), "What People Want: Rethinking Poverty, Culture, and Educational Attainment," *Annals of AAPSS* 629, pp.75-101; Paul Gorski(2008), "The Myth of the 'Culture of Poverty,'" *Educational Leadership*, 65(7), pp.32-37.

리 영남이 또한 뱃속에 있을 때부터 우리 연구의 참여자다. 큰딸 영현이는 지하 셋방에 살 때 태어나서 거의 할머니 임대 아파트에서 자랐다. 영선이는 태어나서부터 할머니네 임대 아파트로 와서 지내다 은주 씨가 임대 아파트를 얻게 되면서 옮겨 갔다. 은주 씨가 둘째 영선이를 가졌을 때 보증금 100만 원에 월세 23만 원짜리 반지하에 살고 있었다. 겨울에는 난방도 안 되고 여름에는 습기로 곰팡이가 꽉 차 있는 그런 곳이었다. 아이들을 데리고 할머니 집에 와 있는 것이 식구들뿐 아니라 할머니의 아파트 사람들한테도 눈치가 보였지만 어쩔 수 없었다.

은주 씨는 1,2주에 한 번씩 옷가지를 가지러 자기 집에 가는 것을 빼면 거의 온종일 할머니네 집에 머물렀다. 영현이는 그래도 자기 집에 가서 자기 옷이 널려 있는 방에 들어서면 한결 생기가 났다. 방 안에 쳐진 빨랫줄에서 자기 옷을 발견하고 환호하며 돌아다녔다. 할머니 집은 아이가 돌아다닐 수 있는 공간이 없었다. 식구들이 모여 앉으면 방이 꽉 찼고 아이들은 기껏해야 엄마 무릎에서 (증조)할머니 무릎으로 그리고 할아버지(수일 아저씨) 무릎으로 옮겨 다니는 것이 다였다. 영현이 동생 영선이는 그야말로 '유산할 돈이 없어' 낳게 된 아이다. 금선 할머니는 당시 20~30만 원만 있으면 유산할 수 있었는데 그 돈이 없어서 아이를 낳게 된 은주 씨를 딱하다는 듯이 타박하고는 했다. 은주 씨는 이때 병원비를 아끼기 위해 아이 낳고 다음 날 퇴원해서 할머니 집으로 왔다. 그때 아이들 아빠는 스물두 살, 엄마는 스물네 살이었다.

아이들은 늘 엄마 아빠가 싸우고 엄마가 술 먹고 늦게 들어오고 아빠 또한 술 먹고 들어와서 술 먹고 늦게 들어오는 엄마를 때리는 일을 일상처럼 경험한다. 술과 폭력은 이곳 아이들이 어려서부터 가장 빈번하게 만나게 되는 현장이다. 금선 할머니는 언젠가 한번 손녀 은주 씨네 생활을 눈에 선하게 이야기했다.

때리긴 마이 때렸어. 술 먹고 때렸으니까이. 얘도 술 먹고 밤중에 들어오고 아침에 들어오기도 하고 새벽에 들어오기도 하고. 저 신랑도 술 먹고 이러니까. 니 옳다 내 옳다, 때려 주고 해 가지고. 한번은 새벽 두 신가 영선이가 전화했어. 할매 할매요. 아빠가 엄마 때려서 죽었으니까 빨리 오라고, 그래 내가 택시 타고 갔어. 아주 파자마 바람으로 정신없이 슬리퍼 끌고. 피투성이 돼 가지고 자빠져 있는 거야. 매 맞아 가지고. 머리 아프다며 자꾸 문을 열어 놓으래. 여자가 두 시 세 시에 들어오고 술 처먹고 들어오는데 어느 남자가 가만있어? 지금도 그래요 우리 영현 에미가 저녁에 날라리 친구를 만나서 술 먹는 모양이야. 그 전에는 아이 데리고 댕기면서 술 먹고 댕겼는데, 애가 크니까이 우리 집에 두고 나가요. 엊저녁에도. 아이들만 올라왔길래 너 엄마 어디 간다디 했더니 엄마 또 술 먹으러 갔어. 큰아이가 그런다고.

어느 날은 영남이가 배가 아프고 기침을 심하게 하는데도 어린이집에 보냈다. 어린이집에서 아프다고 일찍 집에 보냈는데도 병원 가는 것을 미루다 고열로 숨을 못 쉬게 되어서야 병원 응급실로 데려갔다. 어린이집에서 오후 4시쯤 열이 많이 난다고 조퇴시켰는데 집에 데려다만 놓고 병원에는 가지 않은 것이다. 밤 10시 넘어서 영남이가 너무 심하게 기침하고 열이 나고 거의 까무러칠 정도가 되어서야 응급실로 데리고 갔다. 은주 씨는 병원에 입원해 있는 동안 의사의 주의사항 등에는 "잘 못 알아듣는다"는 이유로 별로 신경을 안 쓰는 대신 병원비 걱정은 무척 했다. 특히 생계 보조자들한테는 의료비는 거의 무료지만 입원비는 내야 한다는 것 때문에 퇴원을 서둘렀다. 의사 선생님이 나가라고 하기 전부터 퇴원을 졸랐다.

하루에 1만 5,000원씩 5만 원은 나올 테니 걱정되어서 입원일을 하루라도 줄여야 한다고 생각한 것이다. 사흘은 입원해야 하는데 이틀로 줄였다. 입원비는 380원밖에 나오지 않았다. 자기 귀가 나빠서 잘못 들은 줄 알고 은주 씨는 준비해 간 10만 원 수표를 냈더니 "9만 얼마"를 내주었다. "그럴 줄 알았으면 한 달쯤 있을 걸 그랬다"고 하더니 그래도 곗돈 넣으려면 "돈 벌어야" 해서 기침을 하는데도 영남이를 어린이집에 맡기고 일 나갔다.

고등학교를 졸업한 은주 씨가 "자기는 아이들 공부를 못 가르친다"고 했을 때 고등학교까지 다녔는데 왜 초등학교 아이들의 숙제도 봐줄 수 없는지가 이해할 수 없었다. 은주 씨는 가난한 층의 여성들이 하는 파출부나 식당 일 같은 것도 하지 않는다. 처음에는 그런 일을 싫어해서라고 생각했는데 말을 잘 알아듣지 못하기 때문이라는 것을 알게 되었다. 청각 장애 때문에 사람들의 말을 알아듣는 데 어려움이 있어서 가능한 한 사람들과 많은 말을 하려고 하지 않거나 사람들 앞에 나서지 않는다. 은주 씨를 안 지 거의 20년이 되어서야 은주 씨는 자기가 식당에 취직해서 주문을 받았을 때 김치찌개 했는데 된장찌개를 가져다준다든지 생선구이 했는데 동태찌개 갖다준다든지 해서 식당에서 하루 만에 쫓겨난 이야기를 웃으면서 했다. 은주 씨는 큰아이가 초등학교 6학년이 되었을 때까지 한 번도 학교에 간 적이 없다. 자기 아이를 학교에 맡겨 놓고 한 번도 학교에 가 보지 않았다는데 적이 놀랐는데 그 이유가 선생님 말을 못 알아듣고 또 못 알아듣는다는 것을 눈치 채게 하고 싶지 않아서라고 했다. 은주 씨의 경우 청각 장애는 가장 드러내고 싶지 않은 약점이다. 그 약점은 어릴 적 감기 걸렸을 때 돌봐주지 않아 울다가 눈물이 귀로 흘러 들어가서 생겼다.

은주 씨 가족에 너무 개입을 하지 않으면서 도움을 줄 수 있는 방법을 찾다가 S장학재단이 영세민 자녀에게 주는 월 10만 원짜리 '꿈' 장학금에 신청해 보기로 했다. 영세민 자녀로서 타의 모범이 될 만하고 멘토가 있으면 신청 자격이 있어 연구자가 멘토가 되기로 하고 신청했다. 영현이가 장학금 10만 원으로 가장 하고 싶은 것이 태권도라고 해서 태권도에 10만 원을 다 쓰는 것이 아쉽기는 했지만 은주 씨와 의논해서 그렇게 결정했다. 처음에 장학금 10만 원이 생긴다고 했을 때 영현이는 자전거를 살까, 아니면 무얼 살까 망설이면서 자기가 그동안 사고 싶었던 것을 줄줄이 외웠는데 결국은 다 포기하고 태권도로 결정했다. 알고 보니 그 태권도장에 다니는 친구가 영현이의 유일한 친구였던 것이다. 영현이는 장학금 10만 원을 몽땅 태권도장에 가져다주고 태권도를 배우게 되어 행복해했는데 생각지 않은 문제가 생겼다. 영현이가 태권도장에 가기 시작하면서 동생 영선이에게 함께 놀 언니가 없게 된 것이다. 더욱이 친한 친구와 함께 태권도장에 가게 된 언니를 영선이는 너무나 부러워했다. 할 수 없이 태권도 관장님께 사정을 얘기했더니 다행히 한 명분으로 자매 두 명을 가르쳐 주겠다고 해서 둘이 함께 다니게 되었다.

이들 자매는 뭔가 배우는 것을 3개월 이상 계속해 본 것이 매우 드물었는데 이 태권도장만은 지속적으로 다녔다. 이들 자매는 어디를 다니든 한두 달 잠깐 다니다가 금방 그만두는 일이 되풀이되어서 처음에는 영현이가 뭔가 한 가지를 지속적으로 하는 능력이 떨어진다고 생각했는데 그게 아니었다. 영현이와 영선이가 6개월 이상 태권도를 다닌 것은 월 10만 원을 안정적으로 보내 주는 장학금이 있었기 때문이다. 결국 안정적으로 월사금을 낼 수 있느냐 없느냐가 지속성의 관건이었던 것이다. 이는 전적으로 가계의 수입과 관련되는데 아이들 아빠가 직장을 나가 돈이 좀 생기면 아이들 청에 따라 두어 달 보내 주다가 수입이 적어지면 돈을 못 내서 잘리게 되는 일이 그동안 부지기수로 일어난 것이다. 영현이 자매가 태권도장을 다니면서 유치원이 끝나고 온 영남이에게 함께 놀아 줄 누나가 없어진 것도 새로운 문제로 부상했다. 결국 영남이도 태권도장에 가게 되었다. 영남이의 태권도비는 5만 원의 외부 후원금에 은주 씨가 5만 원을 보태 충당했다. 영어 과외를 해서 번 돈을 다큐에 나오는 아이들 중 가장 어린 아이에게 도움을 주고 싶다고 제의한 그 후원금이다. 결국 이 돈으로 영남이도 태권도장을 다니게 된 셈이다.

월사금이 10만 원이어서 용돈으로 받은 5만 원에 은주 씨가 월 5만 원씩 더 추가해야만 되는 상황이 벌어졌는데 태권도 관장에게 전화를 걸어 상황을 얘기하고 웬만하면 5만 원만 받으면 안 되겠는가라고 간청을 했는데 태권도 관장이 "이 집은 그래도 부모가 다 있고 또 부모가 모두 돈도 벌기 때문에 자기네 태권도장에 다니는 다른 아이들보다 상황이 나은 편"이라고 했다. 더 가난한 아이들도 10만 원을 내고 있다고 했다. 관장이 덧붙이기를 은주 씨가 와서 "자기 집은 부부가 다 일도 하고 수입도 괜찮다"고 했다는 얘기까지 했다. 은주 씨가 사람들한테 자기 집 사정이 나쁘다는 얘기를 하고 싶어 하지 않는 편이고 더구나 남 앞에서는 괜찮은 척하는 경향이 있는 것은 알았지만 태권도장에 가서도 그렇게 말할 줄은 몰랐다. 전화를 끊고 나서 은주 씨한테 상황을 얘기하면서 태권도 관장한테 가능하면 영남이 월사금을 5만 원선에서 해결할 수 있게 해 달라고 사정했는데 안 되었다고 했더니 "그러면 제가 미안해서 못 보내죠" 했다.

한번은 영남이가 좋아하는 딸기와 복숭아 등을 사서 가져간 적이 있었는데 마침 영현이 친구들이 와 있었다. 영현이의 유일한 친구라는 태권도를 같이 다니는 친구도 거기 있었다. 영현이 친구들한테 과일 먹으러 오라고 하면서 특히 태권도 같이 다니는 친구한테 반가워서 딸기를 집어 주면서 먹으라고 했는데 한사코 가까이 오지를 않았다. 딸기를 싫어하나 싶어서 복숭아를 주었는데도 고개를 저었다. 은주 씨한테 왜 저 아이들이 딸기나 복숭아를 싫어하느냐고 물었더니 은주 씨가 살짝 눈짓을 하면서 과일을 권하지 말라는 귀엣말을 했다.

처음에 이해가 잘 가지 않았는데 아이들이 저쪽으로 가자 은주 씨가 자기도 어렸을 때 친구 집에 가서 먹을 것 주면 절대 안 먹었다면서 저 아이들도 마찬가지라는 얘기를 했다. 먹고 싶은 것일수록 오히려 먹고 싶지 않은 척 받아먹지 않는다는 것이었다. 자기도 어렸을 적 누가 먹을 것을 줘서 받아먹고 나면 마치 자기가 거지가 된 느낌 같은 게 싫어서 맛있는 것을 누가 줘도 고개를 저었다는 얘기를 했다. 태권도를 같이 다니는 영현이 친구는 굉장히 표정도 밝고 옷도 깔끔하게 입어서 어려운 집 아이라는 생각을 미처 하지 못했다. 은주 씨 말로는 자기 집보다 훨씬 더 어려운 집 아이라고 했다.

이런 경험을 하고 온 뒤 몇 달 뒤 서울시 무상 급식 논쟁이 한창 벌어졌다. 어렸을 때 무상 급식을 받고 학교 다녔다는 것의 상처가 얼마나 클 수 있는가는 그런 환경에 처해 본 경험이 없다면 이해하기 힘든 것인 듯하다. '가난함'의 경험은 그 가난을 실제로 경험한 사람들에게는 생존의 문제지만 경험하지 않은 사람들에게는 생활양식인 것이다.

복지 전공자인 조교는 겨울 방학 때 은주 씨네 집에 다녀와서 방학 동안에 최저 생계 계층 아이들에게 점심 값으로 하루에 7,000원씩 지급된다고 은주 씨가 폼을 잡는다고 전했다. 더욱이 아이가 둘이어서 1만 4,000원어치를 중국집에서 불러올 수 있다고 "먹고 싶은 것 사 주겠다"고까지 했다는 것이다. 아마 방학 동안 학교 급식 대신 동네 주변의 중국식당이나 한식당 등에 아이들이 가서 점심을 먹을 수 있도록 조치한 것 같았다. 이 이야기를 하면서 조교는 곧 바로 이런 게 '복지병'이라면서 못마땅해했다. 중산층이면 밥을 해 먹지 그렇게 중국집에서 불러다 먹지 않을 텐데 돈을 대 주니까 쉽게 불러다 먹는다는 것이었다. 그런데 그 돈은 부모에게 준 돈이 아니라 동네 주변의 식당에서 쓸 수 있는 쿠폰이다. 이 동네의 작은 식당들은 이런 쿠폰이 주요 수입원인 듯했다. 이 쿠폰이 누구에게 더 도움이 될까를 잠깐 생각해 보게 되었다. 빈곤층 아이들? 빈곤층 부모들? 영세 동네 식당? 복지 관련 공무원? 사회복지 전공자? 아님 국가?… 답이 쉽게 떠오르지 않았다.

금선 할머니 가족이 빈곤 문화 때문에 빈곤해졌다고 할 수는 없다. 적어도 그들 가족의 빈곤의 출발선은 아니다. 빈곤의 출발선을 할머니로 삼을 경우 할머니의 생활양식에는 빈곤 문화로 꼽히는 절제 없음, 알코올 중독, 게으름… 심지어 성적 문란 그 어느 것 하나도 해당되지 않았다. 할머니의 빈곤의 시작은 한국 전쟁이었고 월남해서 집도 남편도 없는 상황에서 세 살, 여덟 살짜리 아이를 데리고 혼자 생계를 해결해야 했던 스물여덟 살의 여성 가장에게 아무런 '과부 대책'이 없었을 뿐이다. 할머니는 온갖 형태의 장사를 했고 암시장에서 장사하는 '불법'을 저질러 구속되기도 했다. 자녀들은 일찌감치 자기 밥벌이에 나섰고 아들은 공장 노동, 중국집 배달, 건설 노동을 했고 딸은 공장 일 아니면 가내 부업을 했다. 아무리 일을 해도 돈을 모을 수 없었다. 할머니 자녀들은 특별한 범죄를 저지르지도 요령을 부리지도 않았다.

그러나 이때부터 '빈곤 문화'라고 이름 붙일 수 있는 생활양식이 나타났다. 이들은 부모 대에 왜 월남해야 했는지에 대해 물어 본 적도 없고 알려고도 하지 않았다. 수일 아저씨를 인터뷰했을 때 어머니가 왜 월남하게 되었는지에 대해 물어본 적도 없고 알고 싶지도 않았다고 했다. 손자 영주 씨는 할머니가 가슴 아플까 봐 묻지 않는다고 했다. 이를 역사의식의 결여라고 한다면 역사의식의 결여다. 수일 아저씨는 될 수 있는 한 빨리 돈을 벌어야 하는 탓에 장래를 바라보고 학교를 다닐 수 없었다. 그리고 결혼할 나이가 되어 여자를 보았는데 결혼식 올릴 돈이 없어 동거부터 했다. 혼전에 임신해서 아이를 낳는, 이른바 미래에 대한 계획 부족이라는 '빈곤 문화'는 이들 계층에서 일상적이다. 즉각적인 욕망을 지연할 동기 부여에 약하다고 빈곤 문화 연구자들은 지적한다. 당연히 이런 부모 밑에서 자란 청소년들은 가출, 성적 문란은 일상화되고 알코올 중독 등이 추가되기도 한다.

그러나 이들에게 나타난 빈곤 문화는 자세히 들여다보면 원인이 아니라 결과다. 할머니 가족뿐 아니라 사당동과 상계동에서 만난 가난한 가족들의 생활양식은 모두 가난의 원인이라기보다 가난의 결과였다. 특히 이농한 대부분의 산동네 주민들의 생활양식은 '도시 속의 농촌적' 생활양식이라고 할 수 있는 높은 교육열, 부지런함, 개별화가 덜 된 가족주의가 주요 문화였다. 이들은 형제자매가 많은 가난한 농촌에 태어나서 서울에 올라와 열심히 일했고 가족에 헌신적이었다. 그러나 임금이 너무 낮았거나 경기가 불안정해서 가정을 지키거나 가족을 건사할 수가 없었다. 철거 재개발, IMF, 금융 위기 등 구조적 충격이 왔을 때 이를 완화할 '완충 지대'도 없었다. 이들은 철거 재개발 정책이라는 자본주의적 공간의 재편에 바로 영향을 받았고 88 올림픽 때는 일자리가 줄어 직격탄을 맞았으며 IMF 때는 경기가 둔화되면서 바로 실직으로 이어졌고 금융 위기가 닥쳤을 때는 카드깡으로 빌린 돈을 갚기 위해 주민 등록증을 빌려 주고 대포차나 대포 통장을 만드는 일에 가담하는 범법자가 되어 갔다.

가난한 사람들은 누구보다도 세계화의 직접적 영향권 안에 있었다. '세계화된 가난' 또는 '가난의 전 지구적 확산'이라고 이름 붙일 만큼 가난한 사람들의 일자리와 임금은 국경을 넘나드는 이주 노동의 영향을 받았고 결혼 상대를 찾는 일마저 세계화의 영역 안에 있다.* 영세 업체들은 싼 임금을 찾아 모두 이주 노동자와 결혼 이주 여성을 고용하면서 이윤 남기기를 시도한다. 빈곤층의 남성들은 배우자로 결혼 이주 여성을 맞고 '다문화'라는 또 다른 빈곤 문화 범주를 추가하고 있다. 금선 할머니 집에도 수일 아저씨와 영주 씨 2대에 걸쳐 '다문화 가정'을 만들었다.

그리고 금융 자본주의 시대에 와서 이들의 가난은 더욱 개별화되고 제도화된 가난이 된다. "맨몸으로 돈 만들기"에서 가난은 수단이자 대상이 된

---

* 다이엘 코엔(2000), 《부유해진 세계 가난해진 사람들》, 주명철 옮김, 시유시, 특히 5~7장을 참조.

다. 쉽게 범법자가 되기도 한다. 이들의 가난은 출구가 없는 빈곤 재생산의 조건이 된다. 사당동 달동네 때의 화투 치기는 상계동 아파트 시대에는 로또 복권이 되고 외상 거래는 카드깡으로, 빚 얻기는 대포폰이나 대포차로 대체되는 편법으로 제도화된 금융 자본주의에 편입된다.

사당동 때 가난한 사람들의 꿈이었던 가게 주인은 이제 꿈을 꿀 수도 없게 되었다. 웬만한 자본금이 없이는 어떤 가게도 주인이 되기 힘들어졌다. 쌀가게, 구멍가게, 연탄가게, 미장원 주인이 될 수도 없을 뿐더러 된다고 해도 가난의 출구가 아니다. 사당동 달동네에 있었던 수없이 많던 가게들의 업종은 사라졌다. 이불가게나 떡집 등은 체인화되었고 사당동 때는 없었던 영세 헬스센터나 건강기기 가게 등은 자본금의 영향을 크게 받아 휴폐업이 거듭되는 업종이어서 빈곤층이 사회 이동의 출구로 뛰어들 수가 없다. 할머니 가족 중 덕주 씨가 이 실험대에 서 있다. 덕주 씨는 잠깐 동네 헬스센터에서 괜찮은 일자리를 얻어 희망을 보여 주었는데 그 헬스센터가 곧 문을 닫아 덕주 씨는 실직했었다. 그리고 천신만고 끝에 부도난 영세 헬스센터를 인수해 자기 고용을 해결하고 아슬아슬하게 1인 '헬스센터 사장' 직을 유지하고 있지만 언제 문을 닫게 될지 모른다. 빈곤의 출구가 될 것이라는 보장이 없다. 이들에게 생계 수단은 점점 맨몸밖에 남지 않는다. 심지어는 노점상마저 이들의 생계 수단에서 멀어지고 있다. 상계동의 경우 몇몇 아파트 앞에 있던 노점상들도 아파트 건너편에 백화점과 마트가 들어오면서 이제 설 자리가 마땅치 않게 되었다.

이들의 가난은 세계화나 금융 자본주의, 도시 공간의 자본주의적 재편 같은 구조적 요인과 동떨어진 듯하지만 실제로 이들의 삶은 바로 그러한 구조적 요인의 직접적인 충격에 노출되어 있다. 이러한 구조적 충격 속에서 그들이 살아 내는 방식, 곧 삶의 양식이 빈곤 문화라고 이름 붙여진다. 그리고 그러한 빈곤 문화의 핵심에 그들의 성과 사랑과 결혼의 방식이 있다. 그리고 가족이 있다. 이들이 그나마 스스로 선택했고 또 선택할 수 있다고 믿게 하는 영역이다. 특히 대중 매체가 대량으로 유포하는 로맨스 각본은 이들이 손쉽게 매달릴 수 있는 유일한 삶의 각본이기도 하다. 그 결과로 나타나는 '성적 문란'이나 가출, 이혼, 동거와 출산 등이 '가족의 위기'로 읽히고 빈곤을 재생산하는 빈곤 문화의 핵심 요소로 주목된다.

가진 것이라고는 맨몸뿐인 이들에게 더는 기댈 곳이 없어졌을 때 그리고 몸으로 할 수 있는 일이 없어졌을 때 잦은 가정 폭력이나 알코올 중독은 또 다른 빈곤 문화라 불리는 삶의 양식이다. 할머니 가족의 경우 손자녀 세대에 와서 이러한 빈곤 문화가 심각한 수준은 아니지만 나타나기 시작한다. 그러나 이러한 빈곤 문화가 이들 가족을 빈곤하게 하는 것이 아니라 이들의 빈곤함이 그리고 빈곤의 재생산 구조가 이들 삶의 조건이 되고 있음을 보여 준다. 가난의 조건에 대한 보이지 않는 구조를 이들 가족이 재현하는 것이 아니라 체현하고 있다.

책을 끝내며

철거 재개발 지역에서 만난 한 가난한 가족을 왜 25년간 따라다녔는가를 스스로 되물으며 이 책을 쓰기 시작했다. 그러나 한 가족을 25년간 따라다 닌 시간의 무게를 빌어 그 가족의 변화에 대한 긴 보고서를 쓰려던 것은 아 니었다. 이 책은 한 가난한 가족에 대한 심층적인 기록이 아니라 한국 사회 의 가난을 들여다보는 사회학자의 입장, 연구 과정의 변화, 연구자와 연구 대상 간의 관계의 움직임, 그리고 연구자의 자기 성찰 지점에 대한 기록이 다. 빈곤하지도 않고 지독한 빈곤을 경험해 보지도 못한 사회학자가 가난 한 한 가족을 중심에 놓고 빈곤을 오랫동안 들여다보고 기술한다는 것이 어떤 의미를 갖는가를 자문해 가는 작업이기도 했다.

빈곤 현장에 대한 문화기술지ethnography를 쓰는 일은 쉽지 않았다. 무엇 을 보았느냐가 아니라 무엇을 쓸 것인가를 고민했고 무엇보다도 어떻게 쓸 것인가를 고민했다. 연구자와 연구 대상 간의 경계를 넘나드는 해석적, 성 찰적 문화기술지를 쓰고 싶었고, 어떤 사람들에게는 너무나 낯익은 가난을 낯설게 읽고, 어떤 사람들에게는 너무나 낯선 가난을 낯익게 읽어 보려고 했다.

저자는 한 사람이지만, 이 책은 한 저자의 작업의 결과물이 아니라 25년 의 연구 과정에 참여한 수많은 사람들의 공동 작업의 결과물이다. 연구의 발단은 1986년 여름 국제연합아동기구^{UNICEF}의 연구비를 받아 서울의 가장 큰 달동네의 하나였던 사당동에서 〈재개발 사업이 지역 주민에 미친 영향〉이라는 프로젝트를 시작하면서다. 이때 UNICEF는 철거 지역의 아동에 대한 관심에서 파격적으로 연구를 지원했다. 사당동 재개발 지역 현장 연구를 시작했을 때 우리 연구 팀은 네 명이었다. 공동 연구자인 서강대 조옥라 교수와 현장 연구 조교로 조혜란(당시 이화여대 여성학과 대학원), 홍경선(당시 동국대 사회학과 대학원, 현 인천시 도시재생특보)이 함께했다. 연구는 2년 반의 계약 기간과 함께 끝났지만 프로젝트 책임을 맡았던 나는 철거 재개발 지역 주민에 대한 관심을 끝내지 못했다. 프로젝트 팀을 해산한 뒤 혼자서 띄엄띄엄 재개발이 시작된 사당동을 카메라에 담고 다니거나 다른 지역으로 이주한 옛 사당동 사례 가족들을 찾아다니는 일을 계속했다. 특별히 상계동의 임대 아파트로 간 한 가족에 관심을 쏟았다. 그 일이 이토록 오래 나를 잡고 있을 줄 몰랐다. 오랜 기간이어서 연구 팀의 구성도 바뀌고 연구 방법도 바뀌었다. 이 가족도 변화하고 연구자도 변화하고 연구 과정도 변화했다. 그뿐 아니라 연구 기법도 변화하고 연구 기기도 변화했다. 연구의 관점도 변화하고 해석의 시각도 변화했다.

o   o   o

'금선 할머니 가족'을 만난 지 12년이 지난 뒤쯤에 이 가족의 일상을 동영상으로 찍기 시작했다. 동영상 작업을 시작하면서 자연스럽게 촬영과 편집 등을 맡아 줄 팀을 꾸리게 되었다. 김만태(당시 동국대 사회학과 재학, 현 MBC 촬영감독)는 동영상 작업의 첫 촬영을 맡아 주었고 MBC에 취직이 되어 떠나자 이어서 영상사회학 수업에 들어온 구재모(당시 동국대 사회학과 재학, 현 공주영상대학 영상촬영조명과 교수), 조원열(당시 동국대 신문방송학과

재학, 영화 〈괴물〉 조감독), 박경태(당시 동국대 사회학과 재학, 현재 프랑스 사회
과학고등연구원 영상인류학 박사 과정) 등이 차례로 촬영을 맡아 주었다. 이들
의 도움으로 이 가족을 만난 지 22년이 되었을 때 〈사당동 더하기 22〉라는
다큐멘터리를 세상에 내놓을 수 있었다. 이들이 없었다면 다큐를 만들지
못했을 뿐 아니라 이 저술도 불가능했다. 특히 박경태는 학부에서 시작해
서 대학원을 마칠 때까지 오랫동안 촬영과 연구 조교를 맡아 주었다. 다섯
번째 카메라맨으로 성균관대 사회학과를 다니다 말고 서울예대에서 연출
을 전공한 뒤 다시 사회학도로 복학한 김우연이 합류했다. 영화감독 지망
생인 그는 3년째 촬영을 계속하고 있다.

　〈사당동 더하기 22〉를 제작하고 서울국제여성영화제, 전주국제영화제,
EBS국제다큐영화제 등에서 상영한 뒤 연구는 또 다른 전환점을 맞았다.
할머니 가족이 외부 시선을 의식하게 되면서 어느 정도의 거리와 휴지 기
간이 필요하다고 생각하던 때, 사당동 연구 당시 동국대 철학과 학생으로
저자의 수업에 들어왔던 오래된 제자 김은재(중앙대 사회복지학 박사 과정)가
사회복지사로서 빈곤의 회로에 갇힌 이 가족의 상담역을 자청함에 따라 참
여관찰과 상담을 병행했다. 다큐 이후 3년 동안 이 가족에 대해 참여관찰
과 영상 작업을 계속했지만, 이를 섣불리 정리하기보다는 앞으로 어떤 작
업을 어떻게 더 하게 될지 모든 가능성을 열어 놓은 채 25년간의 기록을 마
무리하기로 했다.

　　　　　　　o　　　o　　　o

여러 명의 현장 조교가 작업을 같이했지만 프로젝트를 함께 시작한 조혜란
조교는 프로젝트가 끝난 뒤에도 서울을 떠나 은둔하기 전까지 10년 이상
직간접으로 이 작업을 도와주었고, 홍경선 조교는 지금까지도 필요할 때마

다 자기 일처럼 참여해 주고 있다. 이들에게 다시 한 번 감사한다. 현장 조교나 촬영 외에도 생애사를 녹취하거나 녹취를 푸는 일들을 도와준 학생들만 해도 다 꼽을 수 없을 만큼 여럿이다. 동국대 사회학과 대학원의 김선임·이호연·윤지선·황지연·이관용·배선묵·조세훈을 비롯한 많은 학생들이 질적 방법의 훈련을 빙자하여 자료 정리에 동원되었고 무보수로 녹취를 풀어 주었다. 여러 학부생들이 비슷한 노고와 노동을 해 주었다. 특히 송창훈은 필리핀까지 따라가 현장 일지를 작성하고 촬영 조수를 해 주는 등 전방위로 뛰어 주었고 백종철·김민상·이민형은 상당 기간 연구실에서 자료 정리와 여러 귀찮은 일들을 가리지 않고 도와주었다. 일일이 이름을 거론할 수 없는 많은 학생들이 이 작업에 참여하고 도움을 주었다. 대학원생 김송은은 본인의 석사 논문을 끝내야 하는 마지막 학기인데도 시간을 쪼개어 헌신적으로 이 책의 마무리 작업에 함께했다.

여기까지 오는 데 크고 작은 연구 지원이 많은 힘을 보태 주었다. 첫 번째 연구비는 UNICEF에서 받았지만 이 연구를 진행하는 동안 한국학술진흥재단 연구비, 동국대학교 논문 지원비, 한국영화진흥위원회 다큐멘터리 사전 제작 지원비, 동국대학교 연구년 지원 등이 있어 지속적으로 연구를 할 수 있었다. 또한 가난의 조건에 새롭게 눈뜬 많은 사람들의 관심이 이 연구를 지탱시켜 주었다. 금선 할머니의 어린 가족들을 후원해 준 박기범·이한응·이윤석·김창윤, 이들에게 특별히 고마움을 전하고 싶다.

무엇보다도 사당동 철거 재개발 지역에서 만난 금선 할머니 가족에게는 어떻게 감사의 마음을 전할 수 있을지 모르겠다. 진심으로 감사드린다. 이들의 흔쾌한 도움과 참여가 없었으면 이 책을 내놓는 일은 불가능했을 것이다. 이 가족은 지난 25년 동안 한결같이 이 연구의 참여자가 되어 주었다. 누구보다도 사당동 철거 재개발지에서 만나 생애 마지막까지 이 연구에 참여해 준 정금선 할머니를 만나지 않았으면 이런 작업은 시작조차 못했을 것이다. 할머니의 아들 수일 아저씨, 손자녀들 영주·은주·덕주 씨 그리고 그들의 자녀까지 이들 가족의 따뜻함과 흔쾌한 협조가 없었다면 책을 펴낼 엄두도 내지 못했을 것이다. 사실상 이 저술은 금선 할머니 가족, 그리고 이들과 같이 가난의 무게를 아는 이들의 것이다. 옛날 사당동 산동네에서 우리 연구를 지켜보고 또 뜻하지 않게 연구 참여 사례가 된 많은 분들, 그리고 상계동에서 이런저런 이유로 알게 모르게 연구 참여자가 되어 준 여러분들께 머리 숙여 감사드린다.

○　　○　　○

사당동 철거 재개발 프로젝트를 끝내고 보고서를 낼 때는 '가난한 사람들에 대한 이 기록'이 연구자, 정책 입안자, 그리고 '그들'에게 도움이 되기를 바란다고 썼다. 그런데 이제는 연구자나 정책 입안자가 아니라 우리들이 가난함을 이해하고 가난의 조건을 이해하게 되기를 바란다. 이 책이 그러한 조건을 더 깊이 들여다보게 하고 그 조건의 예를 꼭 찍어서 보여 주기를 희망한다. 이 책을 쓰면서 해석의 영역이 필자의 몫이 아니라 읽는 사람들의 몫이라는 생각을 더욱 하게 되었다. 해석의 영역을 독자들의 몫으로 남기고 싶다. 드러나게 분석을 하기보다는 모든 사람들에게 분석의 텍스트가 되도록 여지를 남기기로 했다.

　　연구자로서 참 운이 좋은 편이었다. 25년 동안이나 연구 상대가 되어 준 가족이 있었고 '드라마 찍는다'고 말해도 좋을 만큼 한 가족만 따라다녀도 계속 일이 터졌다. 잔인할 만큼 터졌다. 그런데 드라마가 아니라 일상이었다.

　　"참 운이 좋았다. 오후 한나절 동안에 가족 모두를 만나고 또 책을 쓸 때 실명을 써도 좋다는 동의서도 받았다."

2011년 11월 1일 현장 일지는 이렇게 시작한다. 할머니 가족 모두로부터 책 쓰는 데 동의해 주는 서명을 받은 날이다. 그 며칠 전 영주 씨와 지지 씨의 합동결혼식이 있었다. 그날 결혼식에는 가족으로 덕주 씨만 참석했다. 은주 씨는 새로 직장을 바꾼 바로 다음 날이어서 결근이 곤란하다고 오지 않았다. 아버지는 너무 멀어서 굳이 모실 필요가 없다고 생각했는지 아니면 영주 씨가 초청도 안 한 것인지 묻지 못했다. 영주 씨 하객은 가족으로 덕주 씨, 나와 조교, 그리고 필리핀에서 시집온 지지 씨 친구 셋, 모두 여섯 명이었다. 영주 씨와 덕주 씨한테는 그날 사흘 뒤에 방문하기로 약속을 잡았기 때문에 쉽게 동의서를 바로 받을 것으로 생각했지만 은주 씨와 아저씨까지 그날 하루 안에 다 만나리라고는 기대하지 못했는데 운이 좋았던 것이다.

사당동 철거 재개발에서 시작해서 지금까지 25년 동안의 '이야기'를 책으로 내고 싶다는 이야기를 했을 때 이들은 너무 선선히 실명을 써도 좋다고 서명해 주었다. 그러나 각자의 반응은 달랐다. 덕주 씨는 "이런 걸로 어떻게 책을 쓰냐?"고 궁금해했다. 자기는 중학교를 중퇴한 이후에 책이라는 걸 본 적이 없고 만화가 자기가 본 책의 전부라고 했다. 수일 아저씨는 책에 대해서는 아무런 반응이 없이 동의서를 꼼꼼히 읽고 웃으면서 친절하게 사인을 해 주었다. 은주 씨는 책이 팔릴까에 관심을 보였고 영주 씨는 큰 관심을 보이지 않았지만 책을 쓰는 데 자료가 필요하면 돕겠다는 '말'을 했다. 지지 씨는 영어로 된 동의서에 서명하고 다른 질문은 하지 않았다.

이런저런 이야기를 끝내고 돌아온 이틀 뒤 영주 씨가 약간 당황한 목소리로 전화를 했다. 지지 씨의 아버지가 갑자기 돌아가셨다는 것이다. 마을 근처에 있는 큰 냇가를 건너다 감전사한 것이다. 지지 씨는 황급히 필리핀 가는 비행기 표를 구해야 했다. 이미 저녁 늦은 시간이어서 비행기 표도 알아볼 수 없다고 해서 인터넷에 들어가 보라고 했다. 다음 날 아는 여행사에도 알아보기로 했다. 아이를 맡길 데가 없는 게 큰 문제였다. 아이가 생후 2년이 지나서 거의 성인에 준하는 비행기 삯이 필요했다. 지지 씨가 지난 1년간 남편 몰래 조금씩 모아 놓은 비상금을 다 합해도 본인과 아이의 비행기 삯이 되지 못했다. 지지 씨는 한국 온 지 1년 만에 친정에 다녀온다고 1년간 모은 저금을 다 썼는데, 이렇게 예기치 않은 일에 슬퍼할 겨를도 없이 비행기 삯을 걱정해야 하게 생긴 것이다. 결혼 이주 여성의 결혼은 한편으로 값싼 이주처럼 보이지만 참 값비싼 이주였다. 친정 한 번 가는 여비로 1년치 저금을 몽땅 써야만 하는 것이다. 지지 씨는 아버지 장례를 치르고 한 달 뒤 돌아왔다. 그리고 합동결혼식 허니문 베이비를 가진 것 같다고 알려 왔다. 보름 뒤 영주 씨가 할머니를 모셔 놓은 납골당에 같이 가지 않겠느냐고 전화를 했다. 할머니가 세상을 뜬 지 5년이 지난 것이다. 영주 씨가 5년 동안 가족들이 한 번도 못 가 보았는데 이번에는 꼭 가야 될 것 같다고 했다. 납골당 계약 기간이 만료되었으므로 갱신하지 않으면 할머니 유택이 없어지는 것이다. 갱신하는 데 드는 비용을 물어 보니 25만 원이라고 했다. "알았다"고 말하고 끊었다. 그 비용은 내가 내야만 할 것 같았다. 그 문제 때문에 영주 씨가 내게 전화했는지 아닌지 알 수 없지만 수없이 판자촌을 전전하고 1년이 멀다 하고 이사 다니다 한곳에 오래 머문 것은 임대 아파트에 살던 16~17년뿐이었는데 한 줌 재로 남아 담긴 항아리지만 할머니 유택을 5년 만에 치우게 할 수는 없을 듯해서다. 임대 아파트에서 사신 기간 정도는 한곳에서 움직이지 않고 계시도록 하는 것이 예의일 것 같았다.

한 번쯤 더 이 가족에 대한 다큐를 만들 수 있었으면 하는 바람도 있다. 그러나 25년에 몇 년이 더해져도 같은 이야기를 쓰게 될지 모른다. 그 점이 두렵다. 25년이 더 더해져도 그럴지도 모른다.

o   o   o

지난 25년간 한국 사회도 도시빈민도 급속한 변화의 소용돌이 속에 있었다. 연구가 처음 시작된 1980년대 중반은 도시빈민과 철거 재개발이 뜨거운 사회적 이슈였다. 그러나 86 아시안 게임, 87 노동자 대투쟁, 88 서울 올림픽 등 굵직한 사건 속에서 빈곤과 철거 재개발 이슈는 묻혀 버렸다. 그 이후 민주화와 세계화라는 화려한 구호 속에서 빈곤의 문제 또한 한동안 우리들의 시야에서 벗어난 듯했다. 빈민 연구나 철거 재개발 연구가 한동안 멈췄다고 해도 과언이 아니다. 특히 사회학에서 한동안 주목했던 '무허가 정착지'나 '비공식 부문' 연구가 크게 관심을 끌지 못하면서 빈곤층의 주거 문제나 고용 문제가 사회학자들의 가시권에서 밀려난 듯했다. 〈사당동 더하기 22〉 다큐가 세상에 나온 때는 이른바 '용산 참사'가 일어난 2009년이었다. 다큐를 편집하고 있을 때 사건이 터졌고 심란한 마음으로 편집을 마무리했다. 빈곤의 공간과 공간의 빈곤은 다시금 우리 사회를 흔들 만한 이슈가 되었고 지금도 여전한 이슈다.

이런 책을 쓸 생각을 못했는데 〈사당동 더하기 22〉 다큐 관련 기사를 읽은 한 출판사에서 책을 써 볼 것을 제안했다. 그 당시는 책 쓸 생각을 하고 있지 않아서 거절했지만 이 책이 나오는 출발점이 된 셈이다. 가난에 대한 25년간의 기록과 함께 〈사당동 더하기 22〉 영상물을 묶어 책으로 내기로 했다. 이렇게나마 모양새 갖춘 책이 되도록 많은 도움을 준 친구와 동료들에게 이 자리를 빌어 고마운 마음을 전하고 싶다. 동국대 영화학과 유지나 교수는 다큐를 제작할 수 있도록 학과의 카메라를 빌려 주는 일에서부터 편집 자문까지 모든 과정에서 '총감독'을 마다하지 않았다. 동국대 사회학과 강정구·양영진·김정석·조동기·김형용 교수는 늘 힘이 되어 준 동료들이었고 이 책을 낼 수 있도록 여러 가지로 배려하고 독려해 주었다. 고려대

학교 한국사회연구소 김은하 연구교수는 초고를 꼼꼼하게 읽고 예리한 조언을 마다하지 않았다. '또하나의문화'의 오랜 친구들은 다들 바빠 초고를 돌릴 시간도 읽을 시간도 없었지만 누구보다도 책이 나오게 된 것을 기뻐하고 기다려주었다. 도서출판 또하나의문화 유이승희 대표는 어려운 여건과 난삽한 원고, 촉박한 시간 등과 싸우면서 힘든 작업을 웃으면서 마무리해 주었다. 이들 모두에게 감사한다.

2012년 2월 목멱산 연구실을 정리하며
조은

참고문헌

단행본 및 논문

김수현·이현주·손병돈(2009), 《한국의 가난》, 한울.

김원(2003), 《여공 1970, 그녀들의 반 역사》, 이매진.

_____(2011), 《잊혀진 것들에 대한 기억》, 이매진.

부산구술사연구회(2011), 《離鄕과 경계의 땅: 부산의 아미동 아미동 사람들》, 부산대학교 한국민족문화
　　　연구소.

이기형(2011), 《미디어 문화연구와 문화정치로의 초대: 민속지학적 상상력의 가능성과 함의를 중심으
　　　로》, 논형.

이희영(2005), "사회학 방법론으로서의 생애사 재구성: 행위 이론의 관점에서 본 이론적 의의와 방법론적
　　　원칙". 《한국사회학》, 제39집 3호. 120-148쪽.

전중우(2007), 《세계에서 빈곤을 없애는 30가지 방법》, 알마.

조세희(1978), 《난장이가 쏘아올린 작은 공》, 문학과지성사.

조은(2000), "가족사를 통해 본 사회 구조 변동과 계급 이동", 《사회와 역사》, 제58호, 문학과 지성사.
　　　107-158쪽.

_____(2008), "전쟁과 분단의 일상화와 기억의 정치- '월남' 가족과 '월북' 가족 자녀들의 구술을 중심으
　　　로", 《전쟁의 기억 냉전의 구술》, 선인, 63~103쪽.

조은·조옥라(1987), 〈도시 무허가 정착지의 성격과 생활 실태: 서울 사당동 재개발비역 사례 연구〉. 서울
　　　대학교 부설 인구 및 발전문제 연구소(미간행 보고서).

_____(1988), 〈재개발 사업이 지역 주민에 미친 영향: 서울 사당동 재개발지역 사례 연구〉, 서울대학교
　　　부설 인구 및 발전문제 연구소(미간행 보고서).

_____(1992), 《도시빈민의 삶과 공간》, 서울대학교출판부.

조주은(2004), 《현대가족이야기》, 이가서.

한국개발연구원(2005), 《신용불량 증가의 원인분석과 대응방향》.

한국도시연구소(2006), 《한국 사회의 신빈곤》, 한울아카데미.

홍경식(2005), "가계의 금융자산·부채, 부채부담능력 및 부채조정", 《주택금융월보》. 11월호.

다니엘 코엔(2000), 《부유해진 세계, 가난해진 사람들》, 주명철 옮김, 시유시.

데이비스, 마이크(2007), 《슬럼, 지구를 뒤덮다: 신자유주의 이후 세계 도시의 빈곤화》, 김정아 역, 돌베개.

레빗, 스티븐·스티븐 . 스티븐 더브너(2005), 《괴짜경제학》, 안진환 역, 웅진지식하우스.

_____(2007), 《괴짜경제학(개정증보판)》, 안진환 옮김, 웅진지식하우스.

_____(2009), 《슈퍼 괴짜경제학》, 안진환 옮김, 웅진지식하우스.

마커스, G.E · M.J.피셔(2005), 《인류학과 문화비평》, 유정완·이삼출 역, 아카넷.

루이스, 오스카(2007), 《산체스네 아이들 1》, 박현수 역, 지식공작소.

_____(2007), 《산체스네 아이들 2》, 박현수 역, 지식공작소.

_____(2007), 《산체스네 아이들 3》, 박현수 역, 지식공작소.

벤카테시, 수디르(2009), 《괴짜사회학》, 김영선 역, 김영사.

부르디외, 피에르 (2000), 《세계의 비참 I》, 김주경 역, 동문선.

_____(2000), 《세계의 비참 II》, 김주경 역, 동문선.

_____(2000), 《세계의 비참 III》, 김주경 역, 동문선.

삭스, 제프리 D(2006), 《빈곤의 종말》, 김현구 역, 21세기북스.

윌리스, 폴(2004), 《학교와 계급 재생산》, 김찬호·김영훈 역, 이매진.

코엔, 다니엘(2000), 《부유해진 세계, 가난해진 사람들》, 주명철 역, 시유시.

톰슨, E.P.(2000), 《영국 노동 계급의 형성》, 나종일 외 역, 창작과비평사.

헵디지, 딕(1998), 《하위문화》, 이동연 역, 현실문화연구.

Aronowitz, Stanley (1995), "Between Criticism and Ethnography: Raymond Williams and the Intervention of Cultural Studies," in Christopher Prendergast(ed.), *Cultural Material-ism on Raymond Williams*, Minneapolis and London: University of Minnesota Press.

Atkinson, Paul (1990), *The Ethnographic Imagination: Textual Constructions of Reality*, London and New York: Routledge.

Atkinson, Paul and A. Coffey (1995), "Realism and its Discontents: On the Crisis of Cultural Representation in Ethnographic Texts," in B. Adam and S. Allan(eds.), *Theorizing Culture: An Interdisciplinary Critique After Postmodernism*, London: UCL Press.

Berg, Bruce L. (1989), *Qualitative Research Methods for the Social Sciences*, Boston: Allyn and Bacon.

Bertaux, Daniel and Catherine Delcroix(2000), "Case Histories of Families and Social Processes: Enriching Sociology," in Prue Cahmberlayne(ed.), *The Turn to Biographical Method in Social Science: Comparative Issues and Examples*, London: Routledge, pp.71-89.

Behar, Ruth(1993), *Translated Women*, Boston: Beacon Press.

Bonnell, V. E and Lynn Hunt (1999), "Introduction," in V.E, Bonnell and L.Hunt(eds.), *Beyond the Cultural Turn*, London: University of California Press.

Brewer, John D. (2000), *Ethnography*, Philadelphia: Open University Press.

Burawoy, Michael and Joseph A. Blum and Sheba George and Zsuzsa Gille and Teresa Gowan and Lynne Haney and Maren Klawiter and Steven H. Lopez and Sean O Riain and Millie Thayer(2000), *Global Ethnography*, London: University of California Press.

Chamberlayne, Prue and Joanna Bornat and Tom Wengraf(2000), *The Turn to Biographical Method in Social Science*, London: Routledge.

Clifford, James(1986), "On Ethnographic Allegory," in James Clifford and George E. Marcus(eds.), *Writing Culture*, London: University of California Press, pp.98-121.

Clough, Patricia Ticineto(1992), *The End(s) of Ethnography: From Realism to Social Criticism*, London: Sage.

Comaroff John and Jean Comaroff(1992), *Ethnography and The Historical Imagination*, Boulder: Westview Press.

Crapanzano, Vincent(1986), "Hermes' Dilemma: The Masking of Subversion in Ethnographic Description," in James Clifford and George E. Marcus(eds.), *Writing Culture*, London: University of California Press.

Denzin, Norman K.(1994), "The Art and Politics of Interpretation," in Norman K. Denzin and Yvonna S. Lincoln(eds.), *Handbook of Qualitative Research*, California: Sage, pp.500 -515.

_____(1997), *Interpretive Ethnography: Ethnographic Practices for the 21st Century*, California: Sage.

Geertz, Clifford(1998), "Thick Description: Towards an Interpretive Theory of Culture," in *The Interpretation of Culture*, New York: Basic Books.

Gorski, Paul(2008), "The Myth of the 'Culture of Poverty,'" *Educational Leadership*, 65(7), pp.32-37.

Grimshay, Roger and Dorothy Hobson, Paul Willis(1980), "Introduction to Ethnography at the Centre," in Centre for Contemporary Cultural Studies University of Birmingham (ed.), *Culture, Media, Language*, London: Routledge.

Hall, Stuart(1980), "Cultural Studies and the Centre," in Centre for Contemporary Cultural Studies University of Birmingham(ed.), *Culture, Media, Language*, London: Routledge.

Hammersley, Martyn(1989), *The Dilemma of Qualitative Method*, London: Routledge.

_____(1992), *What's Wrong with Ethnography?*, London: Routledge.

Hammersley, Martyn and Paul Atkinson(1995), *Ethnography*, London: Routledge.

Harper, Douglas (1994), "On the Authority of the Image: Visual Methods at the Crossroads," in Norman K. Denzin and Yvonna S. Lincoln(eds.), *Handbook of Qualitative Research*, California: Sage. pp.403-412.

Leacock, Eleanor Burke (ed.)(1971), *The Culture of Poverty: A Critique*, New York: Simon & Schuster.

Lincoln, Yvonna S. and Norman K. Denzin(1994), "The Fifth Moment," in Norman K. Denzin and Yvonna S. Lincoln(eds.), *Handbook of Qualitative Research*, California: Sage. pp.575-586.

Linde, Charlotte(1993), *Life Stories: The Creation of Coherence*, New York: Oxford University Press.

Long, E(1997), "Engaging Sociology and Cultural Studies," in Elizabeth Long(ed.), *From Sociology to Cultural Studies*, Oxford: Blackwell.

Punch, Maurice(1994), "Politics and Ethics in Qualitative Research," in Norman K. Denzin and Yvonna S. Lincoln(eds.), *Handbook of Qualitative Research*, California: Sage. pp.83-98.

Rosaldo, Renato(1986), "From the Door of his Tent: The Fieldworker and the Inquisitor," in James Clifford and George E. Marcus(eds.), *Writing Culture*, London: University of California Press, pp.77-97.

Russel, Catherine(1999), *Experimental Ethnography*, London: Duke University Press.

Rustin, Michael(2000), "Reflections on the Biographical turn in social science," in Prue Chamberlayne(ed.), *The Turn to Biographical Method in Social Science: Comparative issues and examples*, London: Routledge, pp.33-52.

Singer, Bennett(1998), *42 up*, New York: The New Press.

Sparadley, James(1979), *The Ethnographic Interview*, New York: Holt, Rinehart and Winston.

Marcus, George E.(1994), "What Comes (Just) After 'Post'? The Case of Ethnography," in Norman K. Denzin and Yvonna S. Lincoln(eds.), *Handbook of Qualitative Research*, California: Sage, pp.563-574.

Murdock, Graham(1997), "Thin Descriptions: Questions of Method in Cultural Analysis," in Jim McGuigan(ed.), *Cultural Methodologies*, London: Sage.

Tyler, Stephen A.(1986), "Post Modern Ethnography," in James Clifford and George E. Marcus(eds.), *Writing Culture*, London: University of California Press.

Urry, John(1995), *Consuming Places*, London: Routledge.

Vaisey, Stephen (2010), "What People Want: Rethinking Poverty, Culture, and Educational Attainment," *Annals of AAPSS* 629, pp.75-101.

Wengraf, Tom(2000), "Uncovering the General from within the Particular: from Contingencies to Typologies in the Understanding of Cases," in Prue Chamberlayne(ed.), *The Turn to Biographical Method in Social Science: Comparative issues and examples*, London: Routledge. pp.140-164

Willis, Paul(2000), *The Ethnographic Imagination*, Cambridge: Polity Press.

신문기사

한겨레21, "가난하게 태어나 가난하게 살고 가난하게 죽는다(영구 빈곤 보고서)," 《한겨레 21》, 2010년 3월 26일, 803호.

사당동에 관한 논문

고연경·마주연(1996), "재개발로 인한 도시빈민의 생활실태에 관한 조사연구 : 사당 2동 남성시장의 노점상들을 중심으로," 《성심사회학》, 2권, 121-151쪽.

김동언(1987), "대도시 불량주택재개발의 실태와 대책에 관한 연구: 서울시 사당2동의 사례를 중심으로," 경기대학교 대학원 석사 학위논문.

김록호(1985), "도시 무허가 정착지의 일차보건 의료사업 모형 개발을 위한 조사연구 : 서울 동작구 사당2동을 중심으로," 서울대학교 보건대학원 석사 학위논문.

김현숙(1976), "학령전 아동의 집단학습 경험에 대한 부모의 인식과 태도 : 사당동 지역을 중심으로," 이화여자대학교 석사 학위논문.

김현철(1983), "도시 무허가정착지의 건축적 특성에 관한 연구: 서울시 동작구 사당동 현황분석을 중심으로," 서울대학교 토목과 석사 학위논문.

박아론(1997), "총신 사당동 제1교사 철거에 대한 소고," 《신학지남》, 제64권 4호, 4-11쪽.

윤철민(1988), "우리는 이 땅에서 살고 싶다: 사당동 철거민들의 삶과 투쟁," 《실천문학》, 통권9호, 209-235쪽.

이기형·임도경(2007), "문화연구를 위한 제언: 현장연구와 민속지학적 상상력을 재점화하기—조은과 조옥라의 《도시빈민의 삶과 공간: 사당동 재개발지역 현장연구》의 사례를 매개로." 《언론과 사회》, 15권 4호, 156-201쪽.

이전(1983), "자생적 정착지의 입지 및 거주환경에 관한 연구: 신림동, 봉천동, 사당동 일대의 중심으로," 서울대학교 대학원 지리학과 석사 학위논문.

조옥라(1990), "여성인류학적 시각에서 본 도시빈민 지역운동: 서울 사당 2동 사례연구를 중심으로," 《한국문화인류학》, 22권, 111-140쪽.

조원준(1991), "사당동 경사지 저층고밀 집합주거 계획," 서울대학교 석사 학위논문.

조혜란(1991), "도시재개발지역내 일상생활과 주민운동에서의 여성과 남성 : 서울시 사당2동 사례분석," 이화여자대학교 대학원 석사 학위논문.

최동석(1987), "서울시 불량주택재개발 정책집행에 관한 연구: 사당3동 제2-3구역 재개발사업을 중심으로," 서울대학교 행정대학원 석사 학위논문.

편집부(1985), "이제 다 큰 새끼 데리고 어디로 갈꺼여!—어느 사당동 아줌마의 서울 표류기," 《월간 말》, 통권 4호, 75-77쪽.

허석렬(1993), "《도시빈민과 삶과 공간: 사당동 재개발지역 현장연구》 서평," 《한국사회학》, 제27집 겨울, 353-356쪽.

홍경선(1990), "도시재개발과 세입자운동에 관한 연구: 서울시 사당2동 사례연구," 동국대학교 대학원 석사 학위논문.

상계동에 관한 논문

권영배(1986), "대단위주택개발사업에 대한 사례조사: 서울 상계지구 택지개발을 중심으로," 한양대학교 행정대학원 석사 학위논문.

노경실(1996), "거저 받았으므로 거저 나누는 삶: 상계동 슈바이처 김경희 박사," 《새가정》, 통권 469호, 16-21쪽.

민병호(1996), "주거단지 외부공간구조와 아동놀이: 상계동 2개 단지 비교평가," 《대한건축학회 논문집》, 12권 5호. pp.39-50.

송원경·박태병·박용환(1999), "가변형 주거의 변화과정에 대한 건축계획적 연구—상계동 J아파트를 대상으로 추적조사 및 생활실태조사의 분석," 《대한건축학회 학술대회 발표 논문집(계획계)》, 15권 9호, 3-10쪽.

신규섭(1991), "대단위 공동주택지구내 운동공원 조성에 관한 연구: 서울 상계지구 운동공원 이용실태 분석을 중심으로," 한양대학교 환경과학대학 석사 학위논문.

오민(1987), "도시빈민운동과 사회세력간의 역학관계에 관한 연구: 서울시 상계동을 중심으로," 국민대학교 대학원 행정학과 석사 학위논문.

장중규(1987), "저소득층의 주택문제: 서울. 상계동 신시가지 개발사업 현황," 《건축》, 제31권 4호, 56-63쪽.

정진철(1990), "대도시 저소득층의 주택정책평가에 관한 연구: 서울시 상계 3,4동 무주택자를 중심으로," 성균관대학교 행정대학원 석사 학위논문.

조도연·박용환(1988), "상계동 융통성 주거실태조사 연구," 《대한건축학회 학술대회 발표 논문집(계획계)》, 제8권 2호, 69-72쪽.

조우현(1999), "정의론적 관점에서 본 순환재개발방식의 재정착 효과 분석: 서울시 상계 5-2 구역 사례연구," 홍익대학교 대학원 박사 학위논문.

조은(1992), "도시 저소득층의 취업모 실태와 탁아수요 : 서울시 구로동과 상계동 사례를 중심으로," 《동국사회연구》 창간호, 21-42쪽.

진수명(1994), "서울 빈민지역의 영세하청에 관한 연구: 삼양, 상계지역을 중심으로," 동국대학교 대학원 사회학과 학위논문.

편집부(1986), "상계동 세입자들 실력으로 철거 저지," 《월간 말》, 통권8호, 46-47쪽.

찾아보기

조 은

사회학자. 대학에서 29년간 학생들을 가르쳤으며 정년을 맞아 "사회학은 현장이다"라는 제목으로 마지막 강의를 했다. 사회학자에게 글쓰기란 무엇인가 그리고 무엇을 왜 어떻게 쓸 것인가를 항상 고민했다. 때로 형식에 구애받지 않고 장르를 넘나들면서 소설 《침묵으로 지은 집》(2003), 다큐멘터리 〈사당동 더하기 22〉(2009)를 내놓았다. 원한 만큼 자유로운 글쓰기를 하지는 못했지만 이러한 파격에 대해 동료와 후학들은 "조은의 '조금 다른' 사회학"으로 이름 붙여 주었다. 물론 사회학을 업으로 여러 연구 프로젝트에 끼여 많은 논문을 쓴 '생계형 사회학자'이기도 했다. 젠더·계급·가족은 줄곧 연구의 중심 주제였으며 기억의 정치에 특별한 관심이 있다.

1946년 전남 영광에서 출생했으며 광주에서 중고등학교를 다녔다. 서울대학교 영문학과를 졸업하고 신문대학원에서 신문학 석사, 미국 하와이대학에서 사회학 박사를 취득한 후 1983년부터 2012년 정년 때까지 동국대학교 사회학과 교수로 재직했다.

아직도 어떤 글을 왜 더 쓸 것인가를 여전히 고민하고 있다.

사당동 더하기25
가난에 대한 스물다섯 해의 기록

초판 1쇄_2012년 5월 15일
초판 13쇄_2022년 11월 10일
지은이_조은
펴낸이_유승희
표지디자인_서해성 일러스트_리히 교정_이현정
펴낸곳_도서출판 또하나의문화
주소_서울 마포구 와우산로 174-5 대재빌라302호
전화_(02)324-7486 팩스_(02)323-2934
누리집_www.tomoon.com 전자우편_tomoonbook@gmail.com
등록번호_제9-129호(1987.12.29)

ISBN 978-89-85635-93-6 93330

* 이 도서의 국립중앙도서관 출판시도서목록(CIP)은 e-CIP홈페이지(http://www.nl.go.kr/ecip)와 국가자료공동목록시스템(http://www.nl.go.kr/kolisnet)에서 이용하실 수 있습니다.(CIP제어번호: CIP2012002086)

《사당동 더하기 25》는 우리에게 사회학 연구에서 시간이 갖는 의미를 깊이 성찰할 것을 명령한다. 이 연구에 투하된 25년이라는 시간은 대상의 '역사'를 드러낼 수 있게 하는 긴 시간이다. 사회학이 설명할 뿐 아니라 보여 줄 수 있다는 것, 한 가족의 삶의 현실을 한국 사회의 구조적 변동 속에서 하나의 풍경으로 드러내어 가시화할 수 있다는 사실을, 이 책은 입증하고 있다. 그것이 아마도 이 연구의 독보적 가치가 아닐까 생각한다. —김홍중 서울대 사회학과 교수

《사당동 더하기 25》는 이 땅의 《슬픈 열대》다. 떠도는 '사당동' '용산'에 관한 질긴 보고서를 책과 영상 기록으로 갖게 된 건 슬픈 자랑이다. 한국 빈곤 자서전에서 우리는 가난한 사람들이 또 하나의 부족으로 유랑하고 있음을 확인할 수 있다. 이들의 낮은 지붕과 찌그러진 부엌, 각진 땀과 대를 이어가는 밀려남에 관한 구체는 이데올로기로는 결코 해명할 수 없는 문화기술지의 생동하는 전형을 창조해 내고 있다. 사회적 망각에 맞서 이 보고서가 이룩해 내고 있는 고도의 성실성에 빈곤한 경의를 표한다. 독자와 관객의 몫은 25+로 남았다. —서해성 소설가

사당동 더하기 이십오
25년의 사회생태 기록
사당동 더하기 이십오
가난에 대한 25년의 기록
사당동 더하기 이십오
25년의 사회생태 다큐멘터리

재생종이로 만든 책
www.tomoon.com

값 20,000원

9 788985 635936   93330

ISBN 978-89-85635-93-6